AF543715

Alexander Heinz

Faltformen

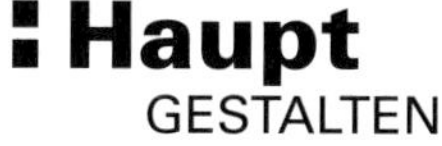

NATUR UND KUNST

Natur und Kunst, sie scheinen sich zu fliehen
und haben sich, eh' man es denkt, gefunden;
der Widerwille ist auch mir verschwunden,
und beide scheinen gleich mich anzuziehen.

Es gilt wohl nur ein redliches Bemühen!
Und wenn wir erst in abgemeßnen Stunden
mit Geist und Fleiß uns an die Kunst gebunden,
mag frei Natur im Herzen wieder glühen.

So ist's mit aller Bildung auch beschaffen.
Vergebens werden ungebundne Geister
nach der Vollendung reiner Höhe streben.

Wer Großes will, muß sich zusammenraffen.
In der Beschränkung zeigt sich erst der Meister,
und das Gesetz nur kann uns Freiheit geben.

JOHANN WOLFGANG VON GOETHE

Alexander Heinz

FALTFORMEN

Papierdesign zwischen Symmetrie und freiem Spiel

Haupt Verlag

Inhalt

Vorwort

Alexander Heinz habe ich im Frühjahr 2010 auf der Jahrestagung der Deutschen Gesellschaft für Geometrie und Grafik (DGfGG) kennengelernt. Ich hatte mich bereit erklärt, diese Tagung in der ehemaligen Reichsabtei in Kornelimünster auszurichten, einem historischen Stadtteil von Aachen, der nach meiner Emeritierung an der Hochschule für bildende Künste in Hamburg wieder zu meinem Wohnsitz geworden war. Um dieser mehrtägigen Veranstaltung einen besonderen Höhepunkt zu verleihen, hatte ich einen Ideenwettbewerb ausgelobt, an dem sich alle Tagungsteilnehmer beteiligen konnten. Es ging dabei um einen Beitrag aus dem Bereich der Geometrie, der als physisches oder virtuelles Modell in der Lage sein sollte, Verwunderung, Staunen oder Schmunzeln hervorzurufen. Den Gewinner erwarteten ein Preisgeld und die Phänomena-Skulptur, die als Wanderpokal der DGfGG weitergegeben werden sollte. Diesen Wettbewerb konnte Alexander Heinz mit seinen Falt- und Steckpolyedern mit großem Abstand für sich entscheiden. Das war für mich Grund und Aufforderung zugleich, mich mit seinem Werk und seiner Biografie auseinanderzusetzen, und dazu sollte es in den folgenden Jahren viele Gelegenheiten geben.

Auf der Fahrt zu einer späteren Tagung der DGfGG in Dresden, die wir gemeinsam in meinem Wagen unternahmen, entdeckten wir, dass es eine Menge Gemeinsamkeiten zwischen uns gab. Wir hatten beide eine handwerkliche Ausbildung, aber wir unterschieden uns durch das Material, dessen Bearbeitung wir erlernt hatten. Bei Alexander Heinz als Buchbindermeister war es Papier, bei mir als Tischler war es zunächst Holz und später auch Metall. Dabei beschäftigte uns die Frage, ob handwerkliches Tun Auswirkungen auf geometrisches Verständnis haben könnte. Wir waren uns einig, dass bei jeder bildnerisch handwerklichen Tätigkeit wie Messen, Formen, Falten, Biegen, Fügen usw. auch immer Geometrie mit im Spiel ist. Dieser Zusammenhang wird während des Arbeitsprozesses so gut wie nicht erkannt, er vollzieht sich eher im Unterbewusstsein und führt dazu, geometrische Erkenntnisse zu gewinnen und zu speichern. Im Laufe meiner Lehrtätigkeit an der Hochschule für bildende Künste in Hamburg habe ich die Erfahrung gemacht, dass Studierende mit handwerklicher Vorbildung im Allgemeinen wesentlich weniger Verständnisprobleme mit der Darstellenden Geometrie hatten. Bei ihnen hatte sich die räumliche Vorstellungskraft schon weiterentwickelt, die bei der Anwendung der Darstellenden Geometrie unabdingbar ist. Es gibt aber noch einen anderen Aspekt bei handwerklicher Vorbildung – und das ist die Materialkenntnis. Dies ist ein Vorteil besonders für diejenigen, die kreativ mit dem Material arbeiten wollen. Je besser man seine Eigenschaften und Fähigkeiten kennt, desto größer sind die Möglichkeiten, mit diesem Material Neues zu entdecken und auch zu wagen.

Eine weitere Gemeinsamkeit ist die Faszination, die regelmäßige Körper auf uns beide ausüben. Ich habe seit meiner Studienzeit immer wieder regelmäßige und halbregelmäßige Polyeder gebaut und dabei verschiedene Darstellungstechniken ausprobiert. Zu Anfang aus Karton durch Zeichnen und Ausschneiden ihrer Abwicklung und durch den Zusammenbau mithilfe von Klebelaschen. Später in Kugel-Stab-Technik oder aus auf Gehrung gefrästen Aluminiumplatten, die mit Epoxydharz verklebt wurden. Zuletzt aus Schnittebenen, die senkrecht zu den verschiedenen Drehachsen gelegt und mit einem Laser aus Edelstahlblech geschnitten wurden. Aber Polyeder, die aus modularen Papierelementen zusammengesteckt wurden, das war für mich etwas ganz Neues. Auf eine solch geniale Idee kann man nur kommen, wenn man mit dem Werkstoff Papier sehr vertraut ist.

Bei den verschiedenen Darstellungstechniken verändert sich auch das Erscheinungsbild der Polyeder und dabei werden verschiedene Eigenschaften evident. Ist die Oberfläche geschlossen, erscheinen die Körper monolithisch. Werden stattdessen nur Ecken und Kanten dargestellt wie bei der Kugel-Stab-Technik, so sind deren Verknüpfungen dominant. Werden die Körper aus Schnittebenen senkrecht zu den Drehachsen zusammengesetzt, treten die Symmetrieeigenschaften in den Vordergrund. Die Falt- und Steckpolyeder von Alexander Heinz sind ecken- und kantenbetont, während die Flächen im Allgemeinen ohne Material als trichterförmige Vertiefungen erscheinen und eine Durchsicht des Körpers erlauben.

Alexander Heinz hat in seinem ersten Band FALTPOLYEDER die Konstruktion aller platonischen, archimedischen und catalanischen Polyeder systematisch dargestellt, sodass sie vom Leser nachgebaut werden können. In dem hier vorliegenden Nachfolgeband FALTFORMEN wird das Konstruktionsprinzip von „Ross und Reiter" zwar beibehalten, doch es wird auf die Stringenz der Polyedergeometrie verzichtet. Das erlaubt dem Leser, seiner Fantasie freien Lauf zu lassen, ohne sich an die strengen Symmetriegesetze halten zu müssen. Dadurch können viele neue Formen generiert werden, die sich von den regulären Polyedern ableiten lassen.

Ich wünsche diesem Buch viel Erfolg und seinen Lesern ein Maximum an Kreativität.

Friedhelm Kürpig
em. Professor für Konstruktive Geometrie an der Hochschule für bildende Künste Hamburg (1978-2007)

Zur Einführung

Eine Falttechnik: Module aus Ross und Reiter zusammensetzen
Am Anfang liegt ein kleiner Stapel von zwölf gleich großen Papier-Quadraten auf dem Tisch: Jedes Quadrat wird zweimal kanten-parallel gefaltet, gewendet und dann zweimal diagonal gefaltet. Umkreist man mit dem Finger rundum die Blattmitte, so fährt er über Berg- und Talfalten, immer im Wechsel – wie in der obenstehenden Grafik gezeigt. Bergfalten sind mit einer durchgehenden roten Linie dargestellt, Talfalten mit einer grauen gestrichelten Linie. Jede Anleitung in diesem Buch ist mit entsprechenden Grafiken versehen. Zwei Blätter ergeben in Ross-und-Reiter-Funktion zusammengesteckt jeweils ein Modul: Das obere Blatt „reitet" auf dem darunterliegenden Ross, wie oben rechts abgebildet.

Aus insgesamt sechs gleichen Modulen, die sich ineinanderstecken lassen, entsteht schrittweise eine räumliche Form mit dem Namen Oktaeder (siehe Abbildungen Seite 10). Der Name Oktaeder bedeutet 8-Flach, entsprechend der acht dreieckigen „Fenster" zwischen den Modulen. Das Ross-und-Reiter-Prinzip ist einfach wie genial – und dient als Ausgangspunkt aller Formen, die in diesem Buch gezeigt werden. Nach einem ersten erfolgreichen Ergebnis liegt es nahe, weitere Versuche zu machen und die Ausgangsbedingungen zu verändern. So erhält man mit Quadraten weitere, andere Raumformen (zum Beispiel die N-, O- und P-Modelle). Einzelne Talfalten können dazu weggelassen werden.

Eine Übersicht zu allen in diesem Buch verwendeten Modulen finden Sie auf Seite 19. Jedes Modul ist, entsprechend seiner verschiedenen Talfalten, in einer bestimmten Papierfarbe ausgeführt. Diese Farbkodierung lässt sich der Tabelle auf Seite 19 entnehmen und wird im Anleitungsteil ab Seite 22 für jedes Modell genau erläutert.

Die modulare Arbeitsweise lässt sich ebenfalls mit dreieckigen Papieren ausprobieren – so entstehen die Q-, R- und S-Modelle. Auch hier können einige Talfalten entfallen oder nur teilweise ausgeführt werden. Außerdem liefert die Kombination von dreieckigen mit viereckigen Modulen ansehnliche Ergebnisse (siehe T- und U-Modelle). Auch fünf- und sechseckige Module lassen sich umsetzen. Und zu guter Letzt sind darüber hinausgehende, in diesem Buch nicht weiter ausgeführte Lösungen durchaus möglich.

Die einzelnen Module müssen in ihrer Größe genau aufeinander abgestimmt sein, damit sie sich passgenau ineinanderstecken lassen. Die genauen Größen für die in diesem Buch verwendeten Module finden sich unter https://www.haupt.ch/faltformen.

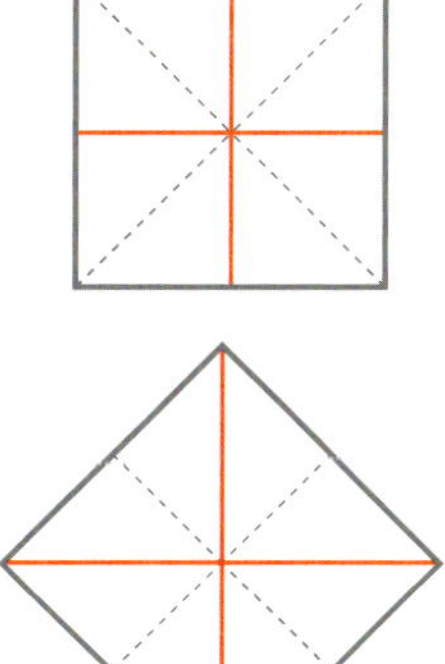

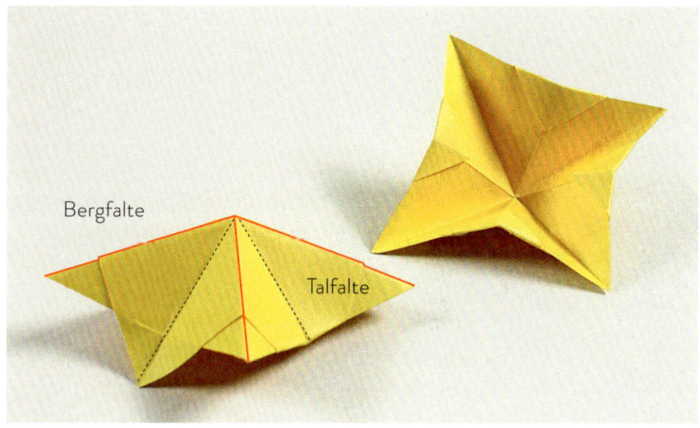

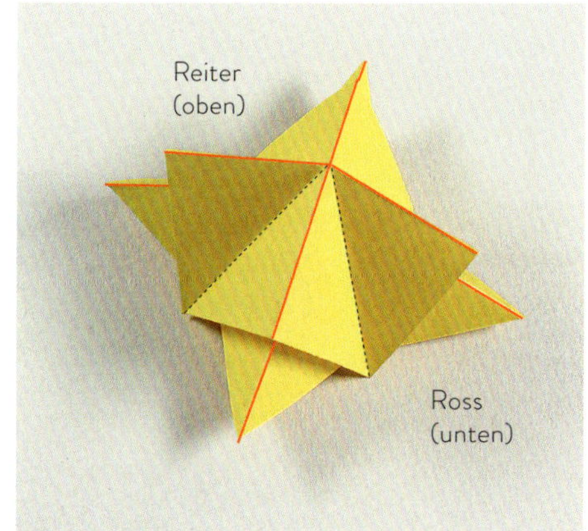

Bergfalte

Talfalte

Einfalten der Reiter-Spitzen um die Ross-Kante

Unter folgendem Link finden Sie ein Anleitungsvideo: https://www.haupt.ch/faltformen

Eine modulare Formenreihe: reguläre und halbreguläre Polyeder
Die ersten überzeugenden Ergebnisse wecken das Interesse an den räumlichen Gesetzmäßigkeiten: Welche Raumformen lassen sich mit den Modulen herstellen? Um diese Frage zu beantworten, bieten sich zwei Wege an: Zum einen entstehen die Formen spielerisch durch unmittelbares Ausprobieren. Dies ist der Ansatz von FALTFORMEN. Zum anderen kann man anstreben, ganz bestimmte Raumformen in dieser Arbeitsweise gezielt umzusetzen.

Kennt man den Formenschatz der fünf regulären und 30 halbregulären Raumformen (platonische, archimedische und catalanische Körper)*, ist es reizvoll herauszufinden, welche dieser Formen mit der Ross-und-Reiter-Technik umsetzbar sind. Einige Lösungen für komplexe Raumformen sind überraschend einfach. Umgekehrt machen einige einfache Raumformen, wie der Würfel, anfangs Mühe. Geht man der Sache auf den Grund, so gewinnt man geometrisch-gesetzmäßige Einsichten, die zu überzeugenden Lösungen führen und das eigene Formen-Repertoire erweitern. Das erste große Ziel ist also, alle regulären und halbregulären Raumformen in der Ross-und-Reiter-Technik umzusetzen. Wie eine gewünschte Form hinsichtlich ihrer Kanten aussehen soll, ist damit schon klar. Und zumindest in ihren Prinzipien ist auch die Technik bekannt, die zum fertigen Modell führen soll. Doch die schlussendliche Lösung dazwischen liegt zunächst im Dunkeln. Diese zu finden, ist wie das Navigieren im Stadtverkehr ohne Stadtplan: „Ich weiß, wo ich losgehe und wohin ich will. Doch den Weg muss ich erst noch unterwegs finden." Schlussendlich können alle regulären und halbregulären Formen umgesetzt werden.

Von eben diesem Prozess handelt das Buch FALTPOLYEDER in seinen Kapiteln A bis I, das den FALTFORMEN vorausgegangen ist**. Die weiteren Kapitel aus FALTPOLYEDER führen zu dem Ansatz, der in FALTFORMEN zu einem eigenen Schwerpunkt geworden ist: Polyeder zu falten im Spannungsfeld zwischen den strengen symmetrischen Raumstrukturen und dem freien spielerischen Probieren und Kombinieren der verschiedenen Faltmodule, die in der Tabelle auf Seite 19 gezeigt werden.

* siehe auch Glossar Seite 166

** Generell: In FALTPOLYEDER werden die Modellbezeichnungen A bis M verwendet, die in FALTFORMEN mit den Modellbezeichnungen N bis U fortgesetzt werden.

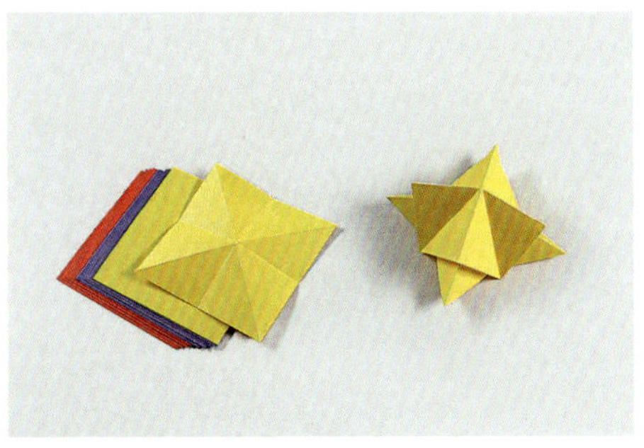

Erste Schritte: Die Grundflächen falten und aus Ross und Reiter ein Modul bilden

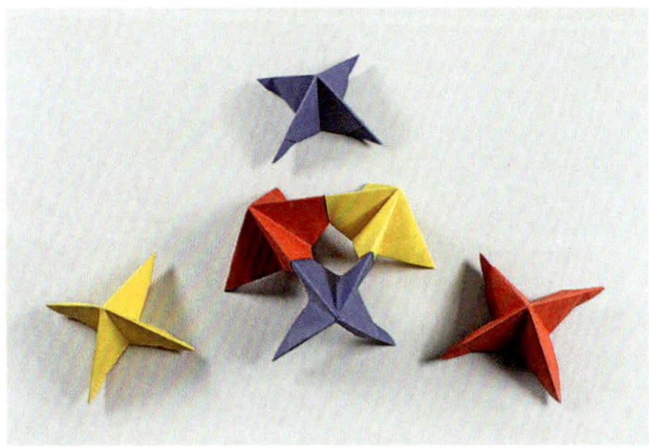

Drei Module zu einem dreizähligen Ringschluss verbinden

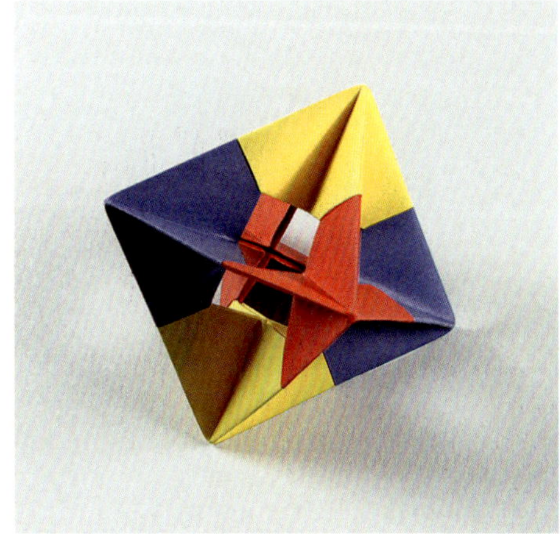

Fertiges Modell: Oktaeder (8-Flach)

Weitere Formen

Die Ergebnisse des praktischen Ausprobierens zeigen: Mit der Ross-und-Reiter-Technik lässt sich eine Vielzahl von weniger symmetrischen Raumformen realisieren im Kombinieren von Dreiecken, Quadraten, Fünfecken und Sechsecken. Die Zielform stellt sich aber erst heraus, wenn das letzte Modul lückenfrei ins Modell eingesetzt ist. Erste Verbindungen müssen passen, weitere Verbindungen werden ausprobiert. Wenn es nicht passt, gilt es, Alternativen zu finden. Viele Versuche enden in einer Sackgasse. Einige ansehnliche Versuche, die sich nicht vollenden lassen, wie das 24-Flach T07, haben dennoch als Torso* Eingang in dieses Buch gefunden (siehe Seite 137). Alle Modelle lassen sich auffassen als Ergebnisse geometrisch nachträglich begründbarer Zufallsfunde, wobei meistens Verwandtschaften zu den regulären und halbregulären Polyedern deutlich werden. Sofern Geometrie eine geistige Angelegenheit ist: Hier zeigen sich Geist-Verwandtschaften zwischen den Modellen. Diese in FALTPOLYEDER (Kapitel J bis M) begonnene Arbeitsweise wird nun in FALTFORMEN in fortlaufenden Bezeichnungen der Kapitel N bis U fortgesetzt.** Nichtsdestoweniger steht dieser zweite Band selbstständig für sich: Kein Modell wiederholt sich, kein Vorwissen wird hier vorausgesetzt.

Freie Faltformen

So stellt das Buch FALTFORMEN verschiedene räumliche Faltformen und ihren Bau dar. Diese ergeben sich aus der freien Kombinierbarkeit von Dreiecken, Quadraten, Fünfecken und Sechsecken, die modular in der Ross-und Reiter-Technik zusammengefügt werden. Die vielfältig zusammengesetzten Modelle werden in Gruppen mit Ähnlichkeiten zusammengefasst. Für die N-, O- und P-Modelle sind vorwiegend quadratische Module notwendig. Für Q-, R- und S-Modelle kommen vor allem dreieckige Module zum Einsatz. T- und U-Modelle kombinieren hauptsächlich dreieckige und quadratische Module (bzw. fünf- und sechseckige).

Die farbliche Kodierung hilft, direkt zu erkennen, welche Faltform an welcher Stelle am Modell benötigt wird. In der Übersichtstabelle von Seite 19 ist dies gut ersichtlich: Ein blaues Quadrat hat alle roten Bergfalten ebenso wie alle grau gestrichelten Talfalten. Das gelbe Quadrat hat ebenfalls alle roten Bergfalten, jedoch nur eine grau gestrichelte Talfalte. Das orange, das hellgrüne und das dunkelrote Quadrat weisen wieder andere Talfalten auf. Ähnliches gilt für alle anderen Module: Jede Farbe kennzeichnet eine andere Auswahl an erforderlichen Talfalten.

Wesentlich für die vorgestellte Arbeitsweise ist, verschiedene Aspekte aus Welten zusammenzuführen, die gewöhnlich als

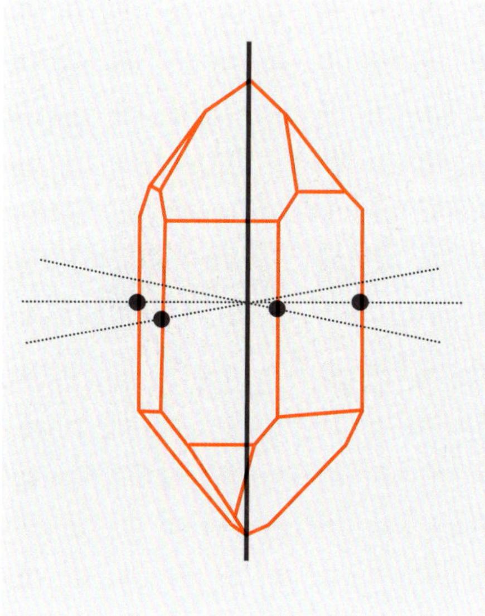

Bergkristall mit 3-zähliger Haupt-Symmetrieachse und drei 2-zähligen Neben-Symmetrieachsen.

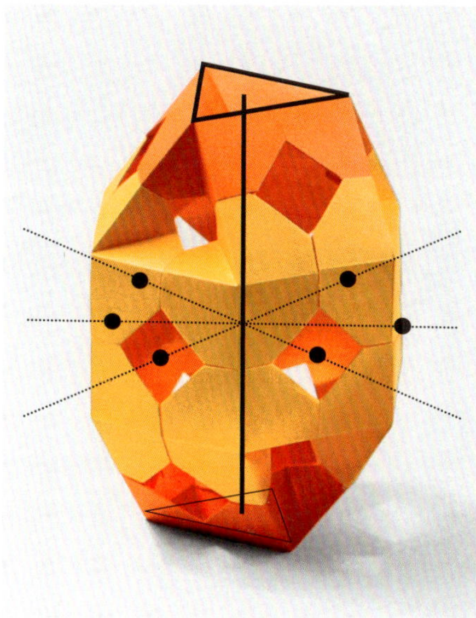

Faltmodell O04, 20-Flach, mit 3-zähliger Haupt-Symmetrieachse und drei 2-zähligen Neben-Symmetrieachsen.

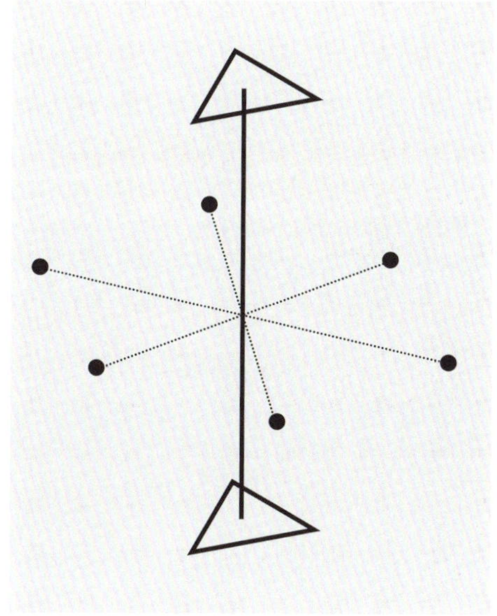

Grafik mit 3-zähliger Haupt-Symmetrieachse und drei 2-zähligen Neben-Symmetrieachsen.

getrennt betrachtet werden. Dies kommt z.B. in den didaktischen Hinweisen am Ende des Buches zum Ausdruck (siehe Seite 162).

Insbesondere der Gesichtspunkt der Symmetrieachsen* (siehe Seite 12) ermöglicht eine zusätzliche Orientierung, wie sich einzelne Modelle beschreiben, verstehen und auch unterscheiden lassen. Vor allem in der Kristallografie spielen Symmetrien eine wichtige Rolle bei der Unterscheidung und Klassifizierung verschiedener Raumformen. Dieses Prinzip wurde für FALTFORMEN übernommen (siehe Abbildungen oben). Der Bergkristall etwa hat eine 3-zählige Haupt-Symmetrieachse. Bei einer vollständigen Drehung um diese Achse stellt sich von einem Betrachtungspunkt dreimal hintereinander das gleiche Bild auf seine Facetten ein. Dazu kommen beim Bergkristall noch drei 2-zählige Nebenachsen. Bei einer vollständigen Drehung um diese Achse stellt sich nur zweimal die gleiche Ansicht ein.

Symmetrien begreifen

Dasselbe gilt für das obenstehende Modell 20-Flach (siehe Seite 40). Wem es schwerfällt, dies auf den ersten Blick zu verstehen, kann einfach erst das Modell bauen. Beim entspannten Hin- und Herdrehen in der Hand wird alsbald klar, was gemeint ist. Der Modellbau steht im Vordergrund, die Symmetrien dienen der Unterscheidung und sind als Zusatzangebot zu verstehen. Die Abbildung oben rechts veranschaulicht die Symmetrien abstrahiert.

In jeder Anleitung findet sich eine entsprechende Grafik. Näheres dazu ist auf den folgenden Seiten ausgeführt.

Offensichtlich ist schließlich, dass die westliche Tradition der Polyeder-Geometrie hier eine Einheit bildet mit der östlichen Materialität des Papiers und der Falttechnik des Origami. Zwei verschiedene Welten finden im modularen Modellbau zusammen. Ähnliches spiegelt sich auch in anderer Hinsicht wider: Wie eingangs so meisterhaft im Sonett von Goethe formuliert, verbinden sich im Bauen der Modelle die Tatkraft des Handwerks, das Erkenntnisstreben der Natur(-Wissenschaft) und der Schöpfungsaspekt aus Kunst und Natur zu einer Einheit.

Und so zeigt sich schließlich: Geht man einer selbst gewählten Sache wirklich auf den Grund, offenbaren sich – scheinbar paradox – mit der Zeit vielerlei Zusammenhänge der Welt.

* siehe auch Glossar Seite 166

** Die meisten Modelle in FALTFORMEN sind technisch weit weniger anspruchsvoll als viele der Modelle aus FALTPOLYEDER. Dennoch kann es reizvoll sein, einen Blick in FALTPOLYEDER zu werfen, das einen fundierten Einblick in die Polyeder-Geometrie bietet und auch kulturgeschichtlich in das Thema einführt.

Raumstrukturen und Symmetrien

Raumstrukturen

Räumliche Strukturen spielen in vielen allgemeinen Lebensbereichen sowie in Technik und Wissenschaft eine große Rolle: Im Handwerk unmittelbar materiell, in der Mathematik zahlenmäßig-theoretisch und in der Geometrie stehen konstruktive Prinzipien im Vordergrund. Ganz allgemein gehören zu räumlichen Strukturen immer die vier geometrischen Elemente: Ecken (Punkte), Kanten (gerade oder gebogene Strecken), ebene oder gewölbte Flächen (Ebenen) und Räume (Volumina). Während Wissenschaftler räumliche Strukturen nutzen, um sich verbindlich zu orientieren, setzen Handwerker diese Strukturen vor allem praktisch um. Künstler gehen eher spielerisch mit diesen Strukturen um und nutzen diese als Ausdrucksmittel. FALTFORMEN verbindet alle diese Herangehensweisen.

Punkt/Ecken, Geraden/Kanten, Ebene/Flächen, Raum/Volumen

Jede räumliche Form lässt sich beschreiben hinsichtlich ihrer Anzahl von Ecken, Kanten und Flächen. So ist beispielsweise jeder beliebige Würfel eine Form mit sechs Flächen, acht Ecken und zwölf Kanten. Seine materielle Realisierung kann dabei sehr unterschiedlich sein: aus Beton gegossen, als Spielgerüst aus Stangen zusammengesetzt, aus Flächen zu einer Schachtel zusammengefügt oder nur vorgestellt als nicht-materielles Denkmodell in Form einer Punktwolke von acht Punkten (mit genau bestimmten Entfernungen zwischen den Punkten). Je nachdem, welche Aspekte für die jeweilige Konstruktion als konkrete materielle, vorgestellte Form oder als Denkmodell wichtig sind, können einzelne offensichtlich hervorstechende Elemente bevorzugt werden. Diese bestimmen entscheidend die jeweilige Sichtweise und auch Bezeichnung mit.

Ein Tischler, der mit massivem Holz arbeitet, oder ein Arbeiter, der einen Kubus aus Beton gießt, wird in erster Linie das Volumen einer räumlichen Form im Auge behalten. Werden beispielsweise Kästen gebaut oder einfache Wohnräume, liegt der Fokus auf den Flächen. Für ein Spielgerüst aus Stangen stehen die Kanten einer Raumform im Vordergrund. Der Chemiker wird in seinen räumlichen Denkmodellen seine Moleküle als Eck- oder Knotenpunkte einer räumlichen Struktur auffassen. Unter all diesen Gesichtspunkten lassen sich auch die Faltformen beschreiben. In diesem Buch stehen jedoch in erster Linie die Anzahl und Art der verwendeten Module im Vordergrund sowie die Anzahl der Ringschlüsse (bzw. der „Fenster“ zwischen den Modulen, siehe Abbildungen Seite 10 und 11). Insbesondere die Symmetrieeigenschaften – wie sie in der Kristallografie eine Rolle spielen, um verschiedene Raumstrukturen zu beschreiben – werden uns helfen, die Faltformen auseinanderhalten zu können.

Grafiken für niedrig-symmetrische Modelle mit nur einer Haupt-Symmetrieachse (keine Neben-Symmetrieachsen)**

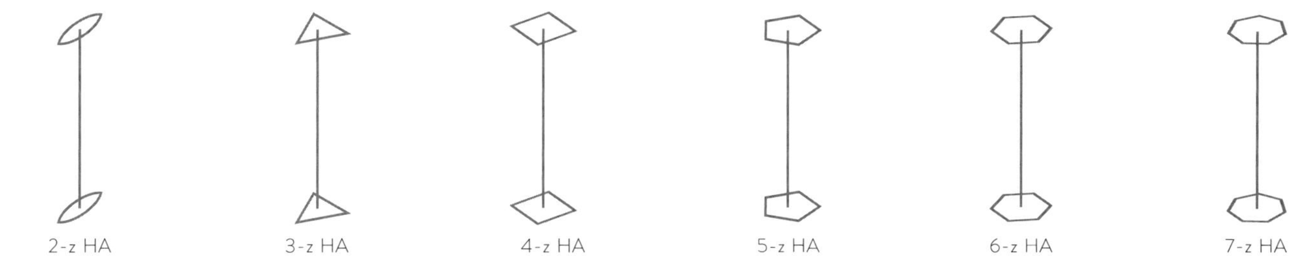

2-z HA | 3-z HA | 4-z HA | 5-z HA | 6-z HA | 7-z HA

Grafiken für höher-symmetrische Modelle mit einer Haupt-Symmetrieachse und Neben-Symmetrieachsen

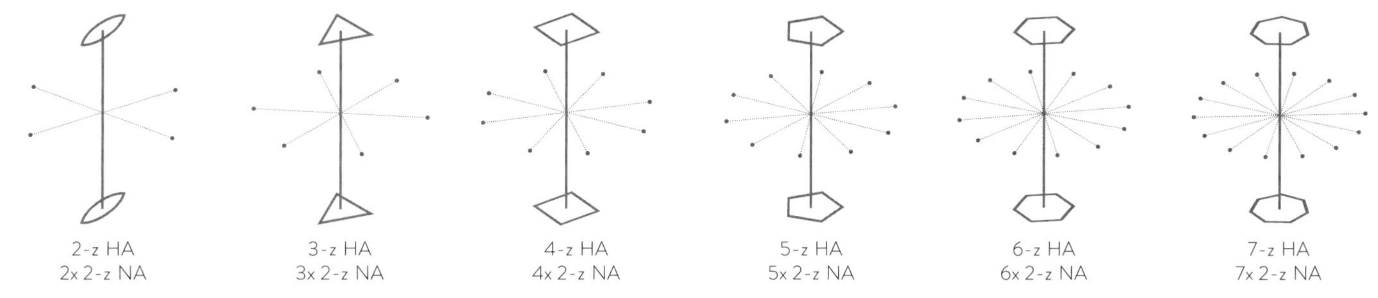

2-z HA 2x 2-z NA | 3-z HA 3x 2-z NA | 4-z HA 4x 2-z NA | 5-z HA 5x 2-z NA | 6-z HA 6x 2-z NA | 7-z HA 7x 2-z NA

Kristallografische Strukturen: Drehsymmetrieachsen
Kristallformen sind anhand ihrer Symmetrieachsen systematisiert. Jeder regelmäßig ausgeprägte Kristall lässt sich um eine oder mehrere Achsen drehen. Bei einer vollständigen Drehung von 360° um eine gedachte Drehachse ergibt sich etwa beim Bergkristall dreimal das gleiche Bild auf die Facetten, wie es sich in der Ausgangsposition zeigt (vereinfacht auf Seite 11 dargestellt). Dabei ist die Achse in der Längsrichtung 3-zählig, sie wird hier als Haupt-Symmetrieachse bezeichnet. Dazu kommen drei radiale Neben-Symmetrieachsen, die nur 2-zählig sind (siehe Seite 11). Die Kristalle als stabilste, unveränderliche Formen der Natur werden also mit einer Methode klassifiziert, die, praktisch umgesetzt, viel innere Beweglichkeit fordert. Wir nutzen diese Symmetrieachsen als eine Möglichkeit, die Faltformen zu unterscheiden. Wesentliche Grundlagen für diese Herangehensweise lieferte der dänische Naturforscher, später auch Priester und Bischof, Nicolaus Steno (1638–1686), der 1669 entdeckte, dass die Winkel zwischen kristallografisch gleichen Flächen stets gleich groß sind. 1801 führte der französische Mineraloge René-Just Haüy (1743–1822) den Begriff der Symmetrie als formale Definition in die Kristallografie ein, wie vereinfacht für den Bergkristall dargestellt und auf ein Faltmodell übertragen (siehe Seite 11). An dieser Stelle können die detailreichen Aspekte der Kristallografie nicht im Einzelnen erörtert werden (weiterführende Literatur auf Seite 169).

Einfache Symmetrien
Die meisten Modelle in FALTFORMEN entsprechen dem Symmetrieprinzip des Bergkristalls mit einer Hauptachse und der entsprechenden Anzahl radialer Nebenachsen, wobei bei den verwandten Faltformen auch 4-, 5- und 6-zählige Drehsymmetrien auftreten. So lassen sich mehrere sehr ähnliche Modelle herstellen, die sich vor allem hinsichtlich der Zähligkeit* ihrer Drehsymmetrien unterscheiden. Die Drehsymmetrien sind für jedes Modell bei der Bauanleitung angegeben (Abbildungen oben). Drehsymmetrien verlaufen immer axial: Diese Achsen gehen durch gegenüberliegende Ecken einer Raumform oder durch die Mitte zweier gegenüberliegender Kanten bzw. durch die Mitte zweier gegenüberliegender Flächen. Bei einfachen Symmetrien wird unterschieden zwischen Symmetrien mit nur einer mehrzähligen Hauptachse (obere Reihe) und Symmetrien mit zusätzlichen, senkrecht dazu stehenden 2-zähligen Nebenachsen (untere Reihe, Nebenachse horizontal dargestellt).

* siehe auch Glossar Seite 166

** HA = Haupt-Symmetrieachse
NA = Neben-Symmetrieachse
z = zählig

Tetraeder-Symmetrien**

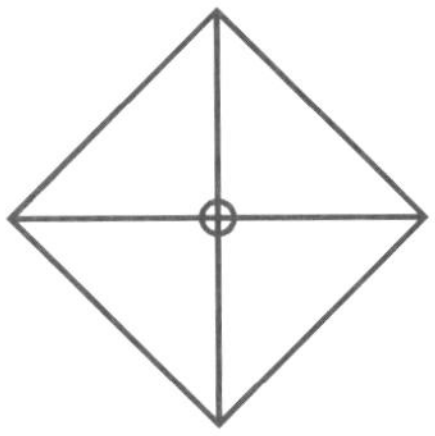

Würfel-/Oktaeder-Symmetrien

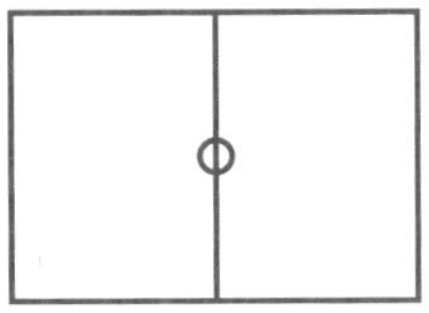

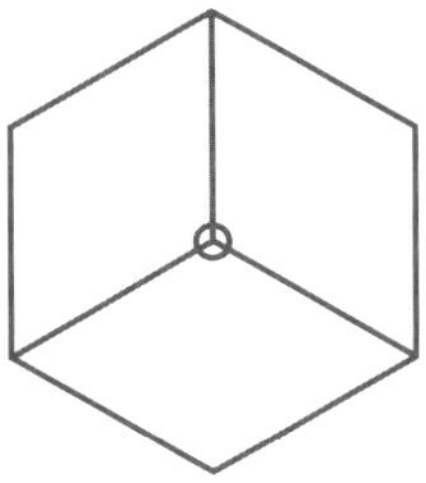

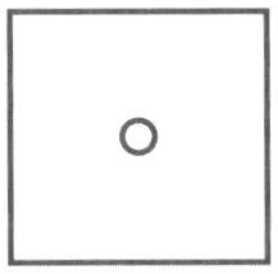

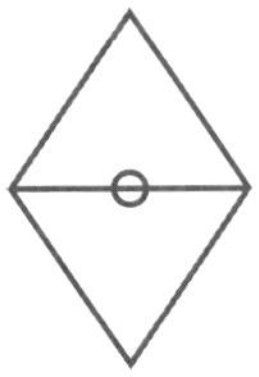

3 x 2-z A

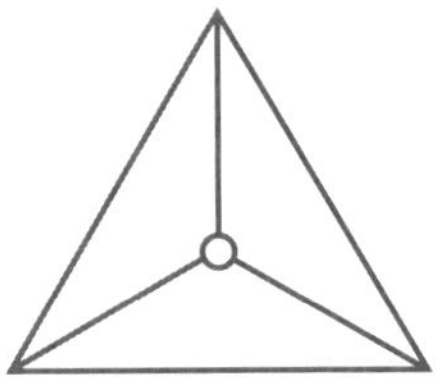

4 x 3-z A

6 x 2-z A

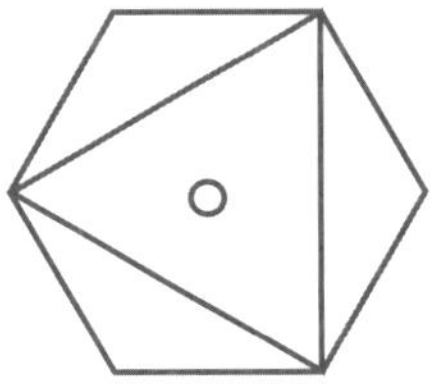

4 x 3-z A

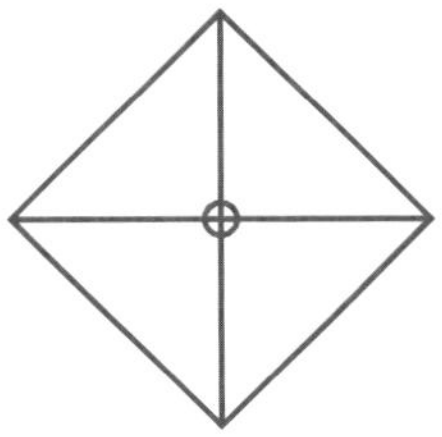

3 x 4-z A

Komplexe Polyeder-Symmetrien
Eine Sonderstellung bilden die hoch-symmetrischen Formen. Hier greifen zwei oder drei verschiedene Zähligkeiten von Achsen ineinander, die im Folgenden nur schlicht als Symmetrieachsen bezeichnet werden. In diesem Buch sind es nur drei Modelle, die diese komplexen Symmetrien zeigen. Unter diesem Gesichtspunkt stellen diese drei Modelle die Krönung dessen dar, was an Symmetrie in räumlichen Formen möglich ist.*

Eine Darstellung aller Achsen, entsprechend den Abbildungen auf Seite 13, wird wegen der Fülle an Achsen bei den komplexen Polyeder-Symmetrien schnell unübersichtlich. Daher wird hier nun immer nur an je einem Beispiel mit Blick auf nur eine Ecke, eine Fläche oder eine Kante gezeigt, welche Symmetrien vorkommen (siehe Abbildungen oben).

Tetraeder-Symmetrien
Das Tetraeder ist eine Form aus vier gleichen Dreiecken. Mit Blick auf seine Kanten zeigen sich 2-zählige Symmetrieachsen. Das Tetraeder hat sechs Kanten – da die Symmetrieachsen stets durch zwei gegenüberliegende Kanten gehen, hat das Tetraeder drei 2-zählige Symmetrieachsen. Sowohl der Blick auf eine Fläche des Tetraeders als auch der Blick auf eine seiner Ecken lässt eine 3-zählige Symmetrie erkennen. Jeder Tetraeder-Fläche steht eine Tetraeder-Ecke gegenüber. Das Tetraeder hat insgesamt vier 3-zählige Symmetrieachsen. Beispiele der Tetraeder-Symmetrien finden sich oben ganz links.

Das Modell R06, 16-Flach, besitzt dieselben Symmetrien wie das Tetraeder (siehe Seite 94).

Symmetrien von Würfel und Oktaeder
Der Würfel ist eine Form aus sechs gleichen Quadraten. Mit Blick auf seine Flächen zeigen sich 4-zählige Symmetrieachsen. Davon hat der Würfel drei. An allen seinen Ecken kommen drei Kanten und drei Flächen zusammen – hier zeigen sich 3-zählige Symmetrieachsen, davon hat der Würfel vier. Mit Blick auf seine Kanten zeigen sich insgesamt sechs 2-zählige Symmetrieachsen.

Ähnliches gilt für das Oktaeder (siehe Seite 10). Mit Blick auf seine dreieckigen Flächen zeigen sich 3-zählige Symmetrieachsen. Davon hat das Oktaeder vier. An allen seinen Ecken kommen vier Kanten und vier Flächen zusammen – hier zeigen sich 4-zählige Symmetrieachsen, davon hat das Oktaeder drei. Mit Blick auf seine Kanten zeigen sich insgesamt sechs 2-zählige Symmetrieachsen. Man merkt schnell: Würfel und Oktaeder sehen verschieden aus, hinsichtlich der Anzahl und der Zähligkeit haben sie dennoch dieselben Symmetrien. Beispiele der Würfel- und Oktaeder-Symmetrien finden sich oben rechts neben den Tetraeder-Symmetrien.

Dodekaeder-/Ikosaeder-Symmetrien

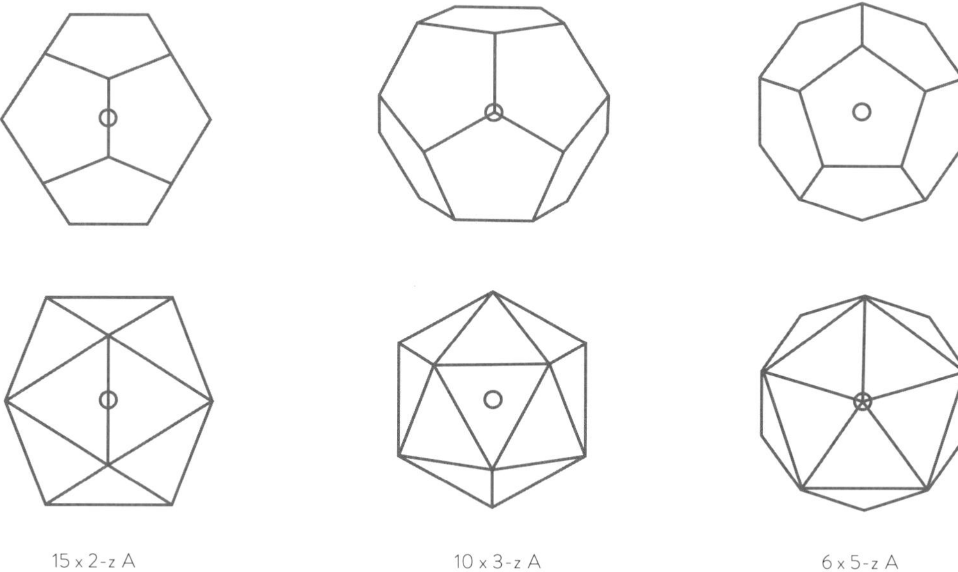

15 x 2-z A　　10 x 3-z A　　6 x 5-z A

Das Modell R07, 32-Flach, besitzt die Symmetrien von Würfel und Oktaeder siehe (siehe Seite 96).

Symmetrien von Dodekaeder und Ikosaeder
Das Dodekaeder ist eine Form aus zwölf gleichen Fünfecken (siehe Seite 146, Bild 5, Modell ganz rechts). Mit Blick auf seine Flächen zeigen sich 5-zählige Symmetrieachsen. Davon hat das Dodekaeder sechs. An allen seinen Ecken kommen drei Kanten und drei Flächen zusammen – hier zeigen sich 3-zählige Symmetrieachsen, davon hat das Dodekaeder zehn. Mit Blick auf seine 30 Kanten zeigen sich insgesamt fünfzehn 2-zählige Symmetrieachsen.

Ähnliches gilt für das Ikosaeder (siehe Seite 146, Bild 5, Modell ganz links). Mit Blick auf seine zwanzig dreieckigen Flächen zeigen sich 3-zählige Symmetrieachsen. Davon hat das Ikosaeder zehn. An alle seinen Ecken kommen fünf Kanten und fünf Flächen zusammen – hier zeigen sich 5-zählige Symmetrieachsen, davon hat das Ikosaeder sechs. Mit Blick auf seine 30 Kanten zeigen sich insgesamt 15 2-zählige Symmetrieachsen. Man merkt auch hier: Dodekaeder und Ikosaeder sehen verschieden aus, hinsichtlich der Anzahl und der Zähligkeit haben sie dennoch dieselben Symmetrien.
Das Modell R08, 80-Flach, besitzt die Symmetrien von Dodekaeder und Ikosaeder (siehe Seite 98).

Es finden sich mannigfache Beispiele für Kristallformen mit einfachen Symmetrien mit einer Hauptachse und auch solche mit zusätzlichen 2-zähligen Nebenachsen. Neben einer ganzen Reihe von Symmetriesystemen, die keinen Eingang in dieses Buch gefunden haben, gibt es Beispiele für Kristallformen mit Würfel- und Oktaeder-Symmetrie. Wobei nicht jeder Kristall so ebenmäßig auskristallisiert sein muss, wie dies idealerweise im Mineralreich möglich ist. Die hochkomplexen Symmetrien des Dodekaeders und des Ikosaeders schließlich kommen nicht im Mineralreich vor, wohl aber im Bereich der Viren.

* In FALTPOYEDER finden sich mehrere dieser Formen.

** A = Achse; z = zählig

Praktische Umsetzung: Zuschnitt, Faltungen und Farben

Erforderliche Papierqualität
Am besten eignet sich gut geleimtes, durchgefärbtes und formsteifes Papier mit einer Grammatur von 120 g/m², so beispielsweise f.color® glatt, Efalin glatt oder Surbalin glatt (siehe Seite 173). Es findet häufig Verwendung beim Beziehen von Buchdecken oder als Vorsatzpapier. Für alle Modelle in FALTFORMEN wurde f.color® verwendet. Ein festes, gut geleimtes, formsteifes Universalpapier von 120 g/m² ist eine denkbare Alternative. Es muss sich deutlich fester anfühlen als gängiges Kopierpapier und wird gerne für hochwertige Landkarten verarbeitet.

Zuschnitt Quadrate und Dreiecke aus Streifen
Für den Zuschnitt der Blattformen ist es am besten, mehrere (fünf bis zehn) Papierlagen mit einem Klammerhefter zu einem Stapel zusammenzutackern. So lassen sich mit jedem Schnitt mehrere Faltflächen gleichzeitig erstellen.
Für Quadrate und Dreiecke schneidet man zunächst aus ganzen Bogen einzelne Streifen zu. Die Breite der Streifen für Quadrate entspricht der gewünschten Seitenlänge. Für Dreiecke müssen die Streifen so breit sein wie die Höhe der Dreiecke. Kennt man nur deren erforderliche Kantenlänge, muss entsprechend umgerechnet und konstruiert werden.
Die Streifen für Quadrate werden rechtwinklig im Endmaß abgeschnitten. Mit einer Schlagschere ist das eine einfach zu bewältigende Aufgabe, mit Geodreieck und Cutter ist dies auch auf einer Schneidematte zu bewerkstelligen. Für Dreiecke wird der Streifen im Winkel von 60° abgeschnitten, dann muss der Streifen nach jedem Schnitt gewendet werden. Sonst entstehen Rauten (Abb. 2).

Zuschnitt Fünf- und Sechsecke aus Schablonen
Für Fünf- und Sechsecke am besten eine Kopie der Vorlagen (mehr dazu siehe Seite 19) anfertigen und diese als Stechschablone verwenden. Dazu die Kopie auf das Faltpapier legen. In alle Eckpunkte mit einer Buchbinder-Ahle einstechen. Nun mit dem Cutter von Loch zu Loch schneiden – so entsteht das gewünschte Vieleck. Auch hierfür können mehrere Blätter gleichzeitig geschnitten werden. Dabei darauf achten, das Cuttermesser immer senkrecht zu halten, sonst fallen die unteren Lagen Papier aus dem angestrebten Maß.

Größe und Farben der Faltflächen
Alle Faltflächen sind in der erforderlichen Farbe und Umsetzung in der Übersichtstabelle (siehe Seite 19) abgebildet. Anfangs empfiehlt es sich, diesen Angaben zu folgen. Doch für bestimmte Zwecke und aus praktischen Erwägungen kann es sinnvoll sein, davon abzuweichen.
Möchte man kleinere Modelle bauen (weil diese leichter aufzubewahren und zu transportieren sind), lassen sich die Vorlagen mit einem Kopierer verkleinern. Sollen Modelle realisiert werden, die

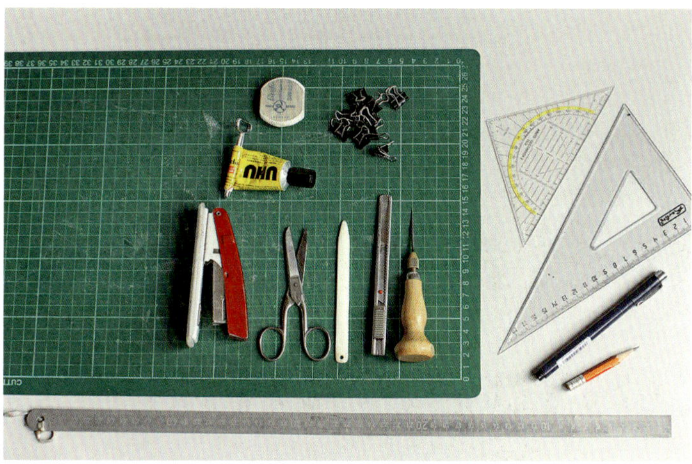

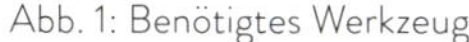
Abb. 1: Benötigtes Werkzeug

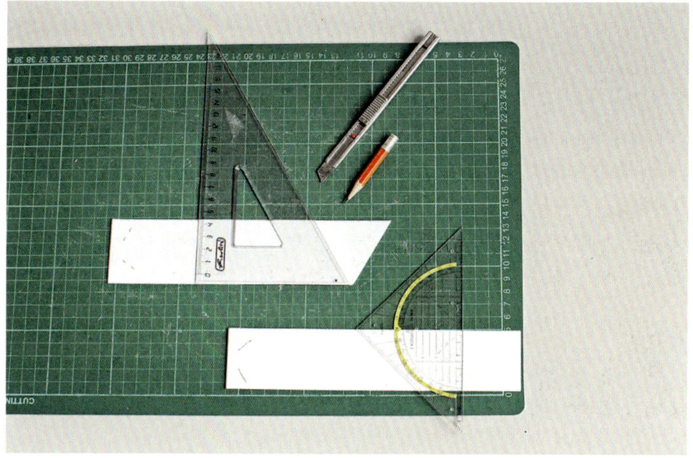

Abb. 2: Zuschnitt der Dreiecke und Quadrate

aus mehreren verschiedenen Faltformen zusammengesetzt sind, müssen diese proportional (um den gleichen Faktor) gegenüber der Vorlage verkleinert werden. Selbiges gilt entsprechend für die Vergrößerung.

Verwendung von Klebstoff

Die meisten Steckverbindungen halten als formschlüssige Verbindung von selbst: Die Module halten sich gegenseitig zusammen. In manchen Fällen – dies macht sich dann deutlich bemerkbar – ist es sinnvoll, die umgeklappten Spitzen der Reiter am unteren Boden des Rosses festzukleben (besonders bei fünf- und sechseckigen Modulen) und/oder die Steckverbindungen zu verkleben. Bei den entsprechenden Anleitungen ist dies vermerkt. Klarer Klebstoff auf Lösungsmittelbasis hat sich hier bewährt, manche bevorzugen stattdessen Weißleim.

Stützen

Insbesondere da, wo fünf- und sechseckige Module miteinander verbunden werden, ist die Steckverbindung labil. Neben Klebstoff hilft auch die Verwendung von Stützen: Schmale, in der Mitte geknickte Streifen von Faltpapier oder gar Overhead-Folie in der Breite der Steckverbindung sind eine optimale Stütze, die jeder Steckverbindung eine große Stabilität verleiht. Im folgenden Link finden sich entsprechende Vorlagen: https://www.haupt.ch/faltformen.

Größe der Faltblätter

Die fertig zugeschnittenen Dreiecke, Quadrate, Fünfecke und Sechsecke werden zu dreieckigen, viereckigen, fünfeckigen und sechseckigen Modulen verarbeitet (siehe dazu Tabelle Seite 19). Die freie Kombinierbarkeit aller Module untereinander setzt voraus, dass alle Verbindungsstücke die gleiche Breite haben müssen. Schneiden Sie die Faltformen also in den angegebenen Größen zu. Wenn Sie eine andere Größe wählen, denken Sie daran, alle Faltblätter gegenüber den in der Tabelle angegebenen Größen einheitlich zu vergrößern oder zu verkleinern. Alle Vorlagen erhalten Sie hier: https://www.haupt.ch/faltformen

Erforderliche Berg- und Talfalten an den verschiedenen Modulen

Ausnahmslos alle Module benötigen alle möglichen Bergfalten wie in der Tabelle von Seite 19 ersichtlich. Die Winkel zwischen zwei Bergfalten bestimmen, in welchem Winkel zwei Polyeder-Kanten beim fertigen Modell zusammenlaufen. Dieser Winkel zwischen zwei Bergfalten kann nicht vergrößert, sondern nur verkleinert werden, indem zwischen den Bergfalten eine Talfalte gefaltet wird. Dadurch wird der Winkel zwischen zwei Bergfalten innerhalb bestimmter Grenzen variabel und entsprechend individuell nach Bedarf einsetzbar. Die notwendigen Falten können per Hand oder mit dem Falzbein ausgeführt werden. Nehmen Sie sich Zeit für jede Ross- und Reiterfläche sowie für die Module. Achten Sie darauf, die Falten exakt auszuführen.

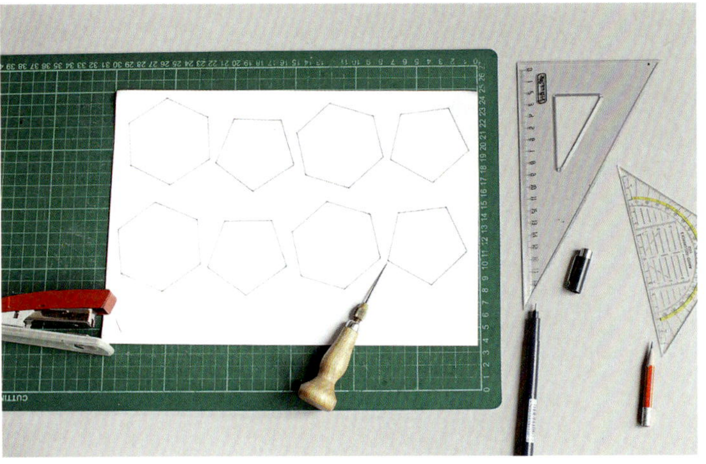

Abb. 3: Übertragung der Maße von Vorlage auf das Faltpapier

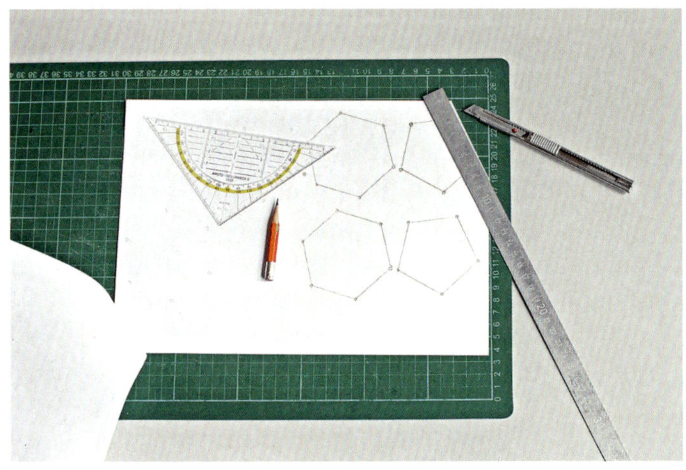

Abb. 4: Ausschnitt der Fünf- und Sechsecke

Besondere Talfalten und die Farben der Module
Je nach Modulart werden aber nur die in der Tabelle angegebenen Talfalten benötigt. Es hat sich bewährt, die Faltmodule entsprechend ihrer Talfalten farblich zu kodieren. Dreiecke mit allen drei möglichen Talfalten werden in Hellblau dargestellt (siehe gegenüberliegende Seite). Werden bei Dreiecken nur zwei von drei möglichen Talfalten ausgefaltet, so wird türkisfarbenes Papier verwendet. Pinkfarbenes Papier wird für Dreiecke mit nur einer Talfalte eingesetzt. Entsprechendes gilt jeweils auch für Quadrate. Hier sind insgesamt fünf verschiedene Versionen möglich, die alle auch beim Modellbau zum Einsatz kommen. Bei den fünfeckigen und sechseckigen Faltmodulen wurden stets alle fünf bzw. sechs möglichen Talfalten genutzt. Die jeweilige Form kommt am besten zur Geltung, wenn sie einfarbig weiß ausgeführt wird, wie die Doppelseiten vor jedem Kapitel zeigen. Die Orientierung fällt mithilfe von Modulen, deren Farbe gleichzeitig die erforderlichen Talfalten anzeigen, leichter.

Abweichende Sondergrößen von Ross und Reiter
Für ganz wenige Modelle ist es notwendig, bei einzelnen Modulen von der Standard-Größe abzuweichen: Ross oder/und Reiter haben dann andere Größen als sonst angegeben. Sie sind mit dem Sonderzeichen ° besonders gekennzeichnet (etwa R07 32-Flach auf Seite 96 und R08 80-Flach auf Seite 98). Die genauen Größen für die entsprechenden Module finden Sie hier: https://www.haupt.ch/faltformen.

Eckige Ringschlüsse* und Modellnamen (Viel-Flach)
Alle Module schließen sich zu geschlossenen, eckigen Ringen zusammen, deren Seiten bzw. Ecken abzählbar sind. Ein fünfzähliger Ringschluss bildet am Modell eine gedachte fünfeckige Fläche. Zählt man alle Ringschlüsse eines Modells zusammen, erhält man den Namen des Modells (z. B. 19-Flach, siehe Seite 20/21). Es gehört zu den staunenswerten Tatsachen, dass auf den ersten Blick ganz verschiedene Modelle die gleiche Anzahl von Flächen haben – und dabei völlig unterschiedliche Symmetrien besitzen.

Schwierigkeitsgrade und Zeitangaben
Der eigenhändige Modellbau hängt erfahrungsgemäß stark von individuellen Begabungen, Erfahrungen und manchmal auch von der Tagesform ab. Für alle Modelle in FALTFORMEN sind Zeitangaben und Schwierigkeitsgrad angegeben. Sie geben nur eine Orientierung. Generell ist zu empfehlen, mit einfachen Modellen zu beginnen, und sich nach und nach mit zunehmendem Erfolg an schwierigere Formen zu begeben.

* siehe auch Glossar Seite 166

Form	Seite	Farbe	Talfalten	Grafik Reiter	Foto Reiter	Grafik Ross	Foto Ross	Ross/Reiter	Foto Modul
Dreieck	79		alle Talfalten						
	73		1 von 3 Talfalten						
	85		2 von 3 Talfalten						
Quadrat	25		alle Talfalten						
	55		3 von 4 Talfalten						
	35		2 von 4 Talfalten (jede zweite)						
	25		2 von 4 Talfalten (2 benachbart)						
	35		1 von 4 Talfalten						
Fünfeck	27		alle Talfalten						
Sechseck	29		alle Talfalten						

Aufbau der Modellseiten

Info
Diese Beispielseite dient der Übersicht des Aufbaus für den Modellbau im folgenden Anleitungsteil. Jede Doppelseite folgt dem gleichen Schema. Dadurch wird die Orientierung für den eigenhändigen Nachbau erleichtert.

Hinweis zu 5–7
Maßstäbliche Größen der Grundflächen für Ross und Reiter können Sie unter dem Link https://www.haupt.ch/faltformen als 1:1-Kopiervorlagen herunterladen. Sofern für ein Modell nur eine Modul-Art mit gleich großen Ross- und Reiterblättern erforderlich ist, kann es in beliebiger Größe ausgeführt werden.

O05 19-Flach **2** O-Modelle: aus Quadraten (gelb, orange)

1

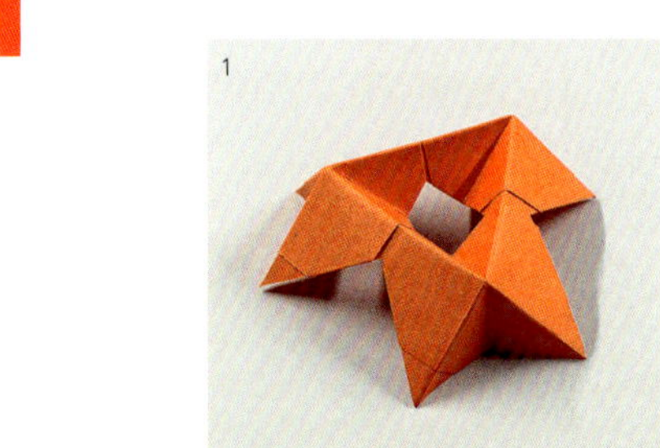
1

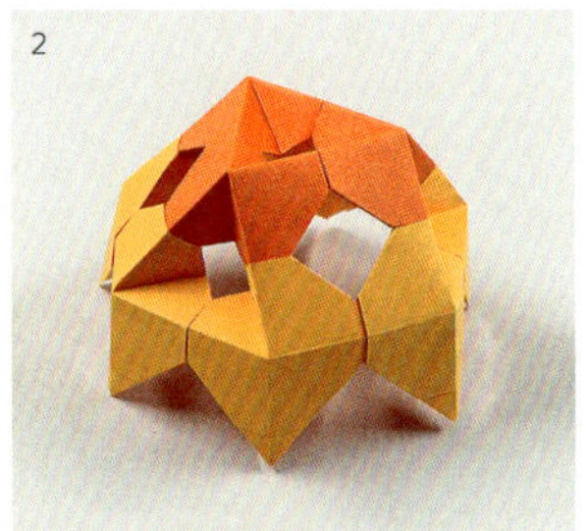
2

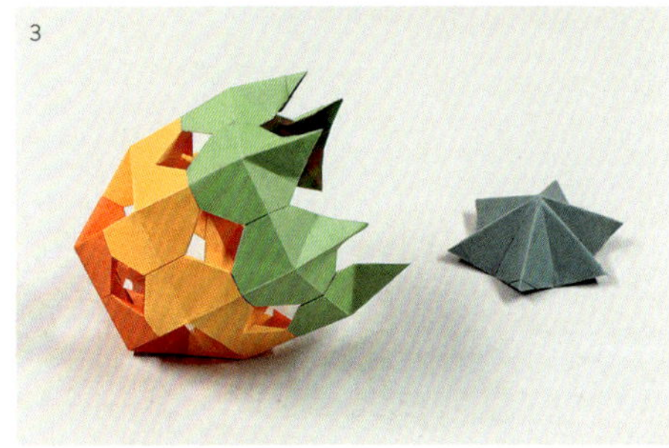
3

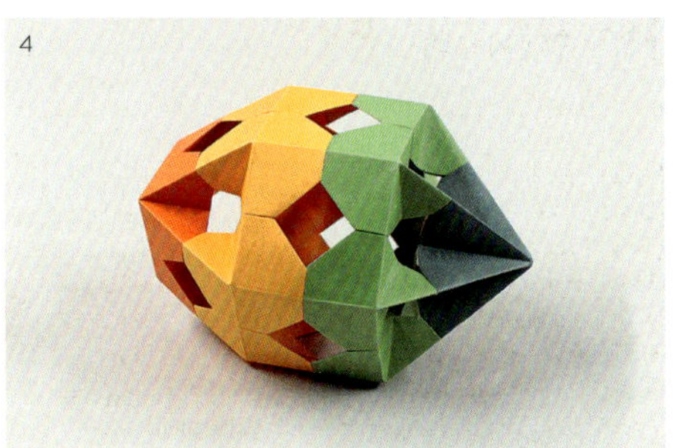
4

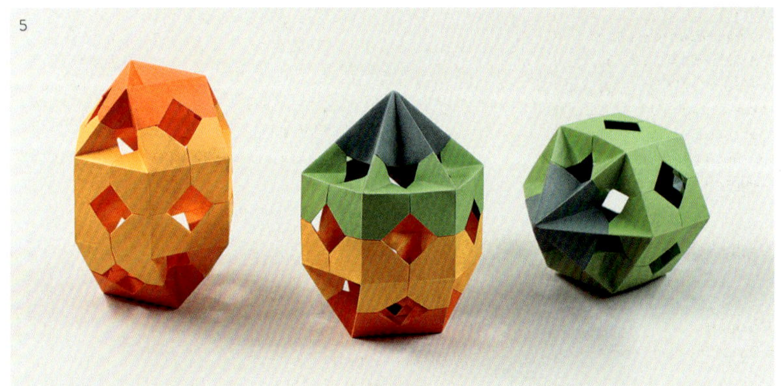
5

10

42

1 Modell-Nummer
Buchstabe: Zuordnung zu einer Gruppe (nach technischer Besonderheit, z. B. Modelle aus Dreiecken, Quadraten, Fünfecken und Sechsecken) Zahl: fortlaufende Modell-Nummer

2 Modell-Name/ Technische Besonderheit
Beispiel: O05, 19-Flach. Gehört zu den O-Modellen, die vorwiegend aus orangen und gelben Quadraten hergestellt sind.

3 Schema Modul/Hauptachse
am Beispiel 19-Flach: Dieses Modell hat eine 3-zählige Hauptachse, hier senkrecht abgebildet mit dreieckigen Enden.

005 19-Flach O-Modelle: aus Quadraten (gelb, orange)

3

4

19-Flach 2

Erste Schritte
Benötigt werden 6 orange Quadrate (3 x Ross und 3 x Reiter) sowie 12 gelbe Quadrate (6 x Ross und 6 x Reiter). Hinzu kommen weitere 12 hellgrüne Quadrate (6 x Ross und 6 x Reiter) sowie 2 moosgrüne Sechsecke (1 x Ross und 1 x Reiter). Berg- und Talfalten nach nebenstehenden Grafiken falten. Ross und Reiter zu 3 orangen Modulen, 6 gelben Modulen, 6 hellgrünen Modulen und einem moosgrünen Modul zusammenstecken. 9

Das Modell zusammenbauen
3 orange Module zu einem dreieckigen Ringschluss verbinden (Abb. 1). An die orangen Module schließen 6 gelbe Module an (Abb. 2). Daran werden 6 hellgrüne Module angefügt, ähnlich wie bei N03 (Abb. 3). An die 6 hellgrünen Spitzen schließt ein abschließendes moosgrünes Modul an (Abb. 4).
Zu diesem Modell finden sie unter folgendem Link ein Anleitungsvideo: https://www.haupt.ch/faltformen

Ähnliche Modelle
Wie die Zusammenschau in Abb. 5 zeigt, ist O05 eine Mischung aus N03 und O04.

Schwierigkeitsgrad: mittelschwer
Zuschnitt: erste Anforderungen, mittelschwere Montage;

5 6

3 x 3 x 6 x 6 x 6 x 6 x 1 x 1 x 8

7

43

6 Ross-Grundflächen (schematisch)
Ross-Grundflächen werden von Reiter-Grundflächen überdeckt und bilden den unteren Teil des Moduls.

7 Piktogramme
Reiter liegt in jedem Modul oben.
Ross liegt in jedem Modul unten.

8 Anzahl der Elemente
Die beistehende Zahl gibt an, wie viele einzelne Blätter je Ross und Reiter für den Bau dieses Modells erforderlich sind. Siehe dazu auch Übersicht auf Seite 19.

9 Schritt-für-Schritt-Anweisungen
Sinngemäß ausführen, wie am Beispiel des 19-Flachs erklärt.
Erste Schritte helfen beim Einstieg, der weitere Fortgang folgt.
Gegebenenfalls wird auf ähnliche Modelle verwiesen.
Abschließend eine ungefähre zeitliche Einschätzung.

4 Schema Modul/Nebenachsen
Dieses Modell hat drei 2-zählige Nebenachsen, hier radial um die senkrechte Hauptachse dargestellt.

5 Reiter-Grundflächen (schematisch)
Reiter-Grundflächen liegen immer auf Ross-Grundflächen auf und sind als oberer Teil des Moduls sichtbar.

10 Schritt-für-Schritt-Zusammenbau
Das Modell wie auf den Fotos der Reihenfolge nach zusammenbauen.
Diese Schritte finden sich in den Schritt-für-Schritt-Anweisungen wieder.

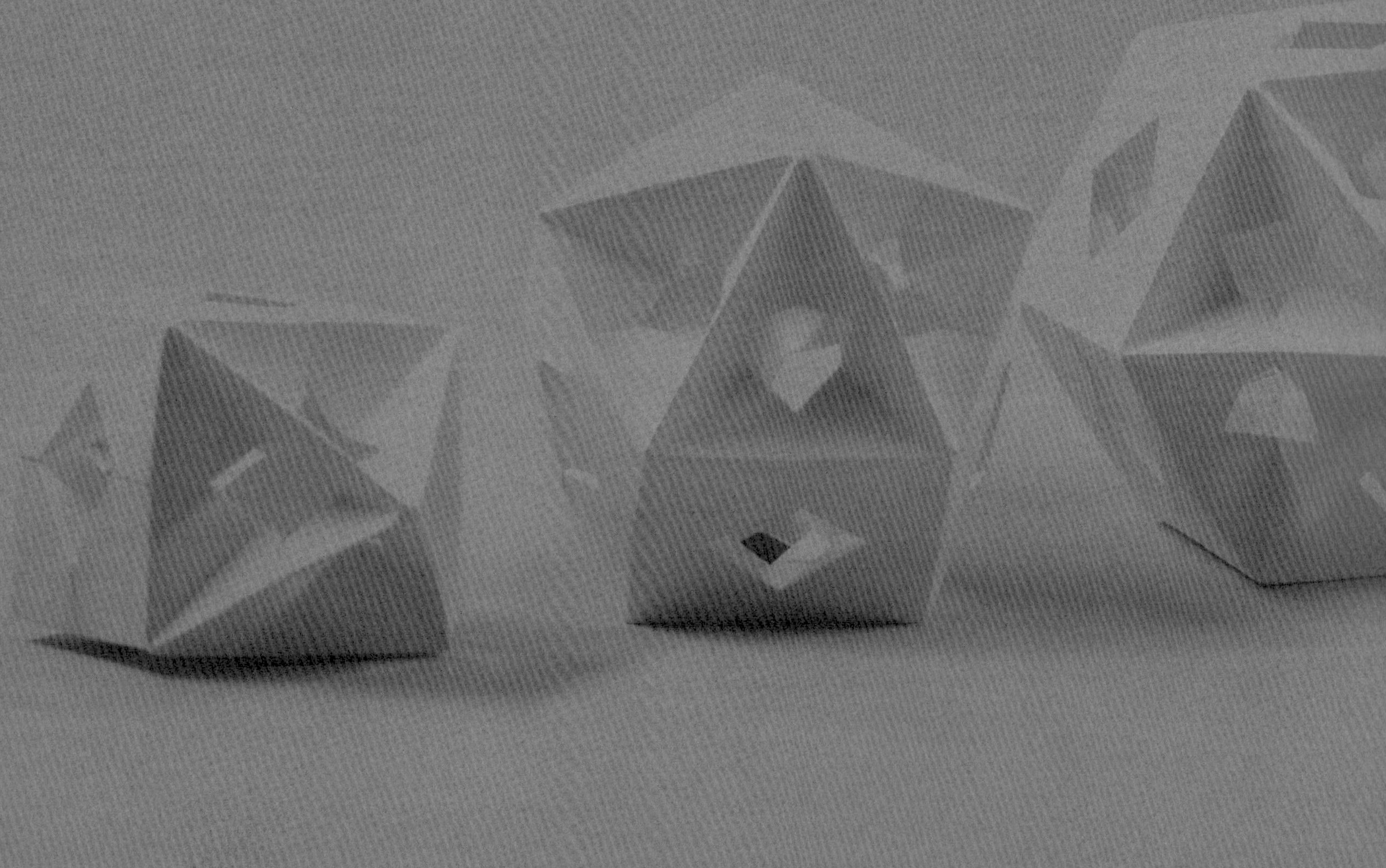

N-Modelle: aus Quadraten (hellgrün)

Alle vier N-Modelle haben quadratische Module mit zwei Talfalten (hellgrün). Je zwei Module gehören als Zwillingsmodule zusammen, die sich weiter zu 2 x 4, 2 x 5 oder 2 x 6 Modulen schlauchförmig verbinden lassen. Dabei ergeben sich entsprechend eine 4-zählige (N01), eine 5-zählige (N02) und eine 6-zählige (N03) Haupt-Symmetrieachse. Rechtwinklig finden sich die 2-zähligen Nebenachsen: vier bei N01, fünf bei N02 und sechs bei N03. Die Zähligkeit der Hauptachse entspricht bei den N-Modellen der Anzahl der 2-zähligen Nebenachsen.

Das einfache Weiterzählen nach oben und unten hat praktische und geometrische Grenzen. Als Modell lassen sich in der gleichen Bauart das 9-Flach (3-zählige Hauptachse), das 21-Flach (7-zählige Hauptachse) und das 24-Flach (8-zählige Hauptachse) nur als Torso ausführen.

Mit zunehmender Modellzahl ergeben sich immer mehr Bezüge (Konstruktion, Module, Symmetrien, Topologie) zwischen den Modellen, auf die in loser Folge im Anleitungstext verwiesen wird, wenn die Ähnlichkeiten besonders offensichtlich oder besonders beachtenswert sind. Alle Modelle in diesem Kapitel bilden eine eigene Baureihe für sich. Einige Anordnungen von Modulen finden sich bei Modellen in anderen Kapiteln wieder.

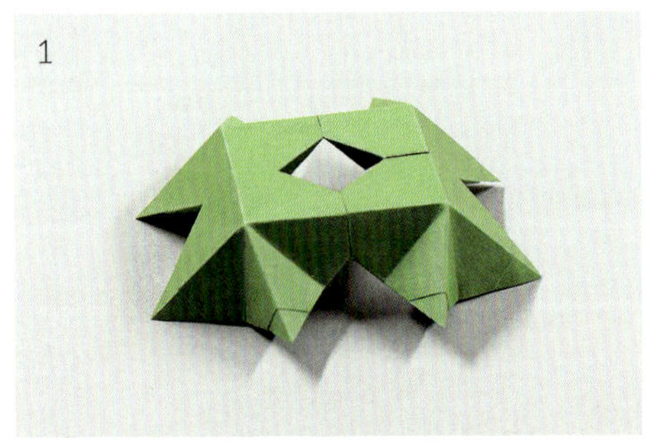
1

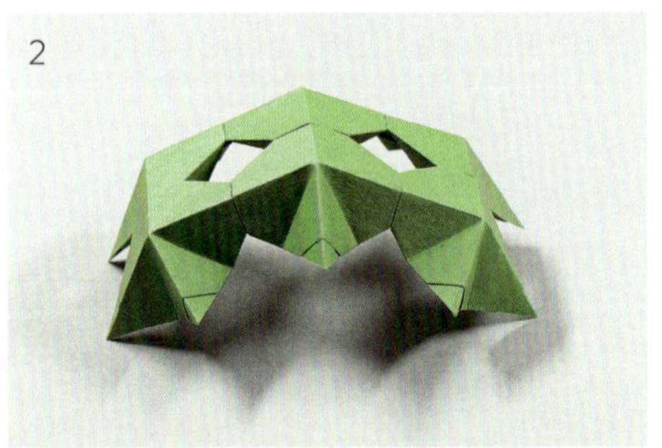
2

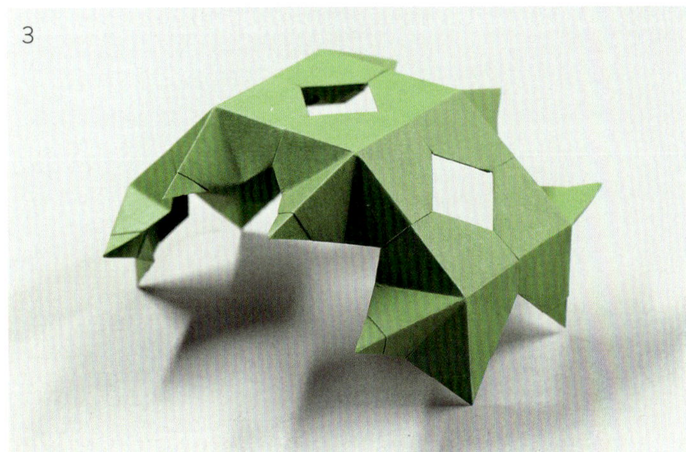
3

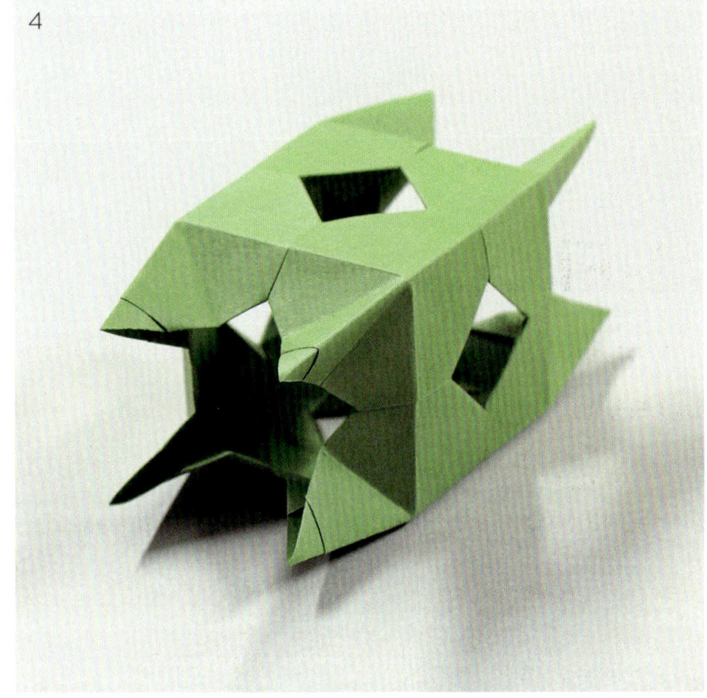
4

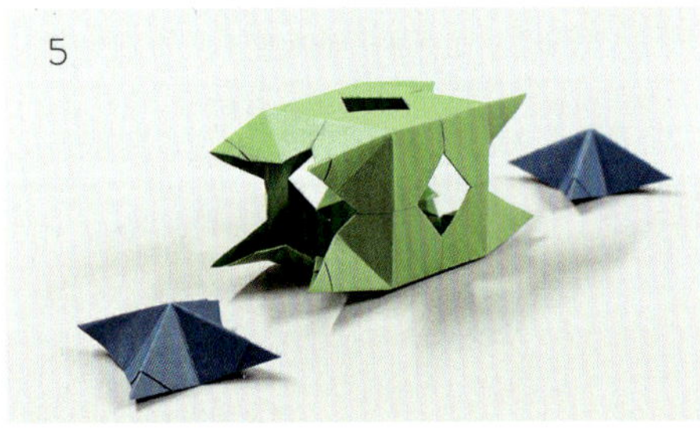
5

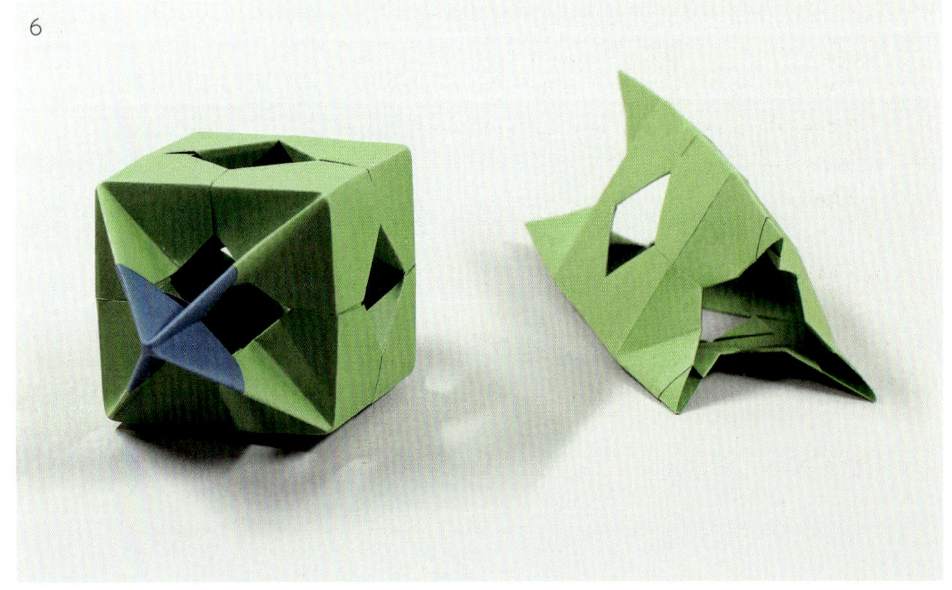
6

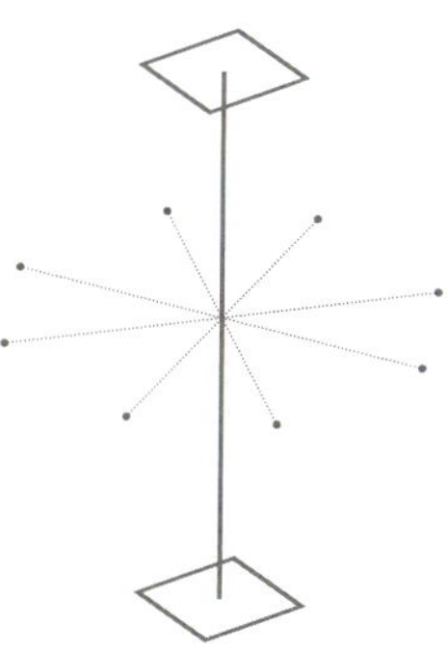

12-Flach

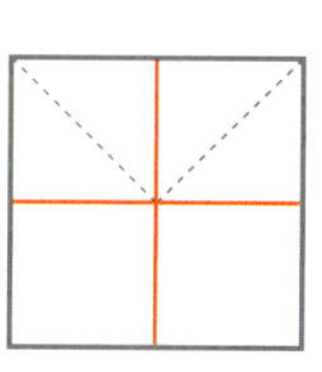

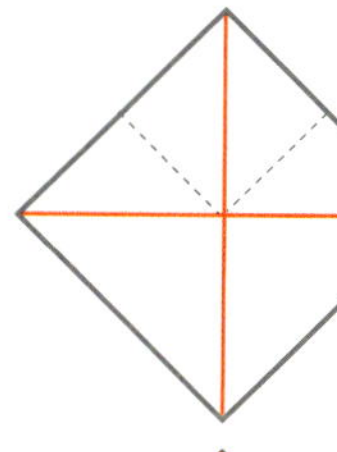

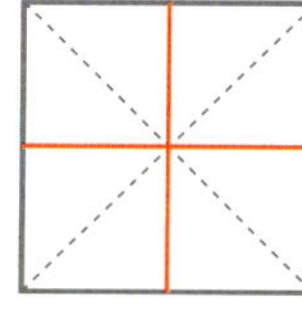

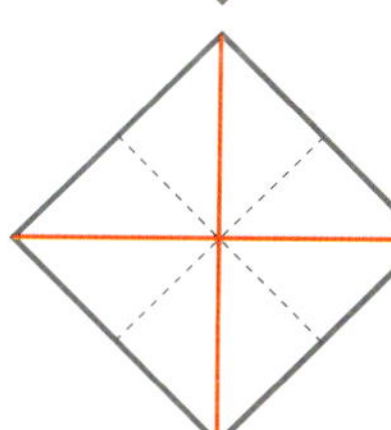

Erste Schritte
Benötigt werden 16 hellgrüne Quadrate (8 x Ross und 8 x Reiter) sowie 4 dunkelblaue Quadrate (2 x Ross und 2 x Reiter). Berg- und Talfalten nach nebenstehenden Grafiken falten. Ross und Reiter zu 8 hellgrünen und 2 dunkelblauen Modulen zusammensetzen.

Das Modell zusammenbauen
4 hellgrüne Module zu einem ersten quadratischen Ringschluss verbinden (Abb. 1). 2 weitere hellgrüne Module werden angefügt (Abb. 2), die letzten 2 hellgrünen ebenfalls, sodass ein schlauchförmiges Gebilde mit 4 Spitzen an beiden Öffnungen entsteht (Abb. 3 und 4). An diese hellgrünen Spitzen werden auf jeder Seite je ein dunkelblaues Modul angefügt. Das so erhaltene 12-Flach (Abb. 5) hat eine 4-zählige Haupt-Symmetrieachse.

Ähnliches Modell
Mit 6 hellgrünen Modulen lässt sich eine ähnliche Form (9-Flach) mit 3-zähliger Hauptachse bauen, die aber nur als Torso ausgeführt werden kann (Abb. 6 mit N01).

Schwierigkeitsgrad: leicht
einfacher Zuschnitt, einfache Montage; Zeitaufwand: ca. 45 Minuten

8 x

8 x

2 x

2 x

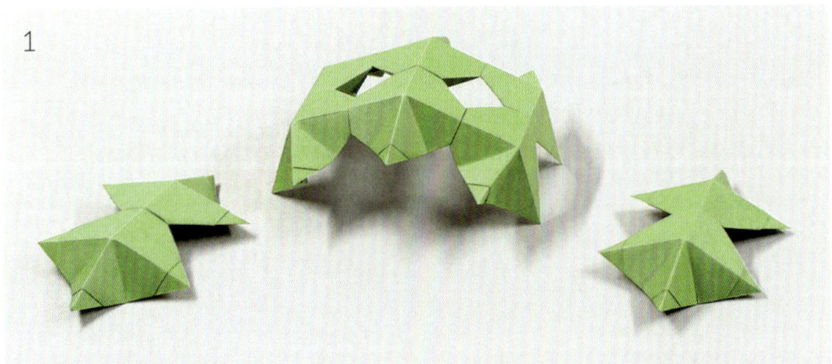
1

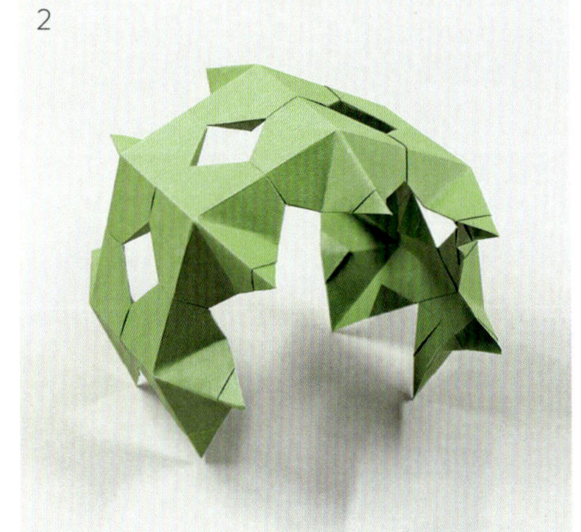
2

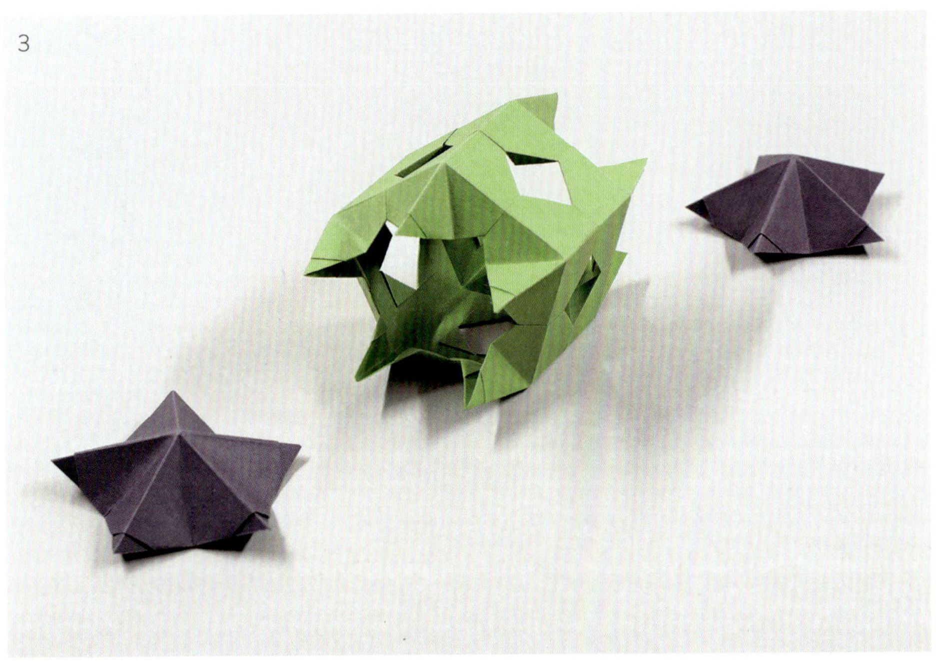
3

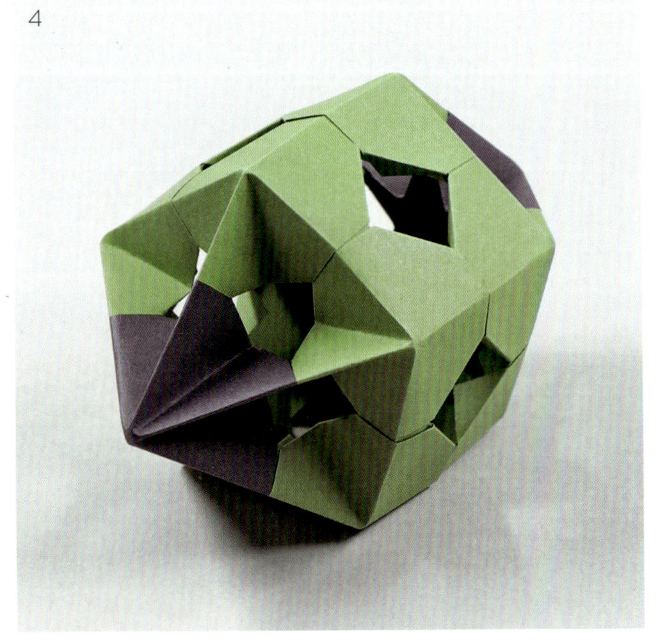
4

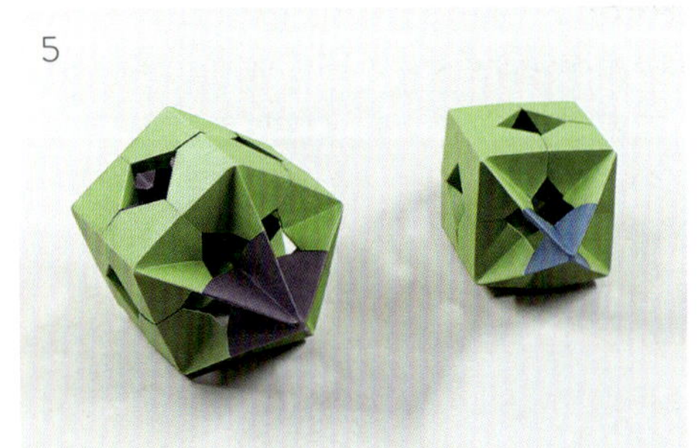
5

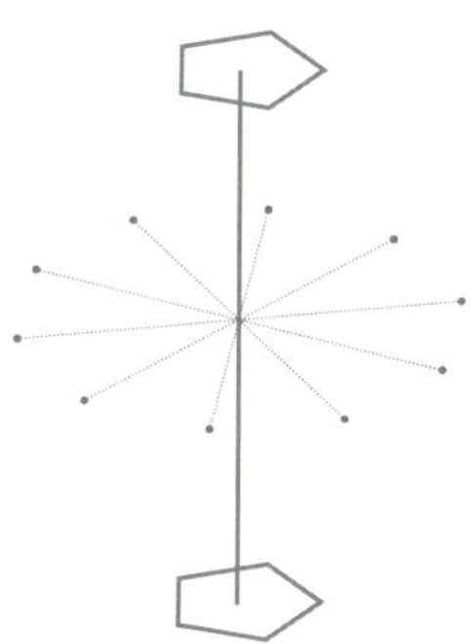

15-Flach

Erste Schritte
Benötigt werden 20 hellgrüne Quadrate (10 x Ross und 10 x Reiter) sowie 4 violette Fünfecke (2 x Ross und 2 x Reiter). Berg- und Talfalten nach nebenstehenden Grafiken falten. Ross und Reiter zu 10 hellgrünen und 2 violetten Modulen zusammensetzen.

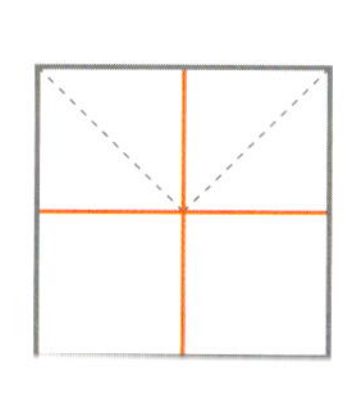

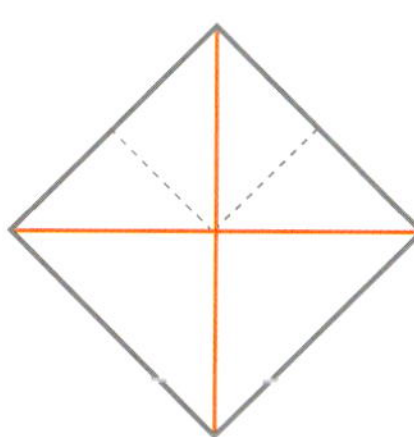

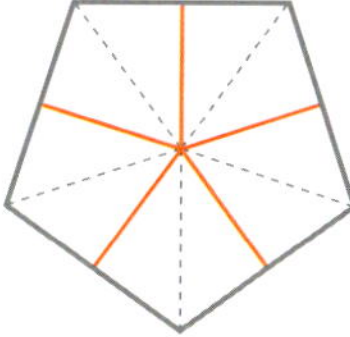

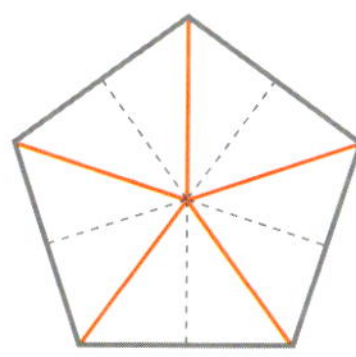

Das Modell zusammenbauen
6 hellgrüne Module zu ersten quadratischen Ringschlüssen verbinden (Abb. 1), die weiteren hellgrünen Module anfügen (Abb. 2), sodass ein schlauchförmiges Gebilde mit 5 Spitzen an beiden Öffnungen entsteht (Abb. 3). An diese hellgrünen Spitzen werden auf jeder Seite je ein violettes Modul angefügt. Das so erhaltene 15-Flach (Abb. 4) hat eine 5-zählige Haupt-Symmetrieachse. Abb. 5 zeigt N01 und N02 zusammen.

Schwierigkeitsgrad: leicht
einfacher Zuschnitt, einfache Montage; Zeitaufwand: ca. 1 Stunde

10 x 10 x 2 x 2 x

1

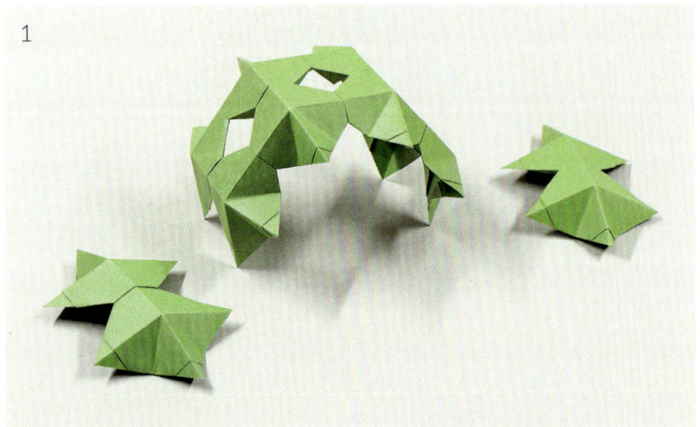

2

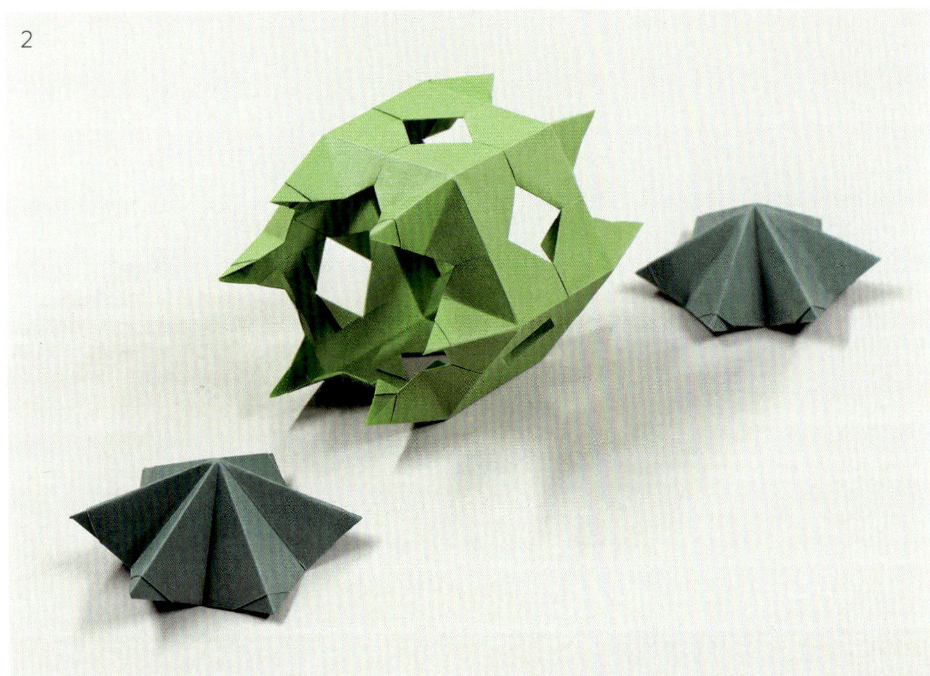

3

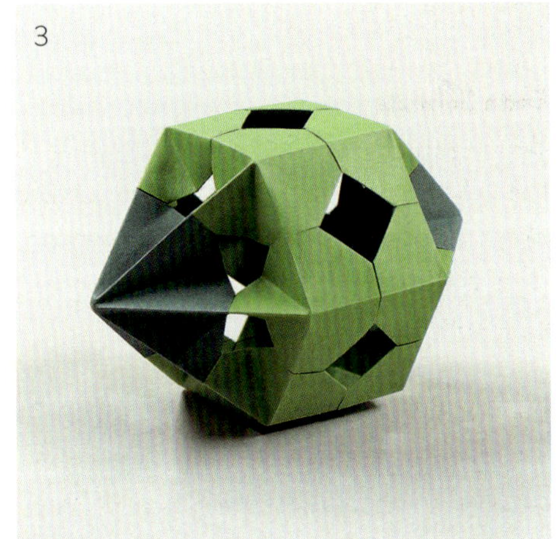

4

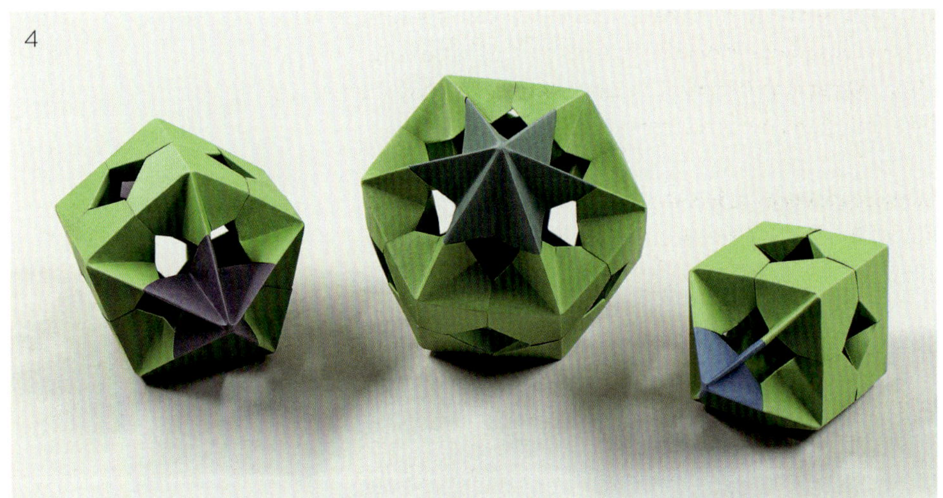

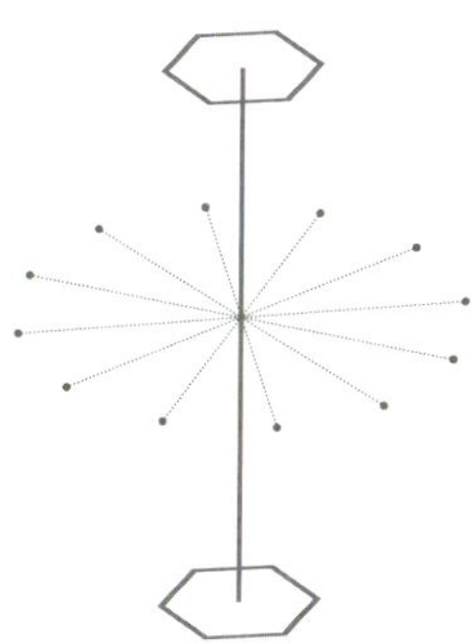

18-Flach

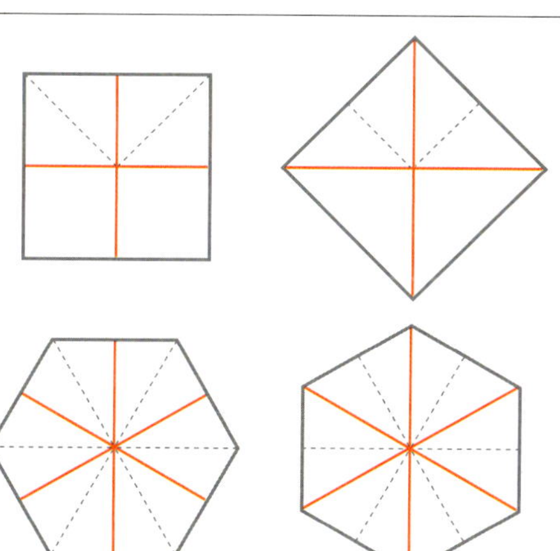

Erste Schritte
Benötigt werden 24 hellgrüne Quadrate (12 x Ross und 12 x Reiter) sowie 4 moosgrüne Sechsecke (2 x Ross und 2 x Reiter). Berg- und Talfalten nach nebenstehenden Grafiken falten. Ross und Reiter zu 12 hellgrünen und 2 moosgrünen Modulen verarbeiten.

Das Modell zusammenbauen
8 hellgrüne Module zu ersten quadratischen Ringschlüssen verbinden (Abb. 1), weitere hellgrüne Module anfügen, sodass ein schlauchförmiges Gebilde mit 6 Spitzen an beiden Öffnungen entsteht (Abb. 2). An diese hellgrünen Spitzen auf jeder Seite je ein moosgrünes Modul anfügen. Das so erhaltene 18-Flach (Abb. 3) hat eine 6-zählige Haupt-Symmetrieachse. Abb. 4 zeigt N01, N02 und N03 zusammen.

Schwierigkeitsgrad: leicht bis mittelschwer
Zuschnitt: erste Anforderungen; einfache Montage; Zeitaufwand: ca. 45 Minuten

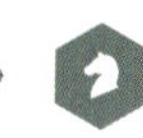

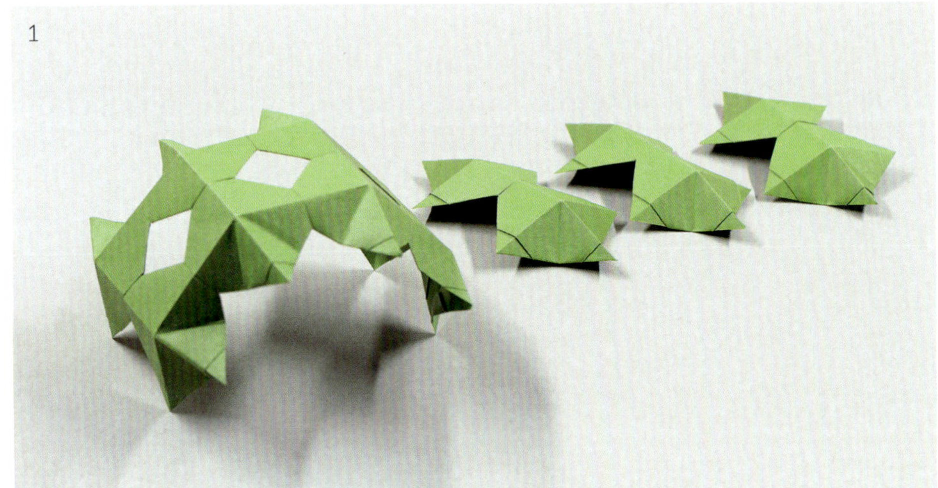
1

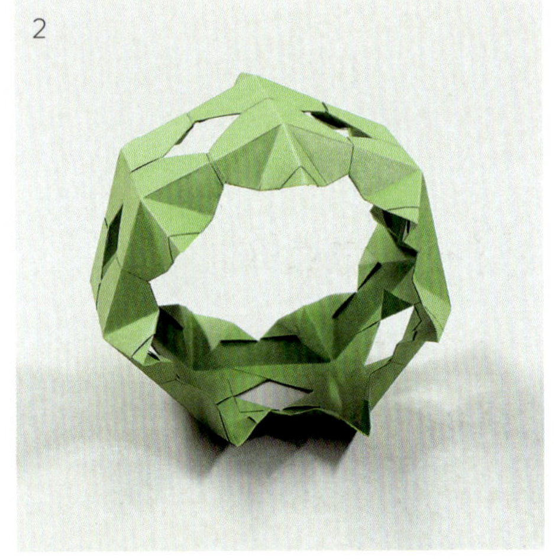
2

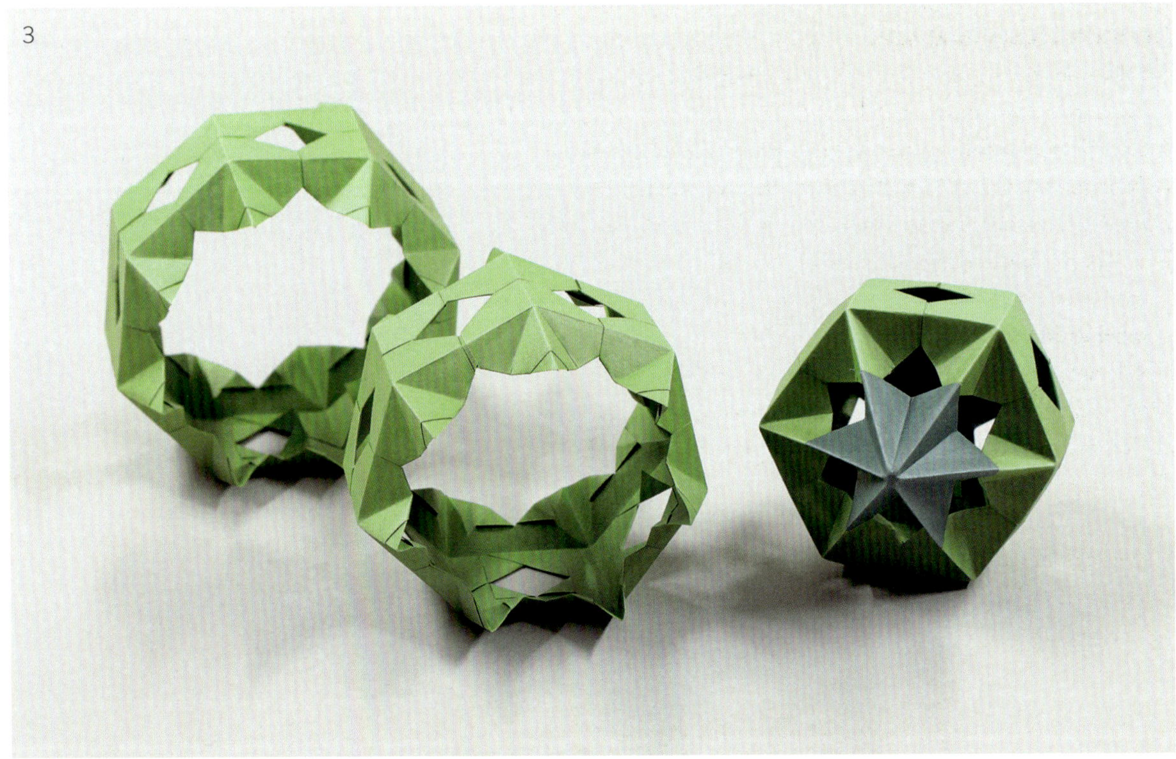
3

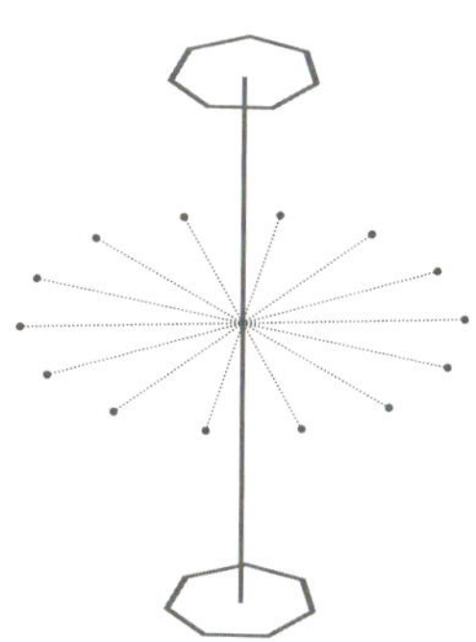

21-Flach (Torso)

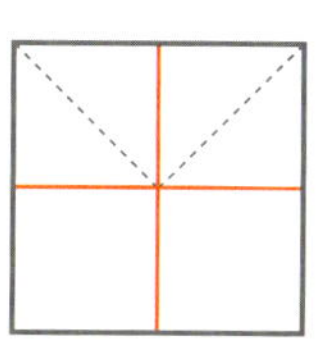

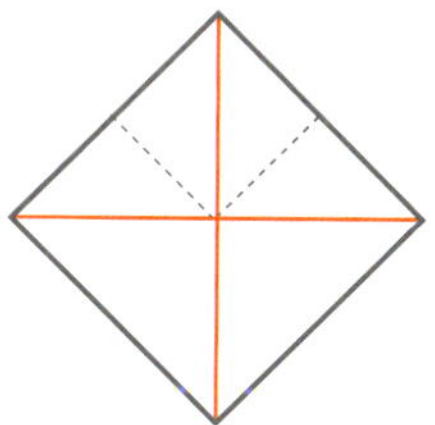

Erste Schritte
Benötigt werden 28 hellgrüne Quadrate (14 x Ross und 14 x Reiter). Berg- und Talfalten nach nebenstehenden Grafiken falten. Ross und Reiter zu 14 hellgrünen Modulen verbinden.

Das Modell zusammenbauen
8 hellgrüne Module zu ersten quadratischen Ringschlüssen verbinden, die weiteren hellgrünen Module anfügen (Abb. 1), sodass ein schlauchförmiges Gebilde mit 7 Spitzen an beiden Öffnungen entsteht (Abb. 2). Die so erhaltene Form ist ohne 7-eckige Schlussmodule ein Torso (21-Flach) mit einer 7-zähligen Haupt-Symmetrieachse.

Ähnliches Modell
Mit 16 hellgrünen Modulen lässt sich eine ähnliche Form (24-Flach) mit 8-zähliger Hauptachse bauen, die aber nur als Torso ausgeführt werden kann (Abb. 3, ganz rechts im Bild: N03).

Schwierigkeitsgrad: leicht
einfacher Zuschnitt, einfache Montage; Zeitaufwand: ca. 45 Minuten

14 x 14 x

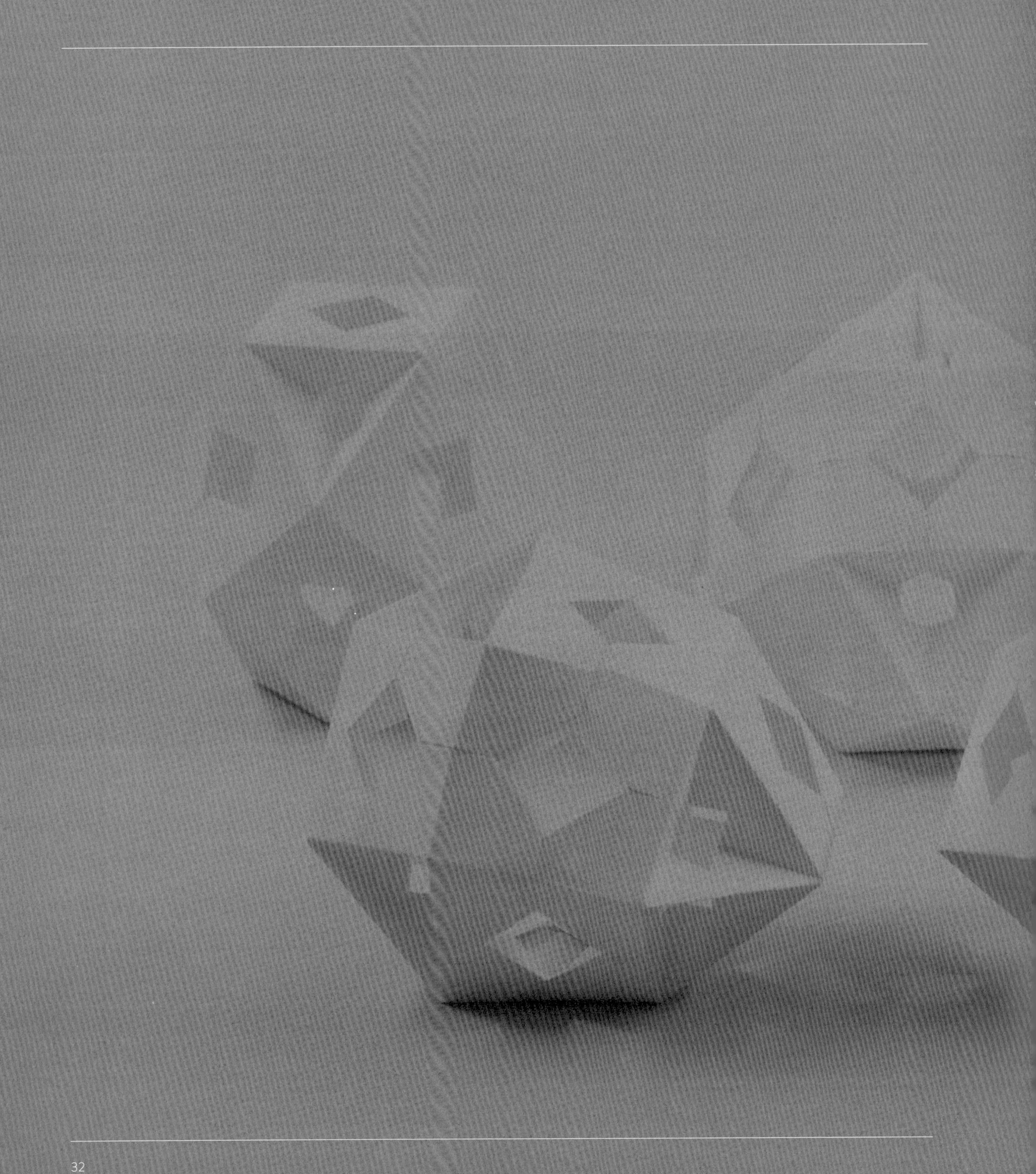

O-Modelle: aus Quadraten (gelb, orange)

Alle 10 O-Modelle haben quadratische Module mit einer Talfalte (gelb) oder zwei Talfalten (orange). Auch hier finden sich, wie schon bei den N-Modellen, schlauchförmige Modelle mit zwei seitlichen Abschlüssen.
O01 bis O03 bilden eine eigene Reihe, zu der auch das Kubo-Oktaeder* gezählt werden kann.
Gemeinsame Basis von O04 und O05 ist ein 6-eckiger Schlauch als Mittelstück mit unterschiedlichen Ausführungen der Enden (siehe auch R-Modelle Seite 83). Die orangen 3-zähligen Abschlüsse lassen je nur eine 3-zählige Haupt-Symmetrieachse zu.
O06 bis O08 haben nur Haupt-Symmetrieachsen und keine Neben-Symmetrieachsen. O09 kann in zwei spiegelsymmetrischen Versionen (chiral)** ausgeführt werden und ähnelt in der Art und Anzahl der Module dem Rhomben-Kubo-Oktaeder-Deckel***. Bedingt durch niedrige Symmetrien ergeben sich von verschiedenen Seiten völlig unterschiedliche Ansichten. Der Reiz dieser Modelle besteht darin, dass sich ihre jeweilige Form erst erschließt, wenn man sie von allen Seiten anschaut. Fotografisch ist dies kaum nachzubilden.
In den meisten Fällen ist es hilfreich, die Umfaltungen (Spitzen der Reiter-Blätter unter dem Ross-Blatt) und die Steckverbindungen mit einem Tropfen Klebstoff zusätzlich zu befestigen.

*A02 aus FALTPOLYEDER / ** siehe auch Glossar Seite 166 / ***J03 aus FALTPOLYEDER

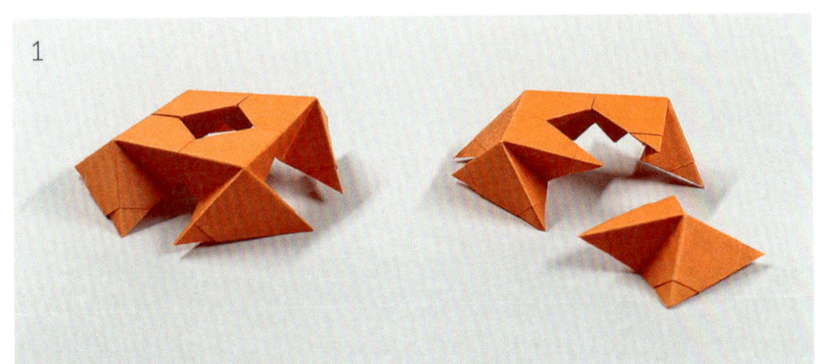
1

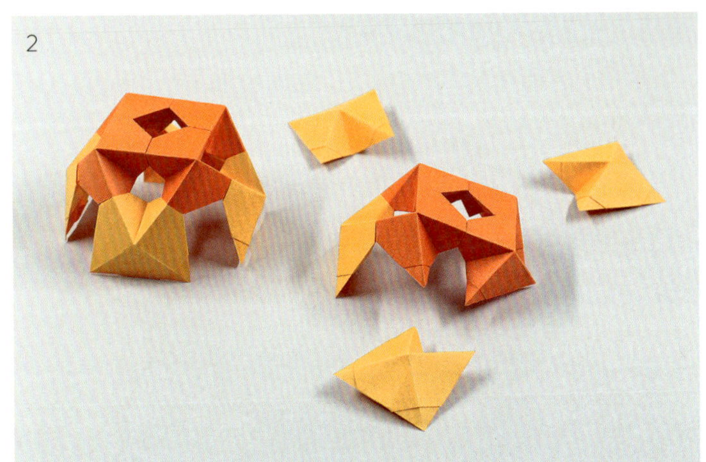
2

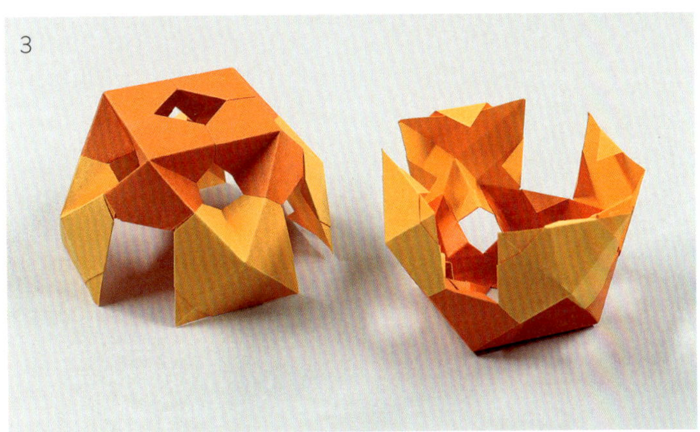
3

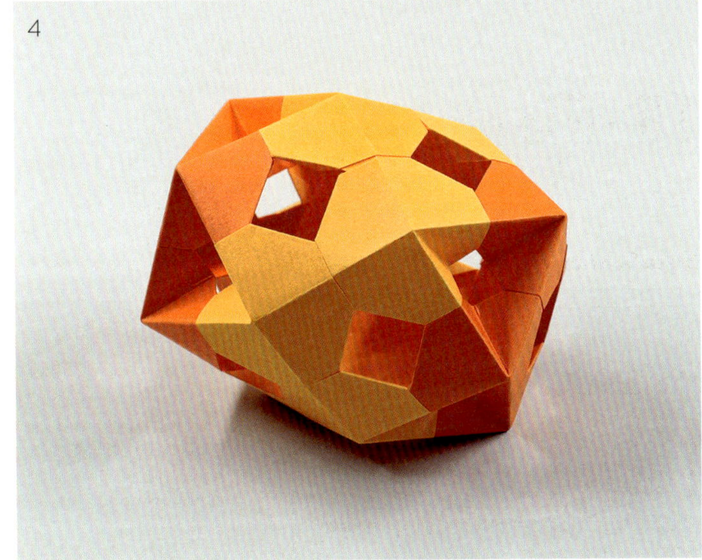
4

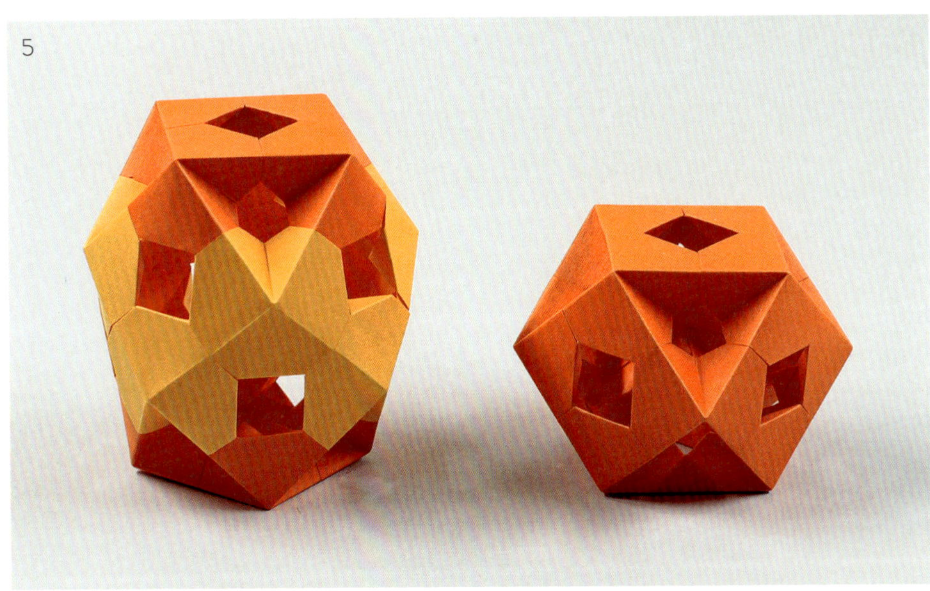
5

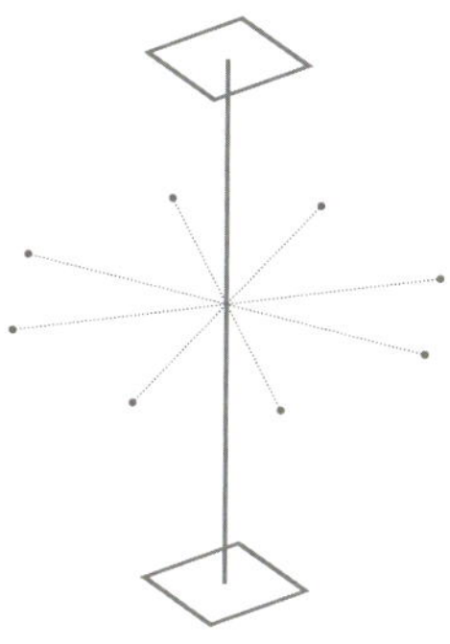

18-Flach

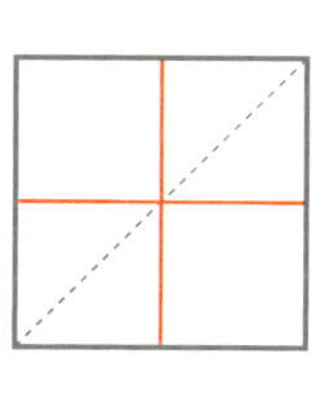

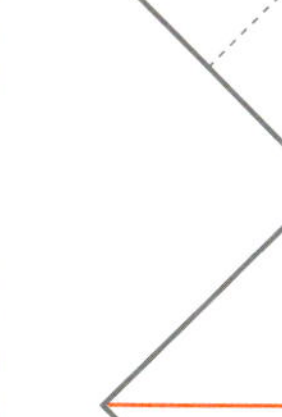

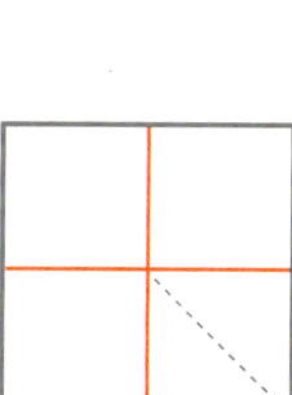

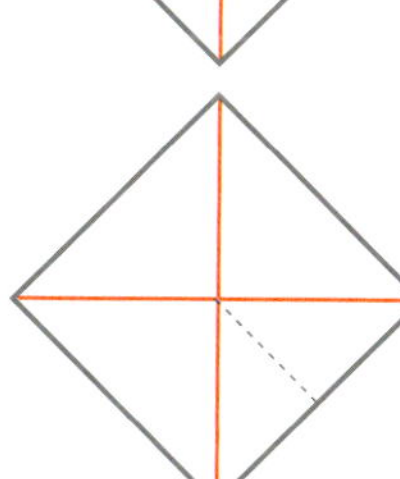

Erste Schritte
Benötigt werden 16 orange Quadrate (8 x Ross und 8 x Reiter) sowie 16 gelbe Quadrate (8 x Ross und 8 x Reiter). Berg- und Talfalten nach nebenstehenden Grafiken falten. Ross und Reiter zu 8 orangen und 8 gelben Modulen zusammensetzen.

Das Modell zusammenbauen
2 x 4 orange Module zu 2 quadratischen Ringschlüssen verbinden (Abb. 1). An die orangen Module schließen je 4 gelbe Module an (Abb. 2), damit erhält man 2 gleiche Hälften des Modells (Abb. 3). Beide Hälften werden verbunden (gelbe Module mit gelben verbinden, Abb. 4).

Ähnliches Modell
Ohne die gelben Module lässt sich in ähnlicher Weise das Kubo-Oktaeder* herstellen (Abb. 5).

Schwierigkeitsgrad: leicht
einfacher Zuschnitt, einfache Montage; Zeitaufwand: ca. 45 Minuten

8 x 8 x 8 x 8 x

*A02 aus FALTPOLYEDER

1

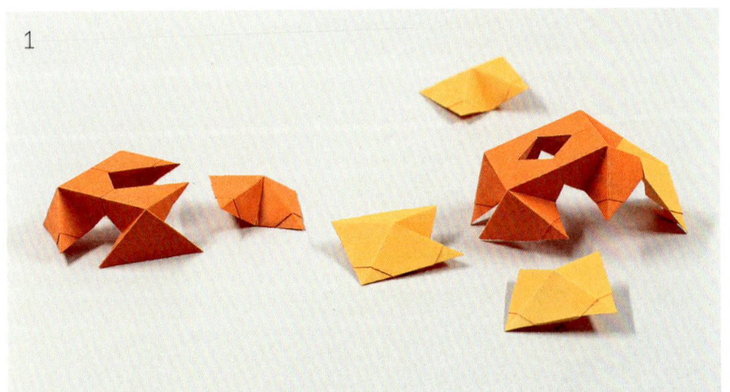

2

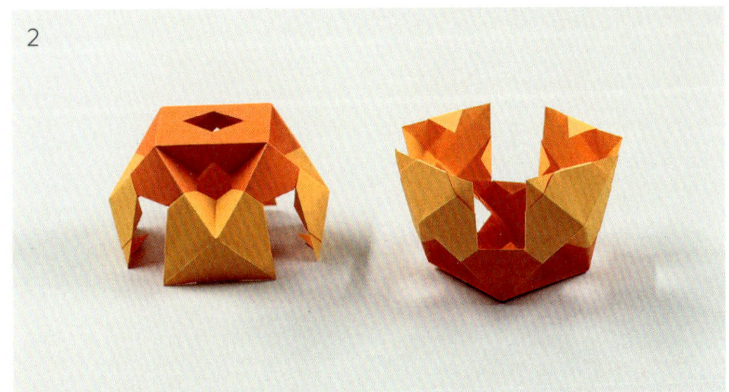

3

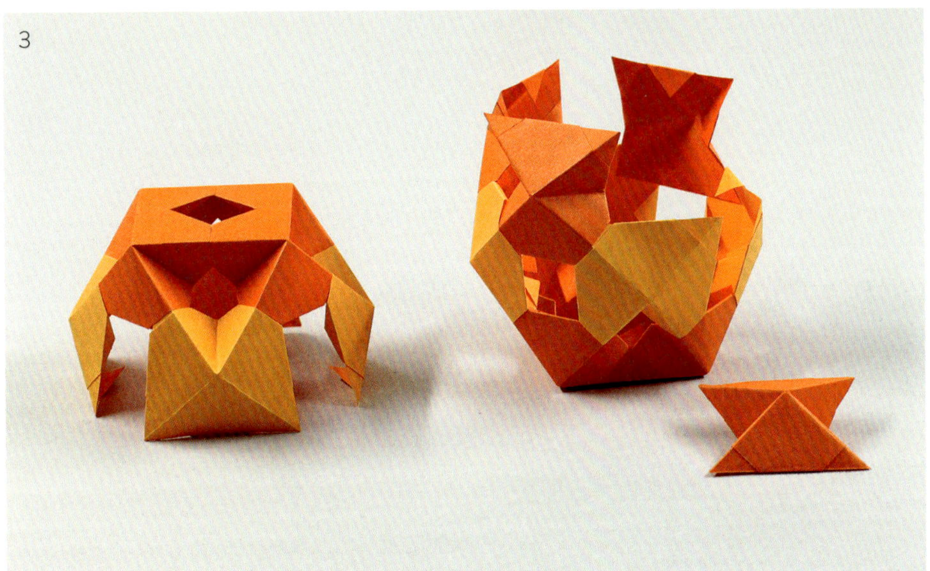

4

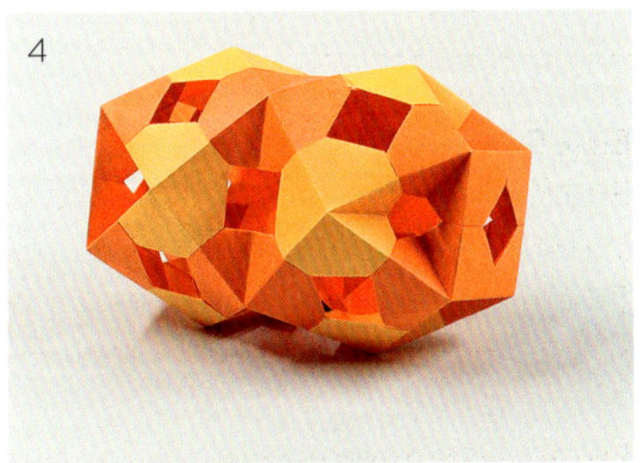

5

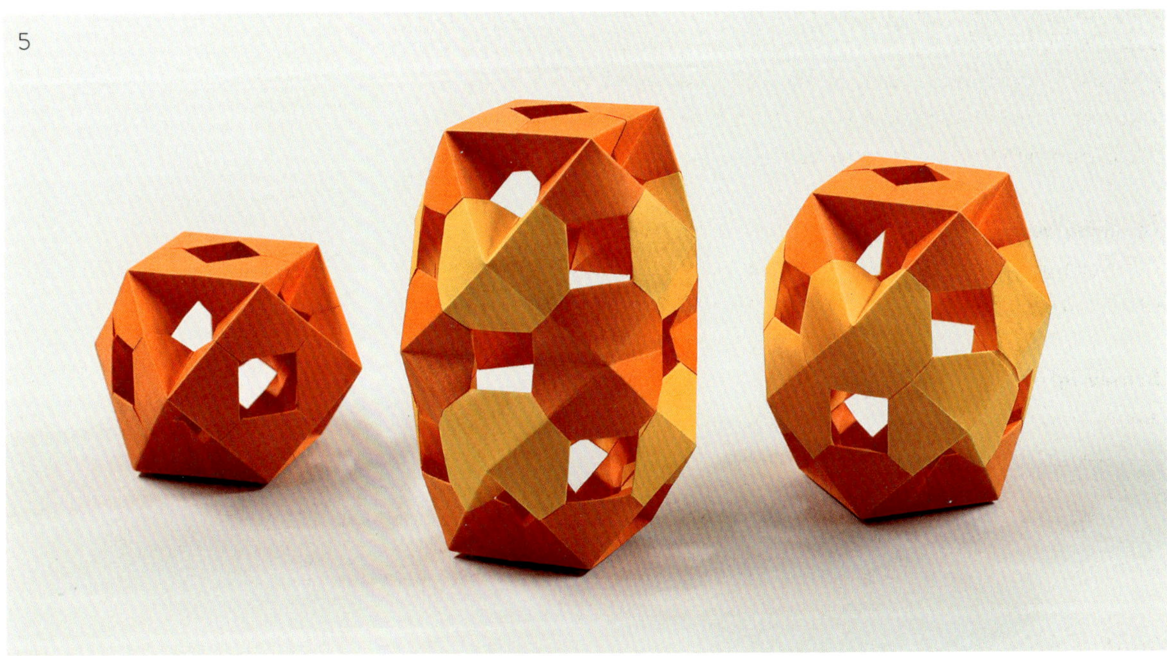

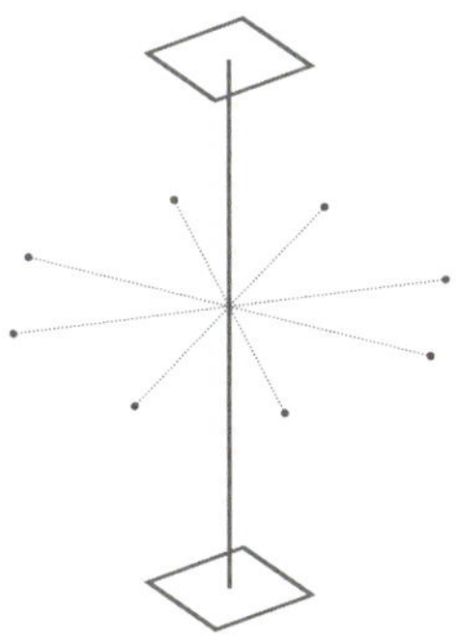

22-Flach

Erste Schritte
Benötigt werden 24 orange Quadrate (12 x Ross und 12 x Reiter) sowie 16 gelbe Quadrate (8 x Ross und 8 x Reiter). Berg- und Talfalten nach nebenstehenden Grafiken falten. Ross und Reiter zu 12 orangen und 8 gelben Modulen verbinden.

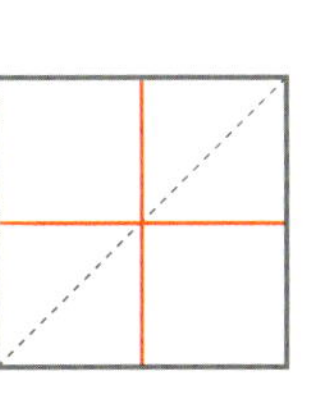

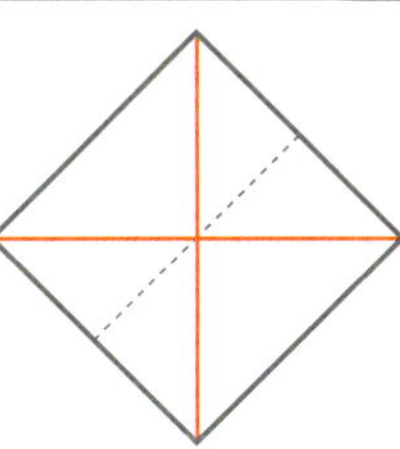

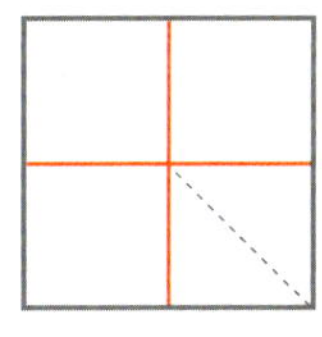

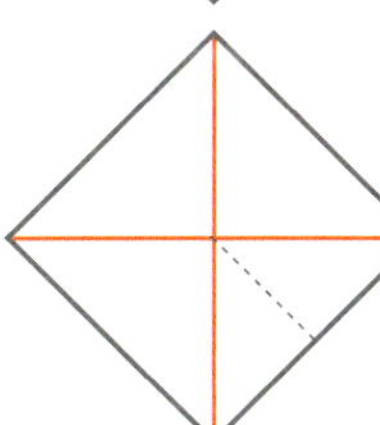

Das Modell zusammenbauen
2 x 4 orange Module zu 2 quadratischen Ringschlüssen verbinden – wie bei Modell O01. An die orangen Module schließen je 4 gelbe Module an (Abb. 1), damit erhält man 2 gleiche Bauteile des Modells (Abb. 2). Beide Hälften werden durch 4 orange Module zu einer Form verbunden (Abb. 3 und 4).

Ähnliche Modelle
Offensichtliche Ähnlichkeiten haben das Kubo-Oktaeder*, O02 und O01 (Abb. 5, von links nach rechts).

Schwierigkeitsgrad: leicht
einfacher Zuschnitt, einfache Montage; Zeitaufwand: ca. 1 Stunde

12 x 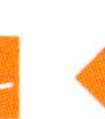 12 x 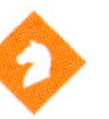 8 x 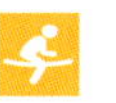 8 x 

*A02 aus FALTPOLYEDER

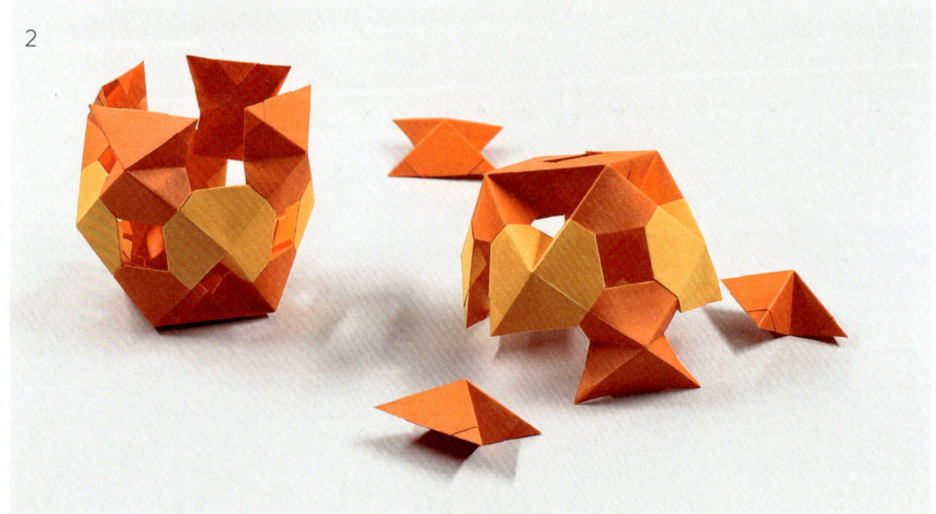

2

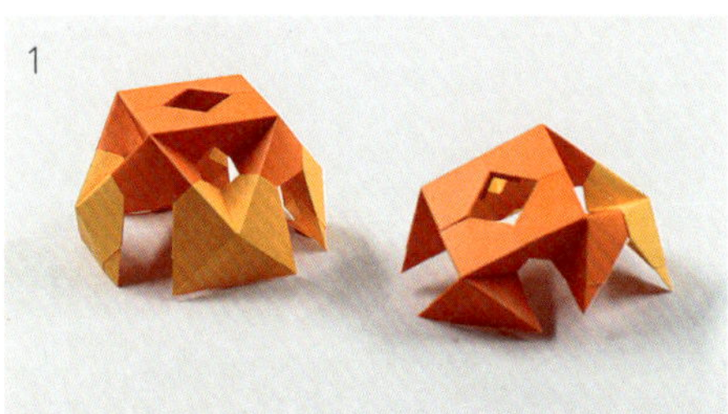

1

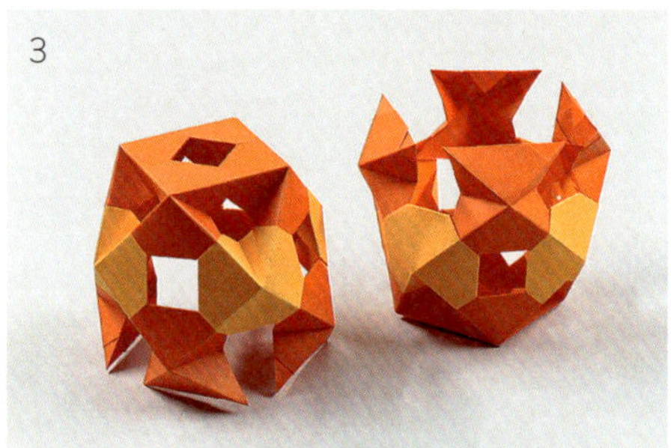

3

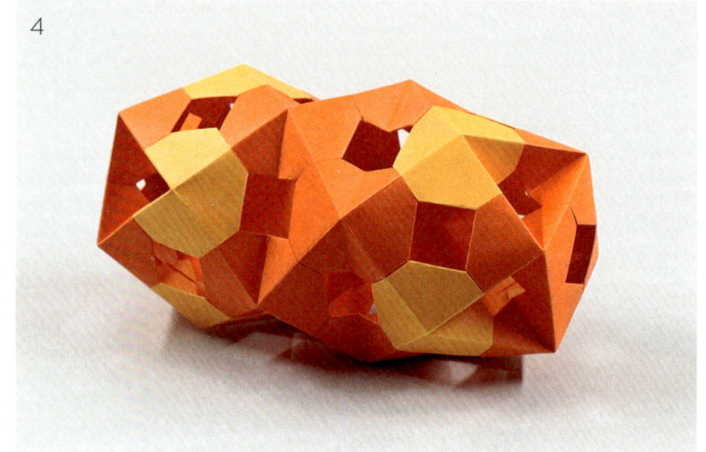

4

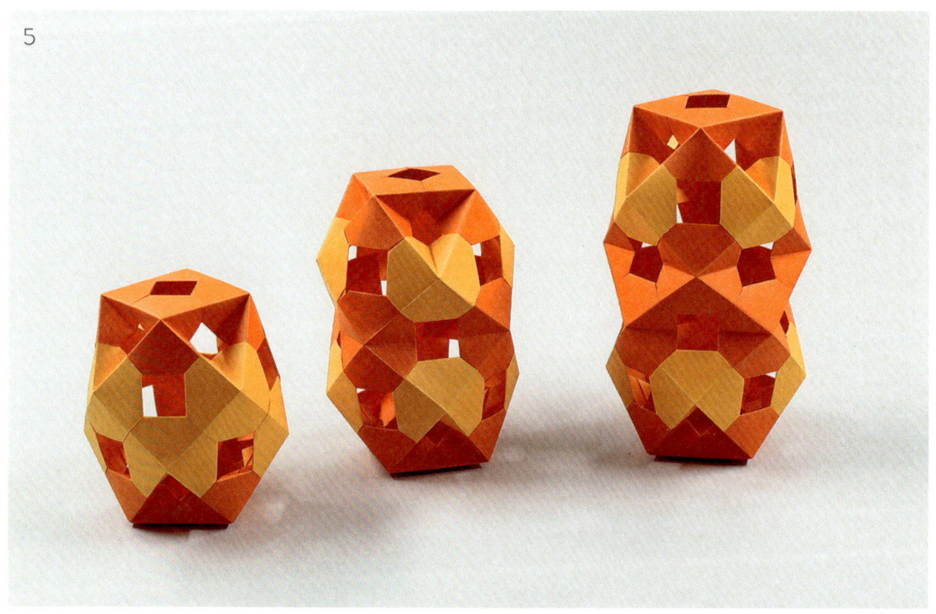

5

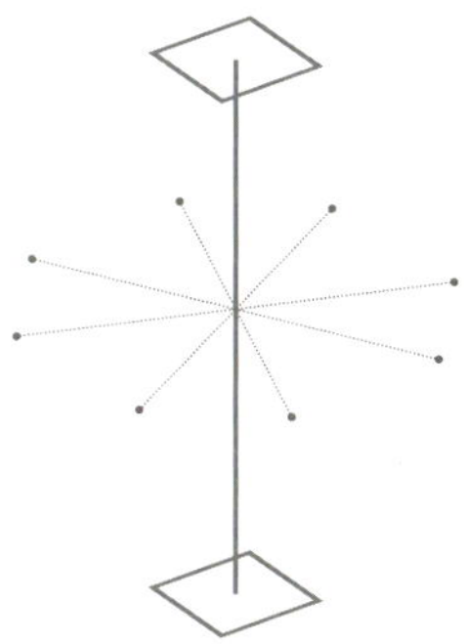

26-Flach

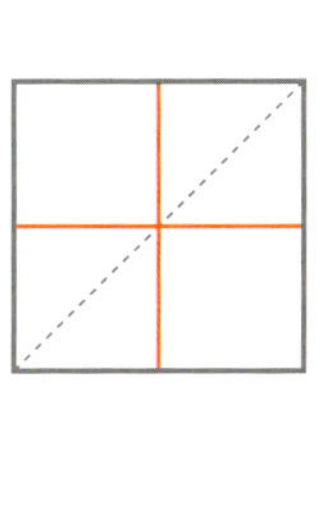

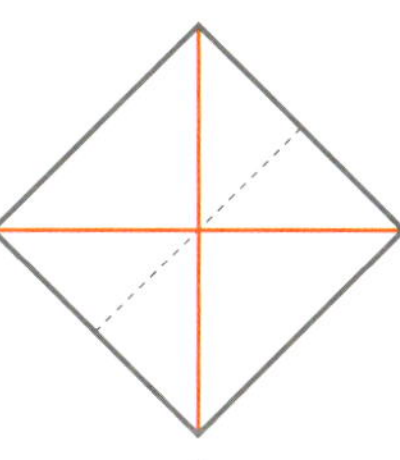

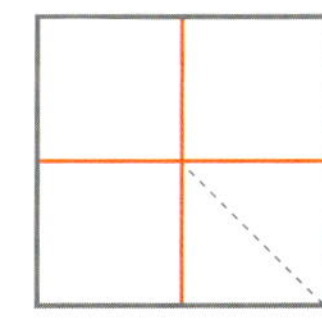

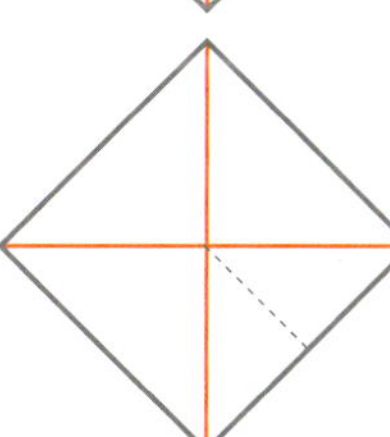

Erste Schritte
Benötigt werden 32 orange Quadrate (16 x Ross und 16 x Reiter) sowie 16 gelbe Quadrate (8 x Ross und 8 x Reiter). Berg- und Talfalten nach nebenstehenden Grafiken falten. Ross und Reiter zu 16 orangen und 8 gelben Modulen zusammensetzen.

Das Modell zusammenbauen
2 x 4 orange Module zu 2 quadratischen Ringschlüssen verbinden, wie schon bei O01 und O02. An die orangen Module schließen je 4 gelbe Module an (Abb. 1) und daran jeweils 4 orange Module (Abb. 2). Damit erhält man 2 gleiche Bauteile des Modells (Abb. 3). Beide Hälften werden zu einer Form zusammengesteckt (Abb. 4).

Ähnliche Modelle
Abb. 5 zeigt O01, O02 und O03 nebeneinander.

Schwierigkeitsgrad: leicht
einfacher Zuschnitt, einfache Montage; Zeitaufwand: ca. 1½ Stunde

16 x 16 x 8 x 8 x

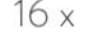

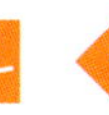
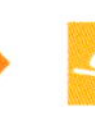
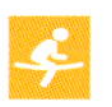

1

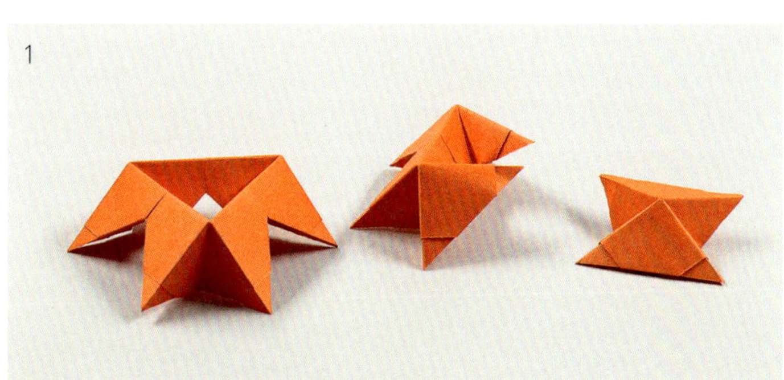

2

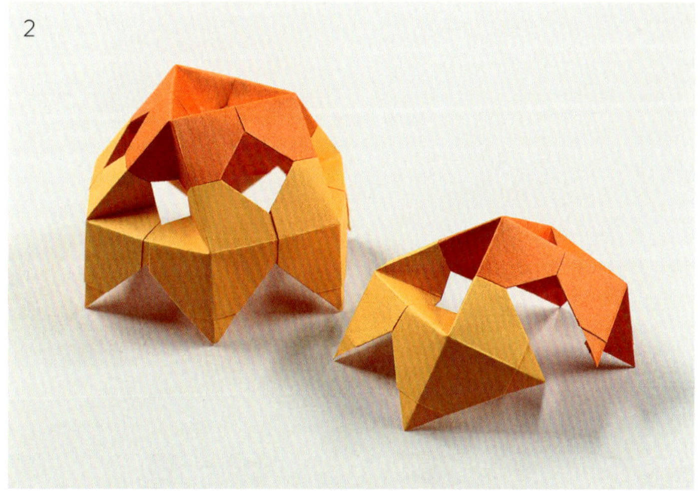

3

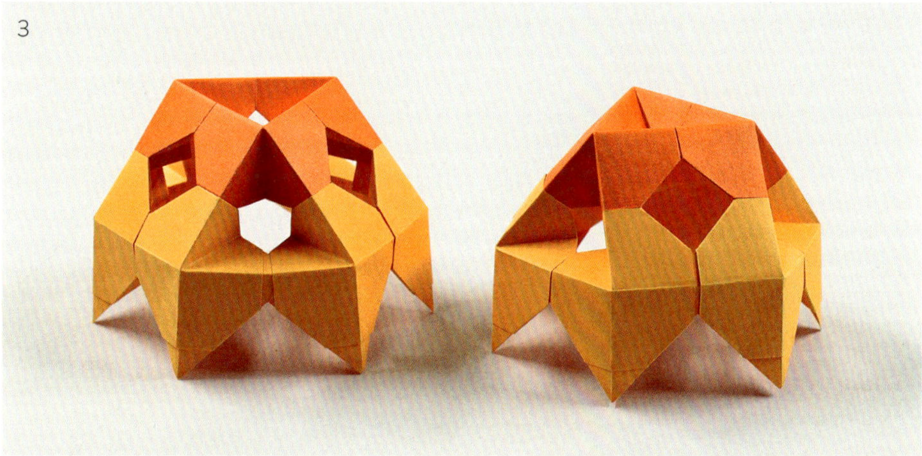

4

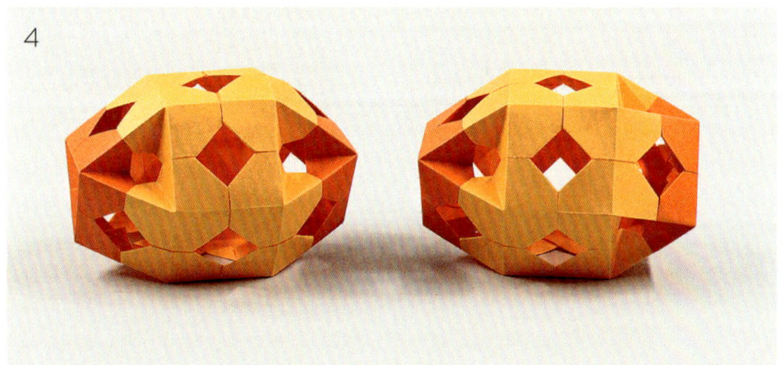

5

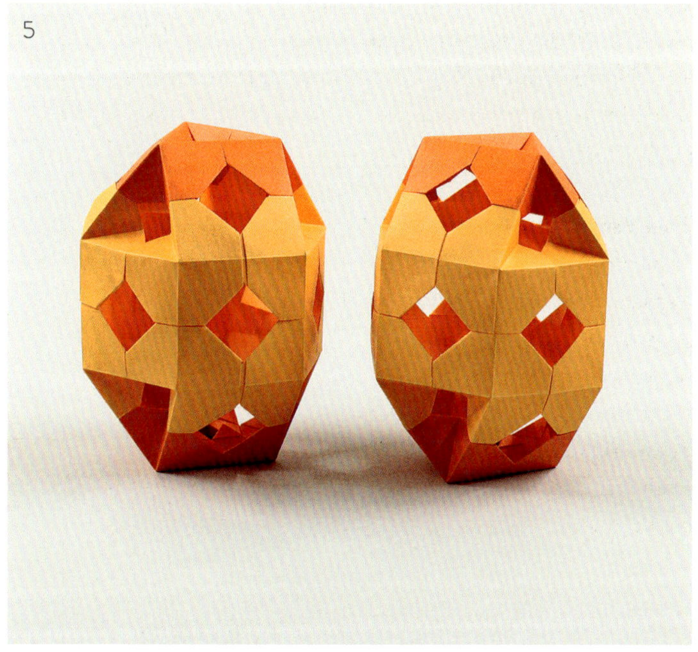

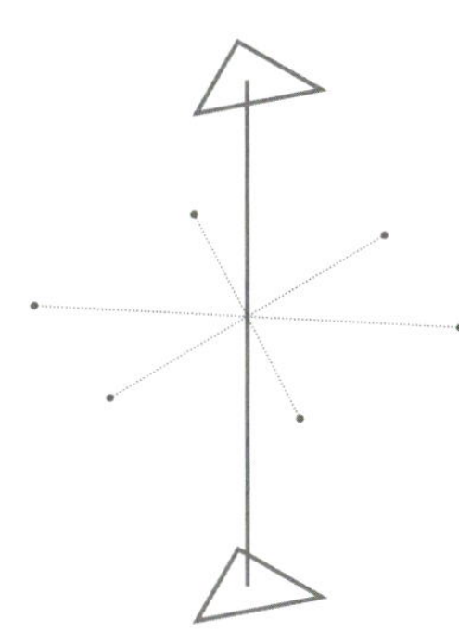

20-Flach
(zwei Versionen)

Erste Schritte
Benötigt werden 12 orange Quadrate (6 x Ross und 6 x Reiter) sowie 24 gelbe Quadrate (12 x Ross und 12 x Reiter). Berg- und Talfalten nach nebenstehenden Grafiken falten. Ross und Reiter zu 6 orangen und 12 gelben Modulen zusammenstecken.

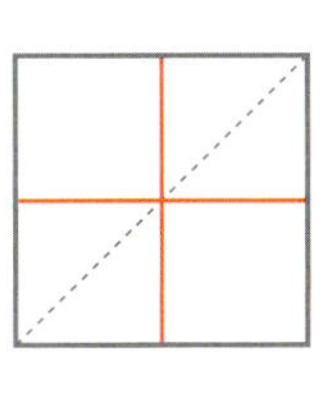
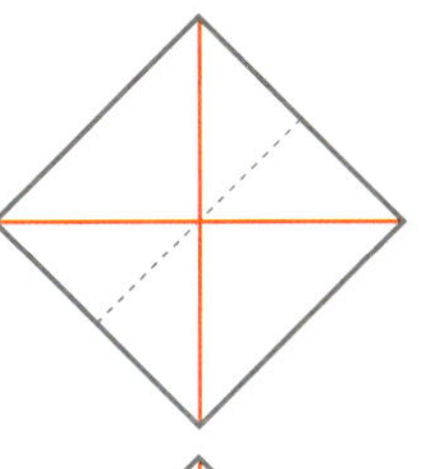
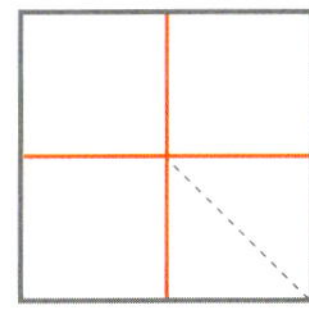
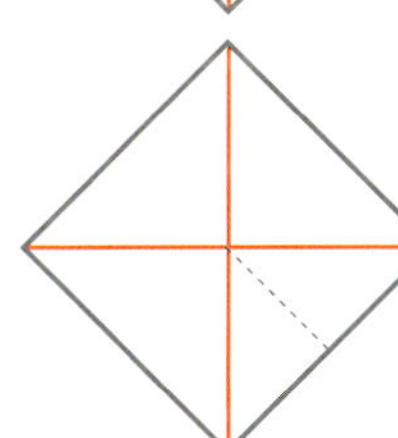

Das Modell zusammenbauen
2 x 3 orange Module zu 2 dreieckigen Ringschlüssen verbinden (Abb. 1). An die orangen Module schließen je 6 gelbe Module an (Abb. 2). Dies sind 2 gleiche Bauteile des Modells (Abb. 3). Beide Hälften zu einer geschlossenen Form zusammenstecken (Abb. 4 und 5).

Zwei Versionen
Je nachdem, wie nun die beiden Hälften zusammengesteckt werden, sind die dreieckigen Ringschlüsse am Modell gegeneinander verdreht, sodass zwei Lösungen möglich sind (Abb. 4 und 5).

Schwierigkeitsgrad: leicht
einfacher Zuschnitt, einfache Montage; Zeitaufwand: ca. 1 Stunde

6 x 6 x 12 x 12 x

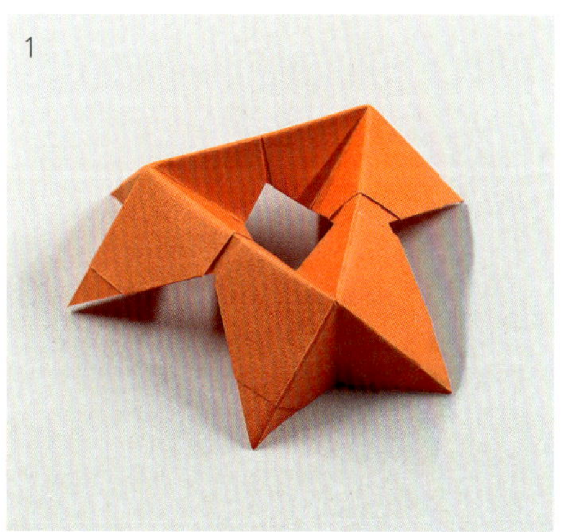
1

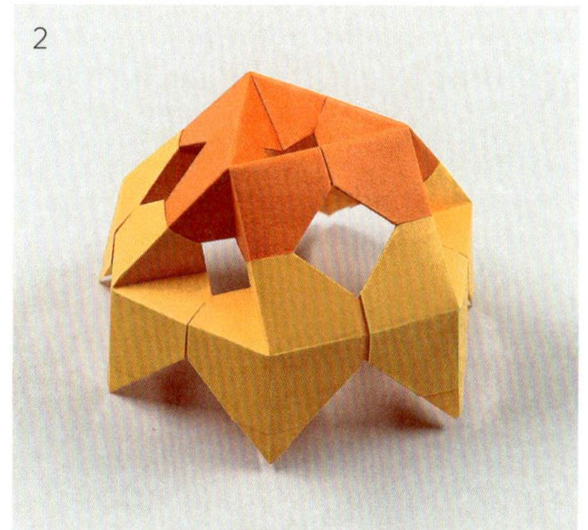
2

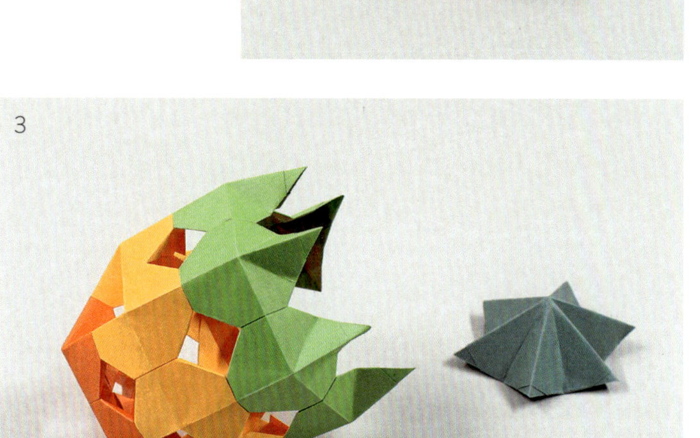
3

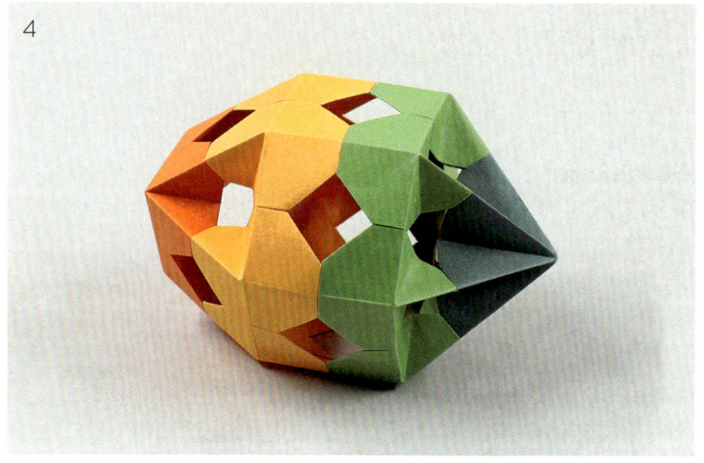
4

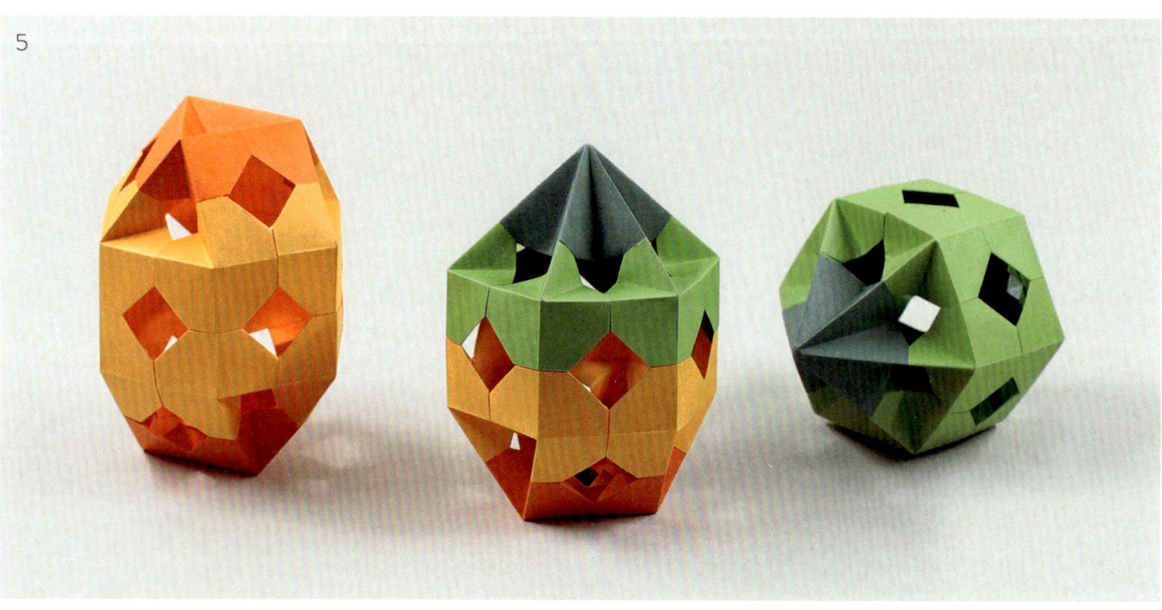
5

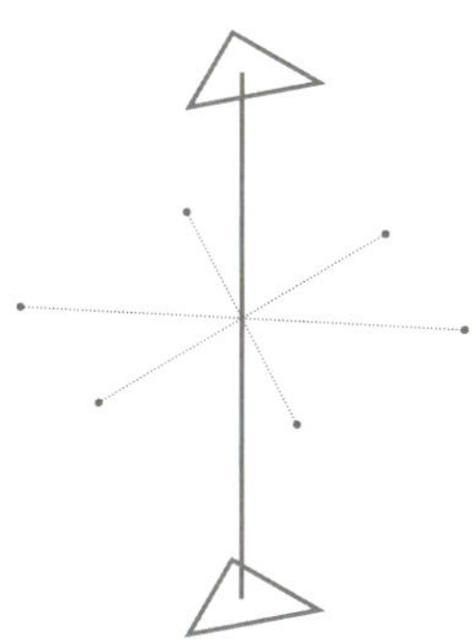

19-Flach

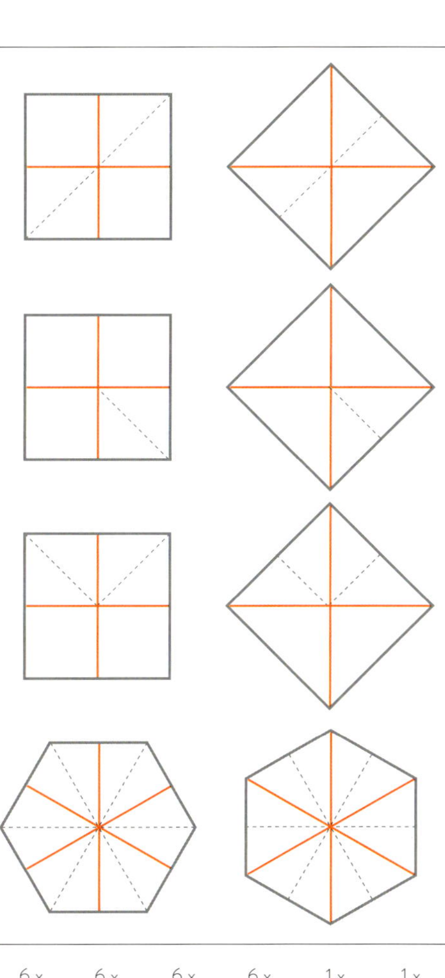

Erste Schritte
Benötigt werden 6 orange Quadrate (3 x Ross und 3 x Reiter) sowie 12 gelbe Quadrate (6 x Ross und 6 x Reiter). Hinzu kommen weitere 12 hellgrüne Quadrate (6 x Ross und 6 x Reiter) sowie 2 moosgrüne Sechsecke (1 x Ross und 1 x Reiter). Berg- und Talfalten nach nebenstehenden Grafiken falten. Ross und Reiter zu 3 orangen Modulen, 6 gelben Modulen, 6 hellgrünen Modulen und einem moosgrünen Modul zusammenstecken.

Das Modell zusammenbauen
3 orange Module zu einem dreieckigen Ringschluss verbinden (Abb. 1). An die orangen Module schließen 6 gelbe Module an (Abb. 2). Daran werden 6 hellgrüne Module angefügt, ähnlich wie bei N03 (Abb. 3). An die 6 hellgrünen Spitzen schließt ein abschließendes moosgrünes Modul an (Abb. 4).
Zu diesem Modell finden sie unter folgendem Link ein Anleitungsvideo: https://www.haupt.ch/faltformen

Ähnliche Modelle
Wie die Zusammenschau in Abb. 5 zeigt, ist O05 eine Mischung aus N03 und O04.

Schwierigkeitsgrad: mittelschwer
Zuschnitt: erste Anforderungen, mittelschwere Montage; Zeitaufwand: ca. 1 Stunde

3 x	3 x	6 x	6 x	6 x	6 x	1 x	1 x
							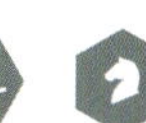

1

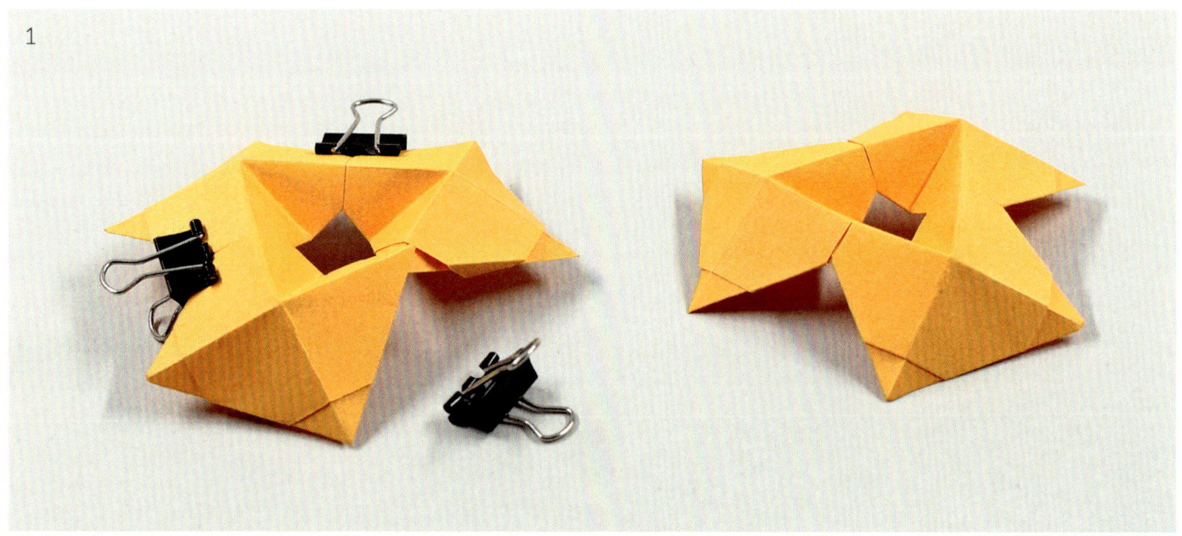

2

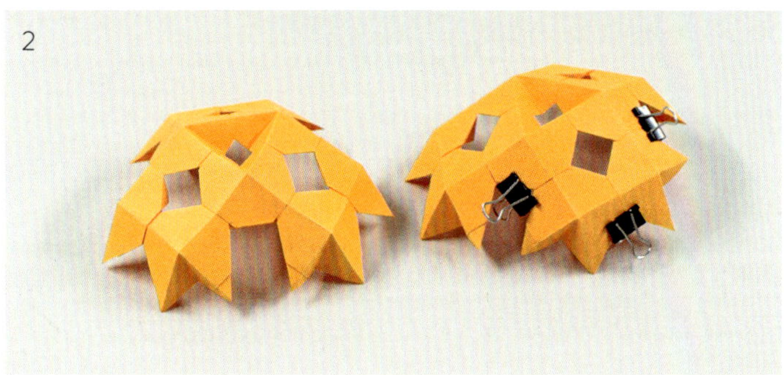

3

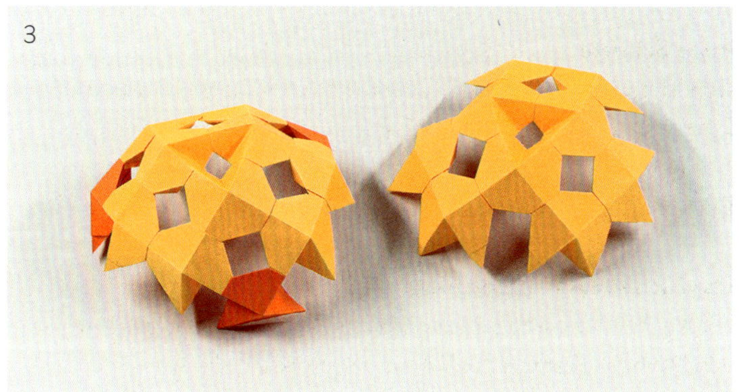

4

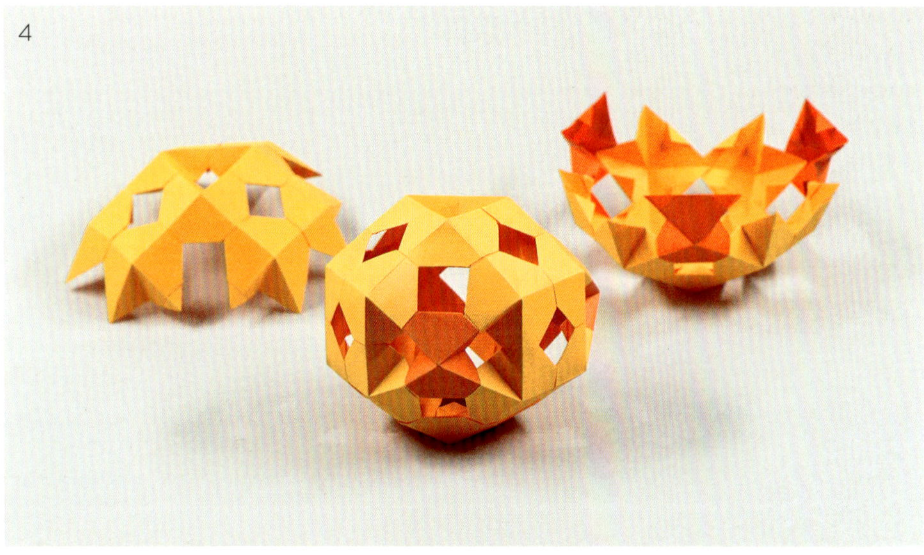

5

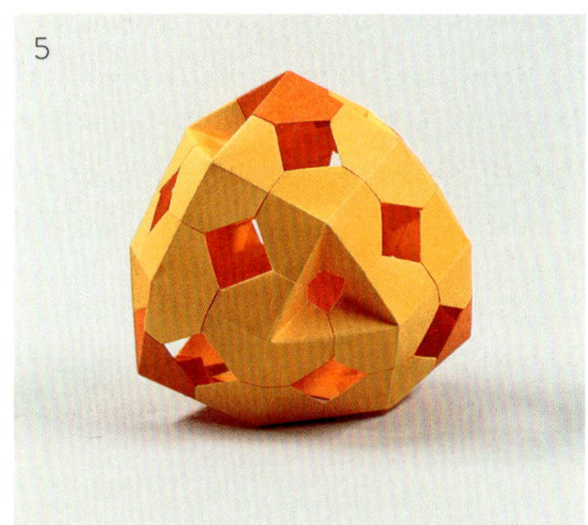

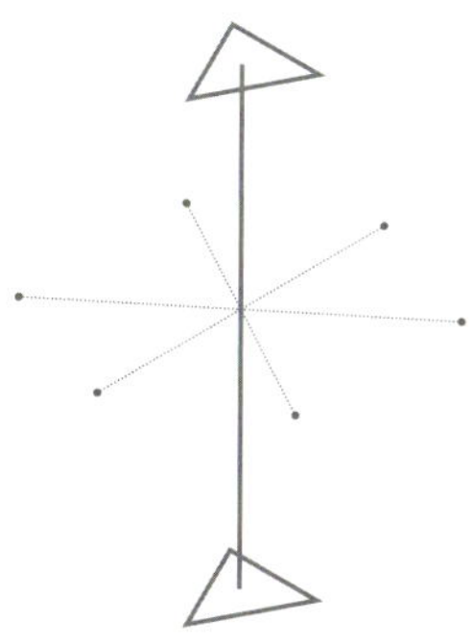

23-Flach

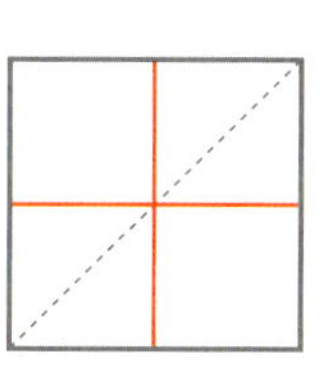
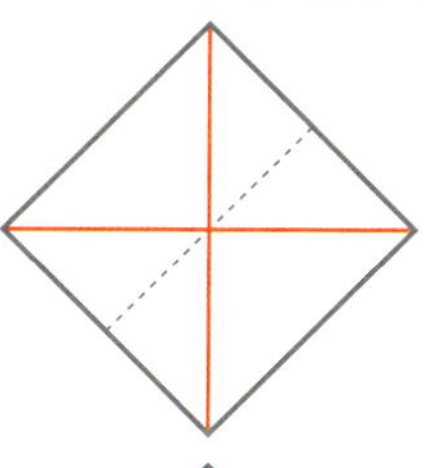
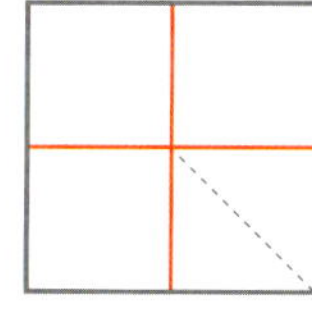
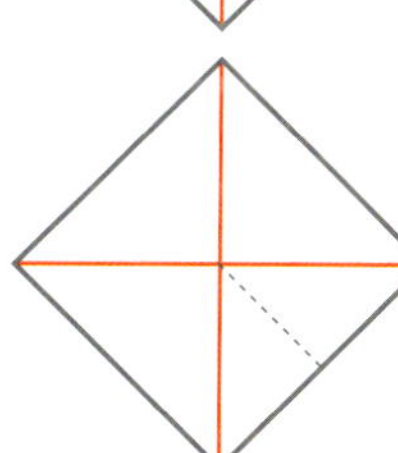

Erste Schritte
Benötigt werden 6 orange Quadrate (3 x Ross und 3 x Reiter) sowie 24 gelbe Quadrate (12 x Ross und 12 x Reiter). Berg- und Talfalten nach nebenstehenden Grafiken falten. Ross und Reiter zu 3 orangen und 12 gelben Modulen verbinden.

Das Modell zusammenbauen
2 x 3 gelbe Module zu je einem dreieckigen Ringschluss verbinden (Abb. 1), Klebstoff und Klammern helfen, die Verbindung zu arretieren. Daran schließen je 6 weitere gelbe Module an (Abb. 2). Das ergibt 2 gleiche Bauteile aus je 9 Modulen.
An den ersten 3 Ecken je ein oranges Modul anfügen (Abb. 3). Anschließend den 2. Bauabschnitt wie einen Deckel auf den anderen setzen. Abb. 4 zeigt beide Hälften vor dem Zusammenbau (links, rechts), das fertige Modell in der Mitte (siehe auch Abb. 5).

Schwierigkeitsgrad: mittelschwer
einfacher Zuschnitt, mittelschwere Montage; Zeitaufwand: ca. 1½ Stunden

Hinweis:
Verwenden Sie beim Zusammenstecken benachbarter Module Klebstoff und arretieren Sie die Module mit Klammern, bis der Klebstoff getrocknet ist.

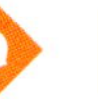
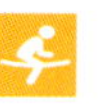

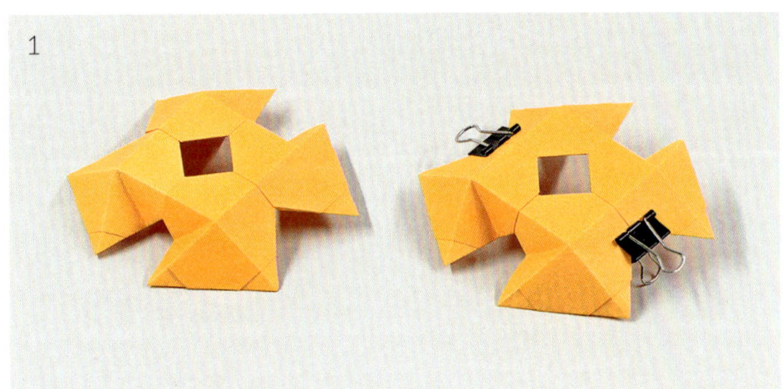
1

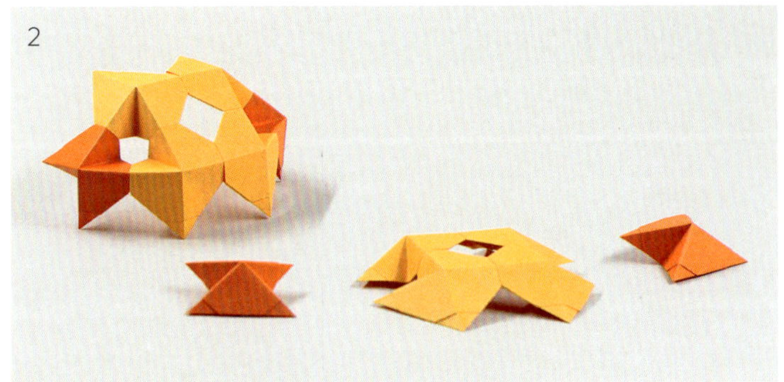
2

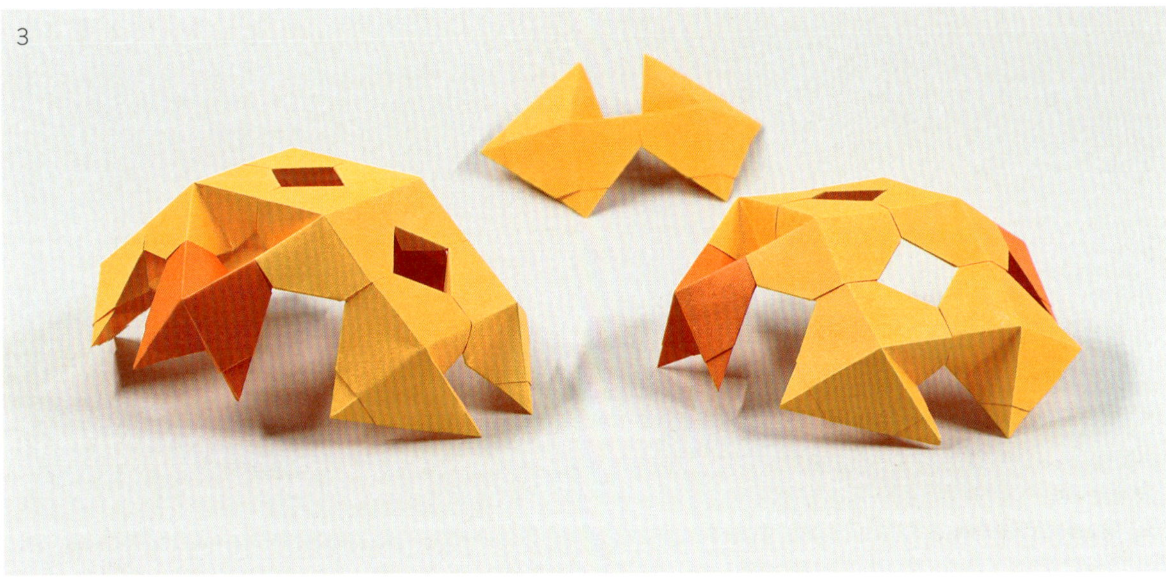
3

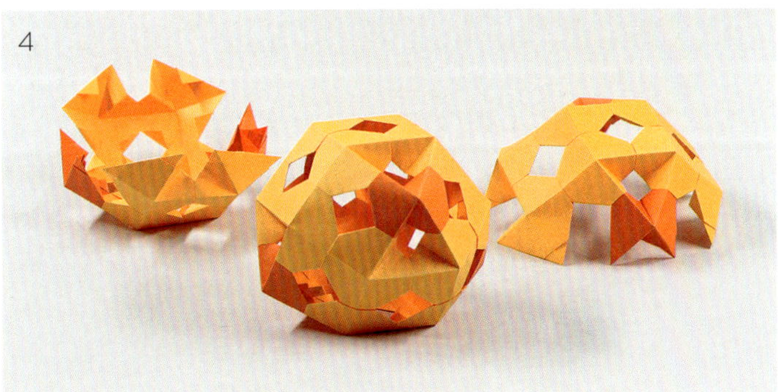
4

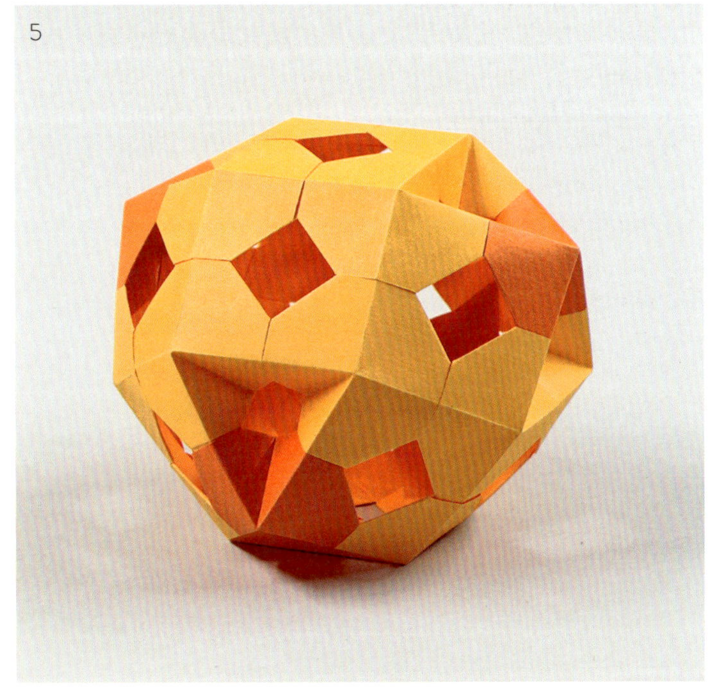
5

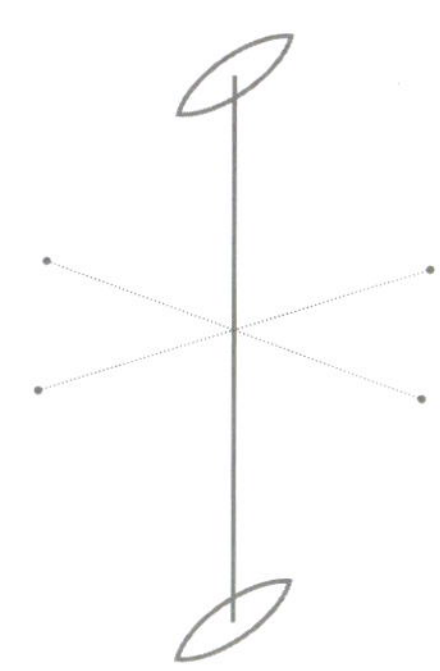

22-Flach

Erste Schritte
Benötigt werden 8 orange Quadrate (4 x Ross und 4 x Reiter) sowie 32 gelbe Quadrate (16 x Ross und 16 x Reiter). Berg- und Talfalten nach nebenstehenden Grafiken falten. Ross und Reiter zu 4 orangen und 16 gelben Modulen verbinden.

Das Modell zusammenbauen
2 x 4 gelbe Module zu je einem quadratischen Ringschluss verbinden (Abb. 1). Daran schließen an 2 Seiten je 2 orange Module an (Abb. 2). An die anderen Seiten je 2 gelbe Module anfügen (Abb. 3). Das ergibt 2 gleiche Bauteile des Modells. Abb. 4 zeigt beide Hälften (links und rechts), in der Mitte das fertige Modell (siehe auch Abb. 5).

Schwierigkeitsgrad: mittelschwer
einfacher Zuschnitt, mittelschwere Montage; Zeitaufwand: ca. 1½ Stunden

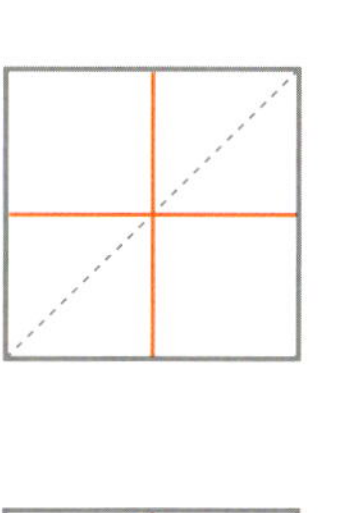

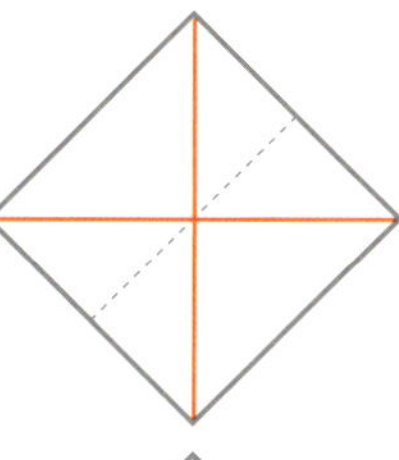

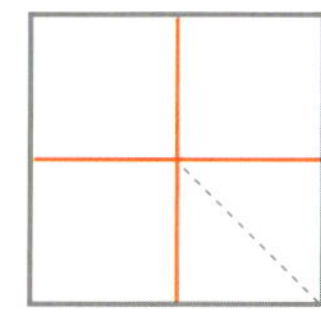

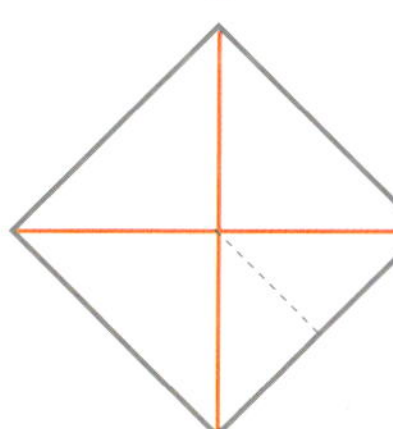

Hinweis:
Verwenden Sie beim Zusammenstecken benachbarter Module Klebstoff und arretieren Sie die Module mit Klammern, bis der Klebstoff getrocknet ist.

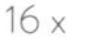

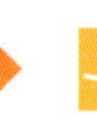

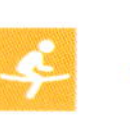

1

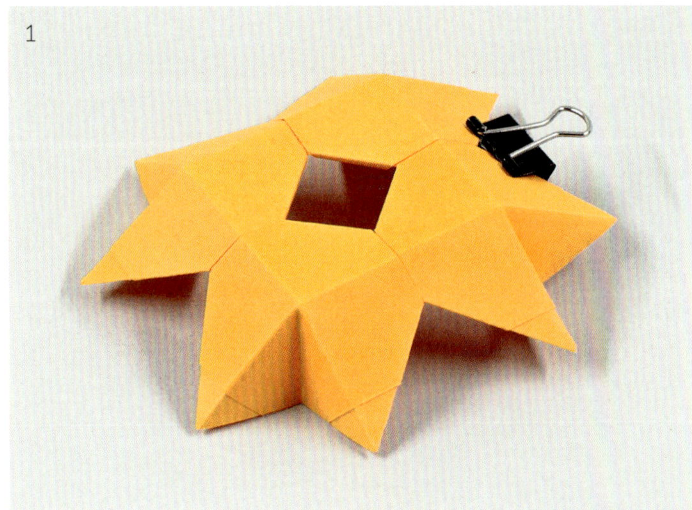

2

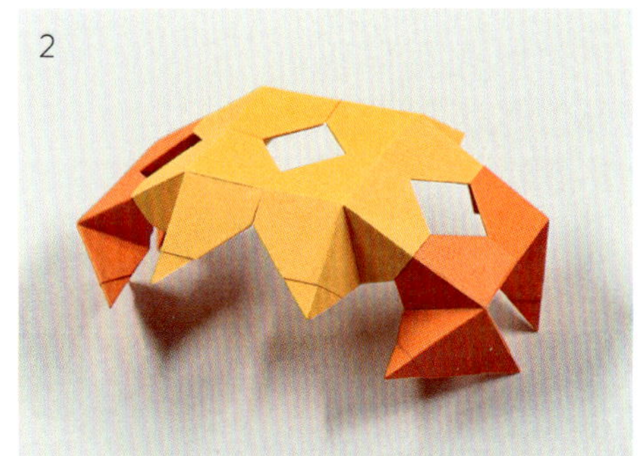

4

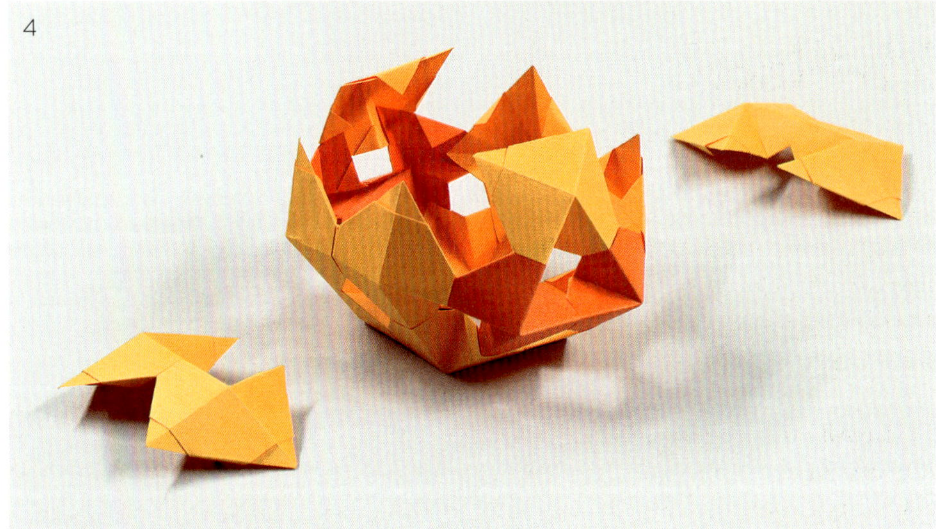

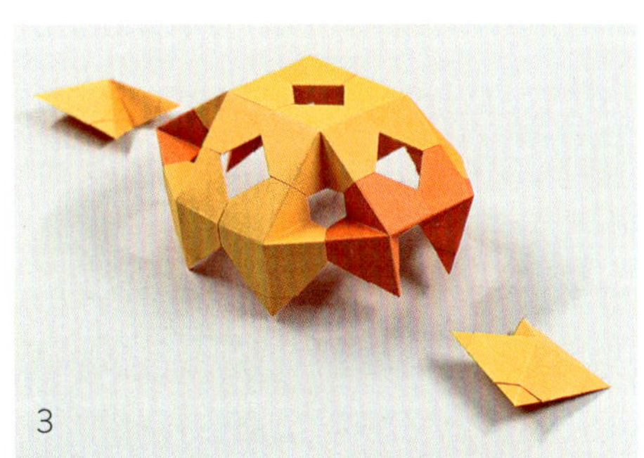

3

5

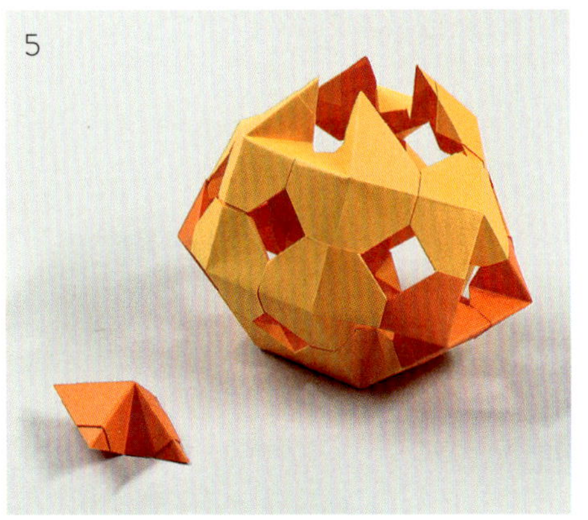

6

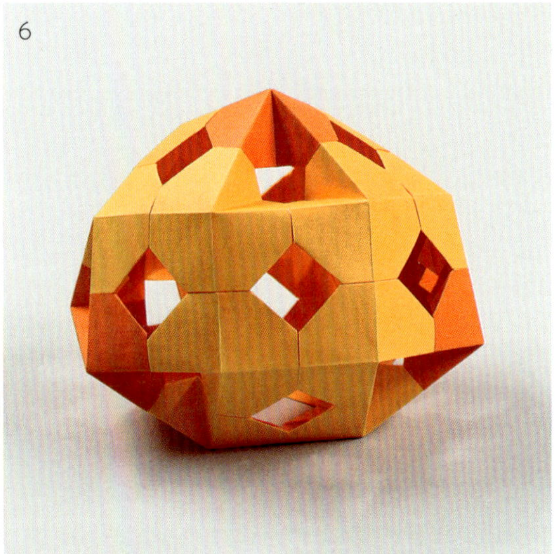

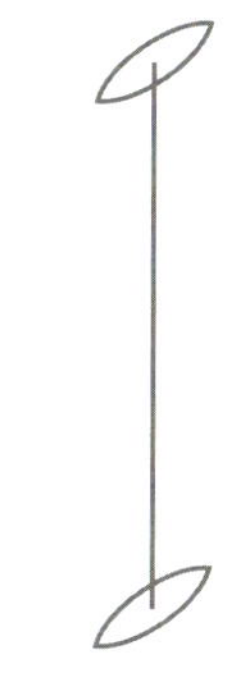

21-Flach

Erste Schritte
Benötigt werden 10 orange Quadrate (5 x Ross und 5 x Reiter) sowie 28 gelbe Quadrate (14 x Ross und 14 x Reiter). Berg- und Talfalten nach nebenstehenden Grafiken falten. Ross und Reiter zu 5 orangen und 14 gelben Modulen verbinden.

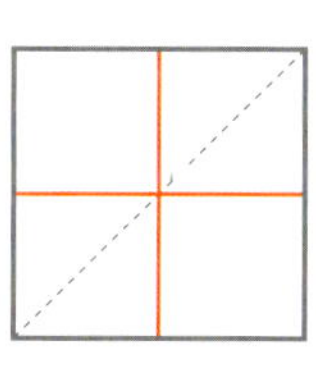

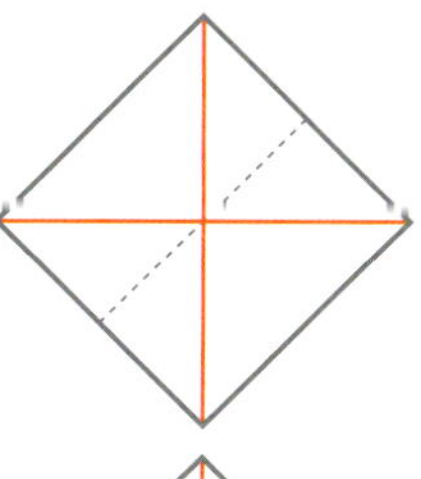

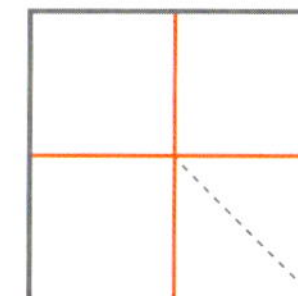

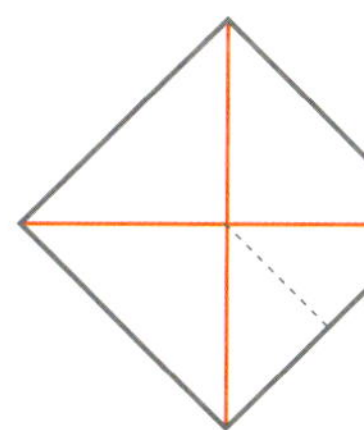

Das Modell zusammenbauen
4 gelbe Module zu einem quadratischen Ringschluss verbinden (Abb. 1). Daran schließen an 2 Seiten je 2 orange Module an (Abb. 2). Mit je einem gelben Modul die orangen Module zu dreieckigen Ringschlüssen verbinden (Abb. 3). Das ergibt eine schalenartige Form, wie in Abb. 4 zu sehen. An den Rand seitlich die verbleibenden 2 x 2 gelben Module anfügen (Abb. 4). Das letzte orange Modul fungiert als Schluss-Stein (Abb. 5). Abb. 6 zeigt das fertige Modell.

Schwierigkeitsgrad: mittelschwer
einfacher Zuschnitt, mittelschwere Montage; Zeitaufwand: ca. 1½ Stunden

Hinweis:
Verwenden Sie beim Zusammenstecken benachbarter Module Klebstoff und arretieren Sie die Module mit Klammern, bis der Klebstoff getrocknet ist.

5 x 5 x 14 x 14 x

1

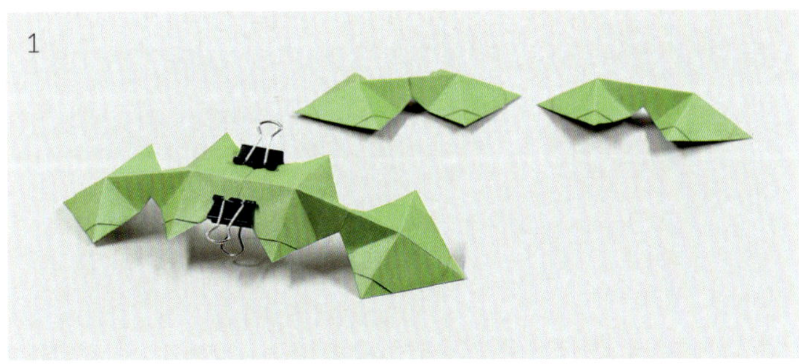

2

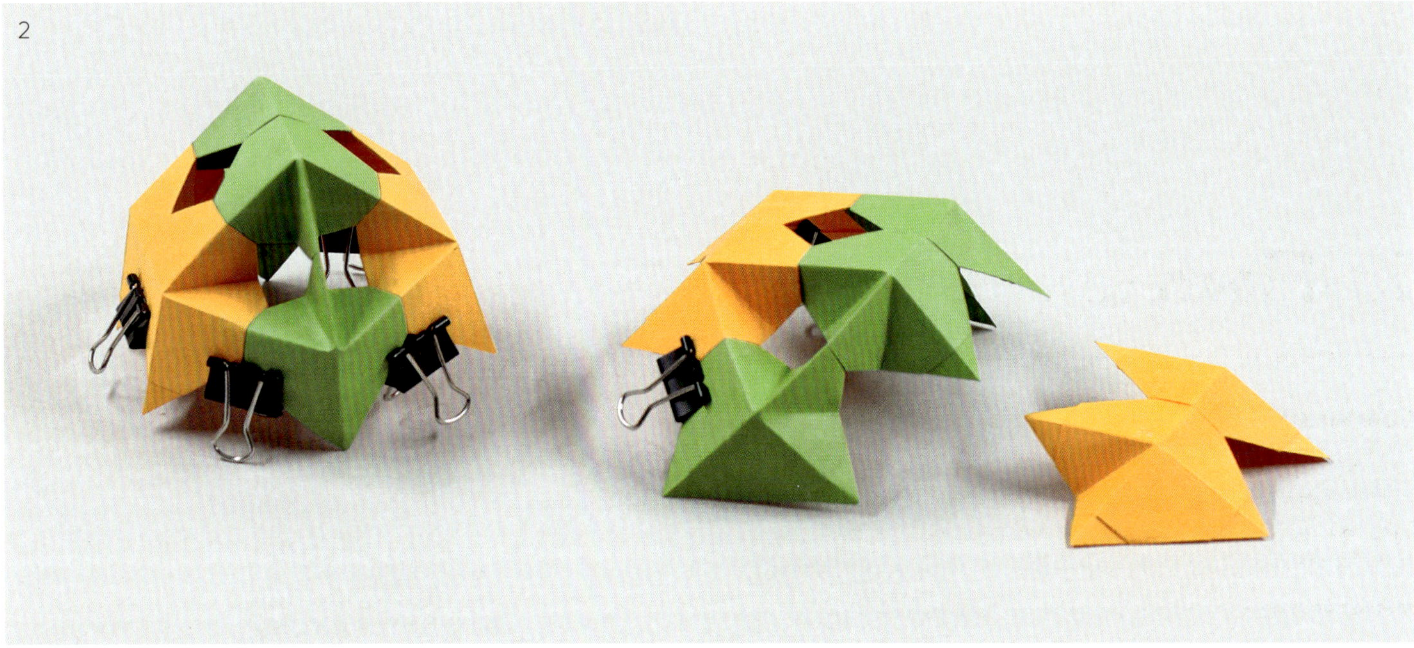

3

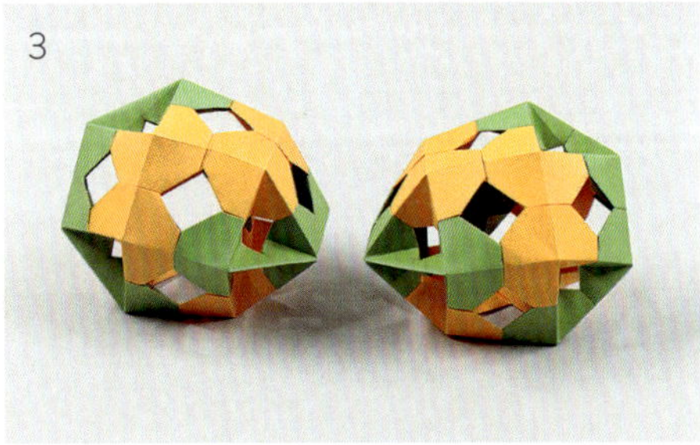

4

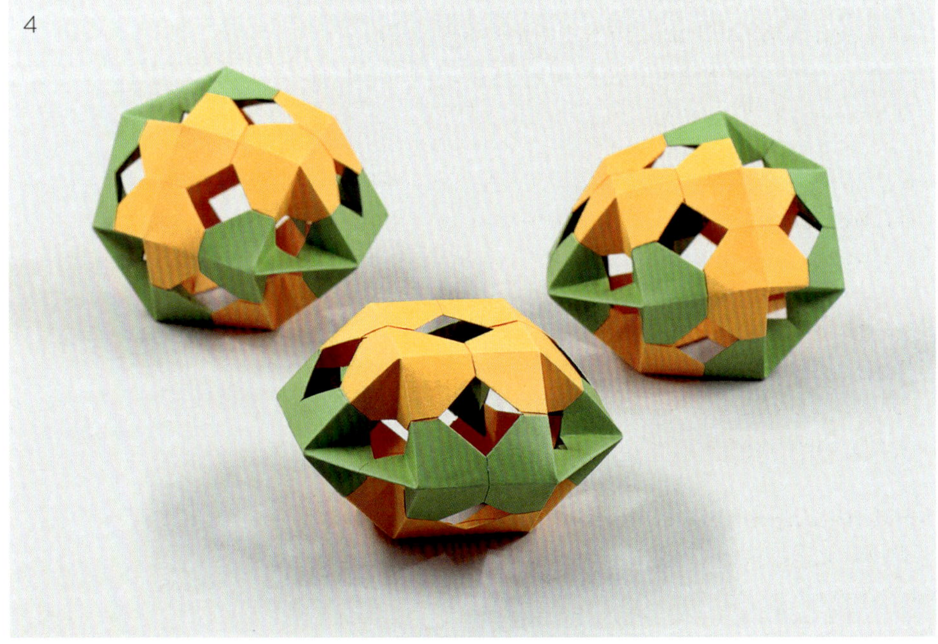

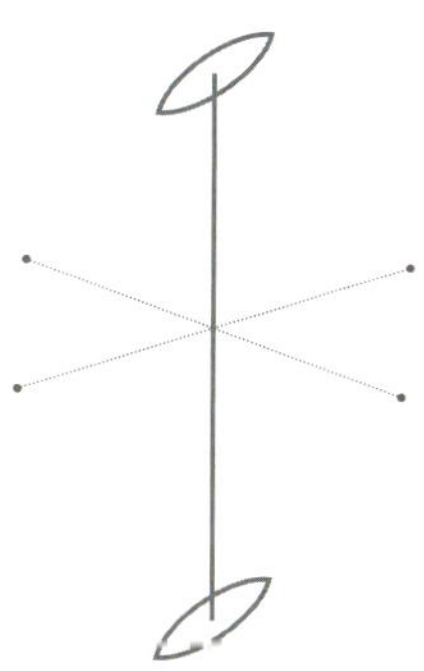

18-Flach (chiral)

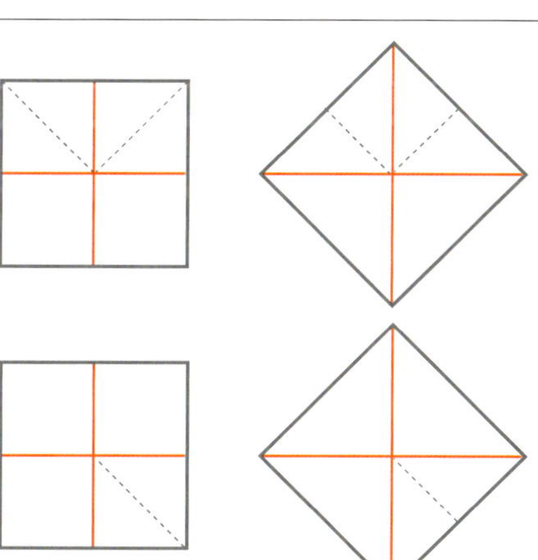

Erste Schritte

Benötigt werden 16 hellgrüne Quadrate (8 x Ross und 8 x Reiter) sowie 16 gelbe Quadrate (8 x Ross und 8 x Reiter). Berg- und Talfalten nach nebenstehenden Grafiken falten. Anschließend Ross und Reiter zu 8 hellgrünen und 8 gelben Modulen zusammensetzen.

Das Modell zusammenbauen

2 x 4 hellgrüne Module zu einer Reihe verbinden (Abb. 1). An jeder Seite schließen je 2 gelbe Module an (Abb. 2). Das ergibt 2 gleiche Bauteile des Modells. Beide Bauteile zusammenfügen (Abb. 3). Dabei sind 2 chirale Lösungen möglich – die beide Hälften so verbinden, dass die beiden hellgrünen Reihen nicht direkt aneinanderstoßen. Beide Modelle verhalten sich zueinander spiegelsymmetrisch (Abb. 4).

Ähnliche Modelle

Abb. 5 zeigt die Formverwandtschaft beider Lösungen zum Rhomben-Kubo-Oktaeder-Deckel* (Bildmitte). Hier verlaufen die hellgrünen Module einmal um das ganze Modul herum.

Schwierigkeitsgrad: mittelschwer

einfacher Zuschnitt, mittelschwere Montage; Zeitaufwand: ca. 1½ Stunden

*J03 aus FALTPOLYEDER

Hinweis:

Verwenden Sie beim Zusammenstecken benachbarter Module Klebstoff und arretieren Sie die Module mit Klammern, bis der Klebstoff getrocknet ist.

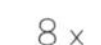

8 x 8 x 8 x 8 x

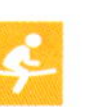

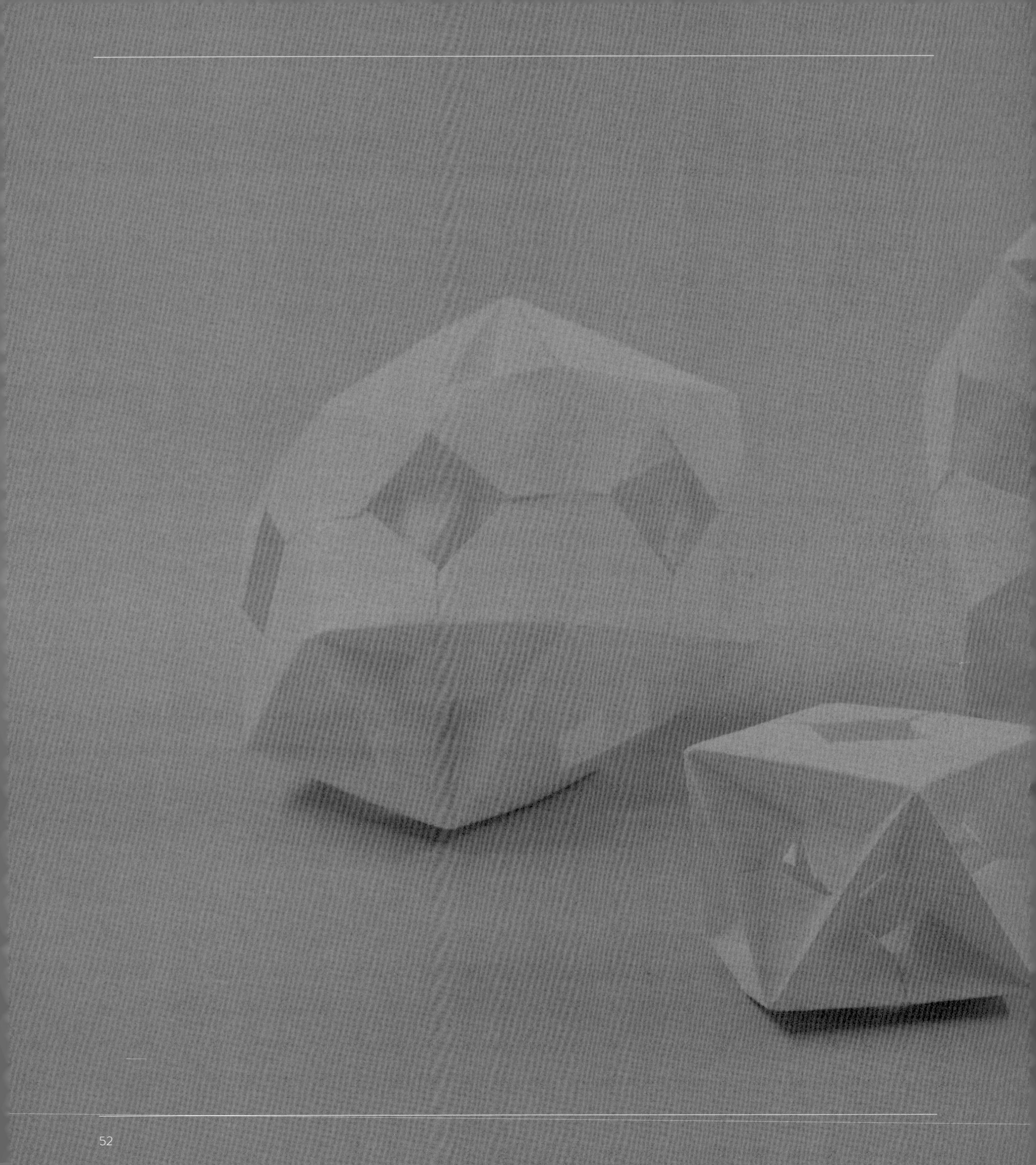

P-Modelle: aus Quadraten (gemischt)

Die P-Modelle setzen die Kombinationen aus quadratischen Modulen fort und erweitern diese um die Verwendung dunkelroter Module (3 Talfalten). P01 ist eine solitäre Form mit 4-zähliger Haupt-Symmetrieachse. P02 bis P04 ergeben eine eigene Baureihe mit ausschließlich 3-zähligen Symmetrieachsen.

P05 und P06 sind eigentümliche Formen mit nur einer 2-zähligen Symmetrieachse. Das trifft auch für P07 zu, diese Form hat aber immerhin noch zwei weitere 2-zählige Neben-Symmetrieachsen. P08 ist eine Chiralform und damit in zwei spiegelsymmetrischen Versionen zu realisieren.

Der Reiz der P-Modelle mag weniger im ersten ästhetischen Eindruck liegen. Ganz sicher liegt er aber in der subtilen Kombinierbarkeit der Module und in den besonderen Symmetrieverhältnissen, die bei einigen Modellen schwieriger zu entschlüsseln sind.

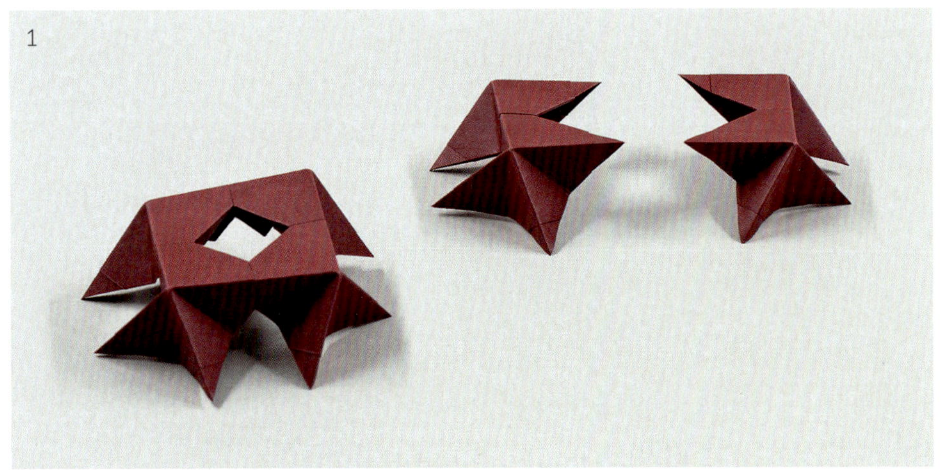
1

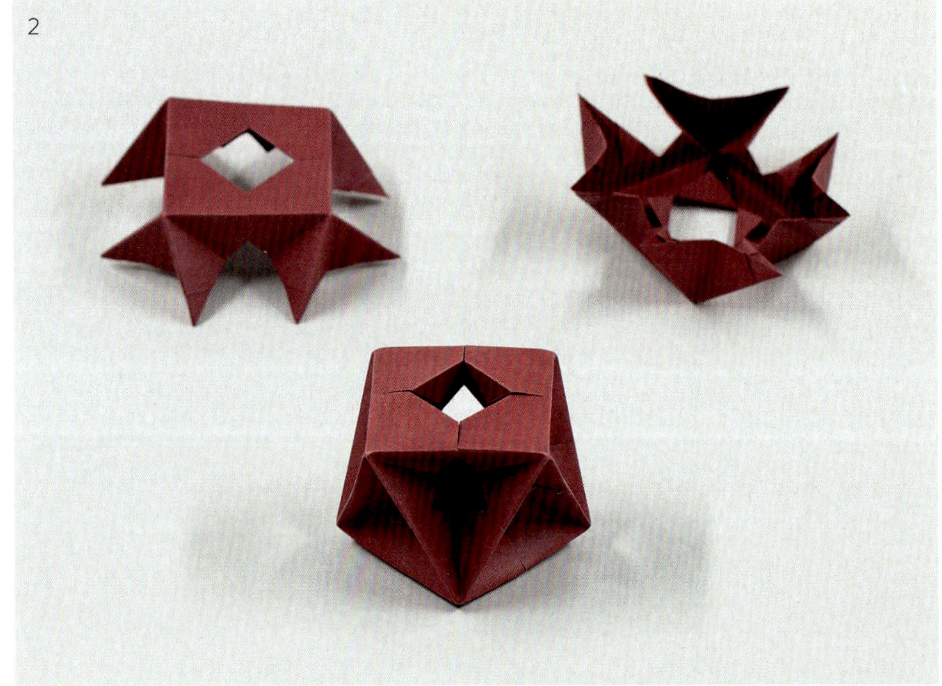
2

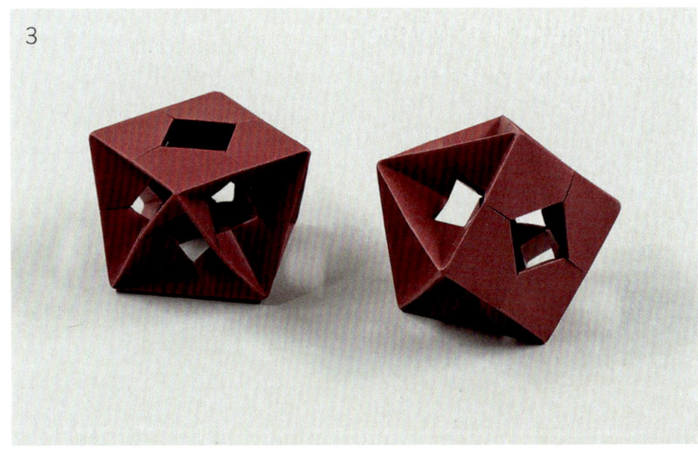
3

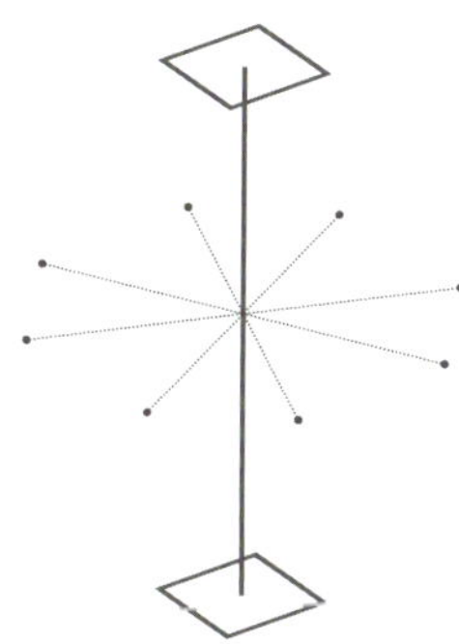

10-Flach

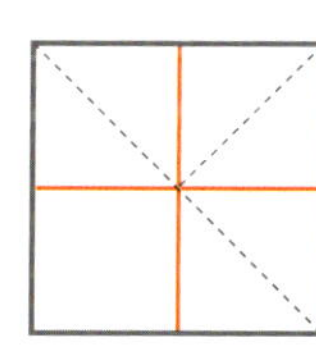

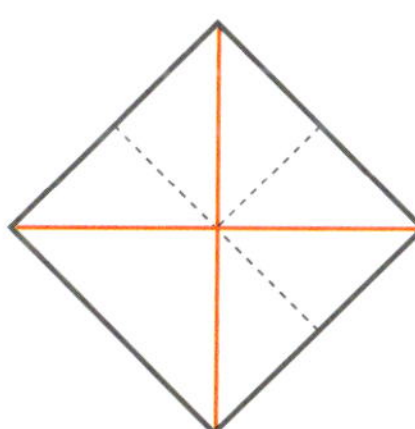

Erste Schritte
Benötigt werden 16 dunkelrote Quadrate (8 x Ross und 8 x Reiter). Berg- und Talfalten nach nebenstehenden Grafiken falten. Ross und Reiter zu 8 roten Modulen verbinden.

Das Modell zusammenbauen
2 x 4 Module zu 2 quadratischen Ringschlüssen verbinden (Abb. 1). Das sind schon die beiden Hälften des Modells. Abb. 2 zeigt beide Hälften (links, rechts), die zu einem fertigen Modell zusammengesteckt werden (mittig davor). Abb. 3 zeigt 2 fertige Modelle aus verschiedenen Blickwinkeln.

Schwierigkeitsgrad: mittelschwer
einfacher Zuschnitt, kniffelige Montage; Zeitaufwand: ca. 45 Minuten

8 x 8 x

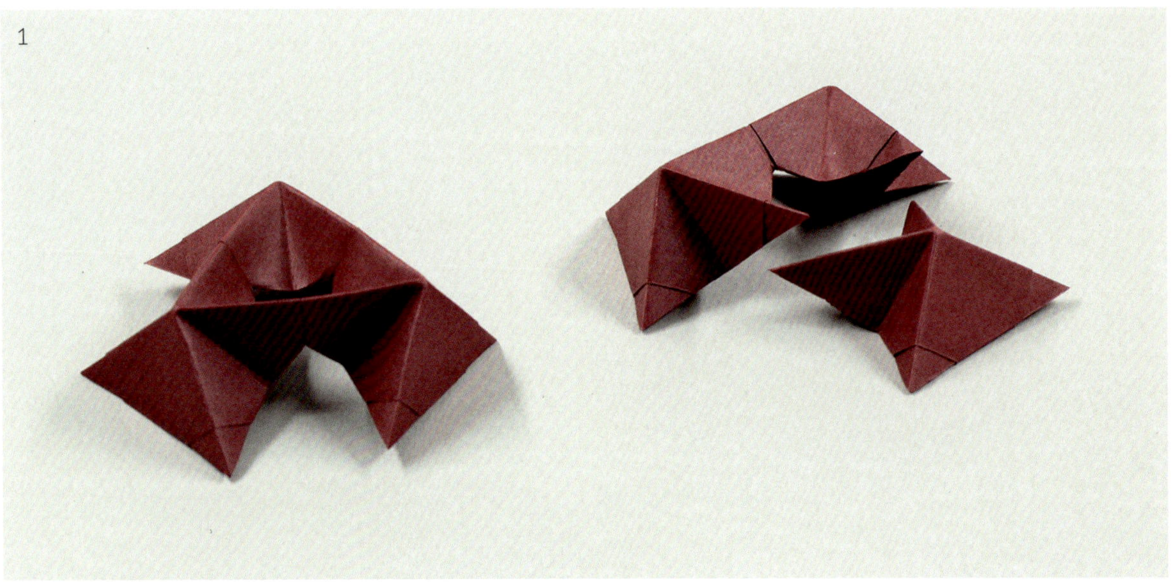
1

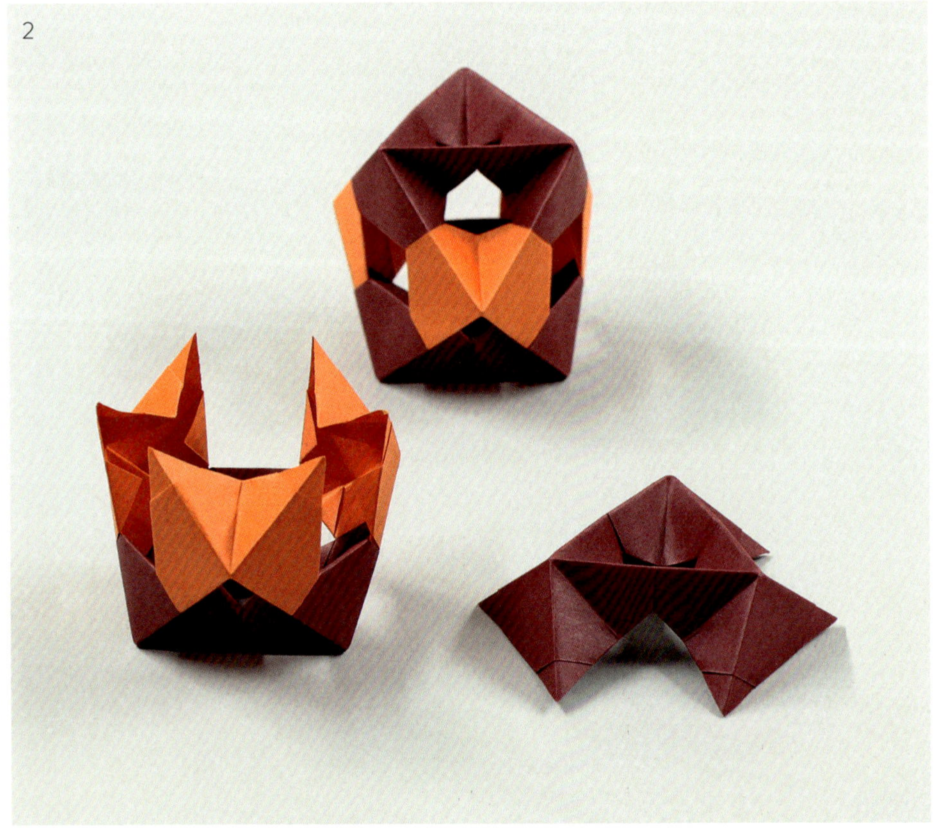
2

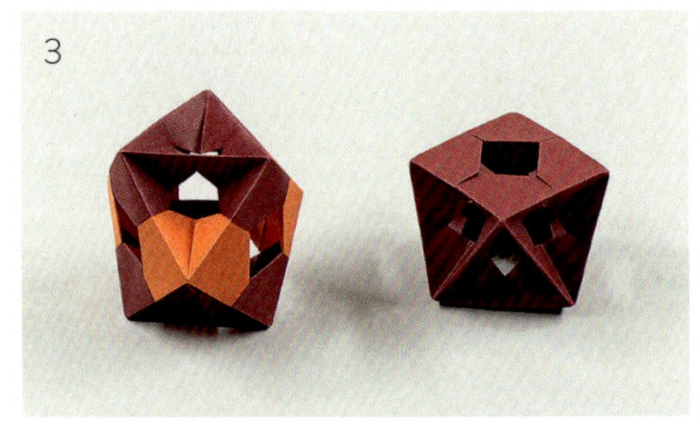
3

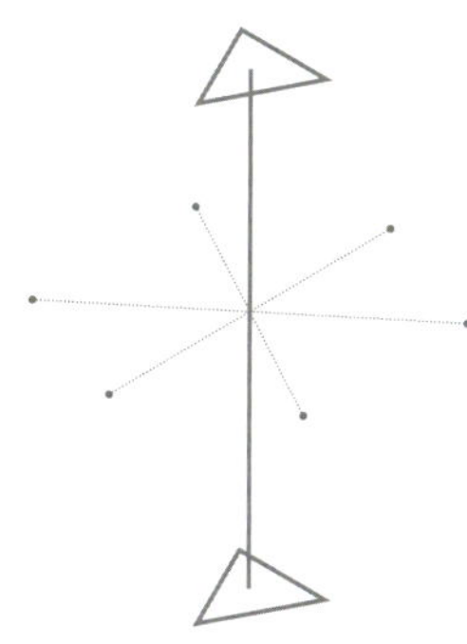

11-Flach

Erste Schritte
Benötigt werden 12 dunkelrote Quadrate (6 x Ross und 6 x Reiter) sowie 6 orange Quadrate (3 x Ross und 3 x Reiter). Berg- und Talfalten nach nebenstehenden Grafiken falten. Ross und Reiter zu 6 dunkelroten und 3 orangen Modulen verbinden.

Das Modell zusammenbauen
2 x 3 dunkelrote Module zu je einem dreieckigen Ringschluss verbinden (Abb. 1), die als oberes und unteres Ende des Modells fungieren. Beide werden mit 3 orangen Modulen zusammengefügt (Abb. 2). Abb. 3 zeigt das 4-zählig-symmetrische P01 und das 3-zählig symmetrische P02 nebeneinander.

Schwierigkeitsgrad: mittelschwer
einfacher Zuschnitt, kniffelige Montage; Zeitaufwand: ca. 1 Stunde

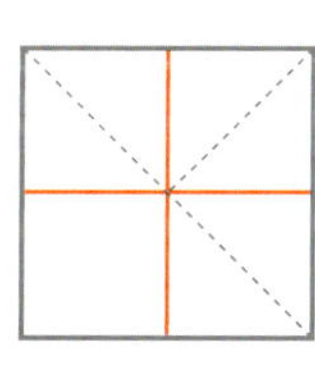
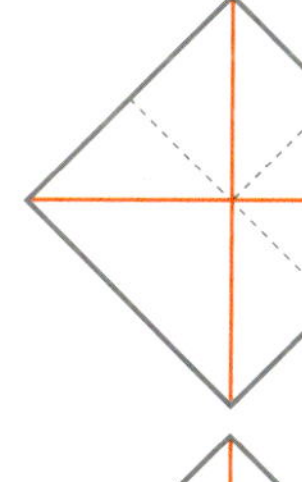
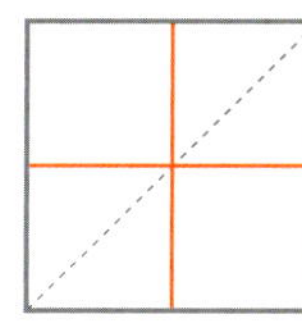
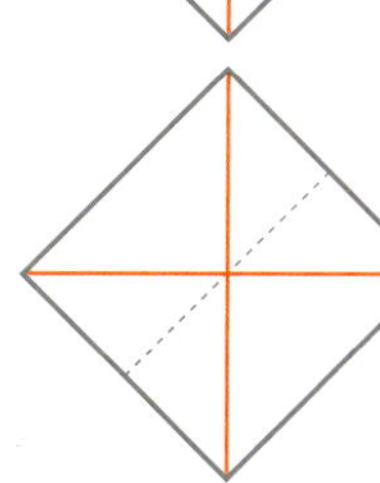

6 x 6 x 3 x 3 x

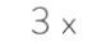

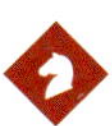

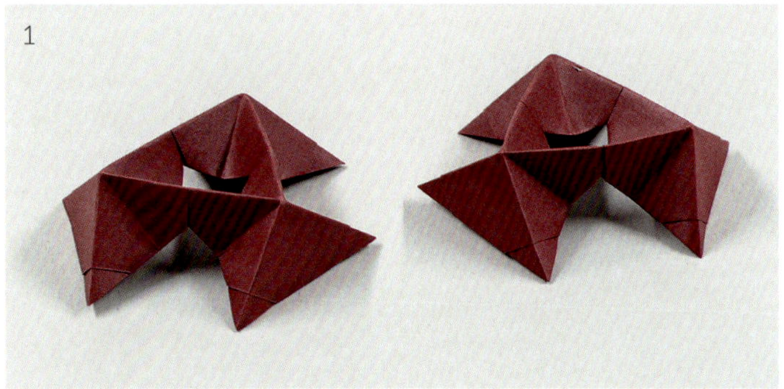
1

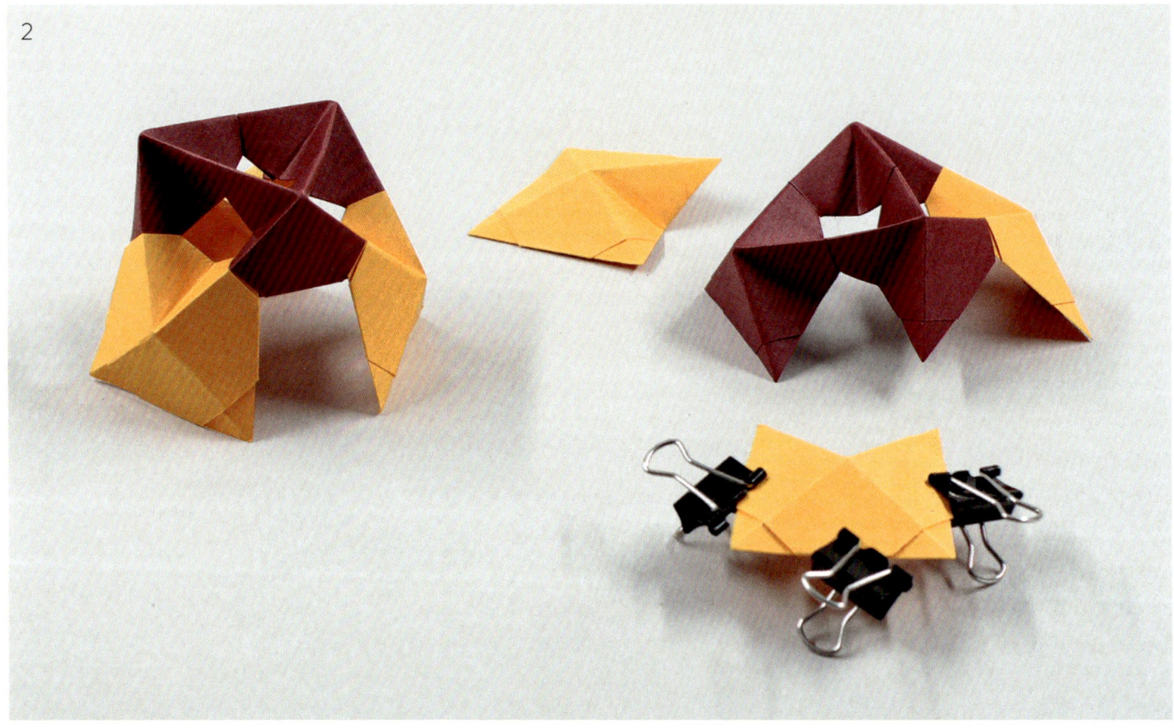
2

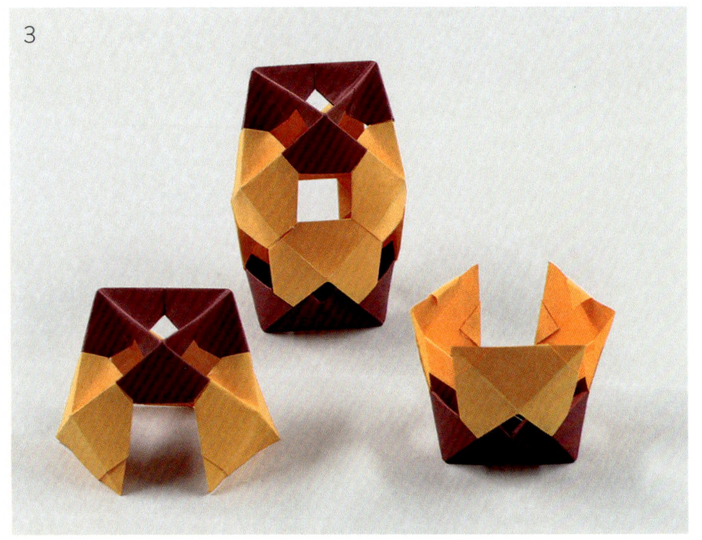
3

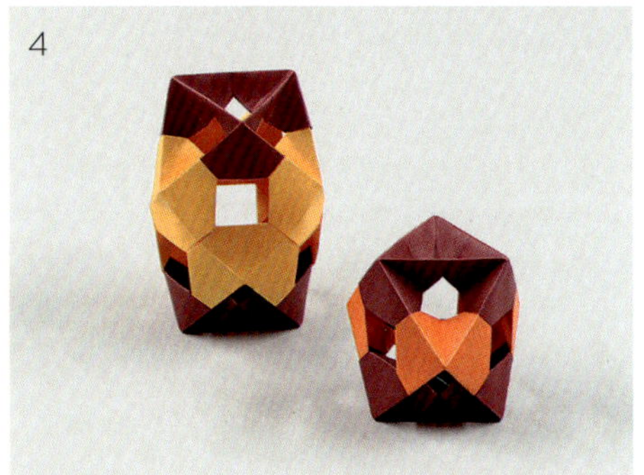
4

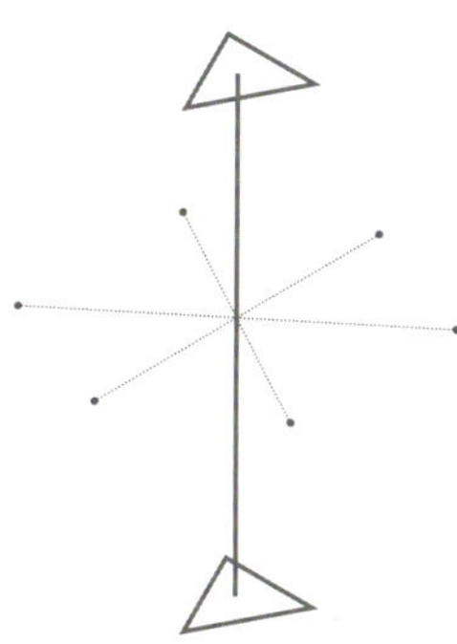

14-Flach

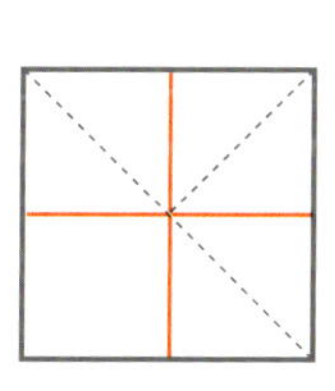

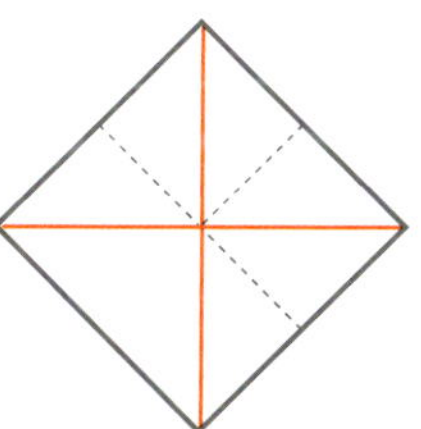

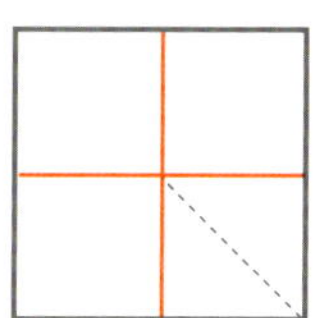

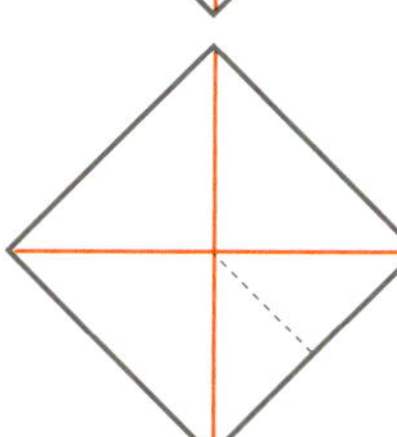

Erste Schritte
Benötigt werden 12 dunkelrote Quadrate (6 x Ross und 6 x Reiter) sowie 12 gelbe Quadrate (6 x Ross und 6 x Reiter). Berg- und Talfalten nach nebenstehenden Grafiken falten. Ross und Reiter zu 6 dunkelroten und 6 gelben Modulen verbinden. Hilfreich ist, die umgeknickten Spitzen der Reiter an den glatten Seiten der Module rückwärtig festzukleben, wie in den Abbildungen zu sehen.

Das Modell zusammenbauen
2 x 3 dunkelrote Module zu je einem dreieckigen Ringschluss verbinden, die als oberes und unteres Ende des Modells fungieren (Abb. 1, wie auch bei P02). An beide werden je 3 gelbe Module angefügt (Abb. 2), so entstehen beide Hälften des Modells (Abb. 3, links, rechts). Diese zum fertigen Modell zusammenstecken (Abb. 3, mittig dahinter).

Ähnliche Modelle
Abb. 4 zeigt die offensichtliche Formverwandtschaft der Formen P02 und P03.

Schwierigkeitsgrad: mittelschwer
einfacher Zuschnitt, kniffelige Montage; Zeitaufwand: ca. 1 Stunde

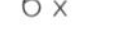

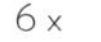
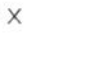

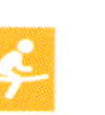

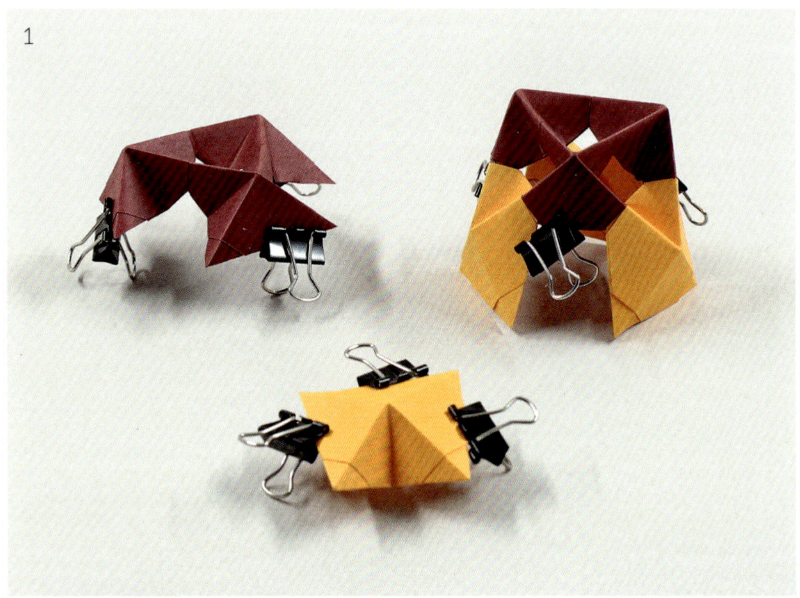
1

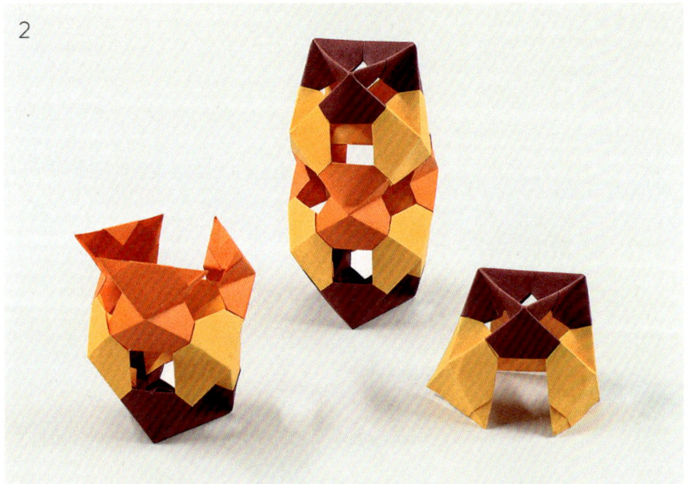
2

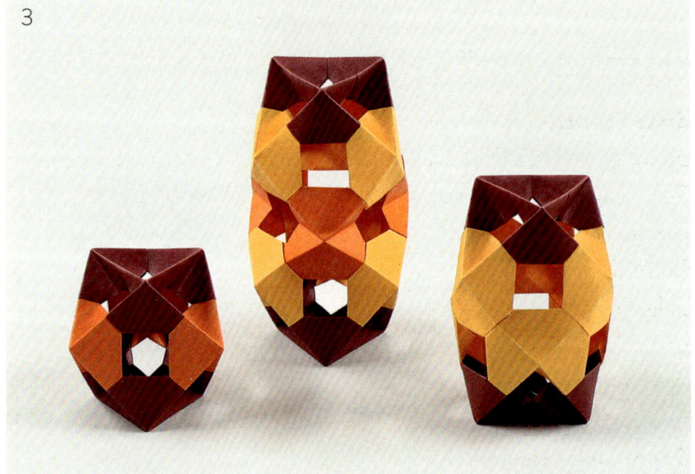
3

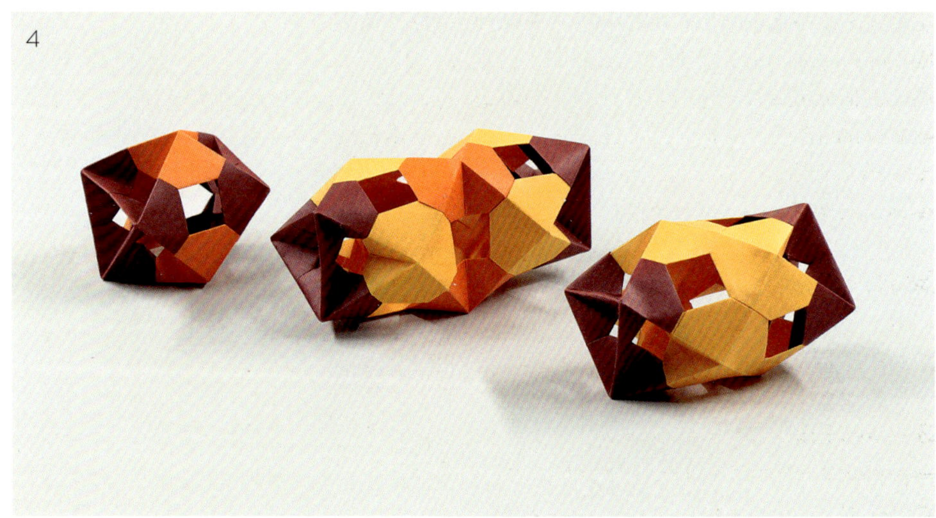
4

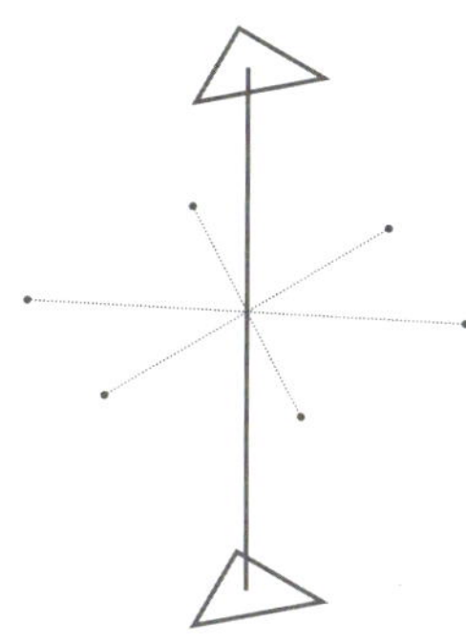

17-Flach

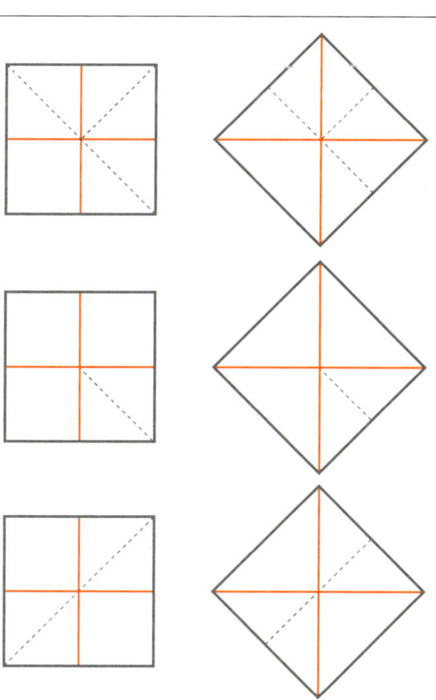

Erste Schritte
Benötigt werden 12 dunkelrote Quadrate (6 x Ross und 6 x Reiter) 12 gelbe Quadrate (6 x Ross und 6 x Reiter) und 6 orange Quadrate (3 x Ross und 3 x Reiter). Berg- und Talfalten nach nebenstehenden Grafiken falten. Ross und Reiter zu 6 dunkelroten, 6 gelben und 3 orangen Modulen verbinden. Hilfreich ist, die umgeknickten Spitzen der Reiter an den glatten Seiten der Module rückwärtig festzukleben (Abb. 1).

Das Modell zusammenbauen
2 x 3 dunkelrote Module zu je einem dreieckigen Ringschluss verbinden, die als oberes und unteres Ende des Modells fungieren (wie schon bei P02 und P03, hier ohne Abbildung). An beide werden je 3 gelbe Module angefügt (Abb. 1); damit erhält man 2 gleiche Bauteile des Modells. Diese werden schließlich durch 3 orange Module verbunden (Abb. 2, links, rechts, fertiges Modell mittig dahinter).

Ähnliche Modelle
Abb. 3 und 4 zeigen die offensichtlichen Formverwandtschaften von P02, P03 und P04 aus 2 verschiedenen Blickwinkeln.

Schwierigkeitsgrad: mittelschwer
einfacher Zuschnitt, kniffelige Montage; Zeitaufwand: ca. 1 Stunde

6 x 6 x 6 x 6 x 3 x 3 x

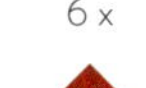
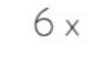

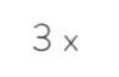
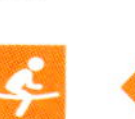

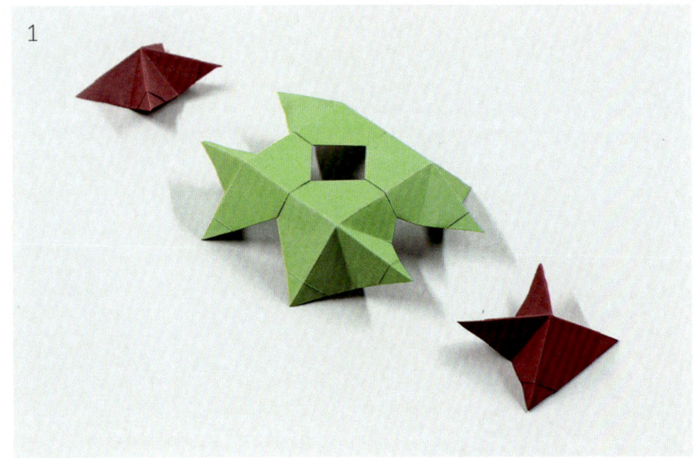
1

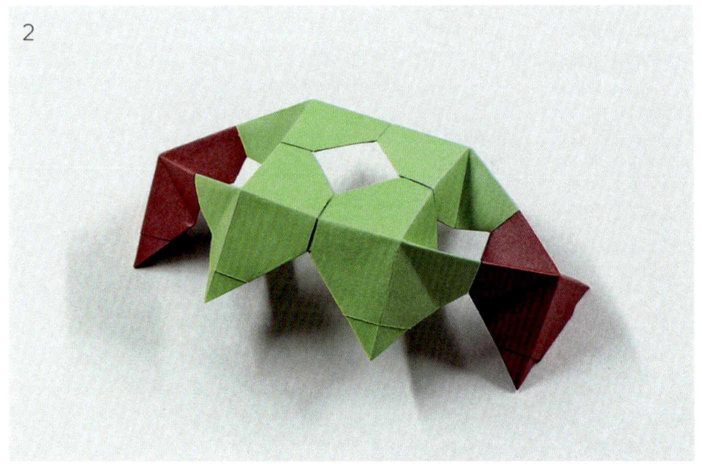
2

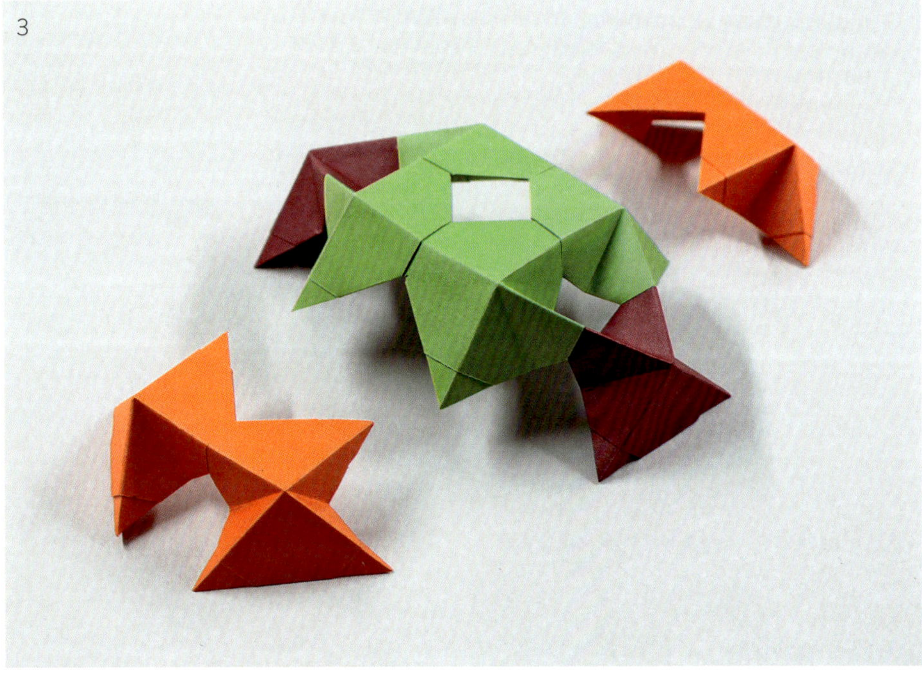
3

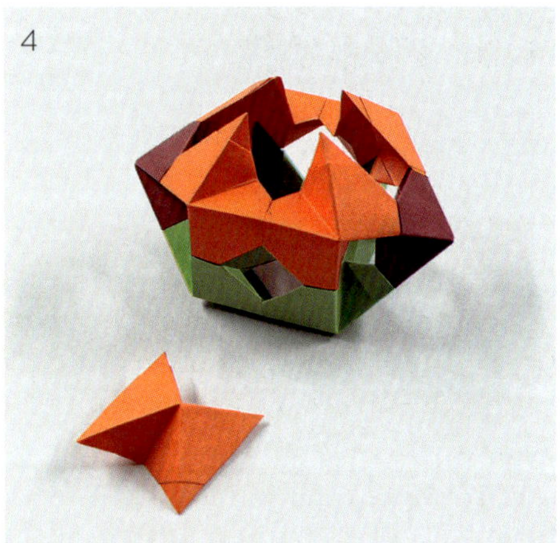
4

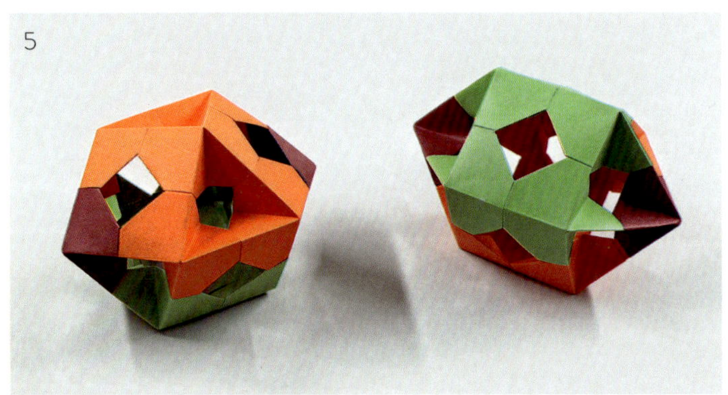
5

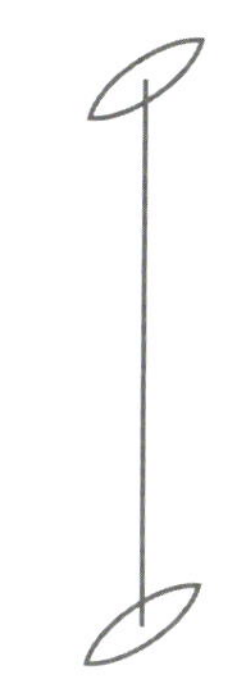

13-Flach

Erste Schritte
Benötigt werden 10 orange Quadrate (5 x Ross und 5 x Reiter), 4 dunkelrote Quadrate (2 x Ross und 2 x Reiter) sowie 8 hellgrüne Quadrate (4 x Ross und 4 x Reiter). Berg- und Talfalten nach nebenstehenden Grafiken falten. Ross und Reiter zu 5 orangen Modulen, 2 dunkelroten Modulen und 4 hellgrünen Modulen verbinden.

Das Modell zusammenbauen
4 hellgrüne Module zu einem quadratischen Ringschluss verbinden (Abb. 1). Daran an 2 Seiten je ein dunkelrotes Modul anschließen (Abb. 2), an den übrigen offenen hellgrünen Spitzen je 2 orange Module anschließen (Abb. 3). Ein weiteres oranges Modul bildet den Schluss-Stein (Abb. 4). Abb. 5 zeigt das fertige Modell aus 2 verschiedenen Blickwinkeln.

Ähnliche Modelle
O08, P06 und P05 haben eine 2-zählige Haupt-Symmetrieachse und damit eine Gemeinsamkeit.

Schwierigkeitsgrad: leicht
einfacher Zuschnitt, einfache Montage; Zeitaufwand: ca. 45 Minuten

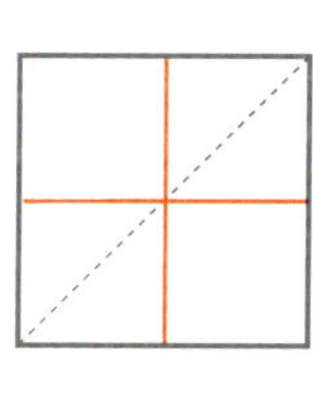

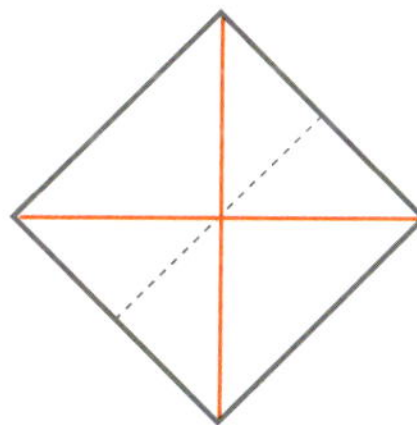

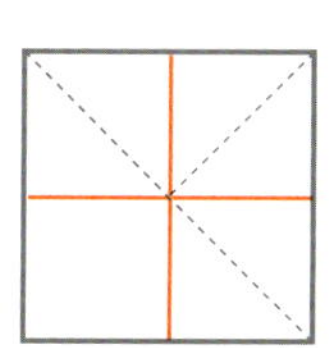

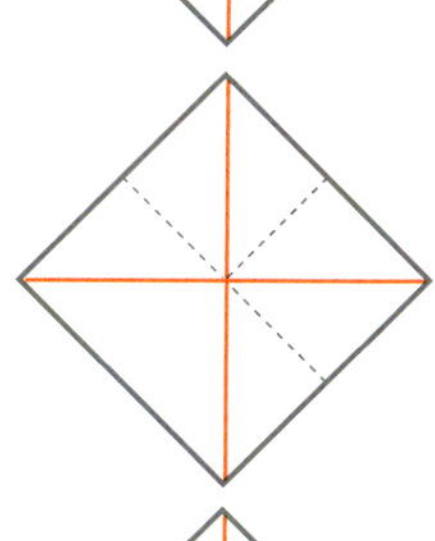

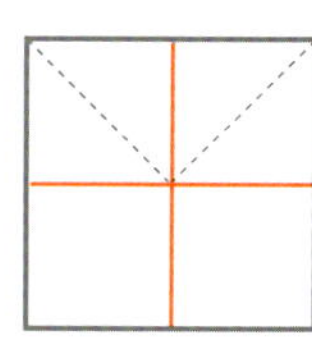

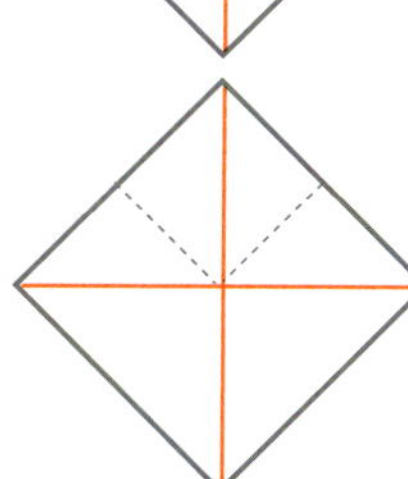

5 x 5 x 2 x 2 x 4 x 4 x

1
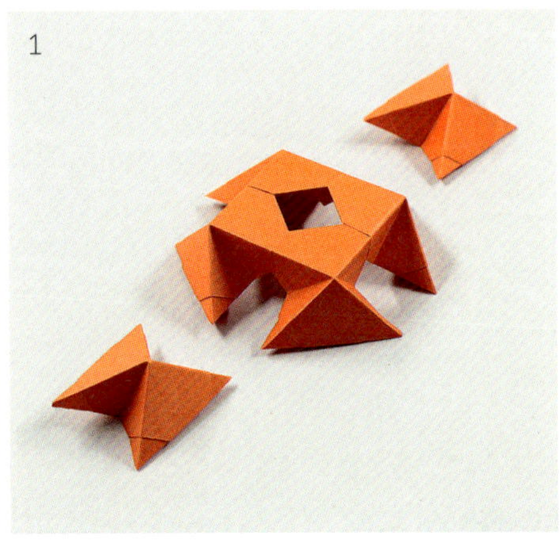

2
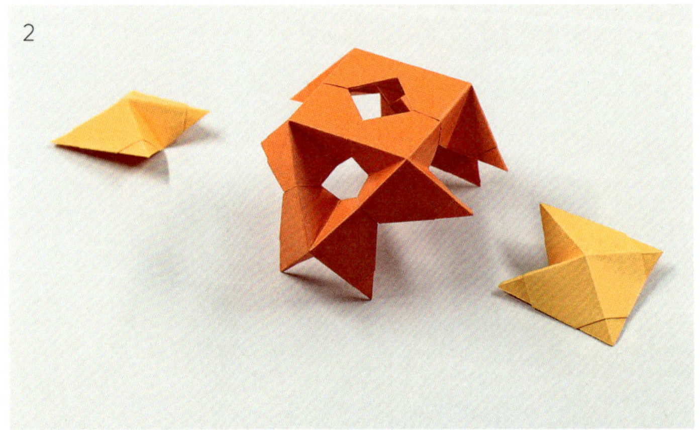

3
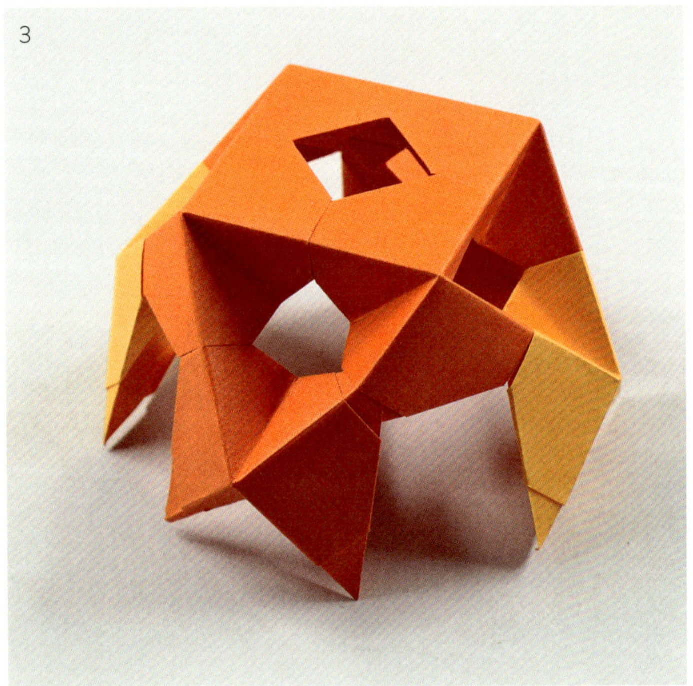

4
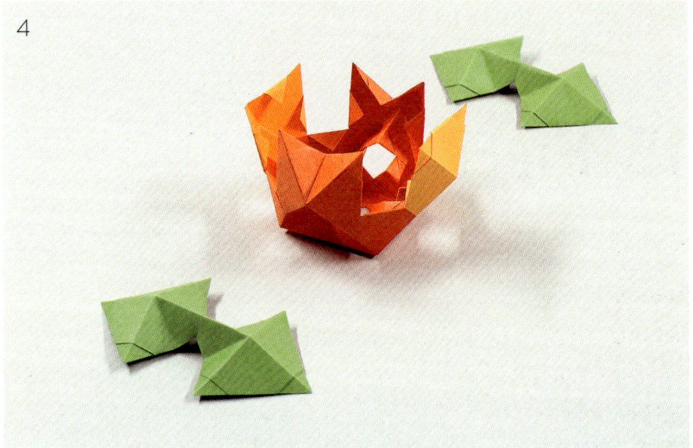

5
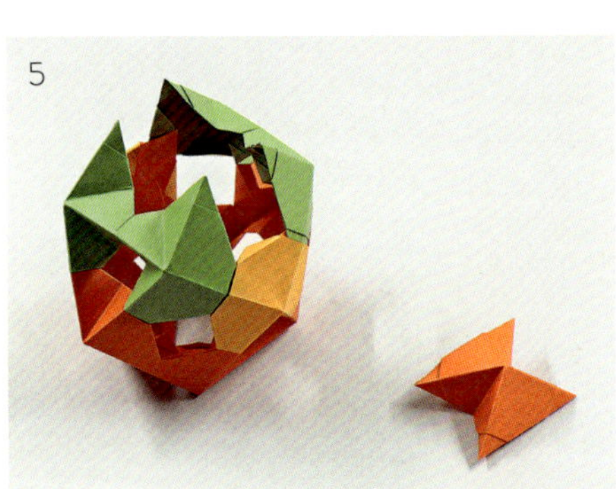

6
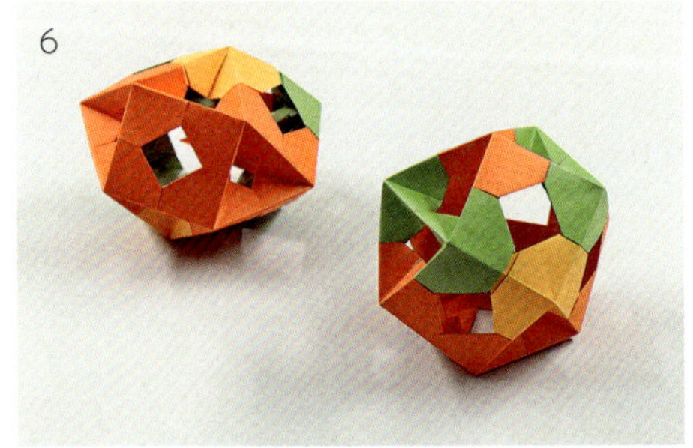

7
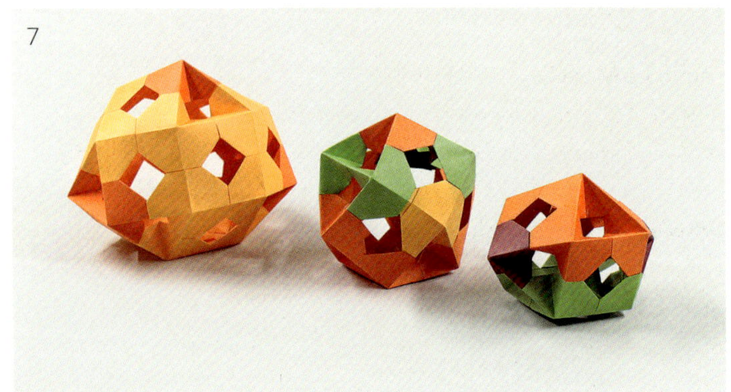

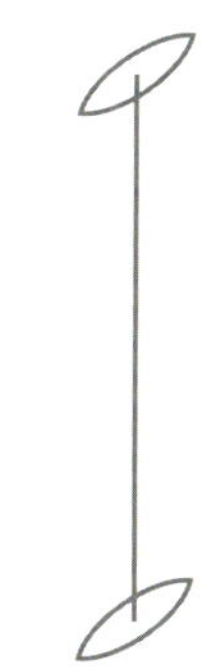

15-Flach

Erste Schritte
Benötigt werden 14 orange Quadrate (7 x Ross und 7 x Reiter), 4 gelbe Quadrate (2 x Ross und 2 x Reiter) sowie 8 hellgrüne Quadrate (4 x Ross und 4 x Reiter). Berg- und Talfalten nach nebenstehenden Grafiken falten. Ross und Reiter zu 7 orangen Modulen, 2 gelben Modulen und 4 hellgrünen Modulen zusammensetzen.

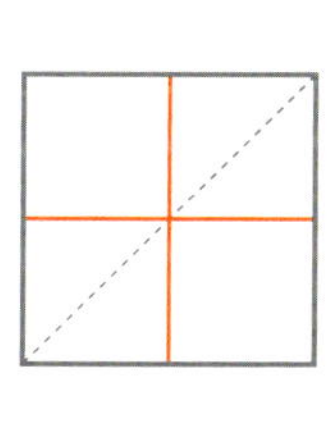
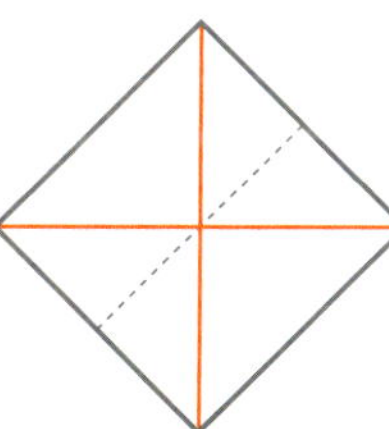
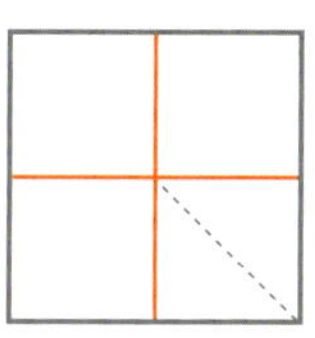
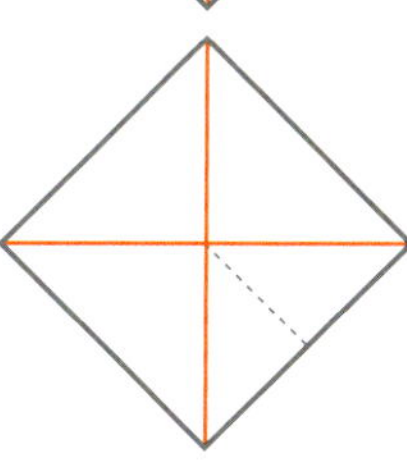
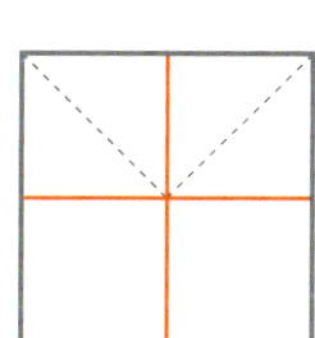
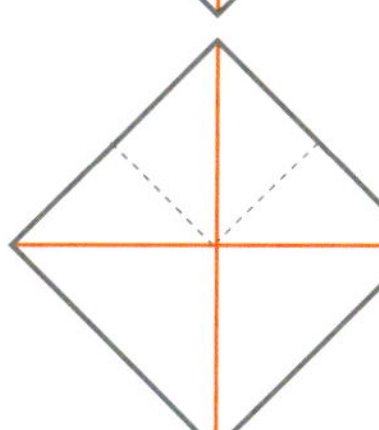

Das Modell zusammenbauen
4 orange Module zu einem quadratischen Ringschluss verbinden (Abb. 1). Daran werden an 2 Seiten je ein oranges Modul angeschlossen (Abb. 2), an den übrigen offenen orangen Spitzen je ein gelbes Modul (Abb. 3). 4 hellgrüne Module kommen hinzu (Abb. 4), ein oranges Modul bildet den Schluss-Stein (Abb. 5). Abb. 6 zeigt das fertige Modell aus 2 verschiedenen Blickwinkeln.

Ähnliche Modelle
In Abb. 7 sind drei Modelle mit 2-zähliger Haupt-Symmetrieachse abgebildet: O08, P06 und P05 (von links nach rechts).

Schwierigkeitsgrad: leicht
einfacher Zuschnitt, einfache Montage; Zeitaufwand: ca. 45 Minuten

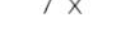
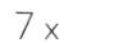
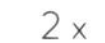

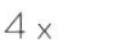
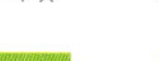

1

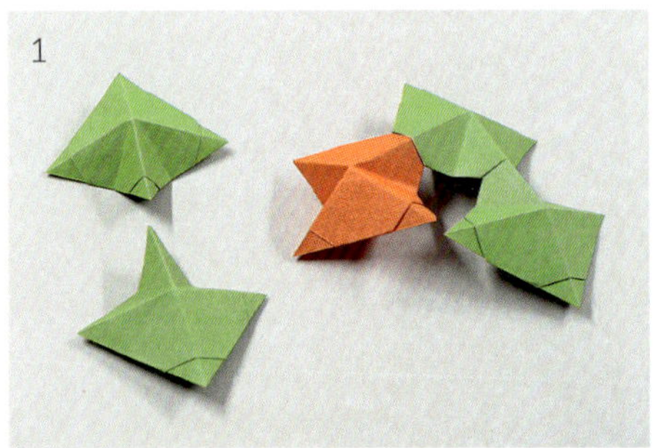

2

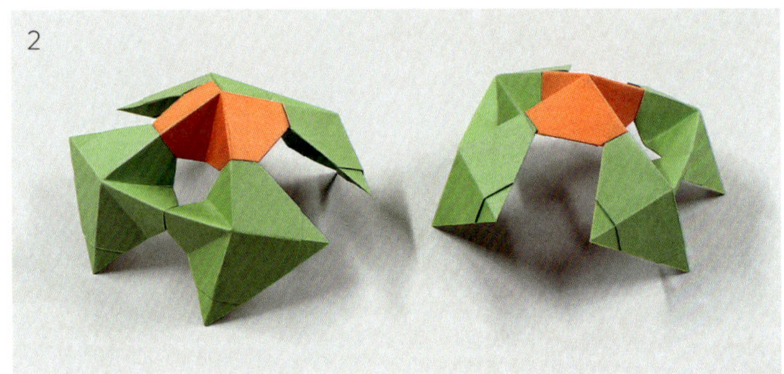

3

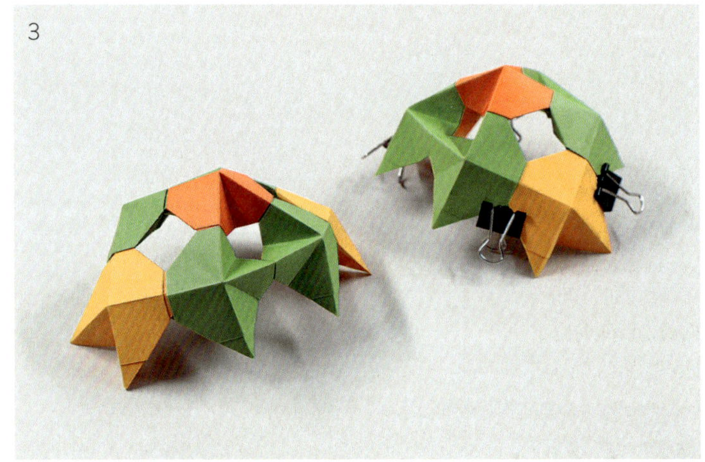

4

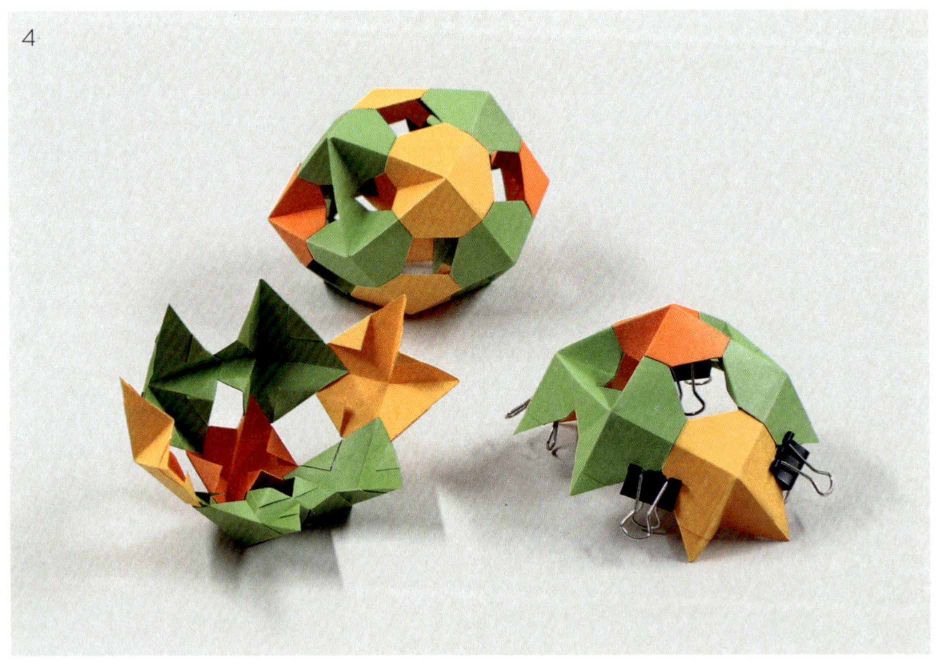

5

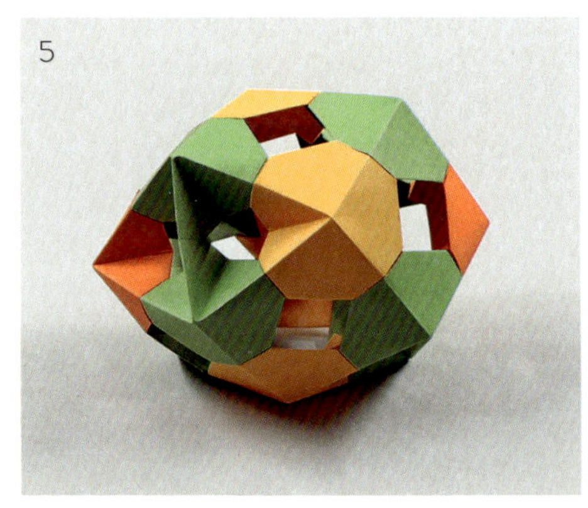

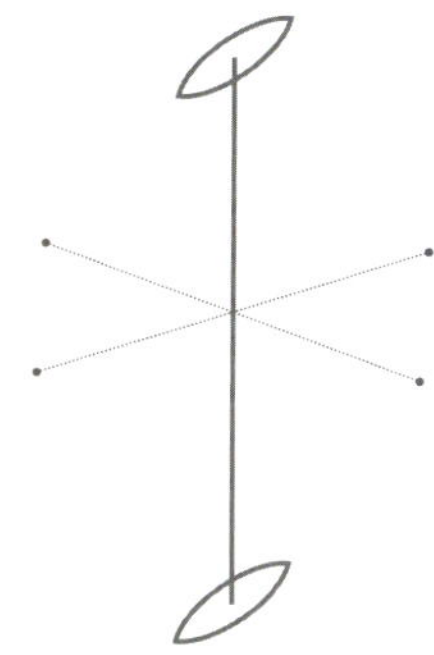

16-Flach

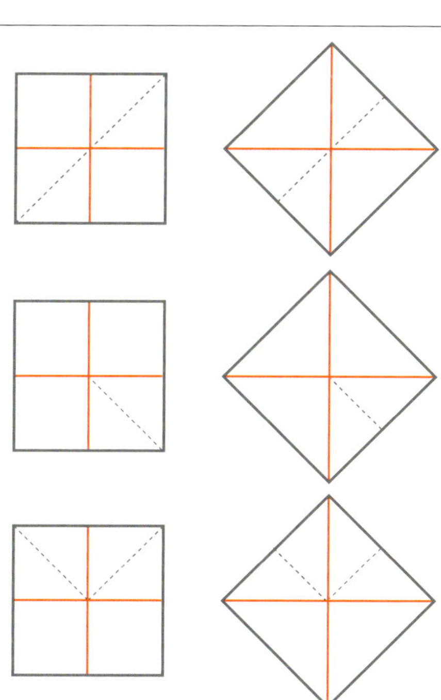

Erste Schritte

Benötigt werden 4 orange Quadrate (2 x Ross und 2 x Reiter), 8 gelbe Quadrate (4 x Ross und 4 x Reiter) sowie 16 hellgrüne Quadrate (8 x Ross und 8 x Reiter). Berg- und Talfalten nach nebenstehenden Grafiken falten. Ross und Reiter zu 2 orangen Modulen, 4 gelben und 8 hellgrünen Modulen verbinden.

Das Modell zusammenbauen

An je ein oranges Modul 4 hellgrüne Module anfügen (Abb. 1 und 2), damit erhält man 2 gleiche Bauteile des Modells, die mit 4 gelben Modulen zusammengefügt werden (Abb. 3 und 4). Abb. 5 zeigt das fertige Modell.

Schwierigkeitsgrad: leicht

einfacher Zuschnitt, einfache Montage; Zeitaufwand: ca. 45 Minuten

Hinweis:

Hilfreich ist, die Steckverbindungen mit Klebstoff zu unterstützen.

2 x	2 x	4 x	4 x	8 x	8 x
		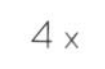	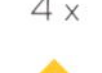	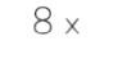	

1

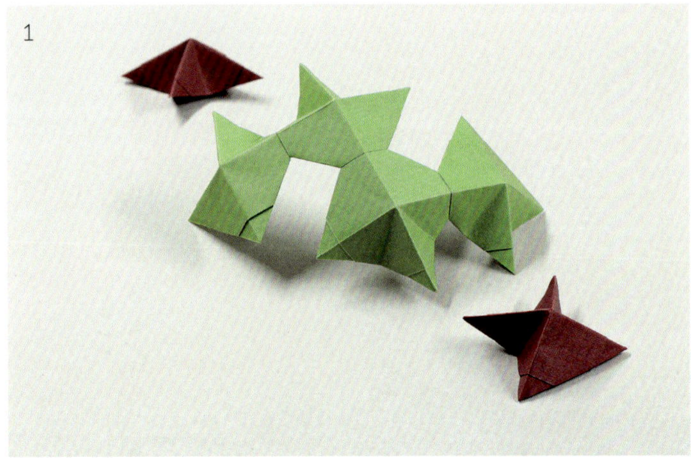

2

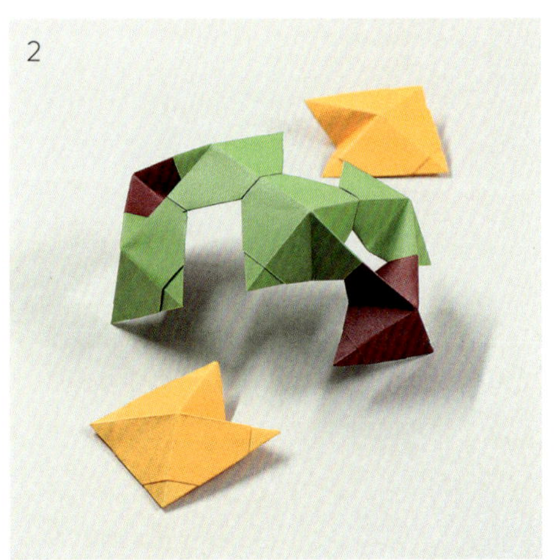

3

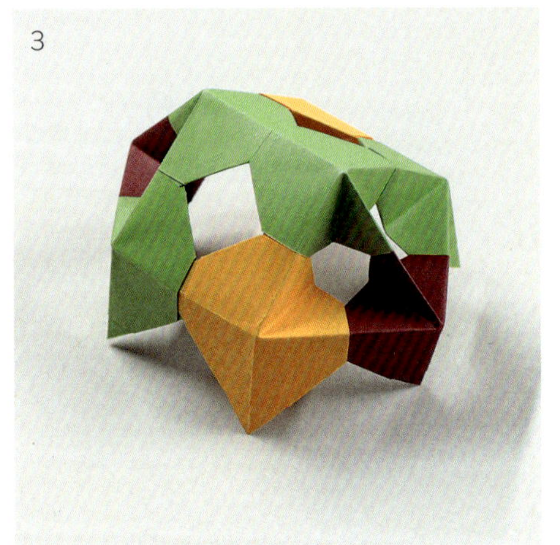

4

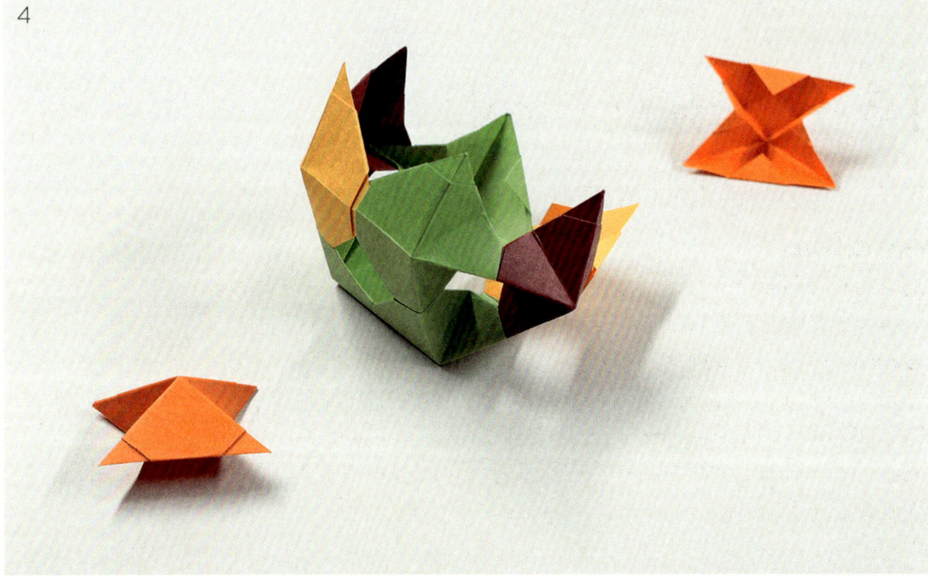

5

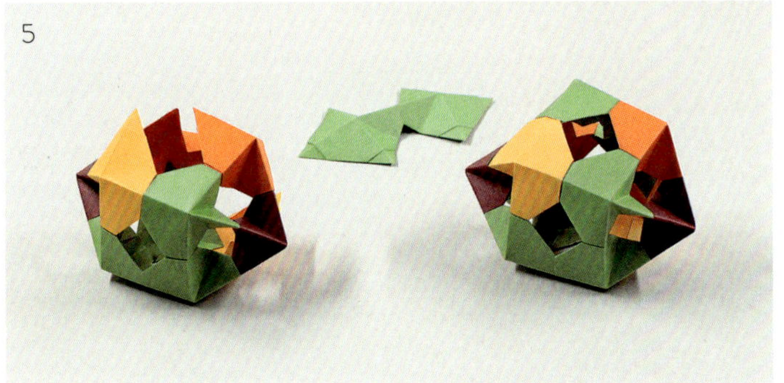

6

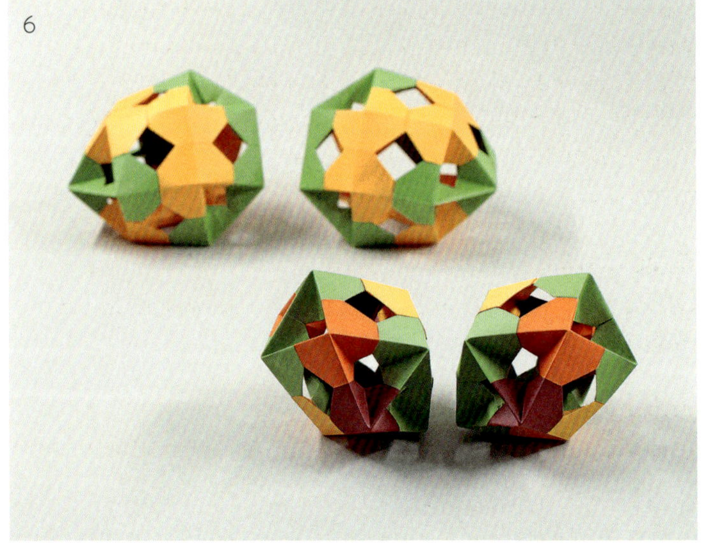

14-Flach (chiral)

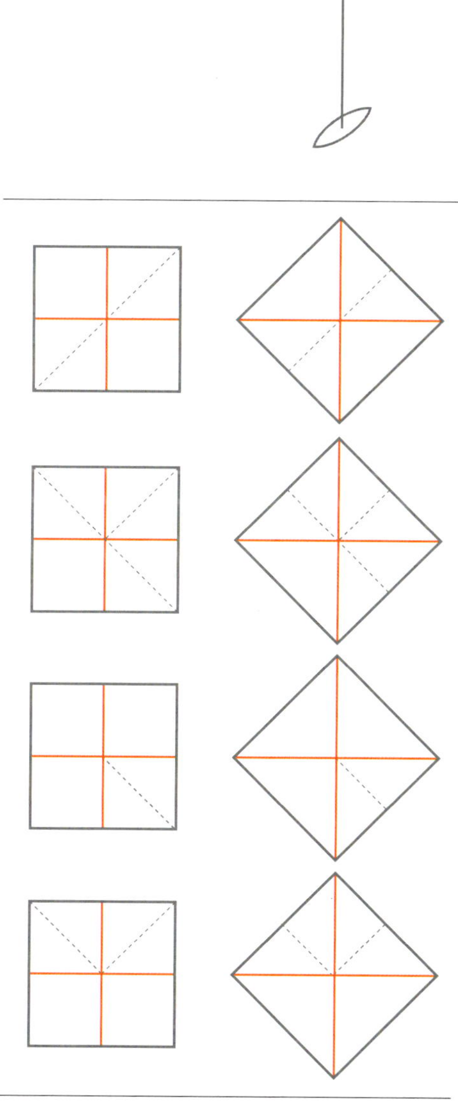

Erste Schritte
Benötigt werden 4 orange Quadrate (2 x Ross und 2 x Reiter) sowie 4 dunkelrote Quadrate (2 x Ross und 2 x Reiter). Hinzu kommen weitere 4 gelbe Quadrate (2 x Ross und 2 x Reiter) sowie 12 hellgrüne Quadrate (6 x Ross und 6 x Reiter). Berg- und Talfalten nach nebenstehenden Grafiken falten. Ross und Reiter zu 2 orangen Modulen, 2 dunkelroten Modulen, 2 gelben Modulen und 6 hellgrünen Modulen verbinden.

Das Modell zusammenbauen
4 grüne Module werden zu einer treppenartigen Reihe zusammengefügt (Abb. 1, mittig). Daran schließen sich dunkelrote (Abb. 1, außen) und gelbe Module an (Abb. 2 und 3).
Es folgen 2 orange Module (Abb. 4). 2 zusammenhängende hellgrüne Module schließen das Modell ab (Abb. 5). 2 spiegelsymmetrische Lösungen sind möglich (Abb. 6).

Ähnliche Modelle
O09 und P08 können in 2 chiralen Versionen gebaut werden (Abb. 6).

Schwierigkeitsgrad: mittelschwer
einfacher Zuschnitt, kniffelige Montage; Zeitaufwand: ca. je 1 Stunde

2 x	2 x	2 x	2 x	2 x	2 x	6 x	6 x
		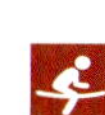	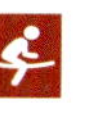	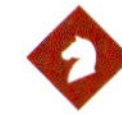	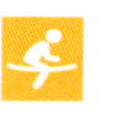		 

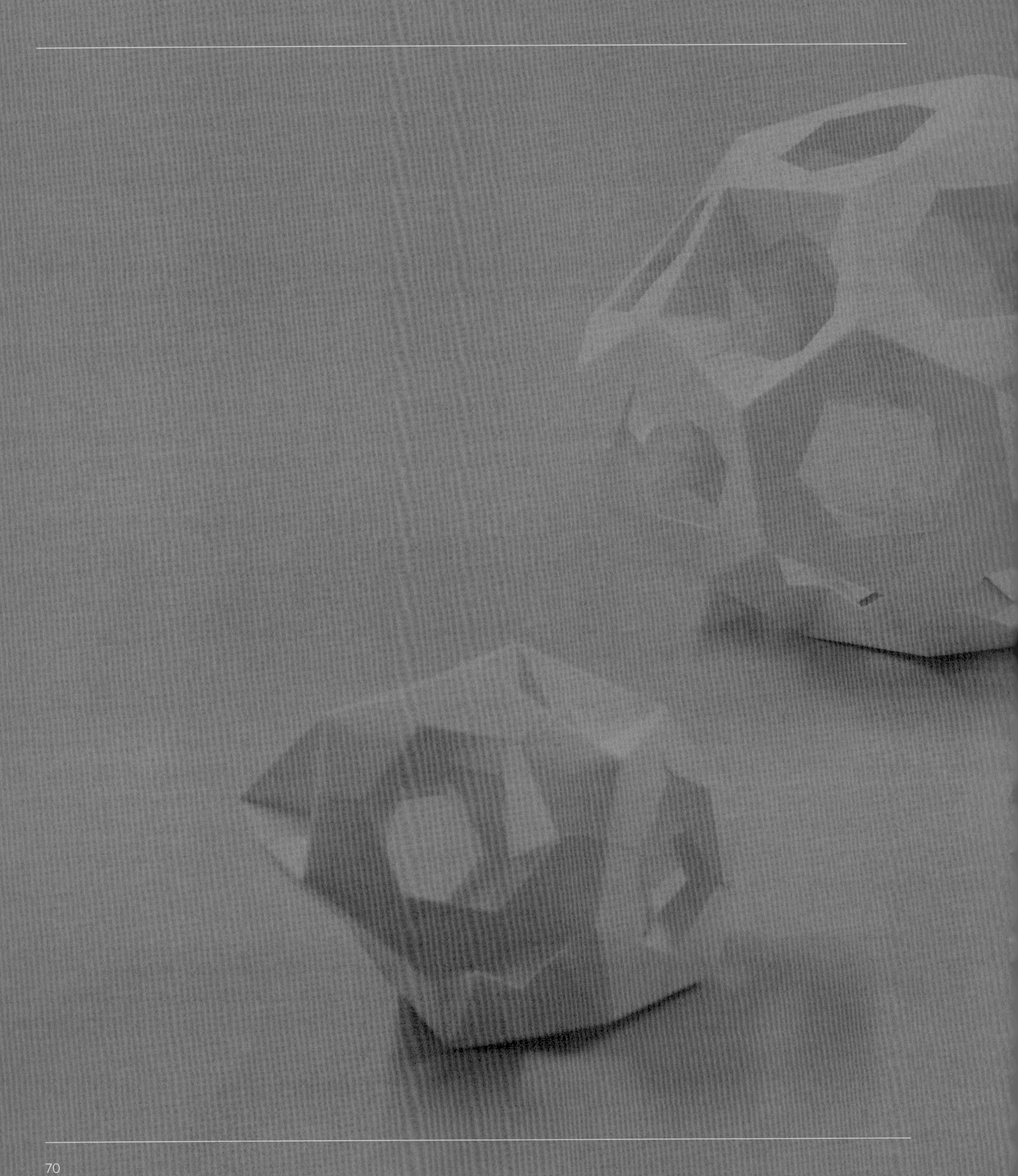

Q-Modelle: aus Dreiecken (pink)

Mit den Q-Modellen kommen erstmals dreieckige Module zum Einsatz – und zwar fast ausschließlich pinkfarbene Modelle. Die Modelle haben große Ähnlichkeiten mit den hoch-symmetrischen Modellen Tetraeder-Stumpf, Oktaeder-Stumpf und Ikosaeder-Stumpf*.
Gegenüber ihren Verwandten sind die Q-Modelle jedoch deutlich reduziert auf das Prinzip: eine Haupt-Symmetrieachse mit mehreren Neben-Symmetrieachsen. Viele Teillösungen von Q-Modellen finden sich in verwandelter Form bei S- und T-Modellen wieder.

*B05, B06, B07 bzw. die L-Modelle aus FALTPOLYEDER

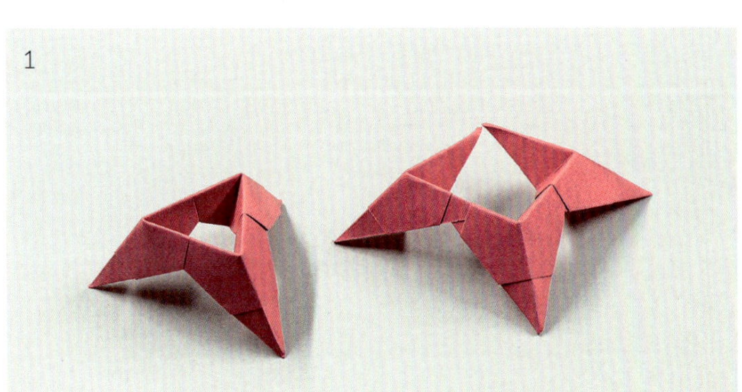
1

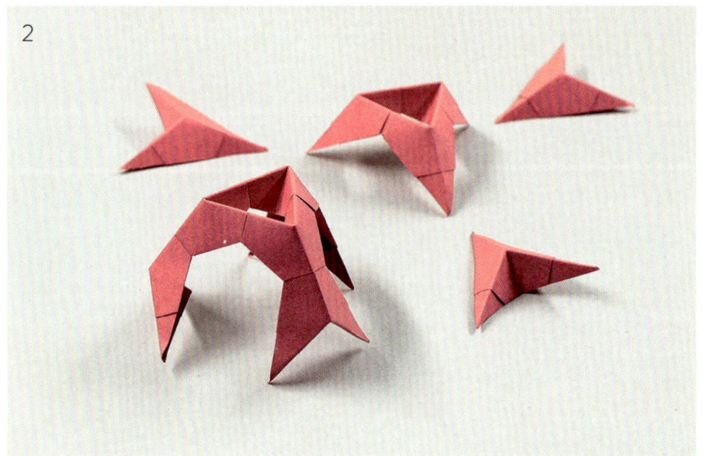
2

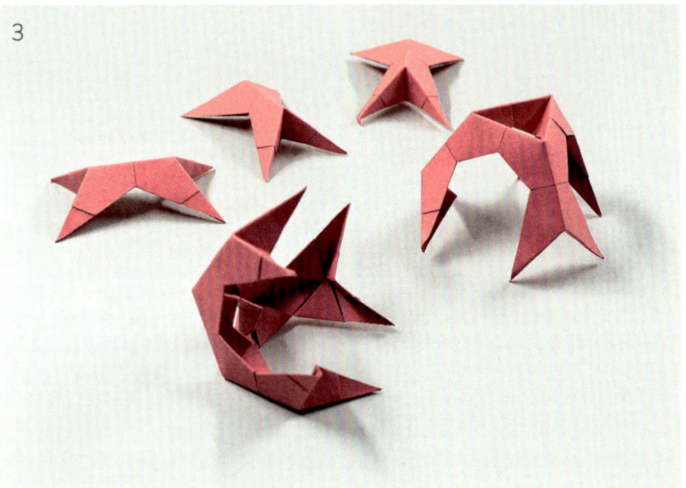
3

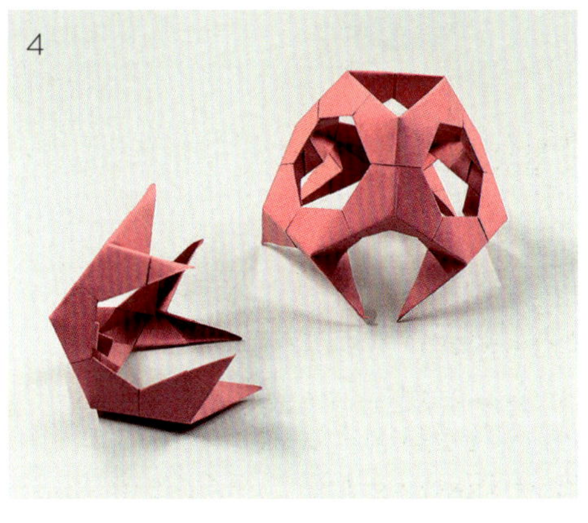
4

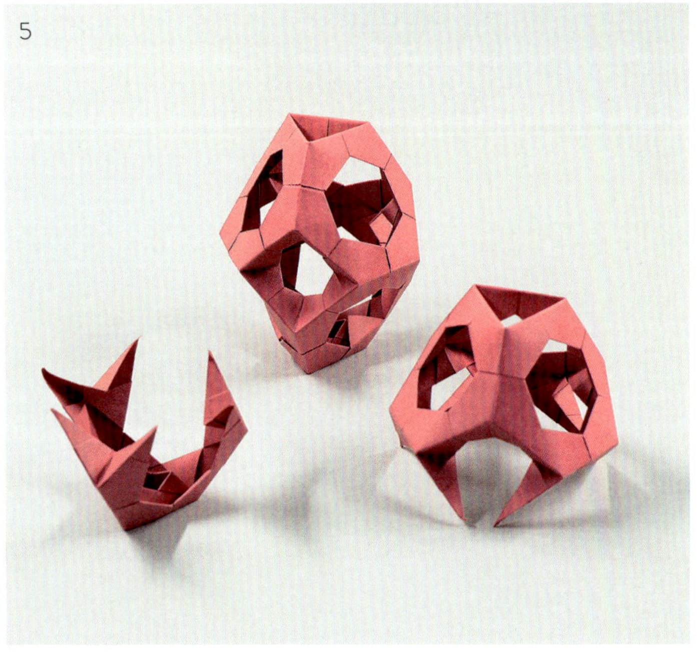
5

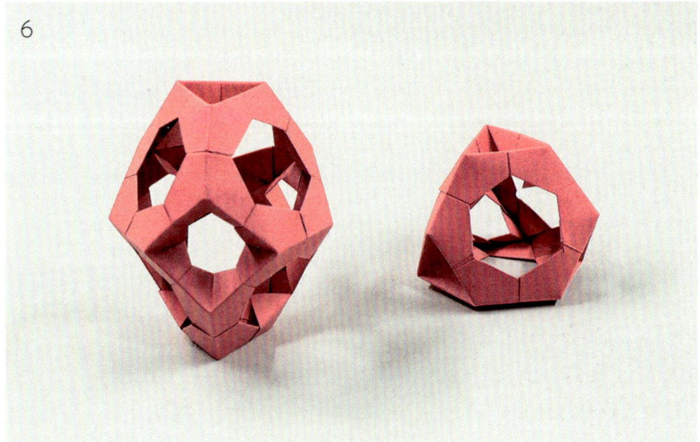
6

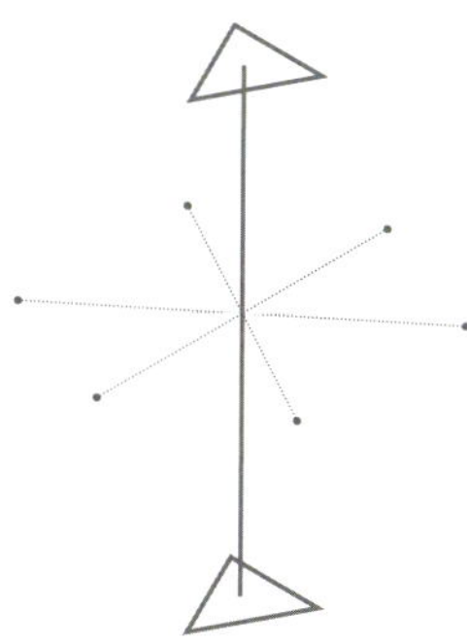

11-Flach

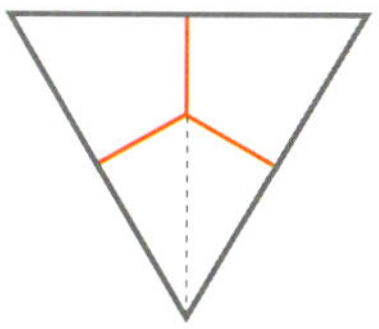

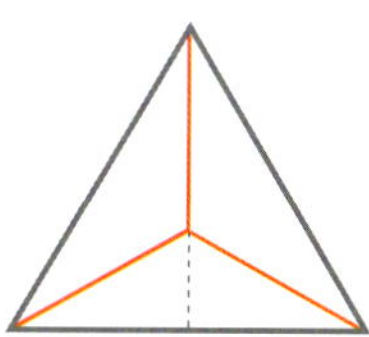

Erste Schritte
Benötigt werden 36 pinkfarbene Dreiecke (18 x Ross und 18 x Reiter). Berg- und Talfalten nach nebenstehenden Grafiken falten. Ross und Reiter zu 18 pinkfarbenen Modulen verarbeiten.

Das Modell zusammenbauen
2 x 3 Module zu je einem dreieckigen Ringschluss verbinden (Abb. 1). Daran schließt sich je ein Modul an (Abb. 2 und 3), damit erhält man 2 gleiche Bauteile des Modells. Mit den restlichen 3 x 2 Modulen (Abb. 3, oben) das Modell fertigstellen (Abb. 4 und 5).

Ähnliche Modelle
Ganz offensichtlich ähnelt Q01 dem Tetraeder-Stumpf*, wie Abb. 6 zeigt.

Schwierigkeitsgrad: leicht
einfacher Zuschnitt, einfache Montage; Zeitaufwand: ca. 45 Minuten

*B05 aus FALTPOLYEDER

18 x 18 x

1

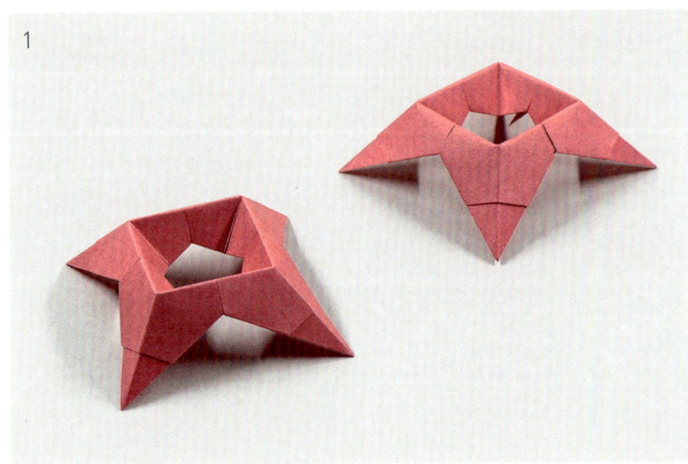

2

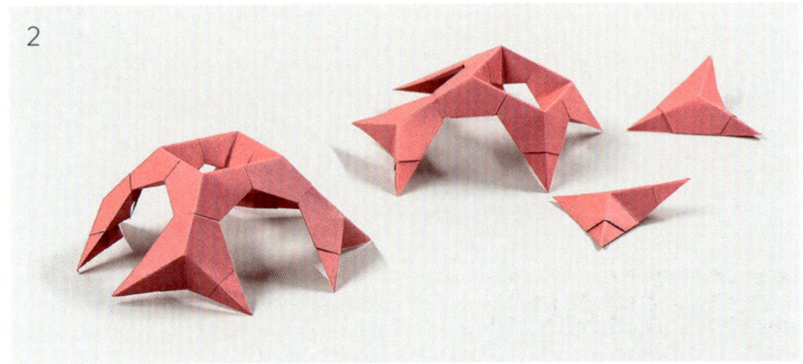

3

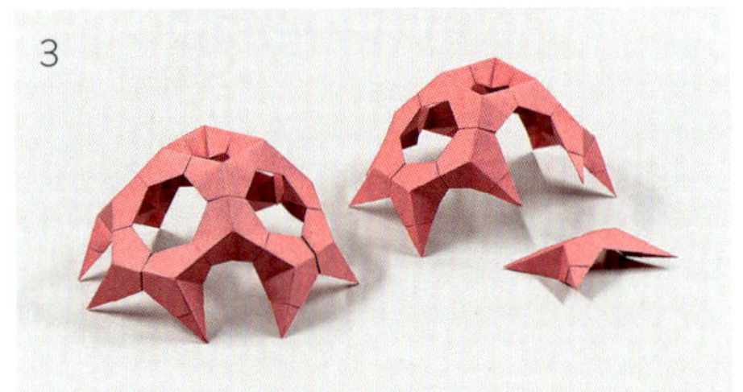

4

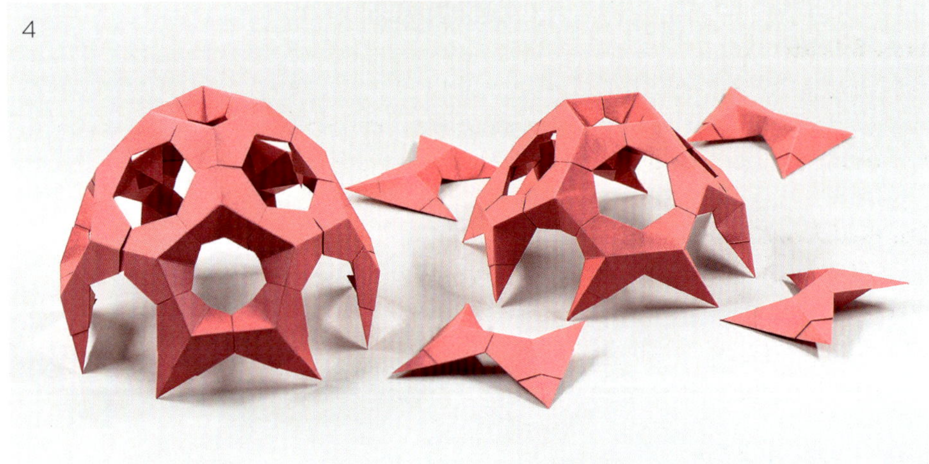

5

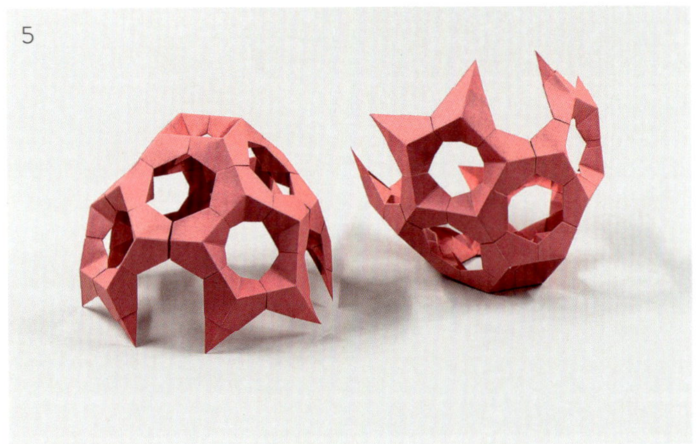

6

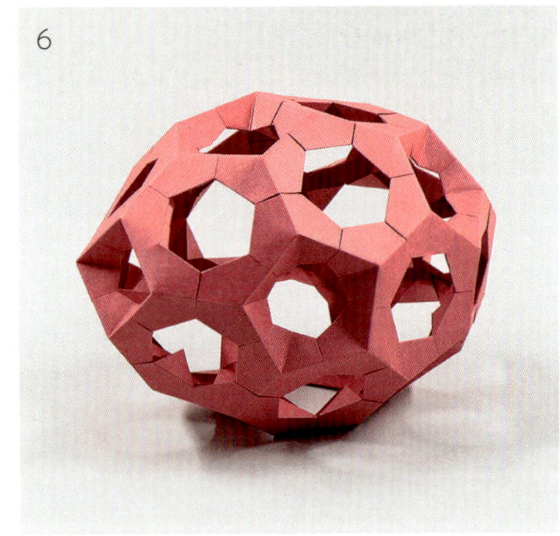

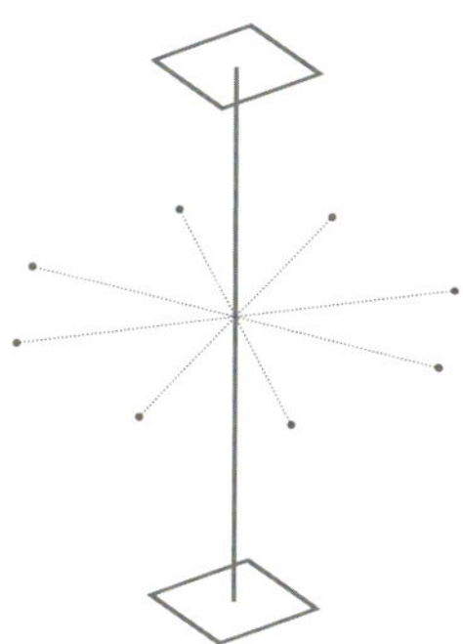

26-Flach

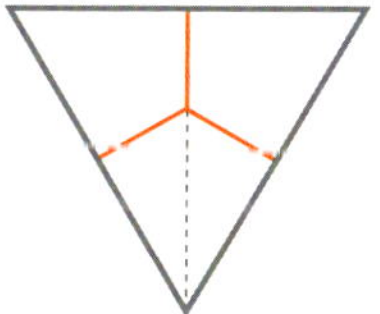

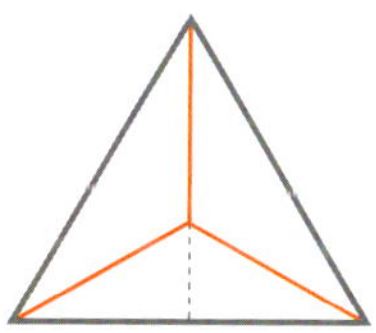

Erste Schritte
Benötigt werden 96 pinkfarbene Dreiecke (48 x Ross und 48 x Reiter). Berg- und Talfalten nach nebenstehenden Grafiken falten. Ross und Reiter zu 48 pinkfarbenen Modulen verarbeiten.

Das Modell zusammenbauen
2 x 4 Module zu je einem quadratischen Ringschluss verbinden (Abb. 1). Daran schließt sich an jeder Spitze ein Modul an (Abb. 2). Es folgen je 4 doppelte Module (Abb. 3) und weitere 4 doppelte Module (Abb. 4). Damit erhält man 2 gleiche Bauteile das Modells (Abb. 5), die im letzten Schritt zusammengefügt werden (Abb. 6).

Schwierigkeitsgrad: leicht
einfacher Zuschnitt, einfache Montage; Zeitaufwand: ca. 2 Stunden

48 x 48 x

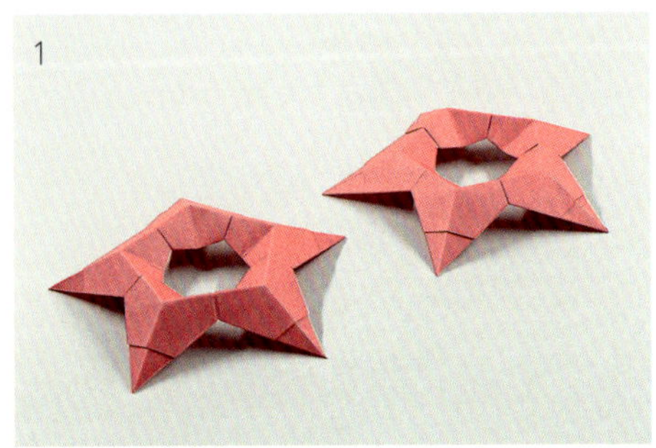
1

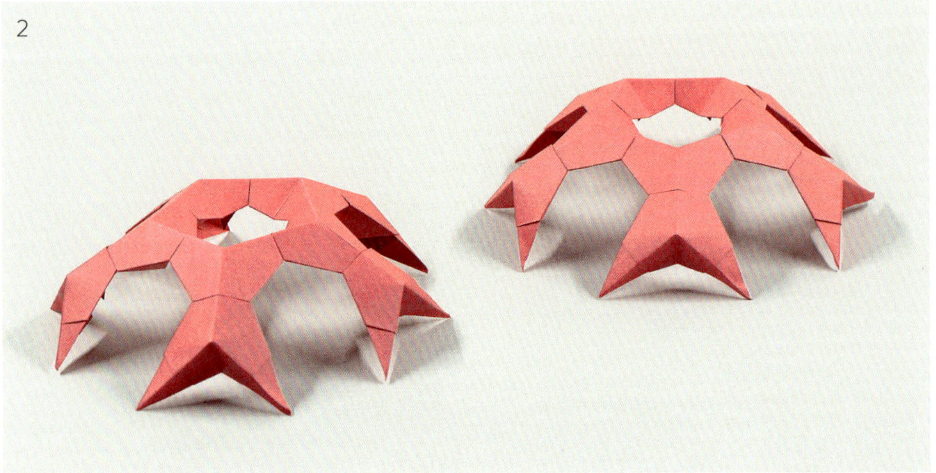
2

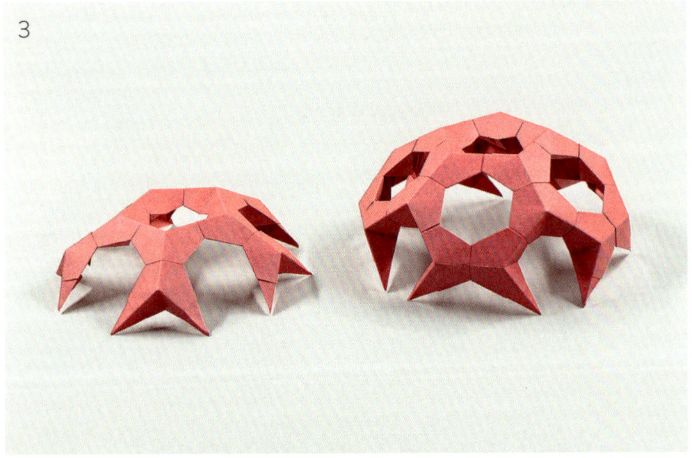
3

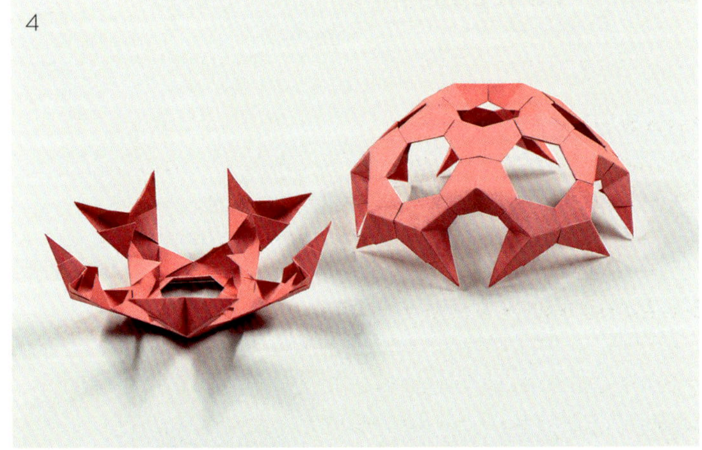
4

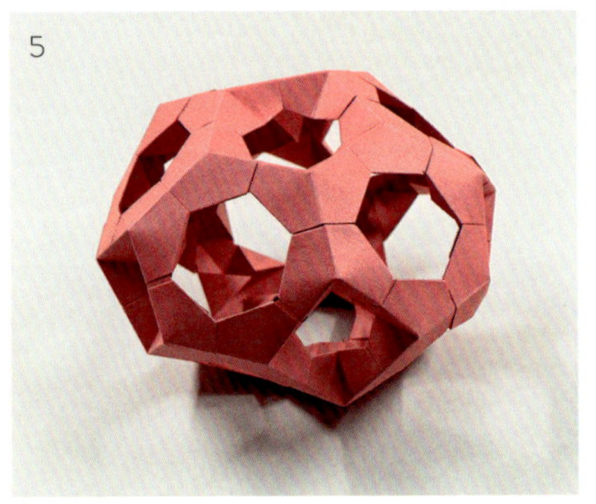
5

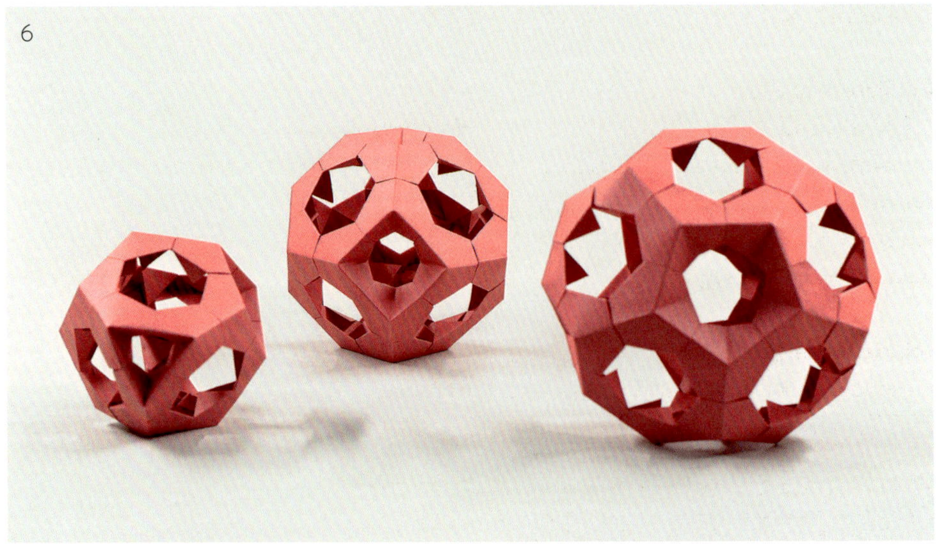
6

17-Flach

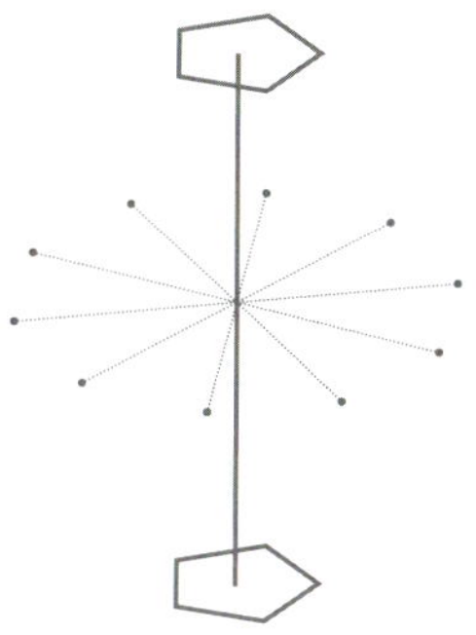

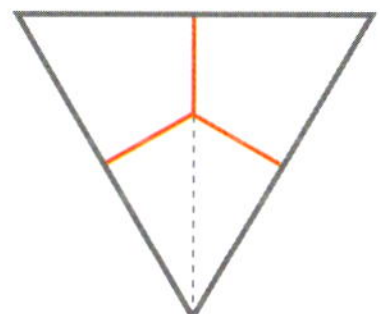

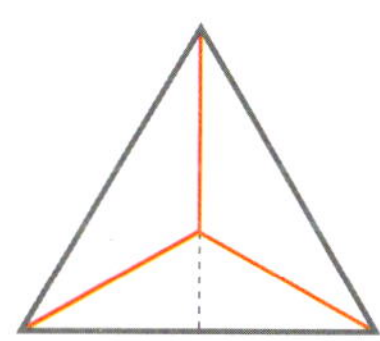

Erste Schritte

Benötigt werden 60 pinkfarbene Dreiecke (30 x Ross und 30 x Reiter). Berg- und Talfalten nach nebenstehenden Grafiken falten. Ross und Reiter zu 30 pinkfarbenen Modulen verbinden.

Das Modell zusammenbauen

2 x 5 Module zu je einem fünfeckigen Ringschluss verbinden (Abb. 1). Daran schließt sich je ein Modul an (Abb. 2). Damit erhält man 2 gleiche Teile das Modells, die mithilfe von 5 x 2 Modulen miteinander verbunden werden (Abb. 3 und 4). So entsteht das fertige Modell (Abb. 5).

Ähnliche Modelle

Die Modelle Q01, der Oktaeder-Stumpf* und Q03 bilden eine gemeinsame Reihe. Alle haben radiale 4-zählige Ringschlüsse, die Hauptachsen sind 3-, 4- und 5-zählig.** Ganz offensichtlich ähnelt Q03 dem Ikosaeder-Stumpf*** (siehe Modell Q05, Abb. 6, im Hintergrund).

Schwierigkeitsgrad: leicht

einfacher Zuschnitt, einfache Montage; Zeitaufwand: ca. 2 Stunden

*B06 aus FALTPOLYEDER / ** Allerdings hat B06 nicht nur eine Haupt-Symmetrieachse, sondern eine viel komplexere Symmetriestruktur als Q01, Q03 (Abb. 6). / *** B07 aus FALTPOLYEDER

30 x 

30 x 

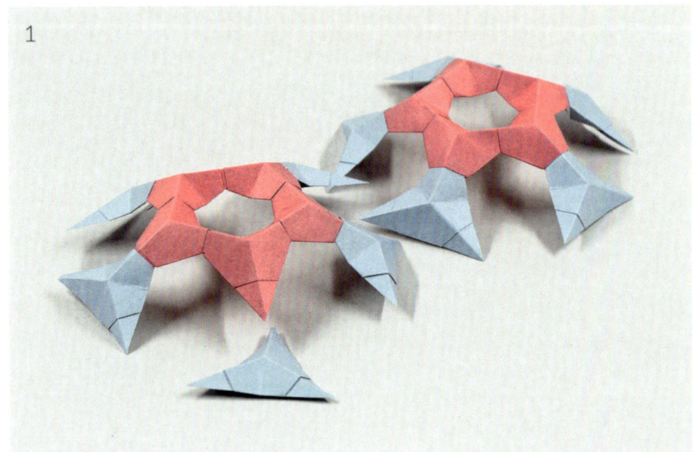
1

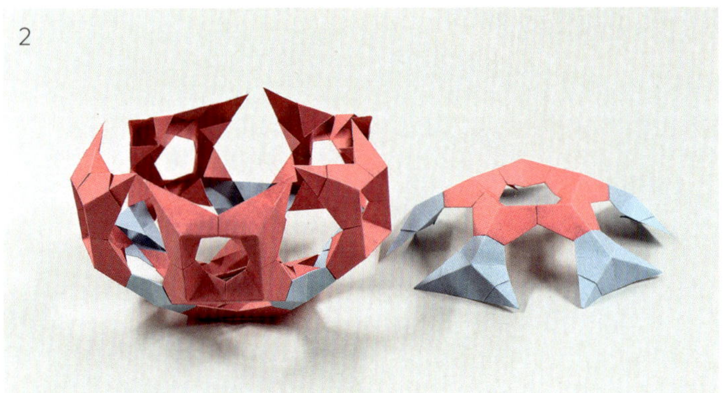
2

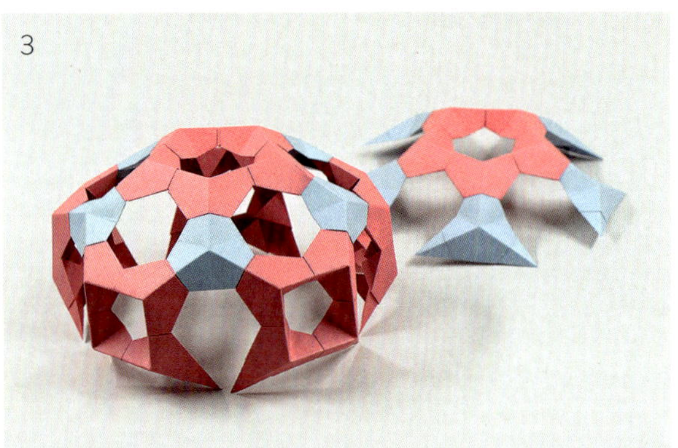
3

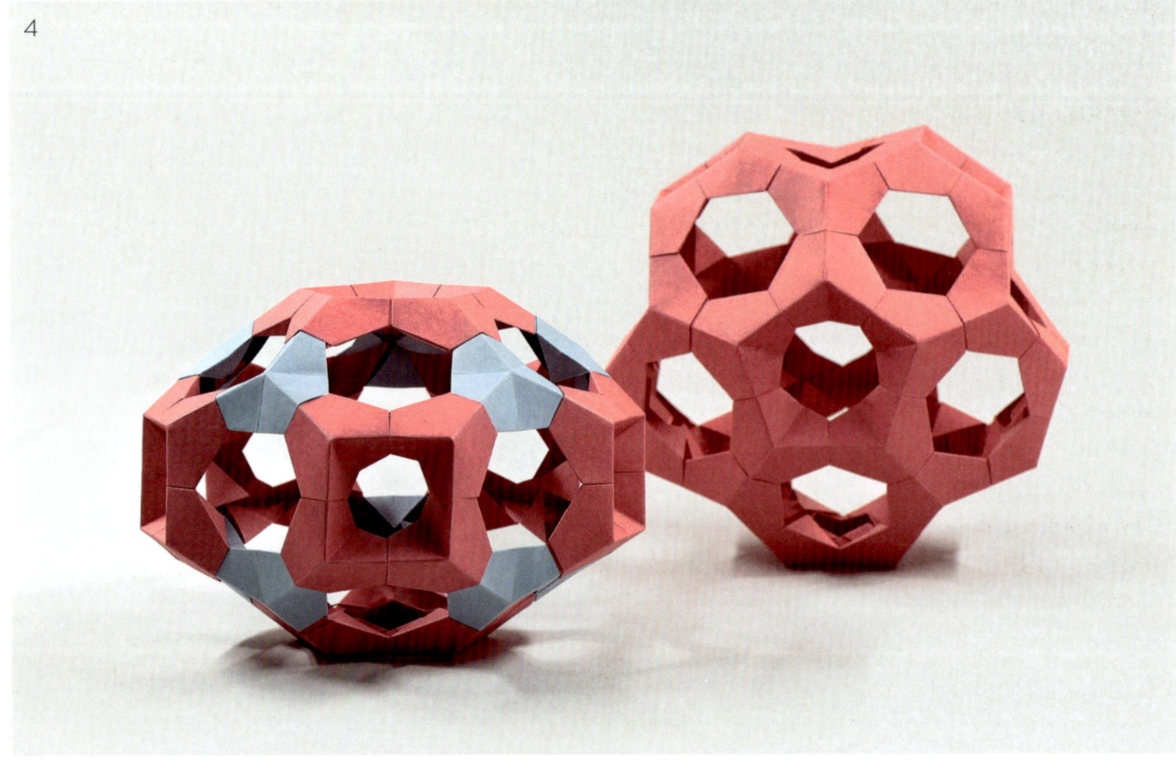
4

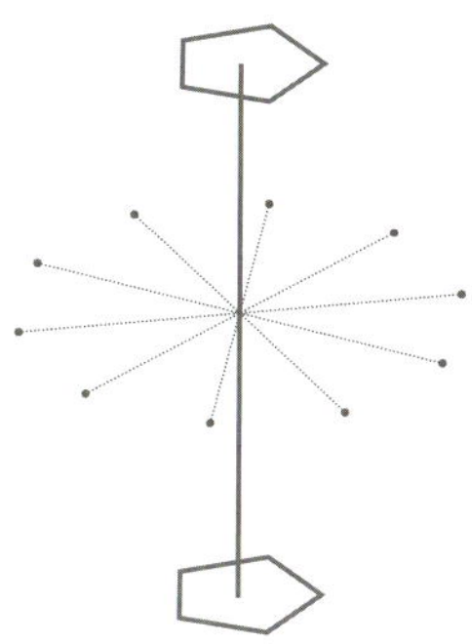

22-Flach

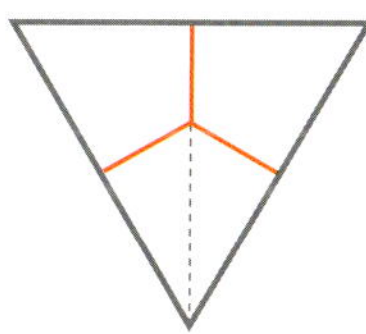
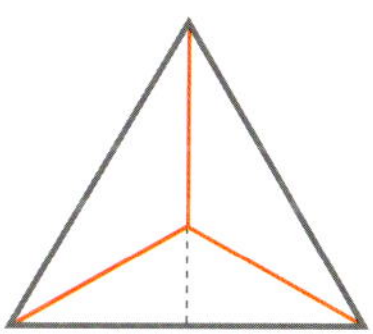
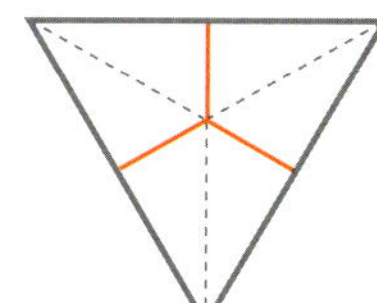
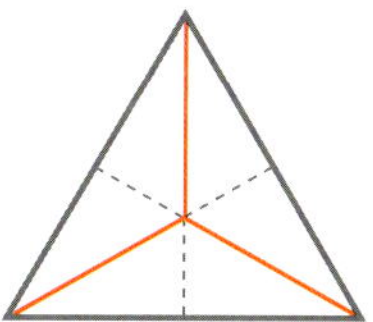

Erste Schritte
Benötigt werden 60 pinkfarbene Dreiecke (30 x Ross und 30 x Reiter) sowie 20 hellblaue Dreiecke (10 x Ross und 10 x Reiter). Berg- und Talfalten nach nebenstehenden Grafiken falten. Ross und Reiter zu 30 pinkfarbenen und 10 hellblauen Modulen zusammensetzen.

Das Modell zusammenbauen
2 x 5 pinkfarbene Module werden zu je einem fünfeckigen Ringschluss verbunden, daran schließt sich jeweils ein hell-blaues Modul an (Abb. 1). Damit erhält man 2 gleiche Bauteile des Modells. Die übrigen 4 x 5 pinkfarbenen Module zu quadratischen Ringschlüssen verbinden (Abb. 2), sie dienen der Verbindung der beiden ersten Bauabschnitte (Abb. 3).

Alternative Bauweise
Q04 kann auch einfarbig umgesetzt werden (Abb. 4).

Schwierigkeitsgrad: leicht
einfacher Zuschnitt, einfache Montage; Zeitaufwand: ca. 2 Stunden

30 x 30 x 10 x 10 x

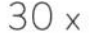
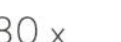
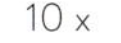

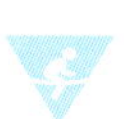

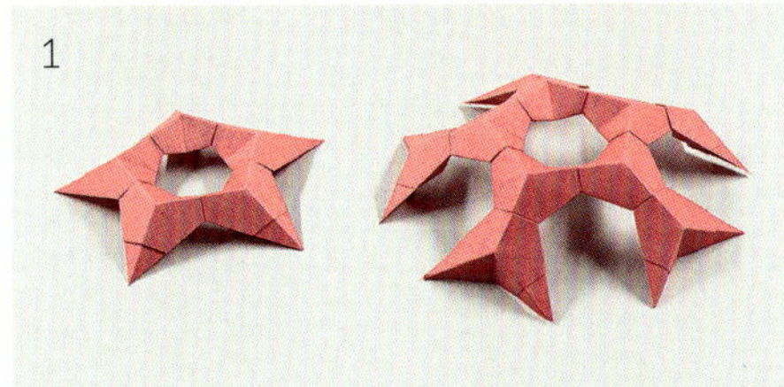

1

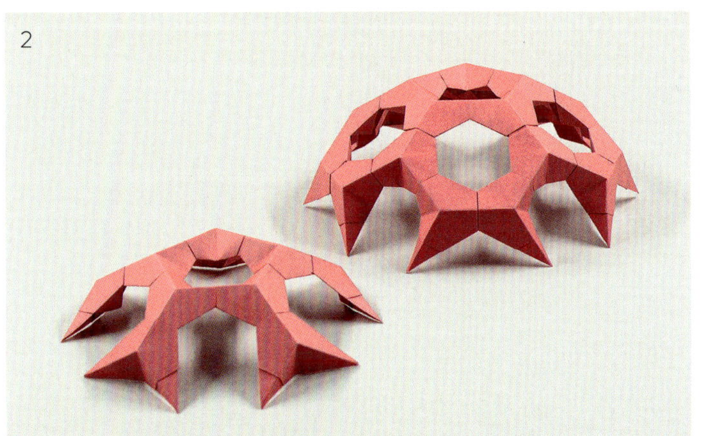

2

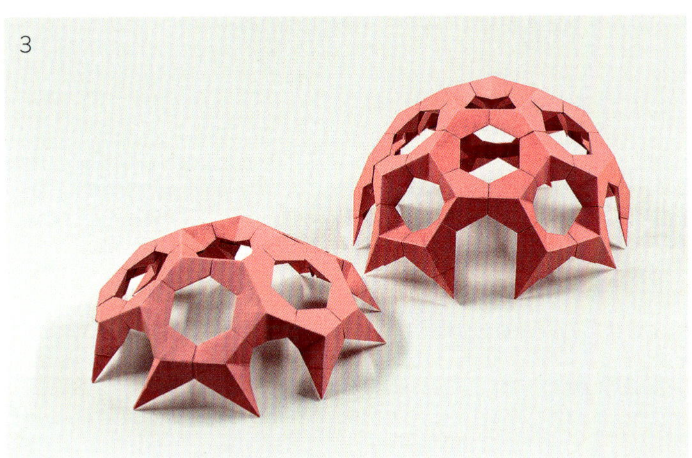

3

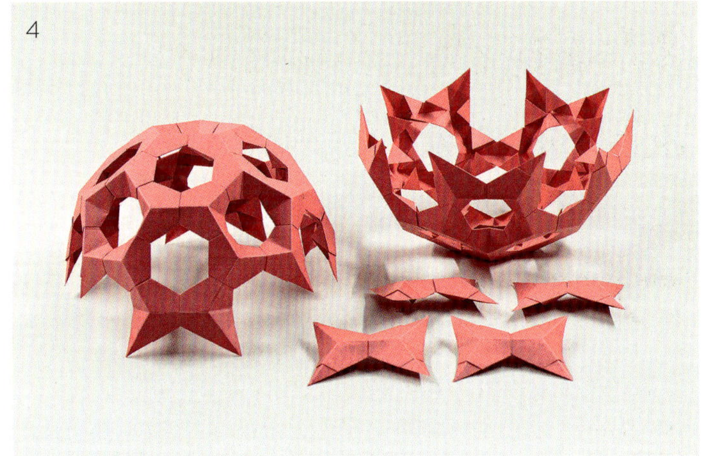

4

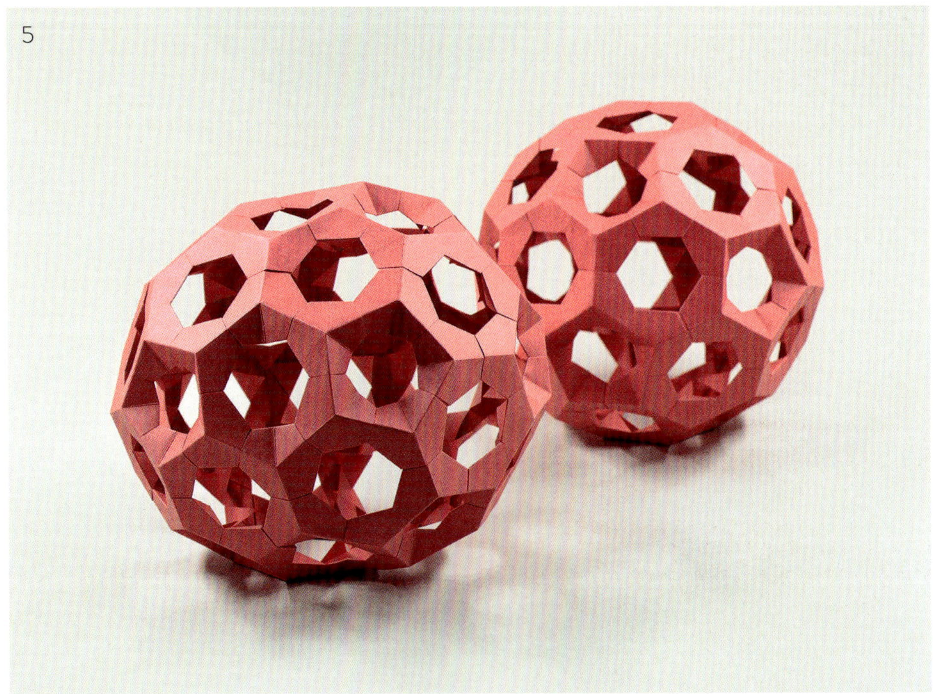

5

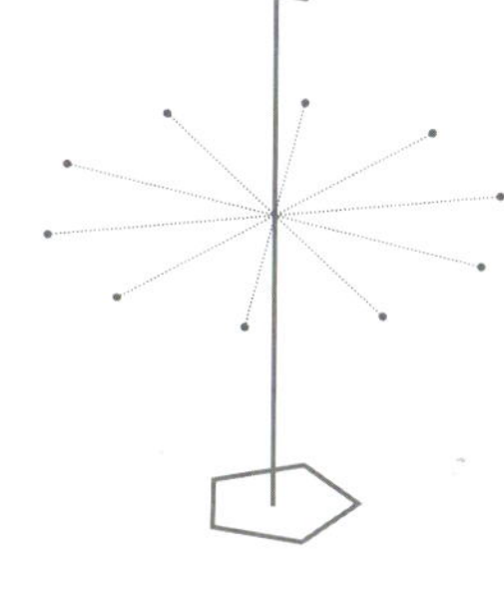

37-Flach (Zwillings-Ikosaeder-Stumpf)

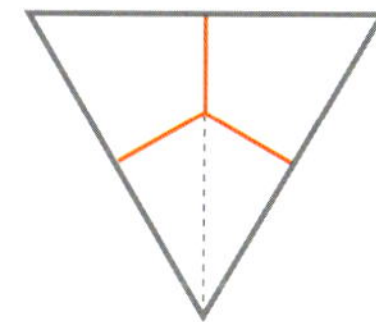

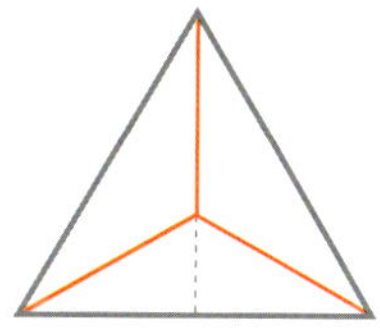

Erste Schritte

Benötigt werden 140 pinkfarbene Dreiecke (70 x Ross und 70 x Reiter). Berg- und Talfalten nach nebenstehenden Grafiken falten. Ross und Reiter zu 70 pinkfarbenen Modulen verarbeiten.

Das Modell zusammenbauen

2 x 5 Module werden zu je einem fünfeckigen Ringschluss verbunden (Abb. 1, links). Daran schließt sich je ein Modul an (Abb. 1, rechts und Abb. 2, links). Es folgen je 5 doppelte Module (Abb. 2, rechts) und weitere 5 doppelte Module (Abb. 3, rechts). So entstehen 2 gleiche Hälften des Modells (Abb. 4), die im letzten Schritt mit weiteren 5 Doppelmodulen (Abb. 4, rechts) zusammengefügt werden (siehe auch Modell Q04).

Ähnliche Modelle

Abb. 5 zeigt das fertige Q05 zusammen mit dem hochsymmetrischen Ikosaeder-Stumpf*.

Schwierigkeitsgrad: leicht

einfacher Zuschnitt, einfache Montage; Zeitaufwand: ca. 2½ Stunden

* B07 aus FALTPOLYEDER

70 x 70 x

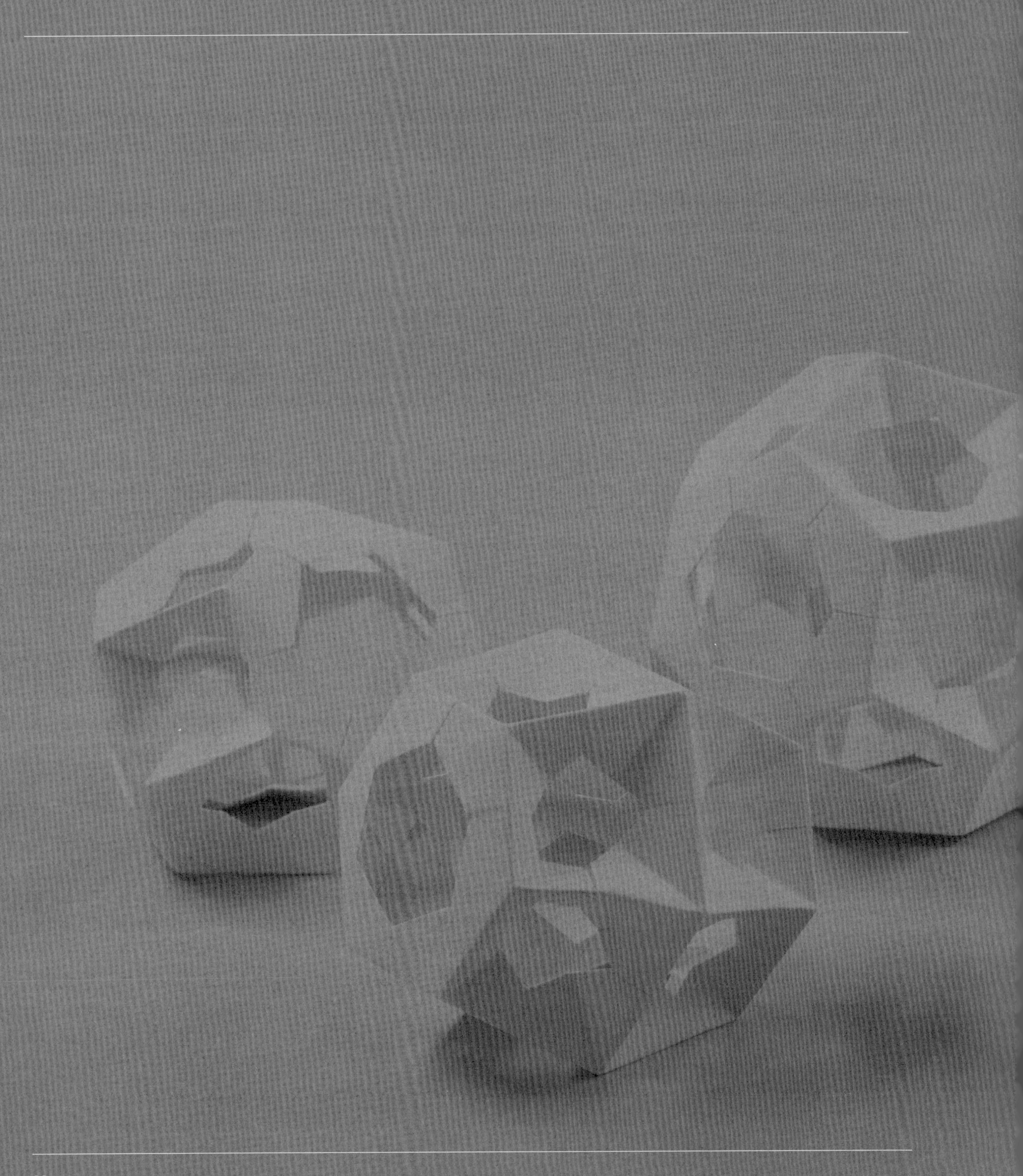

R-Modelle: aus Dreiecken (türkis)

Die R-Modelle bestehen vorwiegend aus dreieckigen Modulen mit zwei Talfalten (türkis). R01 ist ausschließlich aus diesen Modulen zusammengesetzt und hat dennoch in seiner einfachen Form Ähnlichkeit mit dem 10-Flach P01. R01 bis R03 bilden eine eigene Baureihe mit 6-zähliger Haupt-Symmetrieachse und konstruktiven Bezügen zu O04 und O05, die entsprechend an den Modellen gezeigt werden. R04 und R05 besitzen nur eine 3-zählige Haupt-Symmetrieachse.

R06 bis R08 sind hoch-symmetrische Formen mit denselben komplexen Symmetrien der regulären Polyeder: Tetraeder, Würfel und Oktaeder, Dodekaeder und Ikosaeder und einige weitere Formen*. R06 bis R08 sind die höchst-symmetrischen Formen in diesem Buch. R08 ist das Modell aus den meisten Modulen.

*E17, E16, A01, B04, B08 sowie auch L04, L05 und L06 aus FALTPOLYEDER

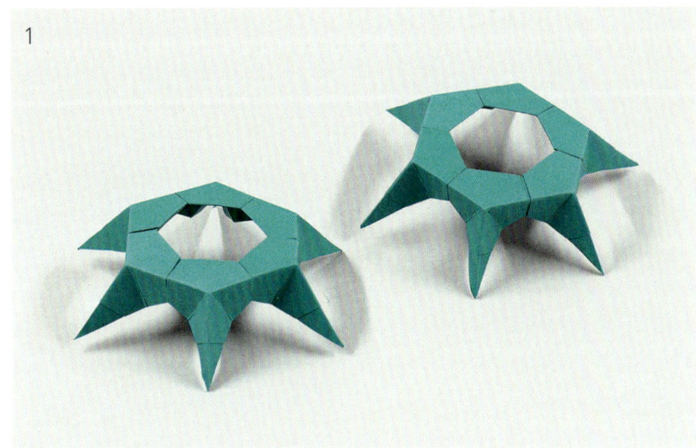
1

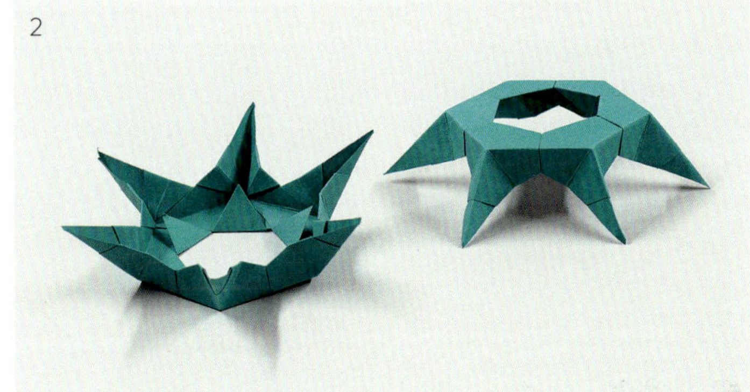
2

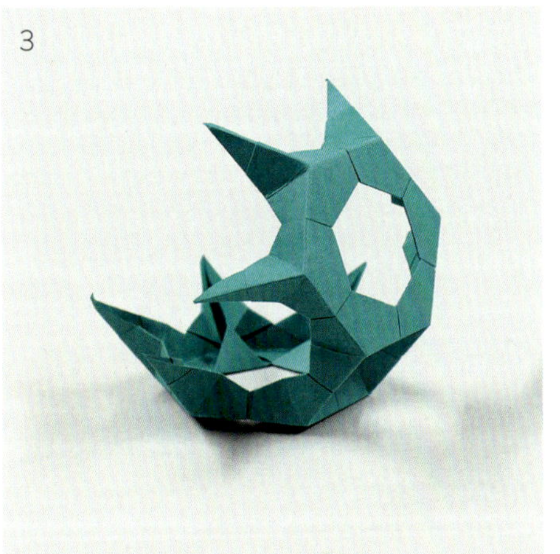
3

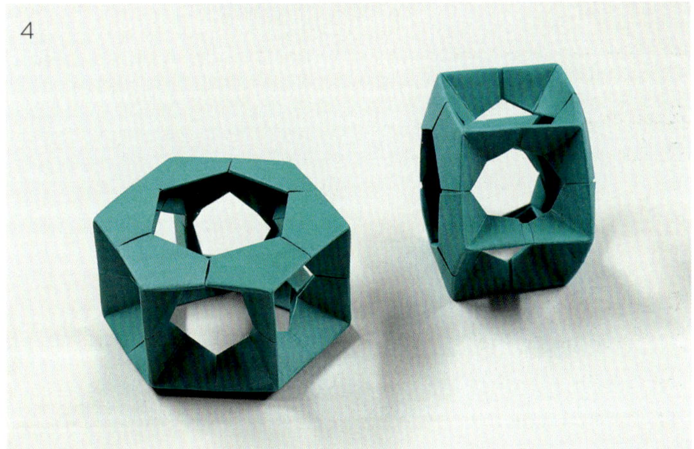
4

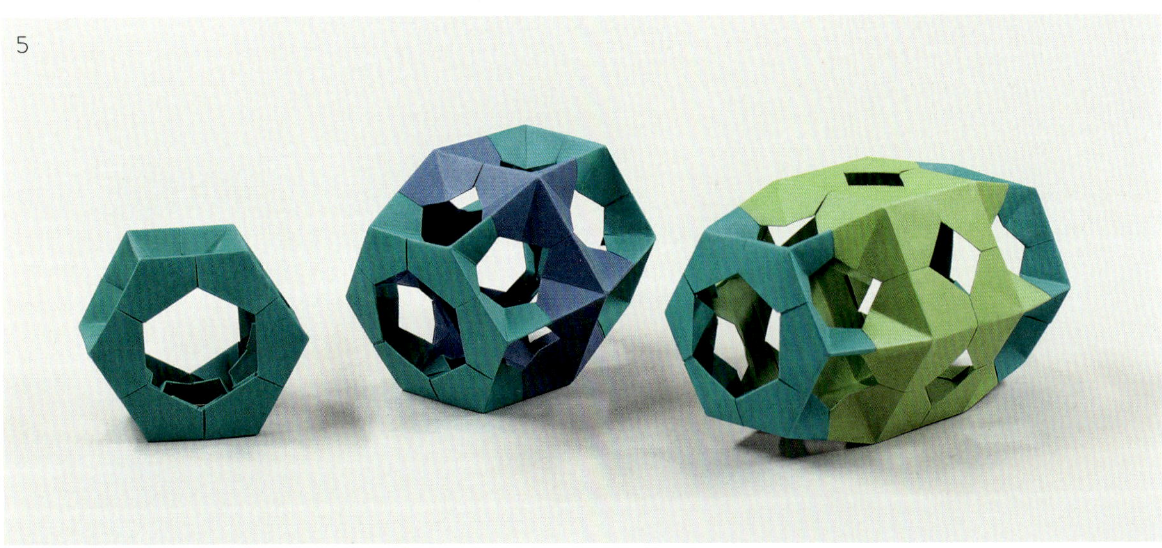
5

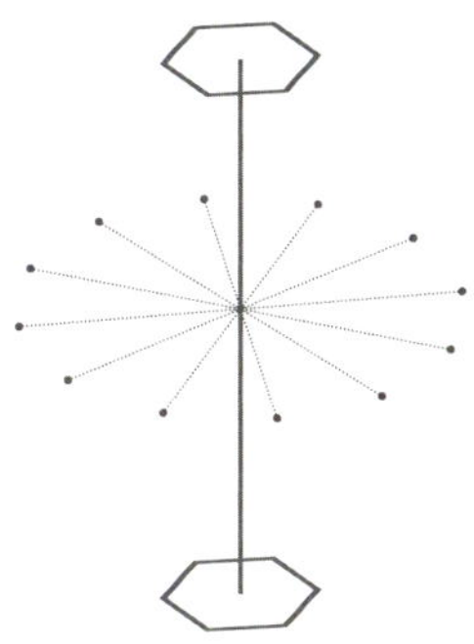

8-Flach

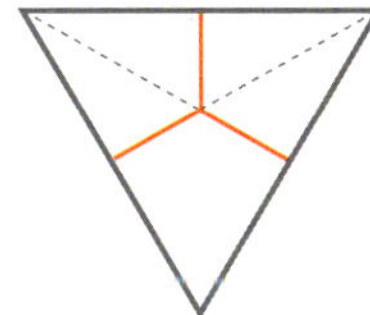

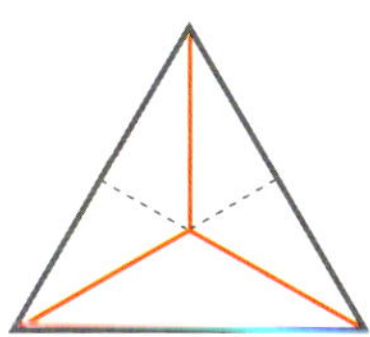

Erste Schritte
Benötigt werden 24 türkise Dreiecke (12 x Ross und 12 x Reiter). Berg- und Talfalten nach nebenstehenden Grafiken falten. Ross und Reiter zu 12 türkisen Modulen verbinden.

Das Modell zusammenbauen
2 x 6 Module zu je einem sechseckigen Ringschluss verbinden (Abb. 1 und 2). Beide Teile werden zusammengesteckt (Abb. 3), was etwas mühsam und kniffelig ist. Abb. 4 zeigt das fertige Modell aus verschiedenen Blickwinkeln.

Ähnliche Modelle
R01 ist Ausgangspunkt für die ähnlichen Modelle R02 und R03 (Abb. 5).

Schwierigkeitsgrad: leicht bis mittelschwer
einfacher Zuschnitt, mittelschwere Montage; Zeitaufwand: ca. 45 Minuten

12 x 12 x

1

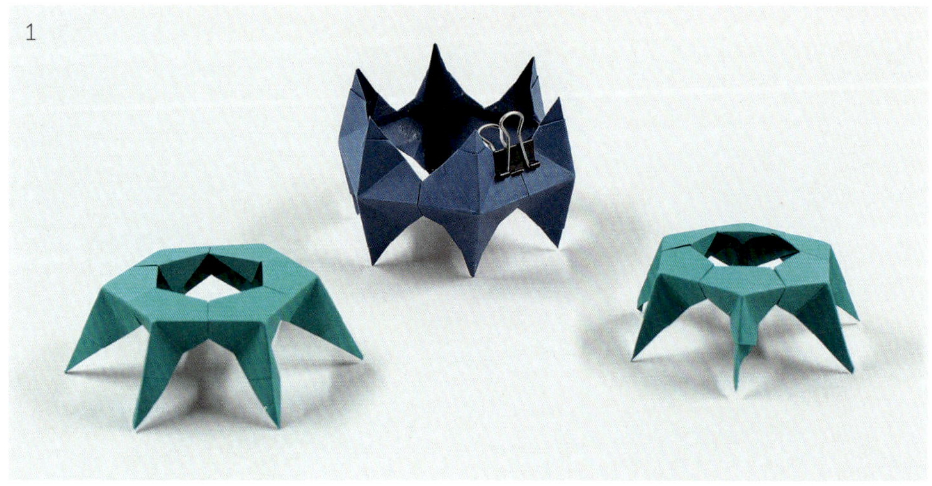

2

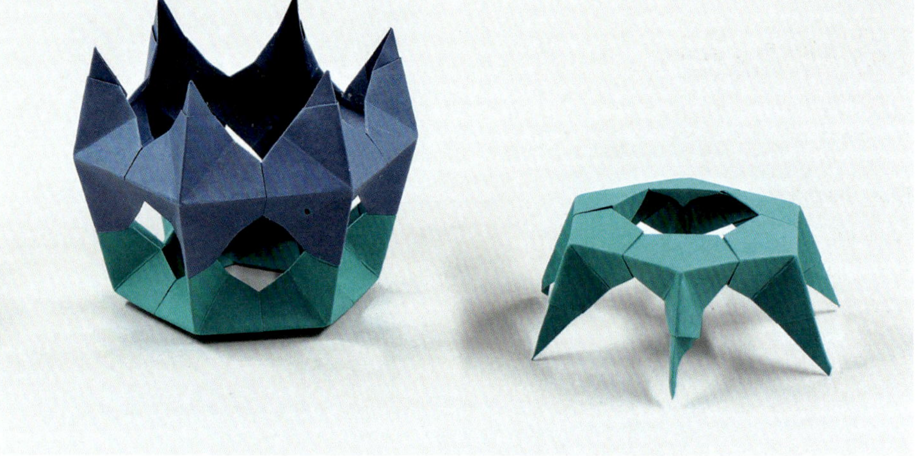

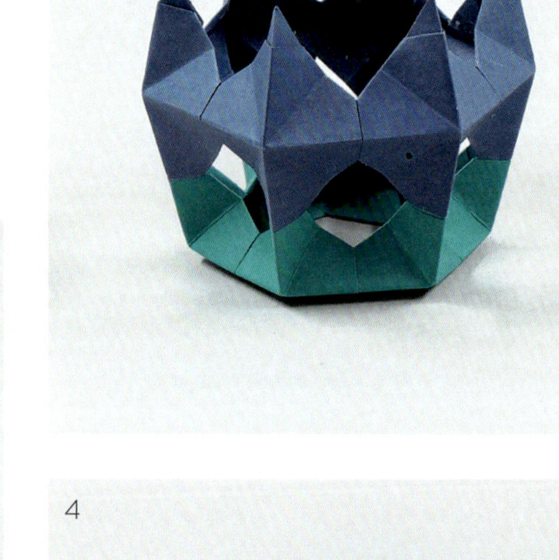

3

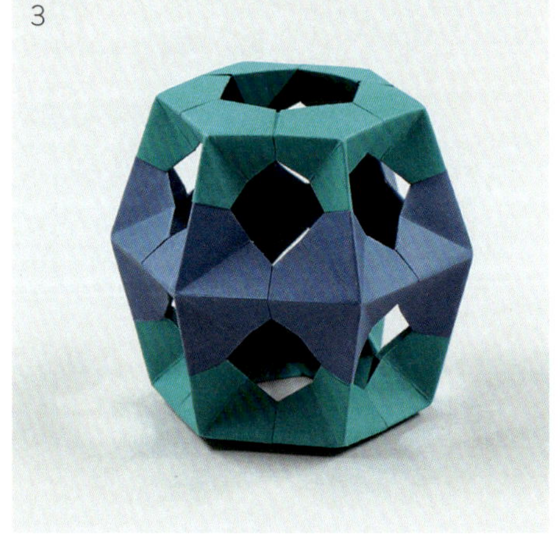

4

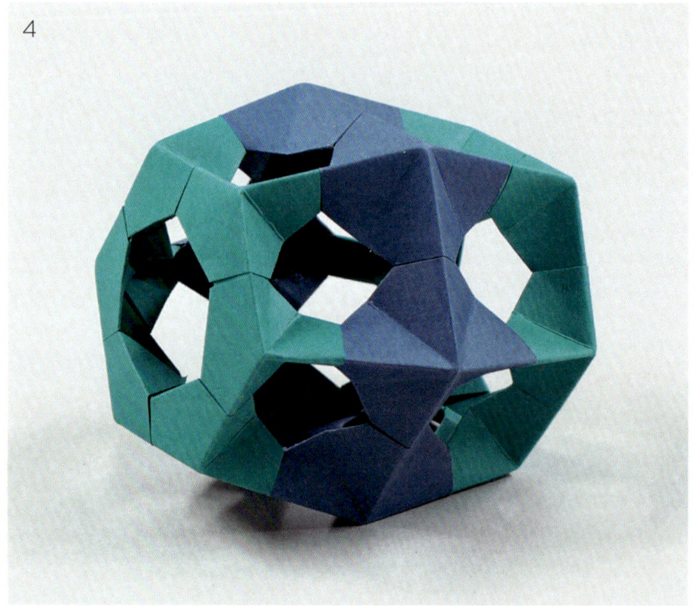

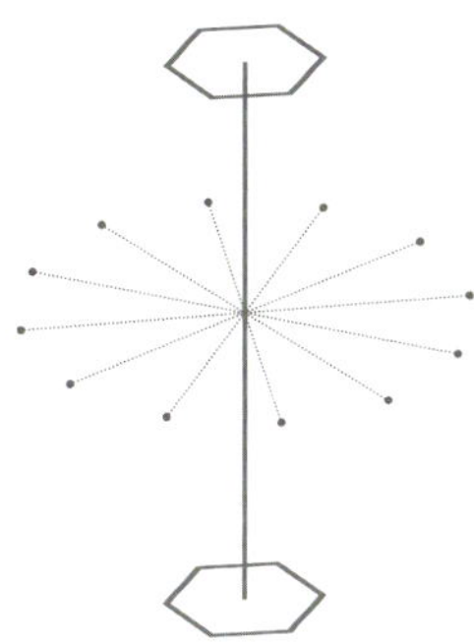

14-Flach

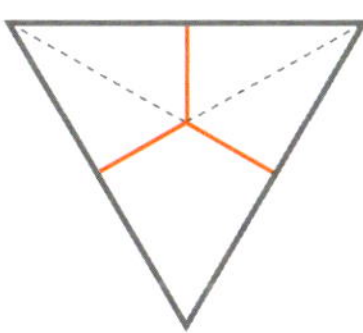
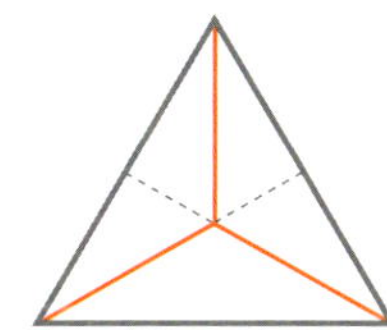
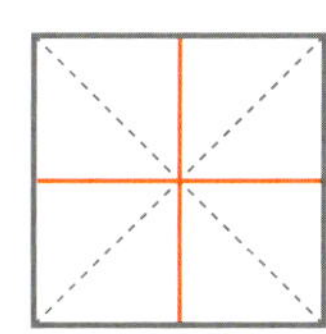
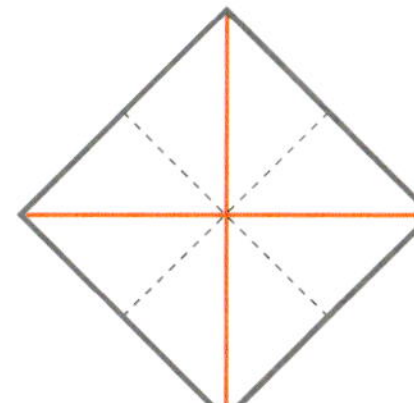

Erste Schritte
Benötigt werden 24 türkise Dreiecke (12 x Ross und 12 x Reiter) sowie 12 dunkelblaue Quadrate (6 x Ross und 6 x Reiter). Berg- und Talfalten nach nebenstehenden Grafiken falten. Ross und Reiter zu 12 türkisen Modulen sowie 6 dunkelblauen Modulen verbinden.

Das Modell zusammenbauen
2 x 6 türkise Module zu je einem sechseckigen Ringschluss verbinden (Abb. 1), damit erhält man 2 gleiche Teile des Modells. Die 6 dunkelblauen Module zu einer schlauchförmigen Reihe verbinden, Klebstoff unterstützt die Steckverbindung (Abb. 1, mittig). Die dunkelblaue Reihe auf den Rand des ersten 6-gliedrigen Teils stecken (Abb. 2). Von der anderen Seite das zweite 6-gliedrige Bauteil stecken (Abb. 3), was etwas kniffelig ist. Abb. 4 zeigt das fertige Modell aus einem anderen Blickwinkel.

Schwierigkeitsgrad: leicht bis mittelschwer
einfacher Zuschnitt, mittelschwere Montage; Zeitaufwand: ca. 1 Stunde

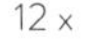

12 x 12 x 6 x 6 x

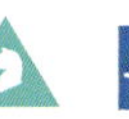

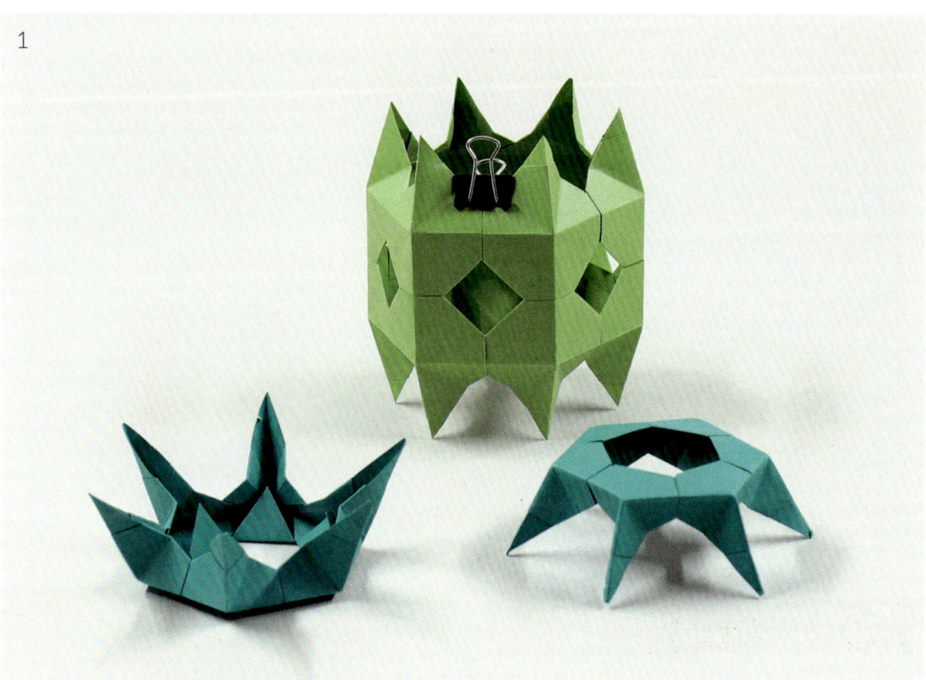
1

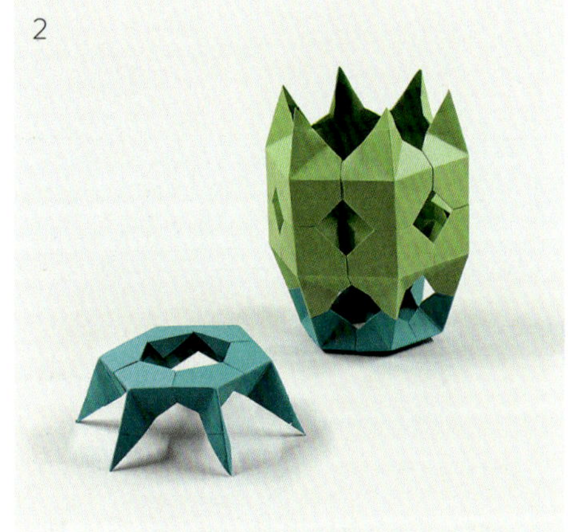
2

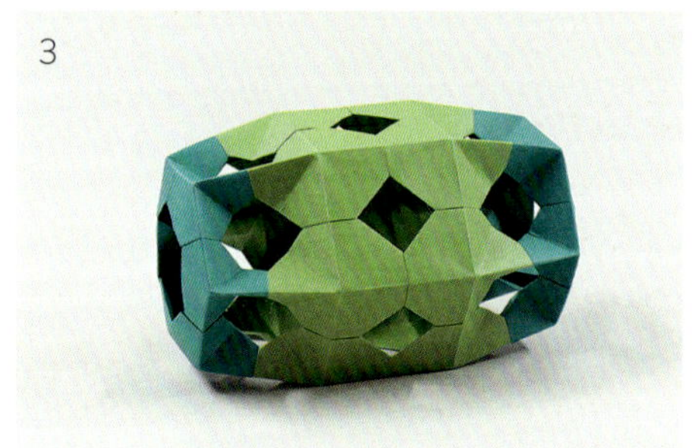
3

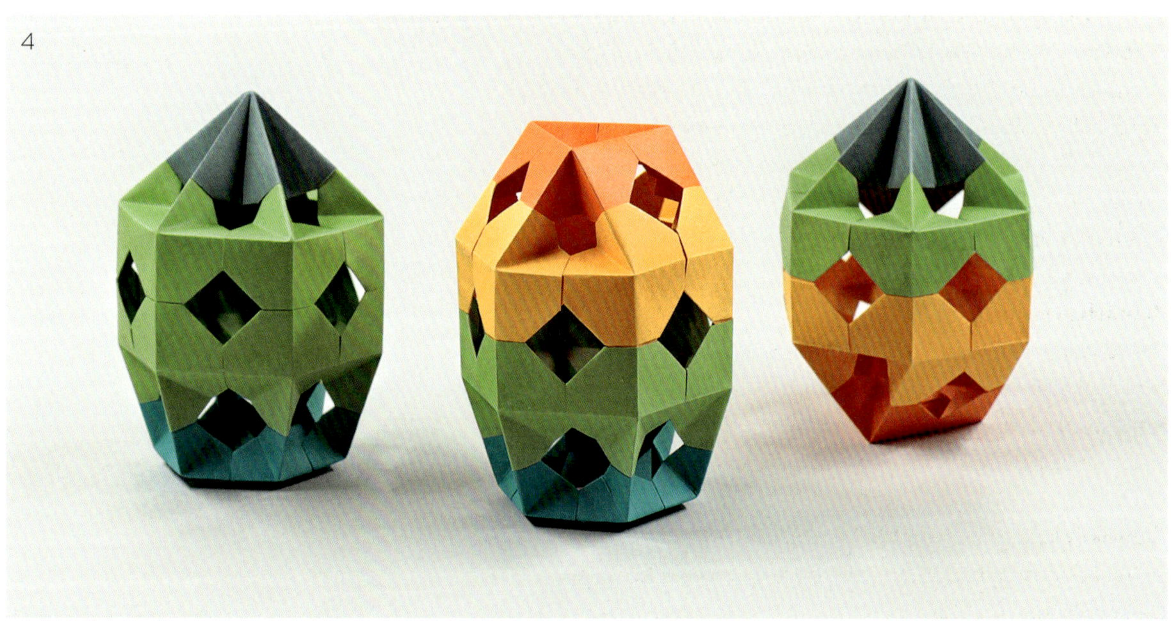
4

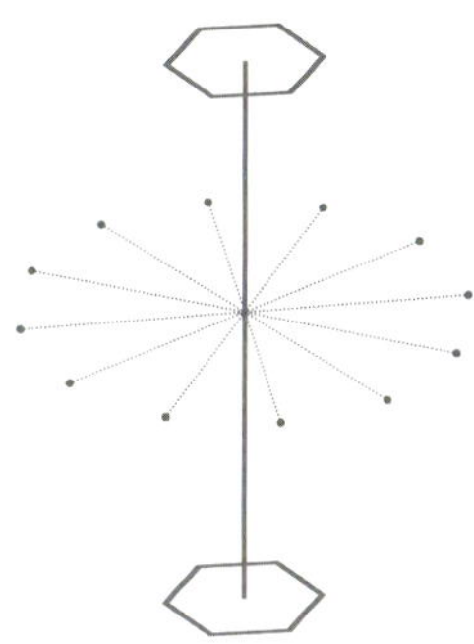

20-Flach

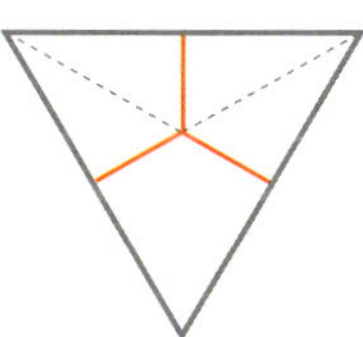
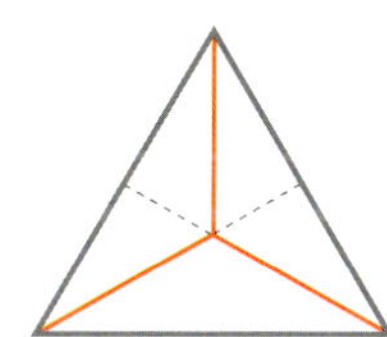
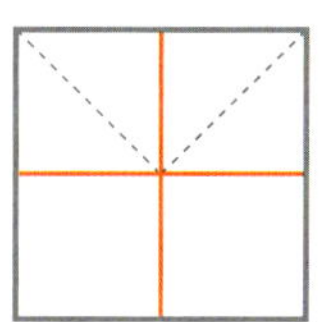
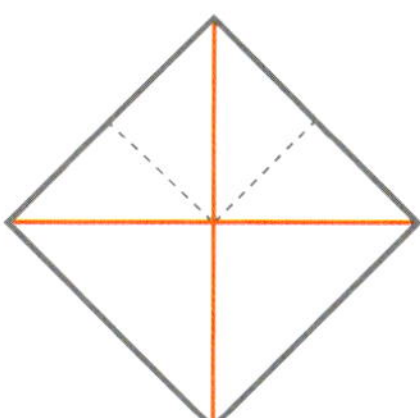

Erste Schritte

Benötigt werden 24 türkise Dreiecke (12 x Ross und 12 x Reiter) sowie 24 hellgrüne Quadrate (12 x Ross und 12 x Reiter). Berg- und Talfalten nach nebenstehenden Grafiken falten. Ross und Reiter zu 12 türkisen Modulen und 12 hellgrünen Modulen verbinden.

Das Modell zusammenbauen

2 x 6 türkise Module zu je einem sechseckigen Ringschluss verbinden (Abb. 1, rechts, links), damit erhält man 2 gleiche türkise Teile des Modells. Des Weiteren die 12 hellgrünen Module schlauchförmig miteinander verbinden (Abb. 1, mittig hinten). Der hellgrüne Schlauch fungiert als Verbindung beider türkiser Bauteile (Abb. 2 und 3). Das Zusammenstecken ist etwas kniffelig.

Ähnliche Modelle

Teil-Lösungen der ähnlichen N03 und O06 lassen sich auf eine Hälfte des R03 übertragen. Abb. 4 zeigt diese Beispiele ohne besondere Anleitung für ein 19-Flach (links) und 20-Flach (mittig). Rechts das 19-Flach der Baureihe O (O05).

Schwierigkeitsgrad: leicht bis mittelschwer

einfacher Zuschnitt, einfache bis mittelschwere Montage; Zeitaufwand: ca. 1 Stunde

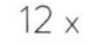
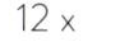
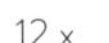
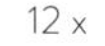
12 x | 12 x | 12 x | 12 x

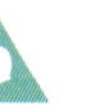

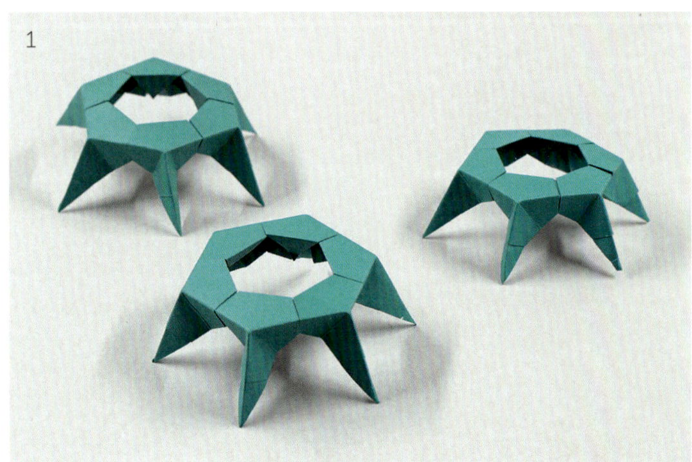
1

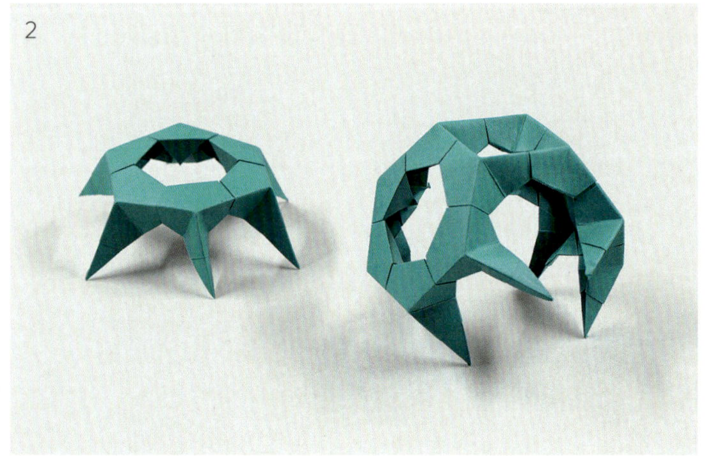
2

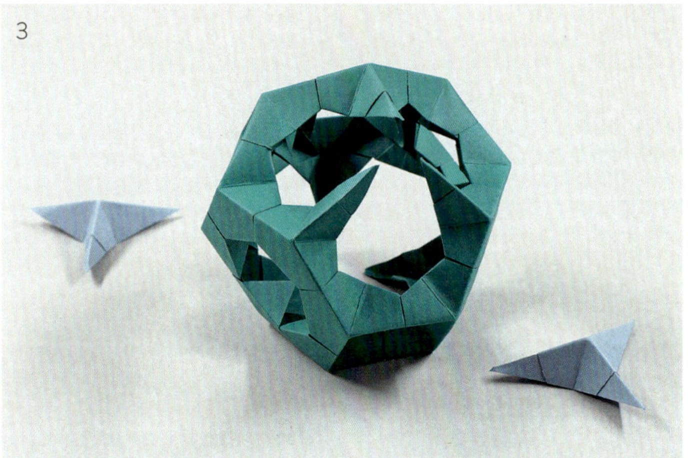
3

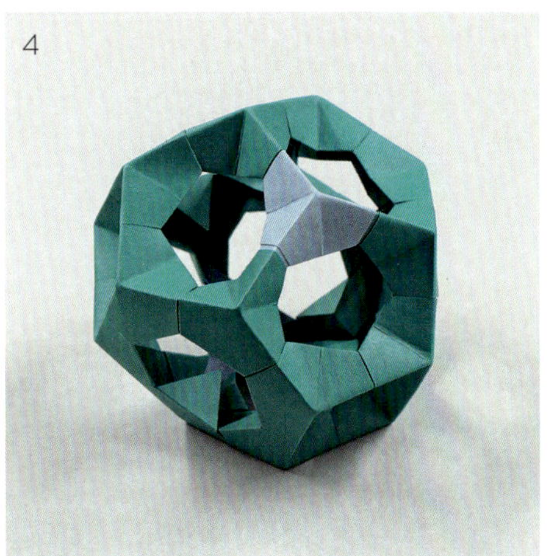
4

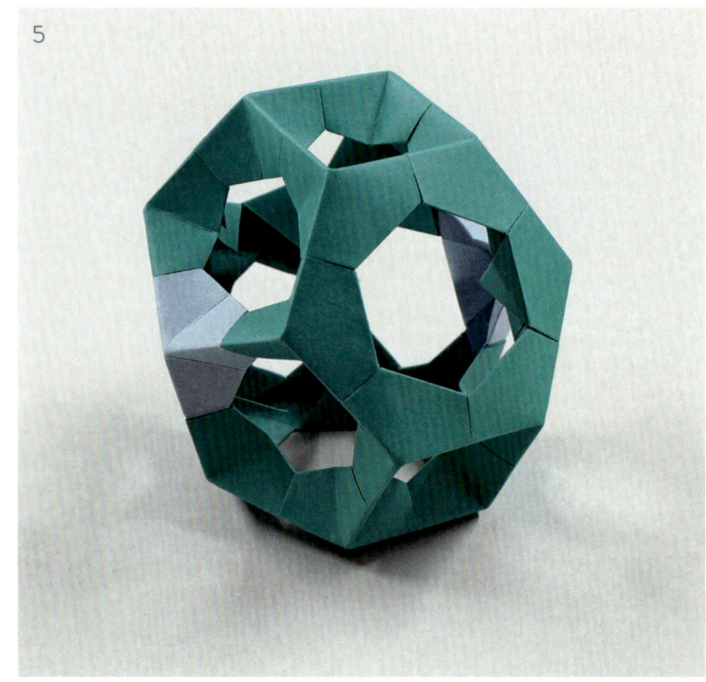
5

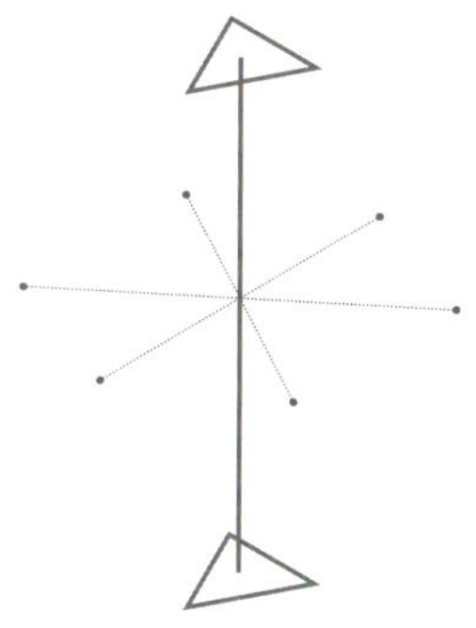

12-Flach

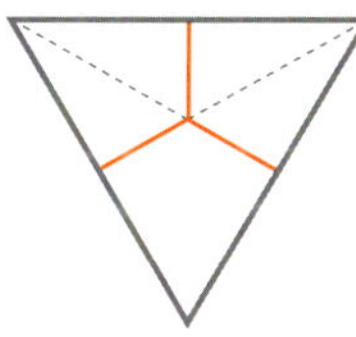
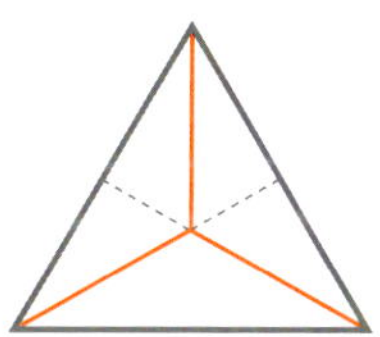
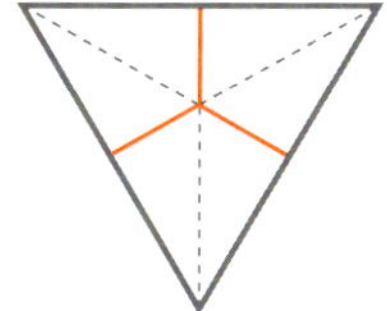
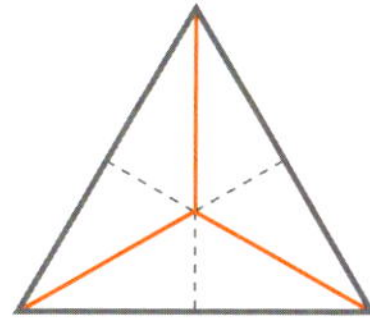

Erste Schritte
Benötigt werden 36 türkise Dreiecke (18 x Ross und 18 x Reiter) sowie 4 hellblaue Dreiecke (2 x Ross und 2 x Reiter). Berg- und Talfalten nach nebenstehenden Grafiken falten. Ross und Reiter zu 18 türkisen Modulen und 2 hellblauen Modulen verbinden.

Das Modell zusammenbauen
3 x 6 türkise Module zu 3 sechseckigen Ringschlüssen zusammenstecken (Abb. 1). 2 Ringschlüsse werden an 2 Spitzen miteinander verbunden (Abb. 2). In derselben Weise wird der dritte Ringschluss mit den ersten beiden verbunden, sodass eine schlauchförmige Verbindung entsteht (Abb. 3). Je ein hellblaues Modul bildet auf jeder Seite den Schluss-Stein. Abb. 4 und 5 zeigen das Modell aus verschiedenen Blickwinkeln.

Schwierigkeitsgrad: leicht
einfacher Zuschnitt, einfache Montage; Zeitaufwand: ca. 1 Stunde

18 x 18 x 2 x 2 x

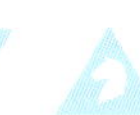

1

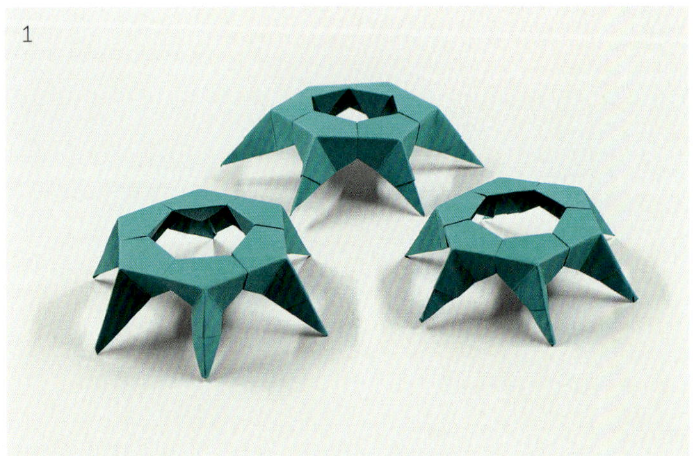

2

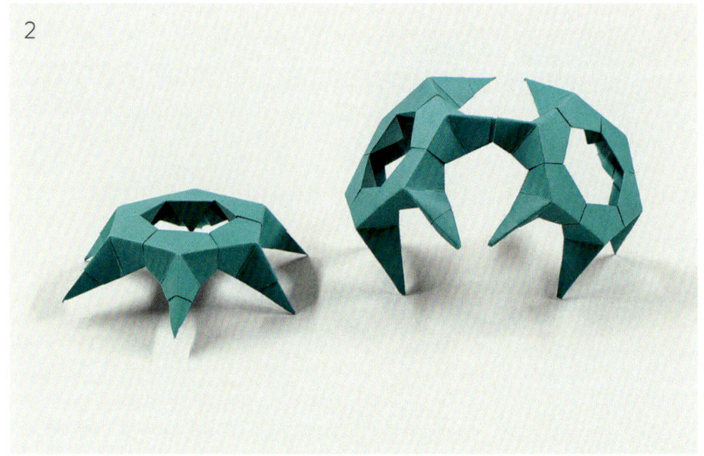

3

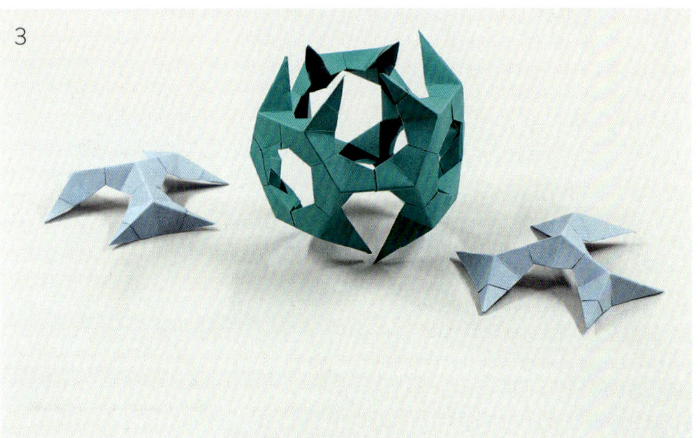

4

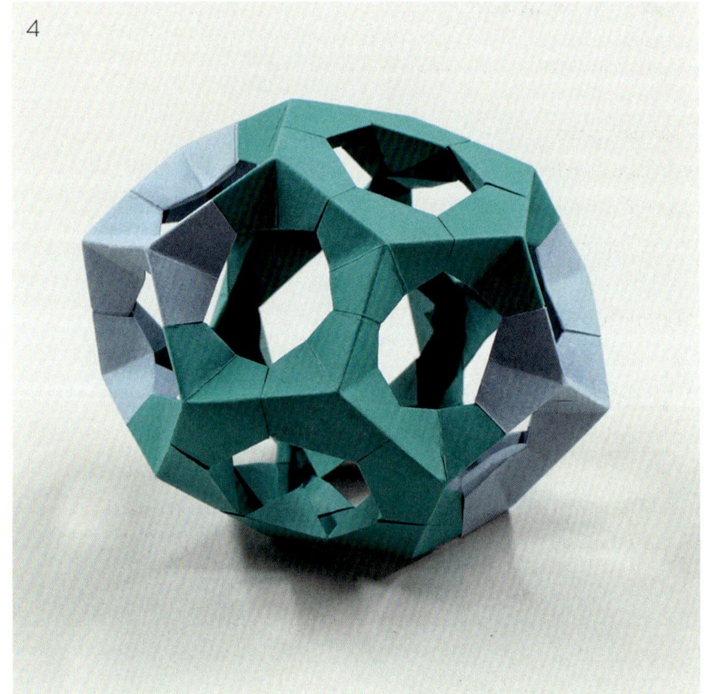

5

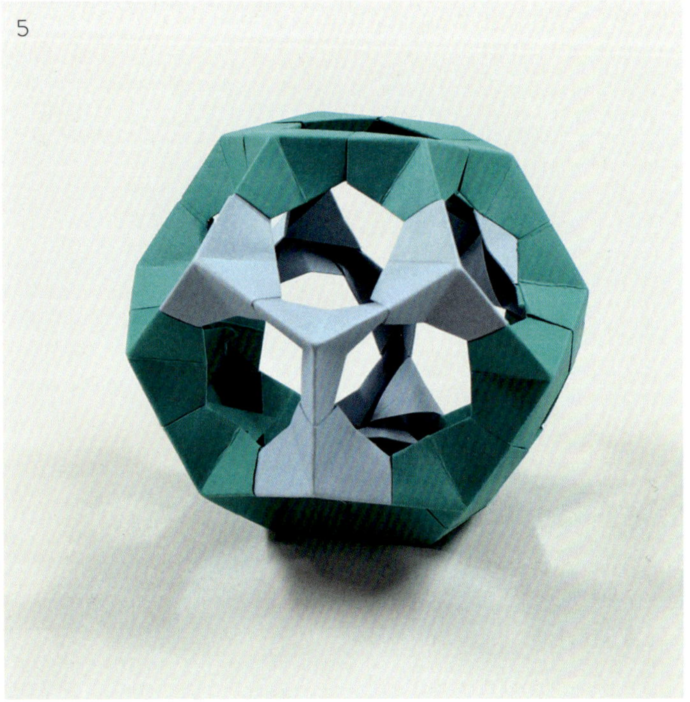

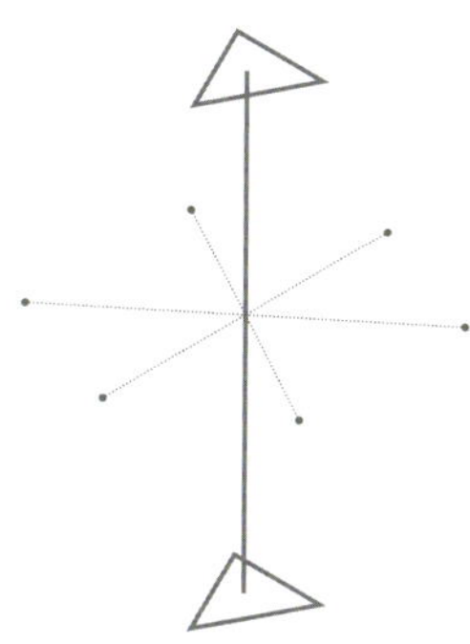

15-Flach

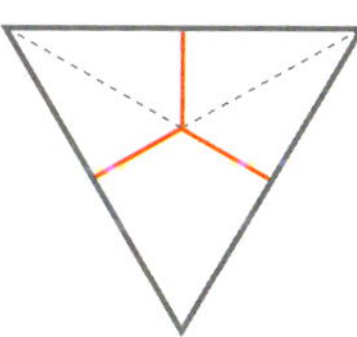

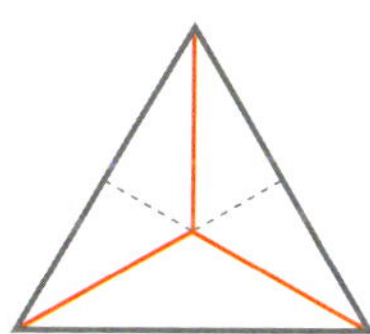

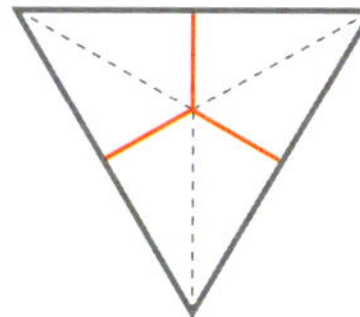

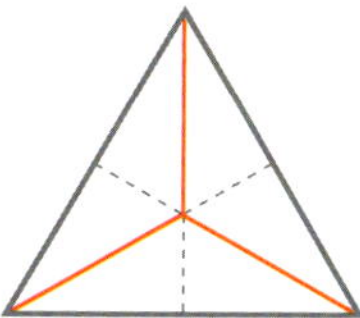

Erste Schritte

Benötigt werden 36 türkise Dreiecke (18 x Ross und 18 x Reiter) sowie 16 hellblaue Dreiecke (8 x Ross und 8 x Reiter). Berg- und Talfalten nach nebenstehenden Grafiken falten. Anschließend Ross und Reiter zu 18 türkisen Modulen sowie 8 hellblauen Modulen verbinden.

Das Modell zusammenbauen

3 x 6 türkise Module zu 3 sechseckigen Ringschlüssen zusammenstecken (Abb. 1) und dann immer an nur einer Spitze miteinander verbinden (Abb. 2), sodass eine schlauchförmige Verbindung der sechseckigen Ringschlüsse entsteht (Abb. 3). Die hellblauen Module werden zu viert zusammengesteckt (Abb. 3); sie schließen an 2 Seiten das Modell als 4-teilige Schluss-Steine ab. Abb. 4 und 5 zeigen das Modell aus verschiedenen Blickwinkeln.

Schwierigkeitsgrad: leicht

einfacher Zuschnitt, einfache Montage; Zeitaufwand: ca. 1¼ Stunde

18 x 18 x 8 x 8 x

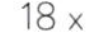

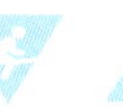

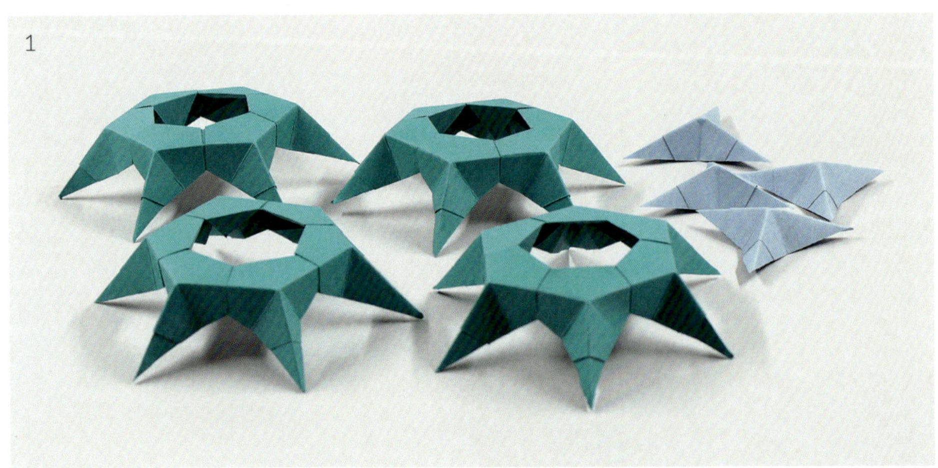
1

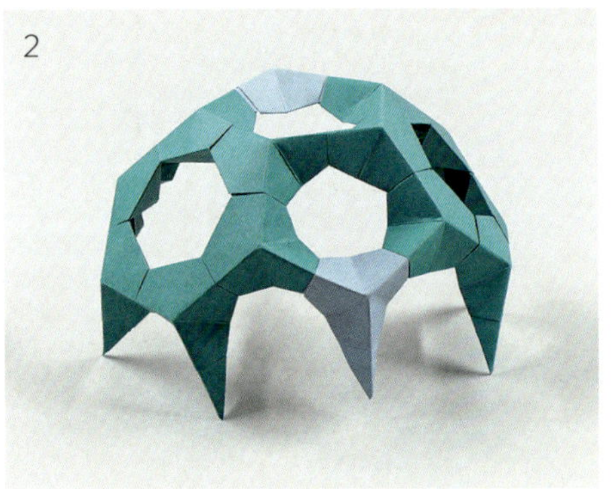
2

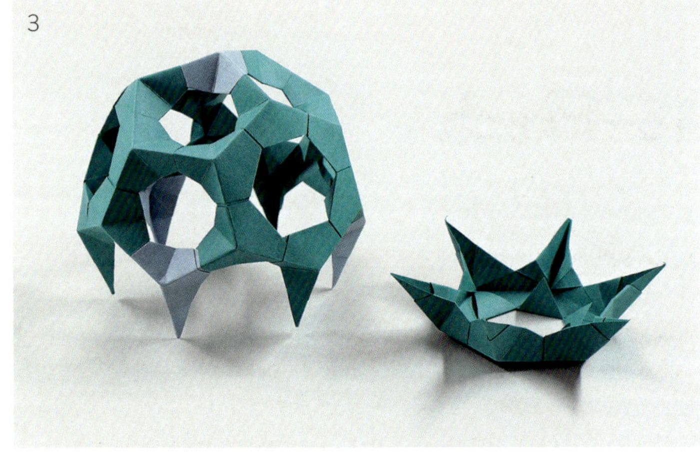
3

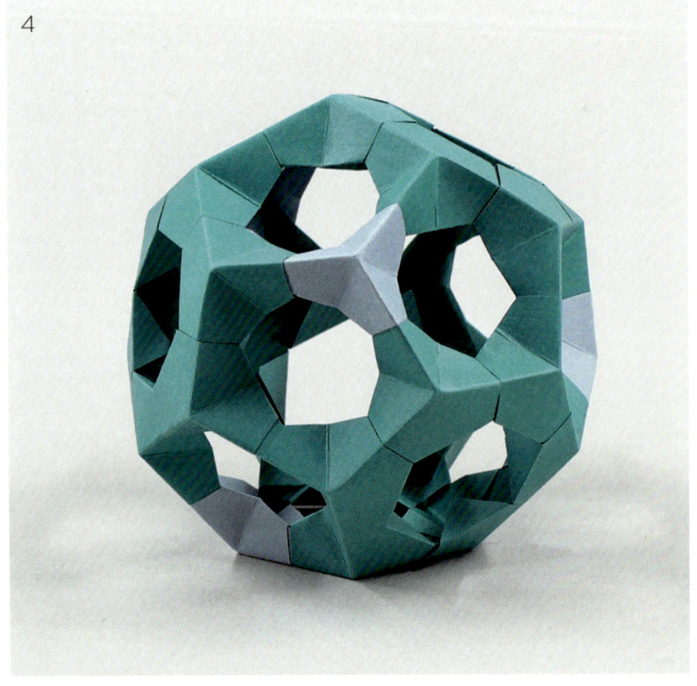
4

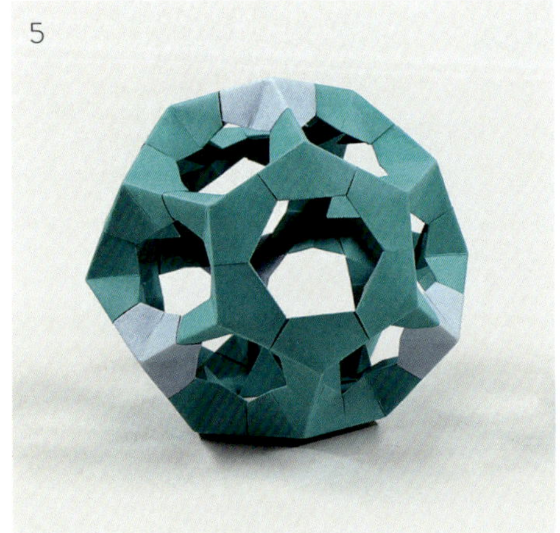
5

16-Flach

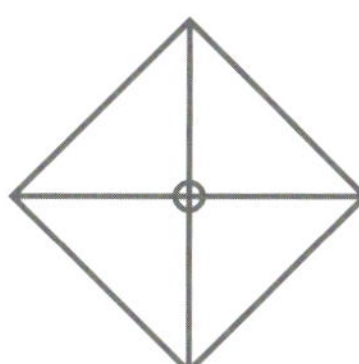
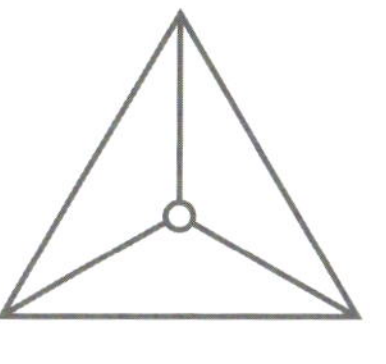

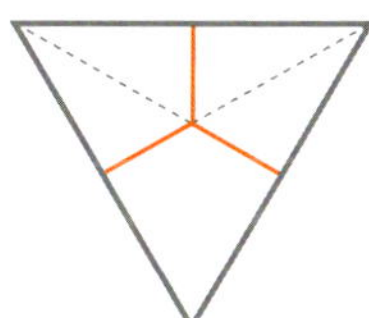
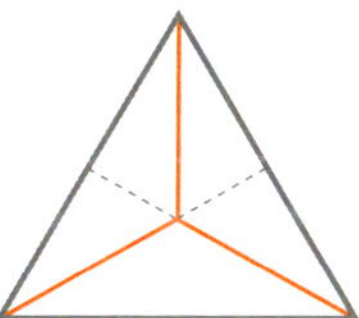

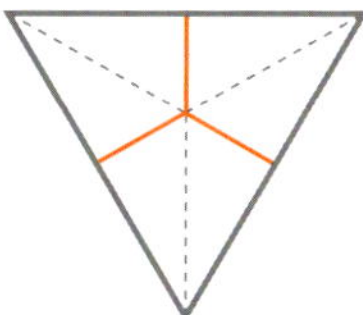
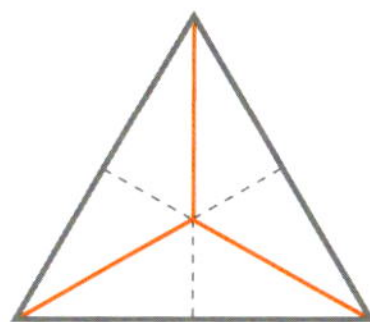

Erste Schritte

Benötigt werden 48 türkise Dreiecke (24 x Ross und 24 x Reiter) sowie 8 hellblaue Dreiecke (4 x Ross und 4 x Reiter). Berg- und Talfalten nach nebenstehenden Grafiken falten. Anschließend Ross und Reiter zu 24 türkisen Modulen und 4 hellblauen Modulen zusammensetzen.

Das Modell zusammenbauen

4 x 6 türkise Module werden zu 4 sechseckigen Ringschlüssen zusammengesteckt (Abb. 1). Die beiden ersten türkisen Ringschlüsse miteinander an einer Spitze und zusätzlich mit 2 hellblauen Modul verbinden (Abb. 2). In gleicher Weise werden der dritte Ringschluss und die beiden anderen hellblauen Module zugefügt (Abb. 3). Der letzte Ringschluss vervollständigt das Modell. Abb. 4 und 5 zeigen das fertige Modell aus verschiedenen Blickwinkeln.

Schwierigkeitsgrad: leicht

einfacher Zuschnitt, einfache Montage; Zeitaufwand: ca. 1¼ Stunde

24 x 24 x 4 x 4 x

1

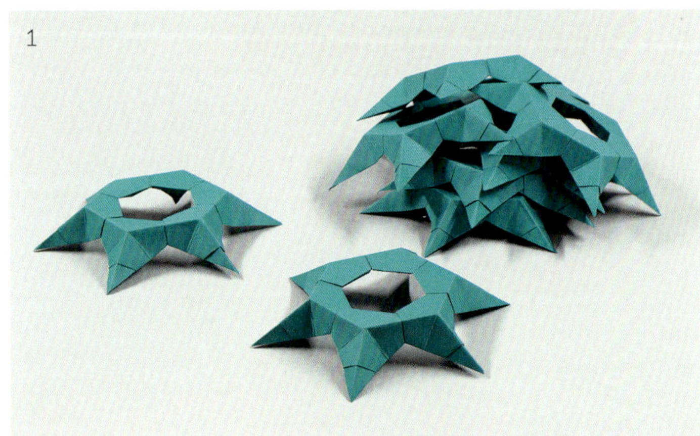

2

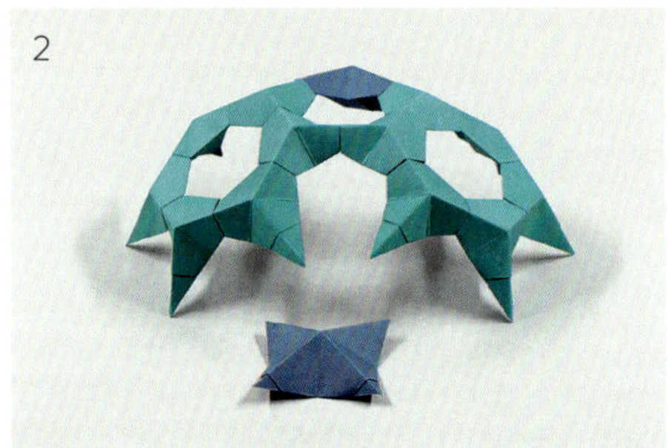

3

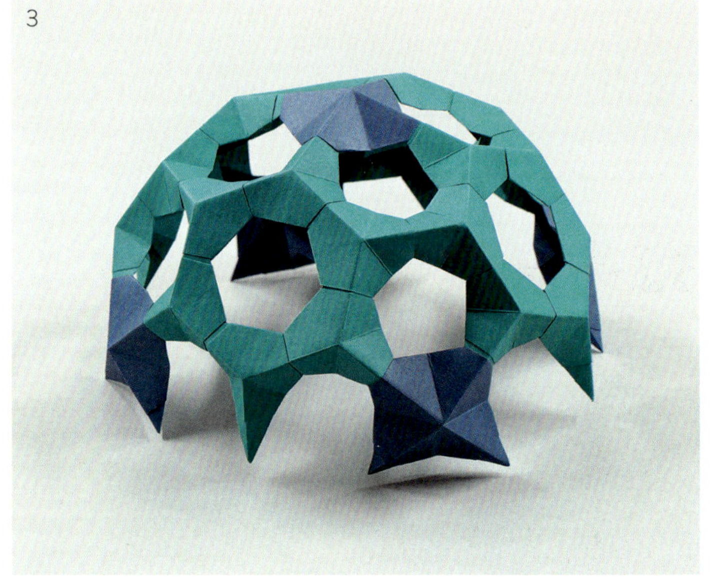

4

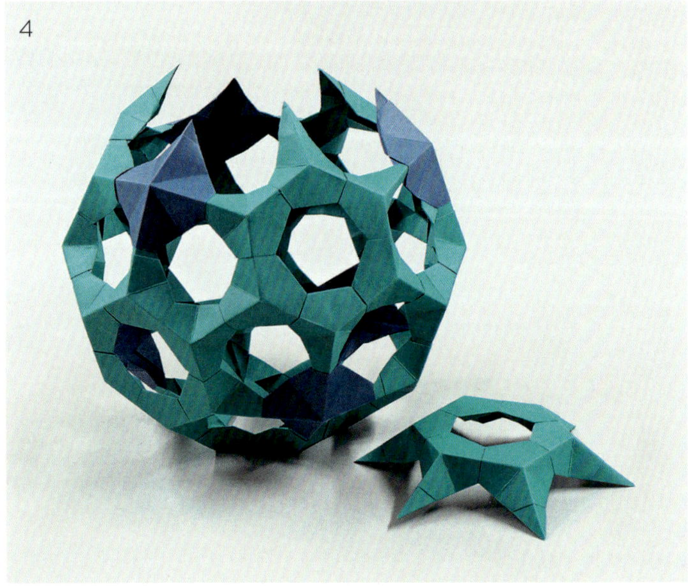

5

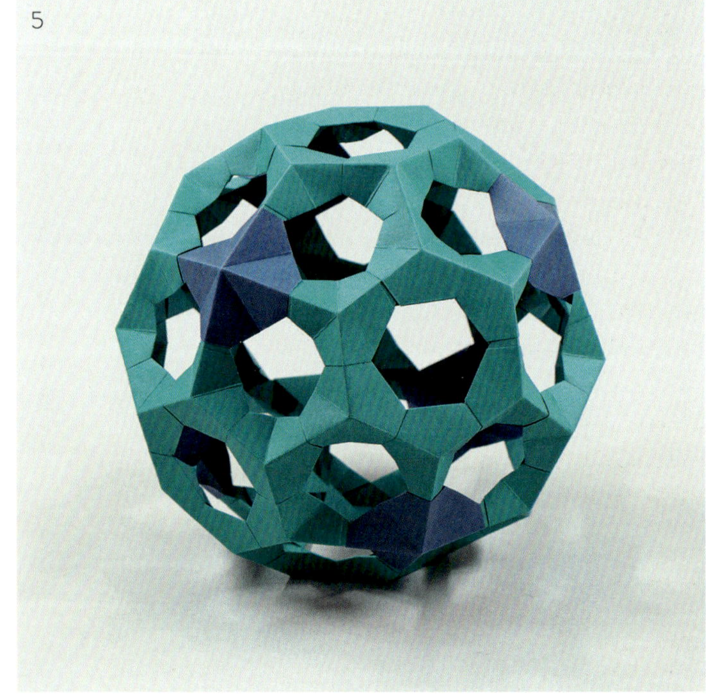

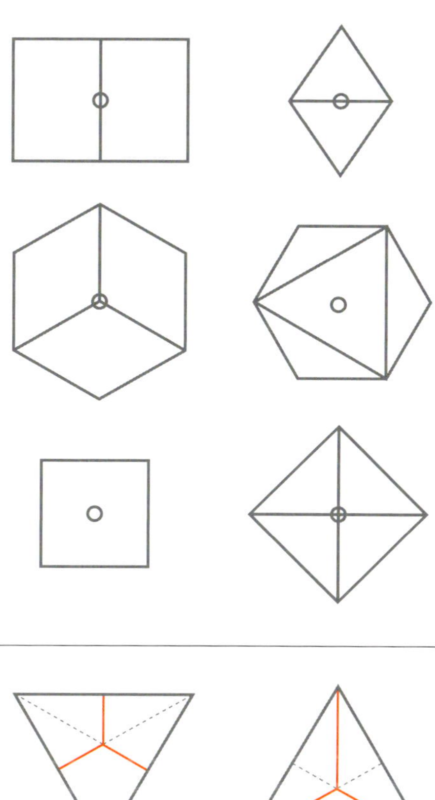

32-Flach°

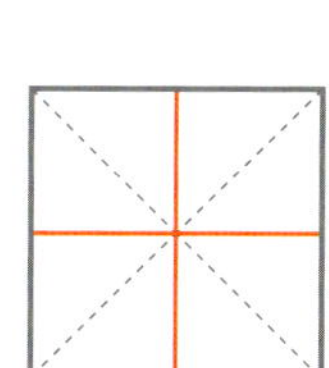

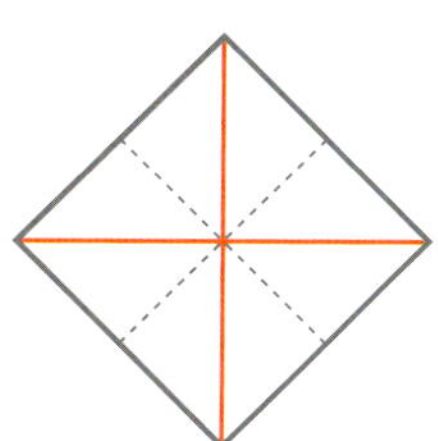

Erste Schritte

Benötigt werden 96 türkise Dreiecke (48 x Ross und 48 x Reiter) sowie 12 dunkelblaue Quadrate (6 x Ross und 6 x Reiter). Berg- und Talfalten nach nebenstehenden Grafiken falten. Ross und Reiter zu 48 türkisen Modulen und 6 dunkelblauen Modulen verbinden.

Das Modell zusammenbauen

8 x 6 türkise Module werden zu 8 sechseckigen Ringschlüssen zusammengesteckt (Abb. 1). Die ersten beiden werden miteinander und zusätzlich mit 2 dunkelblauen Modulen verbunden (Abb. 2). Im selben Schema fortfahren (Abb. 3 und 4): Dunkelblaue Module nur mit türkisen Ringschlüssen verbinden. Türkise Ringschlüsse sind im Wechsel mit anderen türkisen Ringschlüssen und dunkelblauen Modulen verbunden. Abb. 5 zeigt das fertige Modell.

Schwierigkeitsgrad: leicht

einfacher Zuschnitt, einfache Montage; Zeitaufwand: ca. 1¼ Stunde

Hinweis:

Die blauen Quadrate fallen größer aus als die Standard-Größe (siehe Seite 18). Ross und Reiter in abweichenden Größen (siehe https://www.haupt.ch/faltformen).
° Einige Faltflächen weichen vom Standardmaß ab (siehe Seite 18).

48 x  48 x 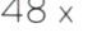 6 x  6 x

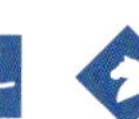

1
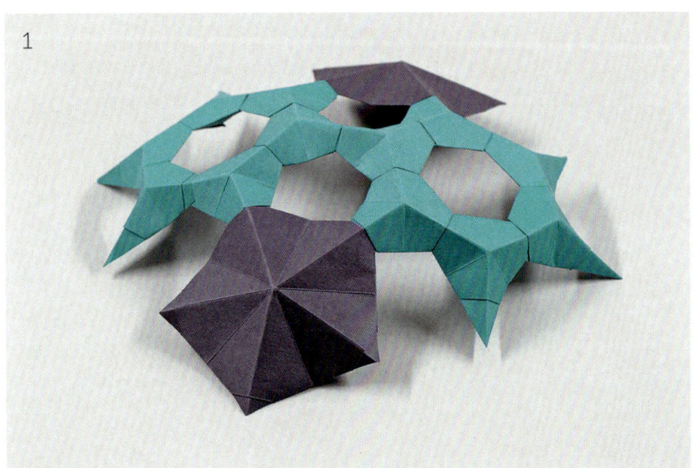

2
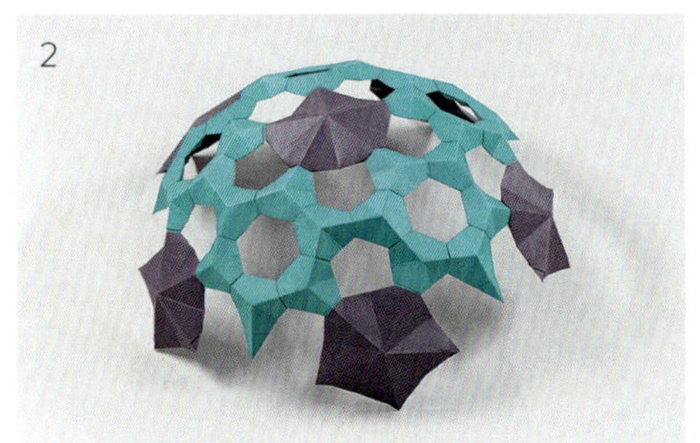

3
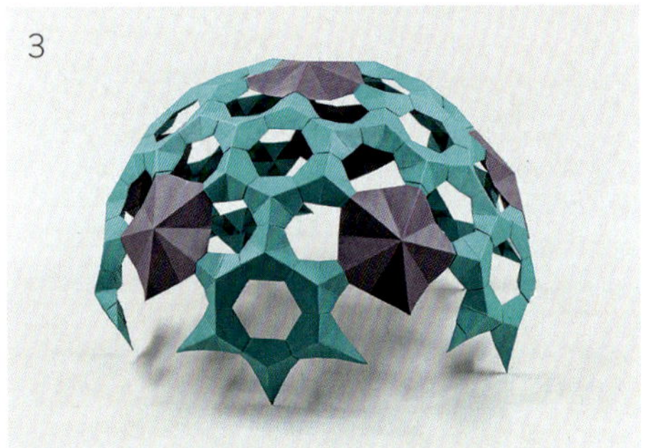

4
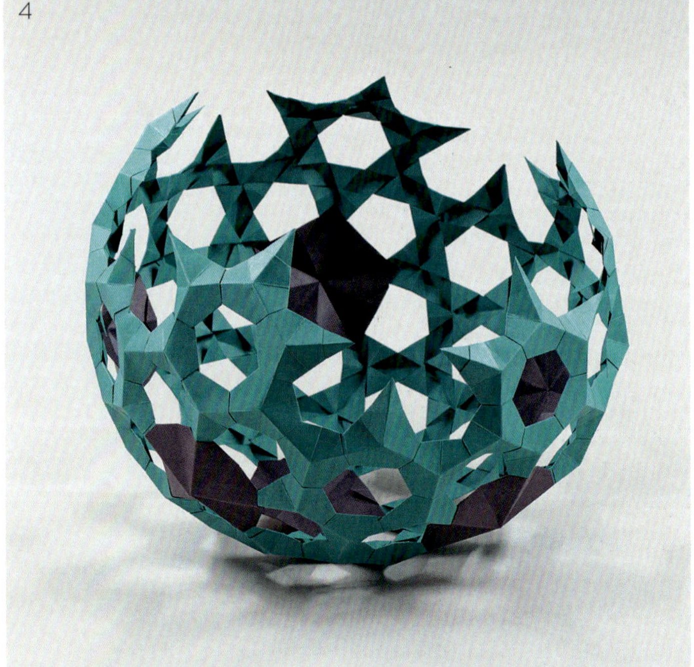

5
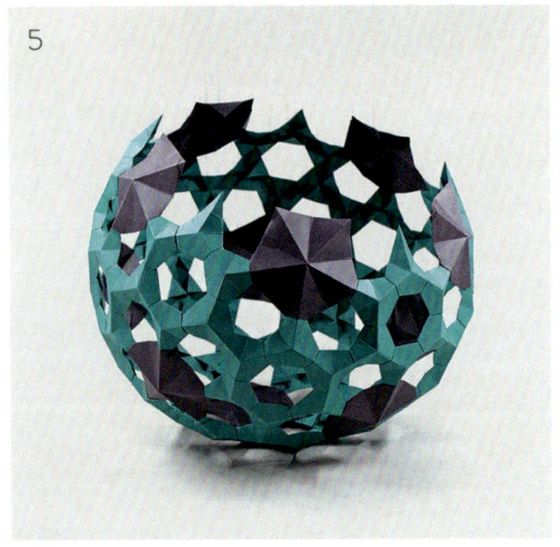

6
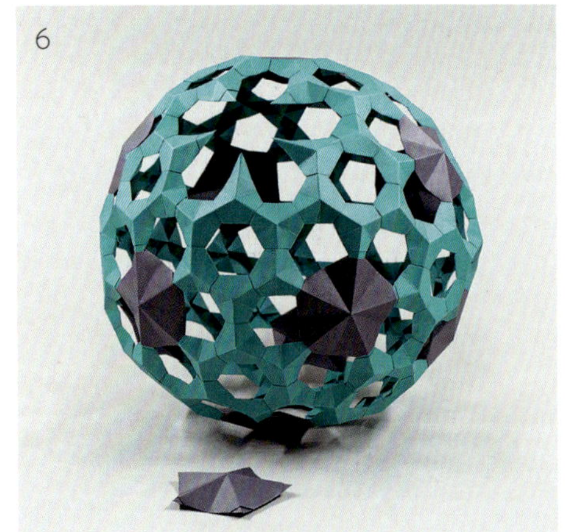

7
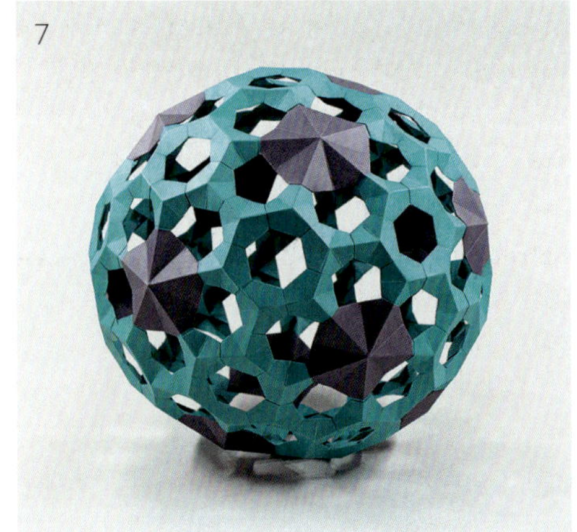

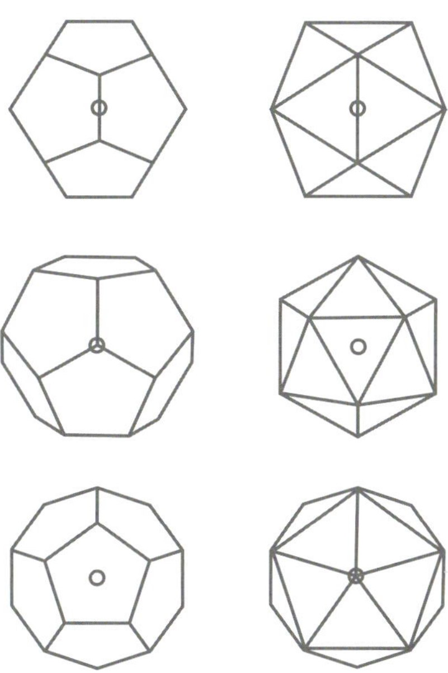

80-Flach°

Erste Schritte
Benötigt werden 240 türkise Dreiecke (120 x Ross und 120 x Reiter) sowie 24 violette Fünfecke (12 x Ross und 12 x Reiter). Berg- und Talfalten nach nebenstehenden Grafiken falten. Anschließend Ross und Reiter zu 120 türkisen Modulen und 12 violetten Modulen verbinden.

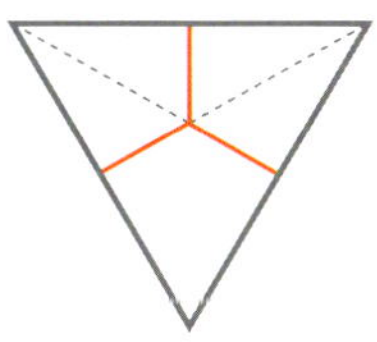

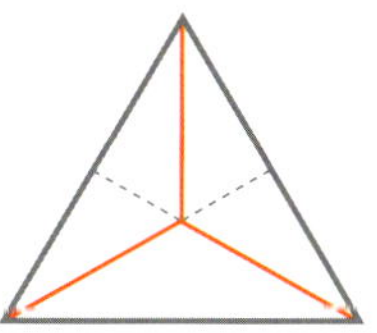

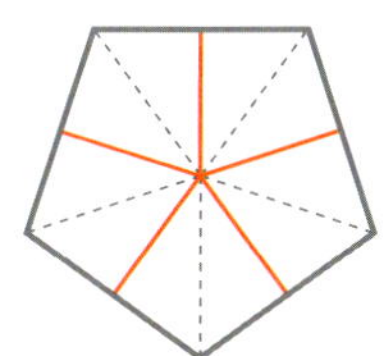

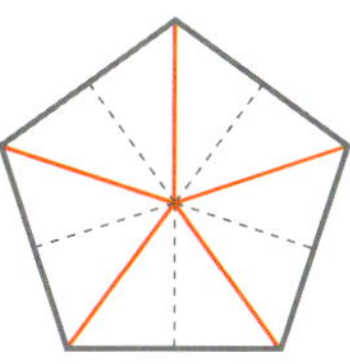

Das Modell zusammenbauen
20 x 6 türkise Module zu 20 sechseckigen Ringschlüssen zusammenstecken (wie bei R06, R07, hier ohne Abb.) und im gleichen Schema miteinander verbinden (Abb. 1). Jedes sechseckige türkise Bauteil hat dabei nur je eine Steckverbindung zu jedem gleichen türkisen Nachbarbauteil, jede 2. Steckverbindung der sechseckigen Bauteile bleibt noch frei. Im selben Schema fortfahren (Abb. 2 bis 5). Abb. 6 zeigt das Modell vor dem Lückenschluss mit dem violetten Schluss-Stein. Abb. 7 zeigt das fertige Modell.

Schwierigkeitsgrad: leicht bis mittelschwer
Zuschnitt: erste Anforderungen, einfache Montage;
Zeitaufwand: ca. 4 Stunden

Hinweis:
Die violetten Fünfecke fallen größer aus als die Standard-Größe (siehe Seite 18).
Ross und Reiter in abweichenden Größen (siehe https://www.haupt.ch/faltformen).
° Einige Faltflächen weichen vom Standardmaß ab (siehe Seite 18).

120 x 120 x 12 x 12 x

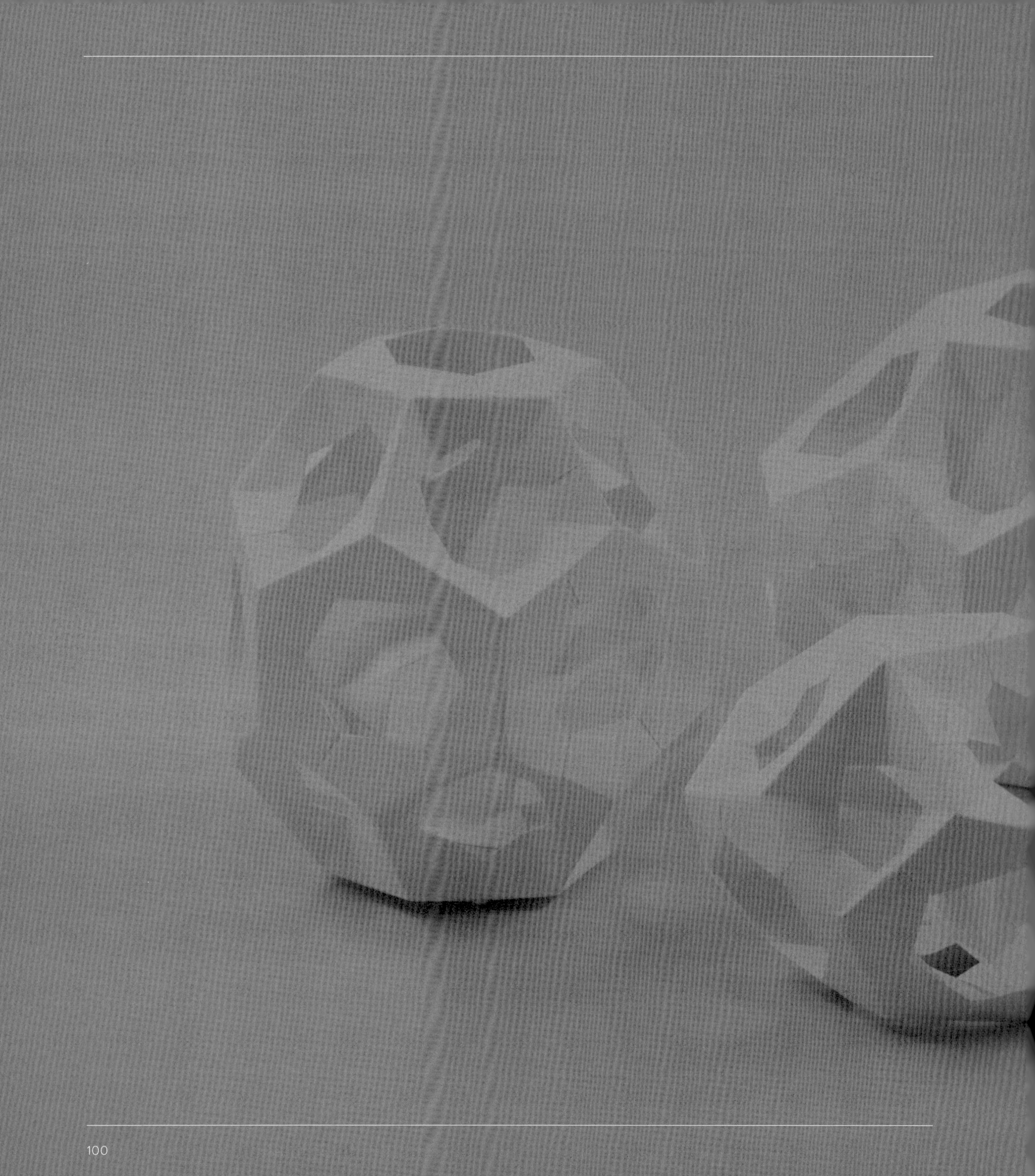

S-Modelle aus Dreiecken (gemischt)

Die S-Modelle ähneln topologisch den Q-Modellen. Ihre Konstruktion basiert hauptsächlich auf pinken und türkisen Modulen. S01 bis S03 bilden eine eigene Reihe mit gleichen Modulen und einer schrittweise zunehmenden Zähligkeit der Haupt-Symmetrieachse.

Das wiederholt sich bei den Modellen S04 bis S06 in ähnlicher Weise. Hier treten alternative Lösungen an je zwei Enden eines Modells hinzu. S07 und S08 zeigen eine weitere 3- bzw. 4-zählige Lösung. S09 und S10 haben je nur eine 2-zählige Haupt- und zwei 2-zählige Nebenachsen.

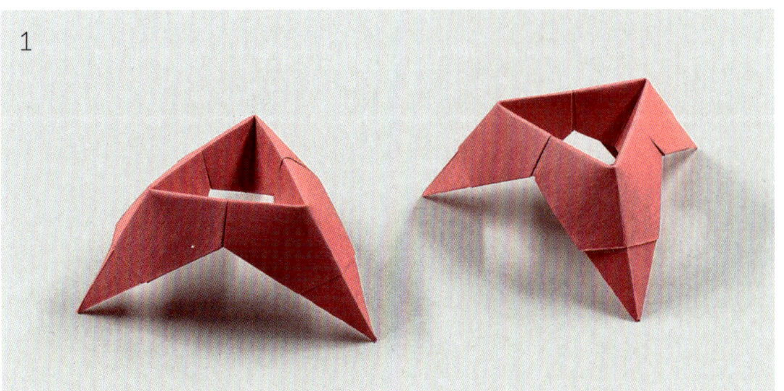
1

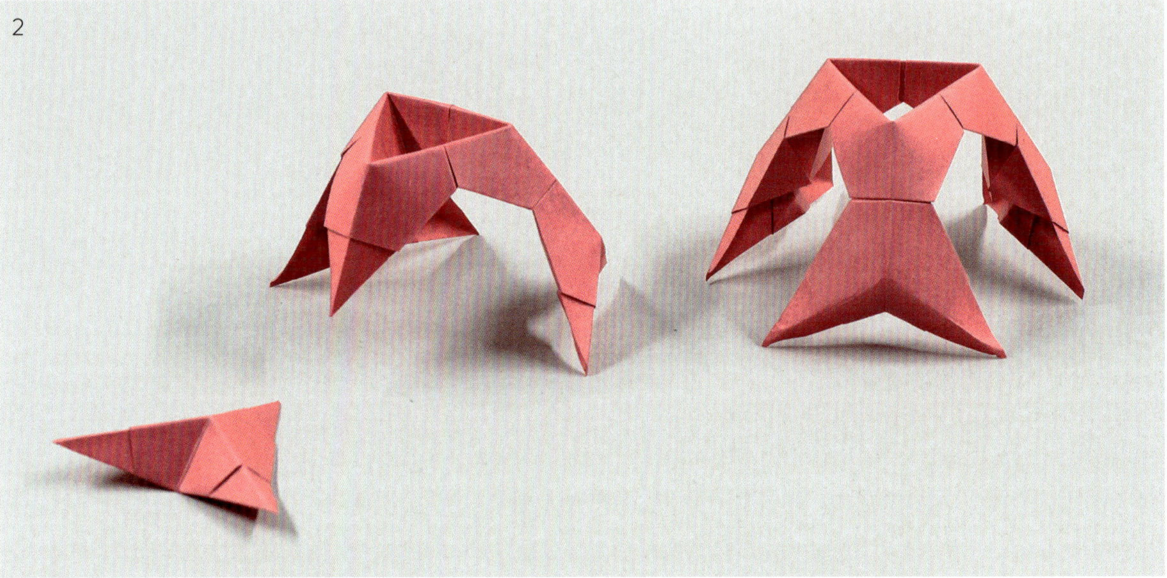
2

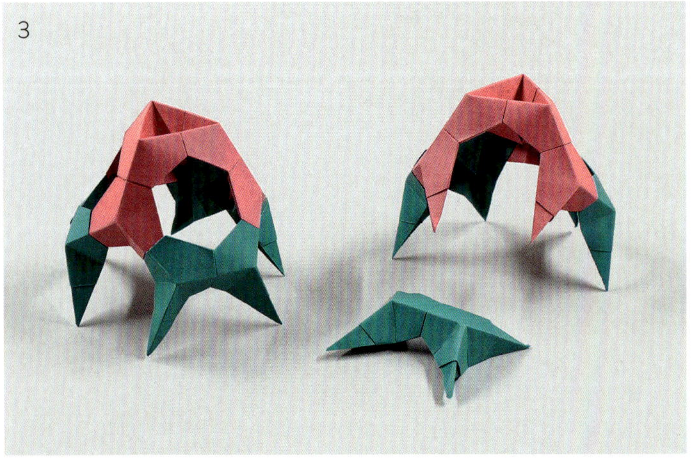
3

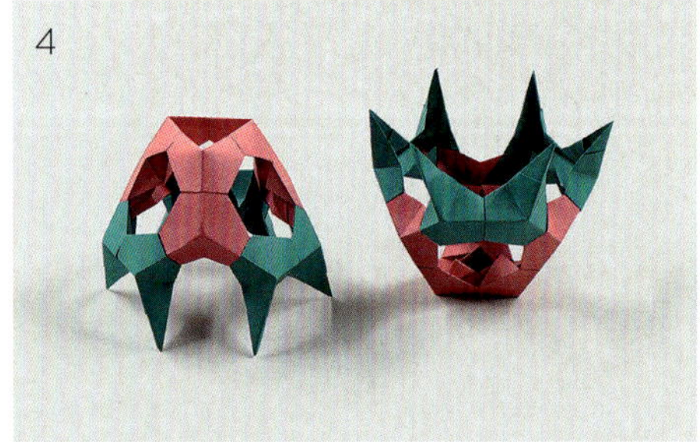
4

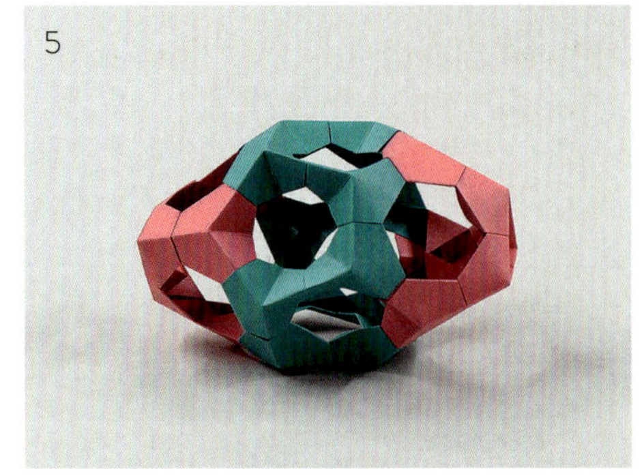
5

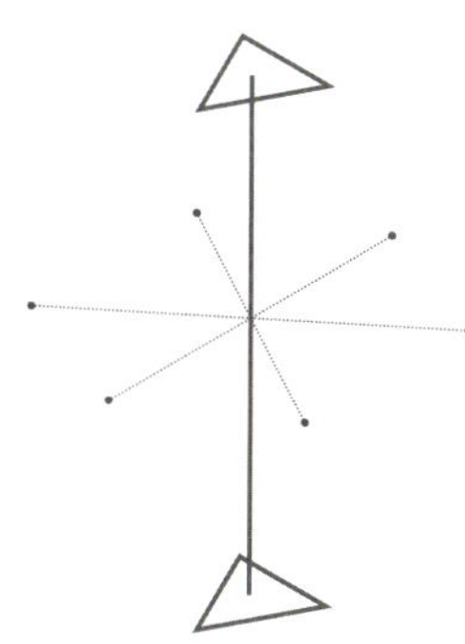

14-Flach

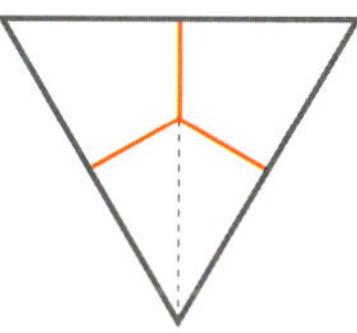
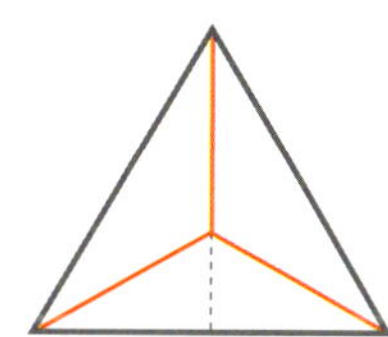
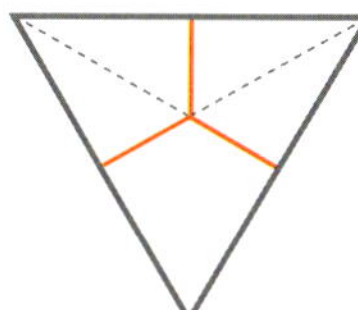
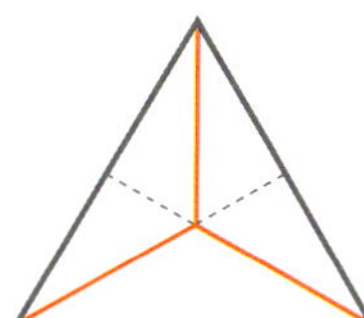

Erste Schritte
Benötigt werden 24 pinkfarbene Dreiecke (12 x Ross und 12 x Reiter) sowie 24 türkise Dreiecke (12 x Ross und 12 x Reiter). Berg- und Talfalten nach nebenstehenden Grafiken falten. Ross und Reiter zu 12 pinkfarbenen und 12 türkisen Modulen verbinden.

Das Modell zusammenbauen
2 x 3 pinkfarbene Module zu 2 dreieckigen Ringschlüssen zusammenstecken (Abb. 1). Es folgt auf jede offene Steckverbindung ein weiteres pinkfarbenes Modul (Abb. 2). An jeder Seite kommen je 2 türkise Module hinzu (Abb. 3). Damit erhält man 2 gleiche Bauteile des Modells (Abb. 4), die nun noch zusammengesteckt werden müssen (Abb. 5). Wer hiermit Schwierigkeiten hat, beginne zuerst mit dem folgenden Modell S02.

Schwierigkeitsgrad: leicht bis mittelschwer
einfacher Zuschnitt, etwas kniffelige Montage; Zeitaufwand: ca. 45 Minuten

12 x 12 x 12 x 12 x

1

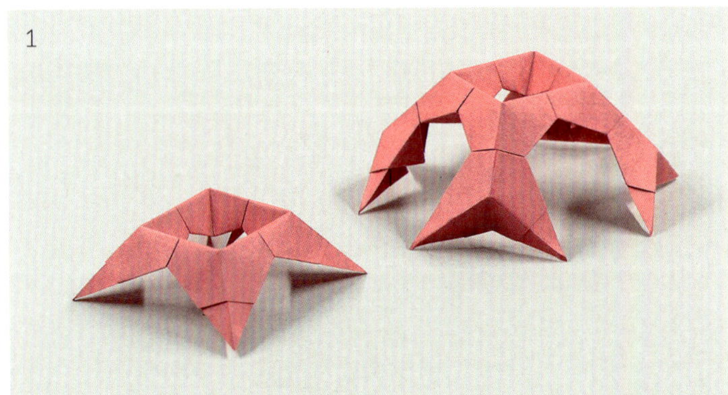

2

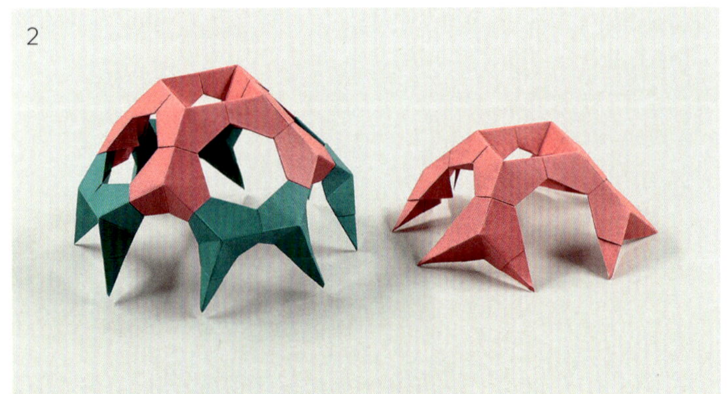

3

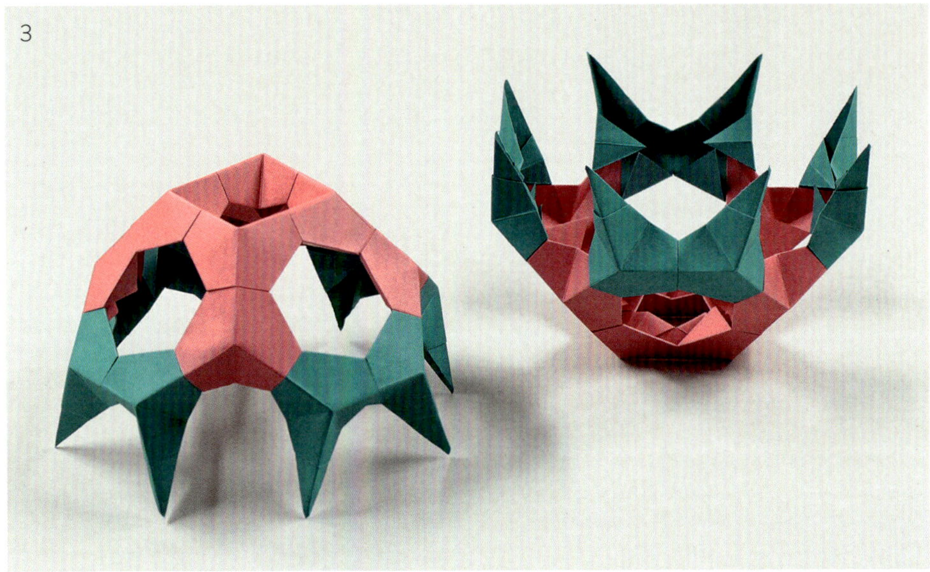

4

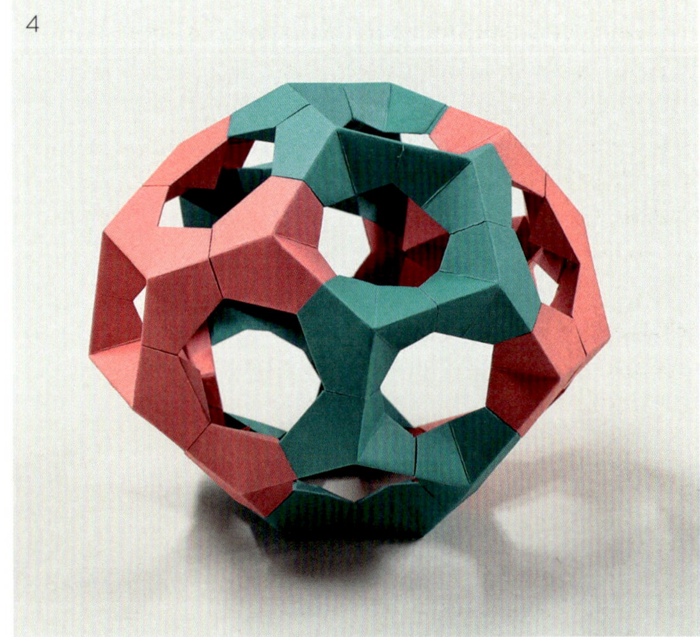

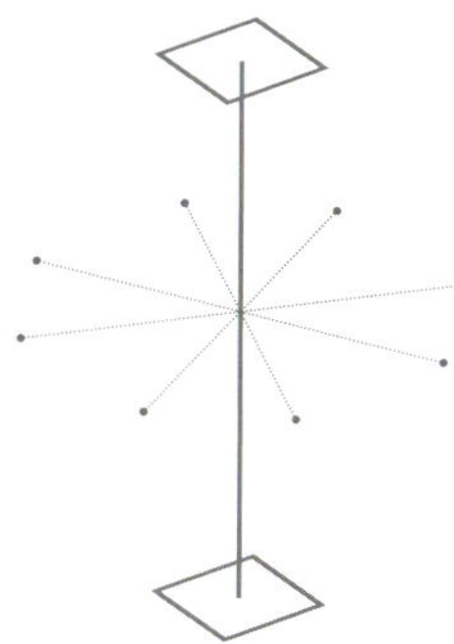

18-Flach

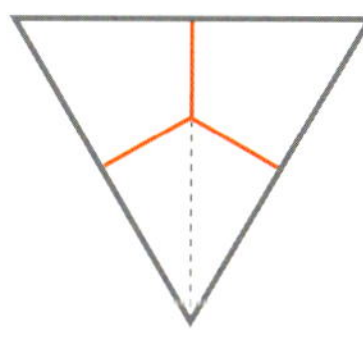

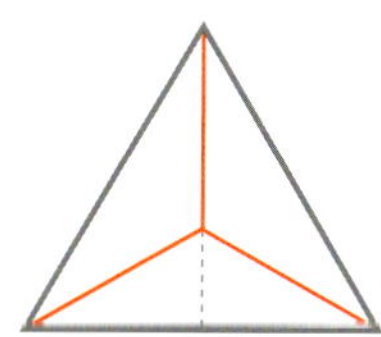

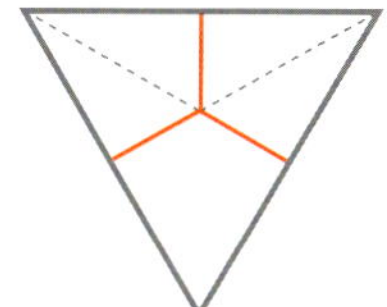

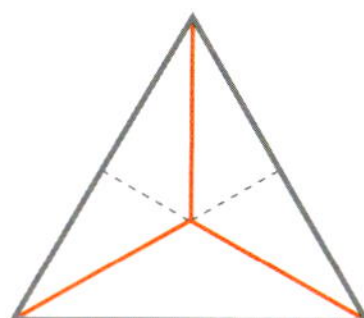

Erste Schritte

Benötigt werden 32 pinkfarbene Dreiecke (16 x Ross und 16 x Reiter) sowie 32 türkise Dreiecke (16 x Ross und 16 x Reiter). Berg- und Talfalten nach nebenstehenden Grafiken falten. Anschließend Ross und Reiter zu 16 pinkfarbenen und 16 türkisen Modulen zusammensetzen.

Das Modell zusammenbauen

2 x 4 pinkfarbene Module werden zu 2 quadratischen Ringschlüssen zusammengesteckt (Abb. 1, links). Es folgt auf jede offene Steckverbindung ein weiteres pinkfarbenes Modul (Abb. 1, rechts). An jeder Seite kommen je 2 türkise Module hinzu (Abb. 2, links). Damit erhält man 2 gleiche Bauteile des Modells (Abb. 3), die nun zum fertigen Modell zusammengesteckt werden (Abb. 4).

Schwierigkeitsgrad: leicht

einfacher Zuschnitt, einfache Montage; Zeitaufwand: ca. 1 Stunde

16 x 16 x 16 x 16 x

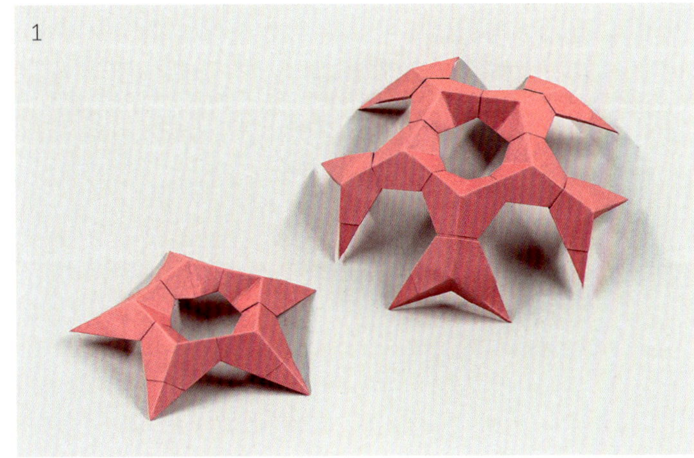
1

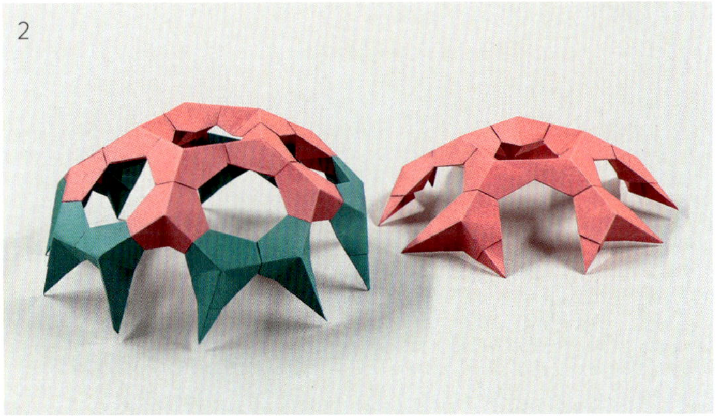
2

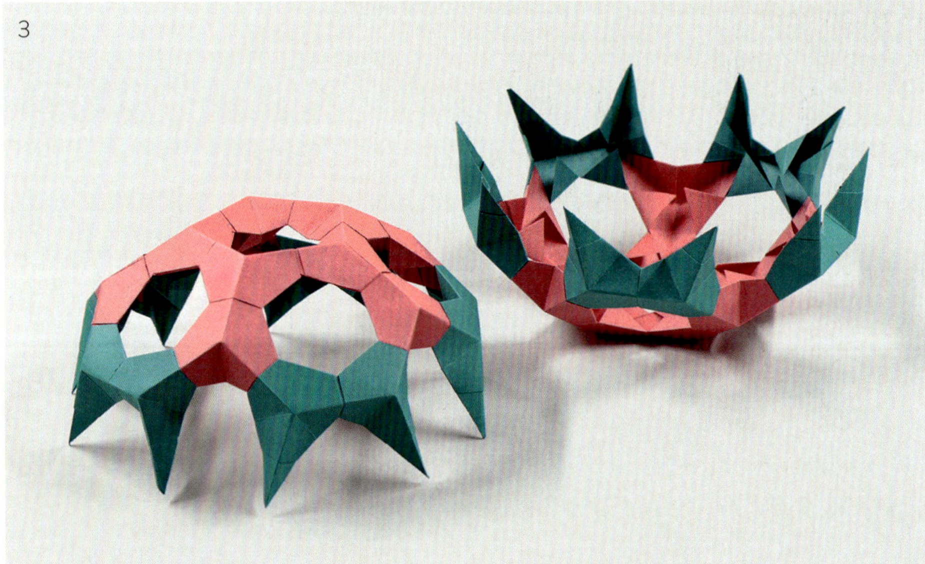
3

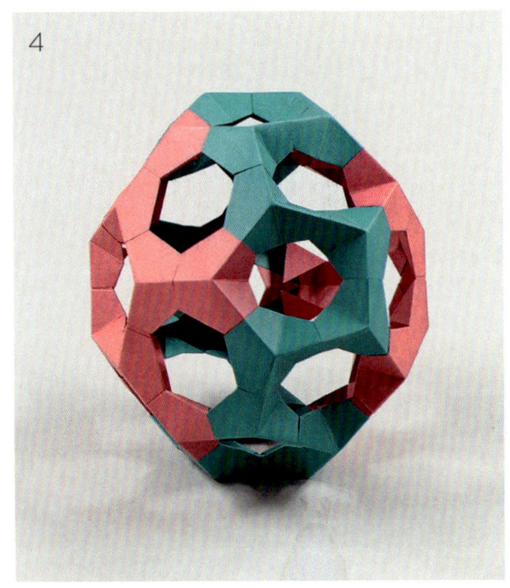
4

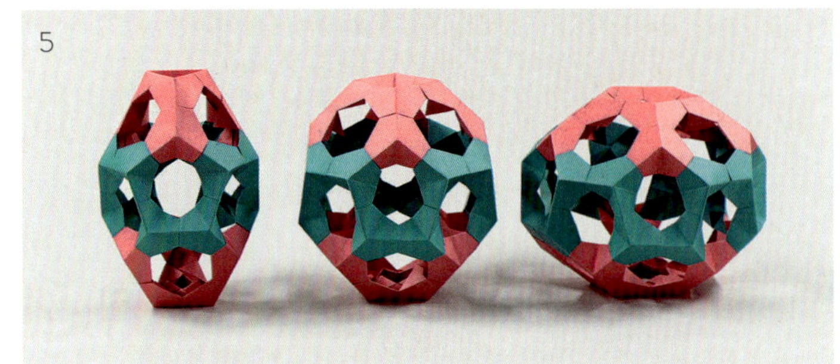
5

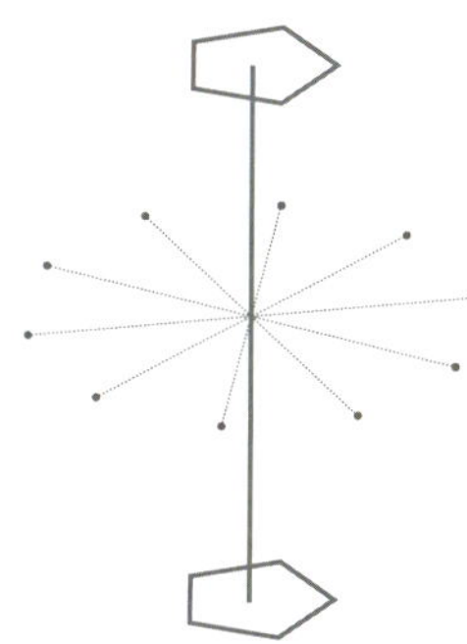

22-Flach

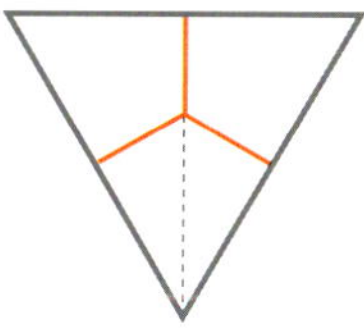
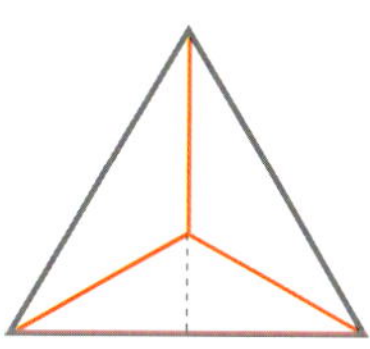
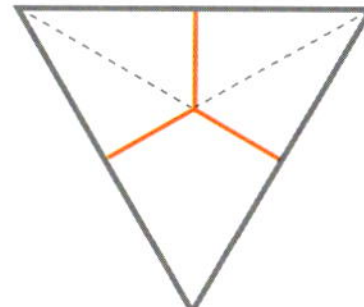
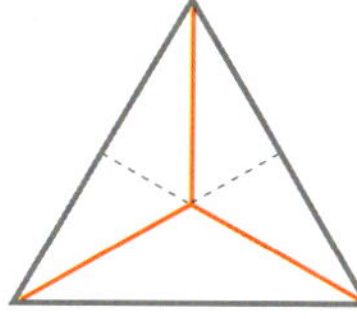

Erste Schritte
Benötigt werden 40 pinkfarbene Dreiecke (20 x Ross und 20 x Reiter) sowie 40 türkise Dreiecke (20 x Ross und 20 x Reiter). Berg- und Talfalten nach nebenstehenden Grafiken falten. Anschließend Ross und Reiter zu 20 pinkfarbenen und 20 türkisen Modulen verbinden.

Das Modell zusammenbauen
2 x 5 pinkfarbene Module zu 2 fünfeckigen Ringschlüssen zusammenstecken (Abb. 1, links). Es folgt auf jede offene Steckverbindung ein weiteres pinkfarbenes Modul (Abb. 1, rechts). An jeder Seite kommen je 2 türkise Module hinzu (Abb. 2, links). Damit erhält man 2 gleiche Hälften des Modells (Abb. 3), die nun zum fertigen Modell zusammengesteckt werden (Abb. 4).

Ähnlichkeiten
S01, S02 und S03 gehören offensichtlich zusammen, von Modell zu Modell nimmt die Zähligkeit der Hauptachse schrittweise zu (Abb. 5).

Schwierigkeitsgrad: leicht
einfacher Zuschnitt, einfache Montage; Zeitaufwand: ca. 1½ Stunden

20 x 20 x 20 x 20 x

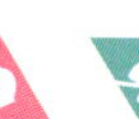

1
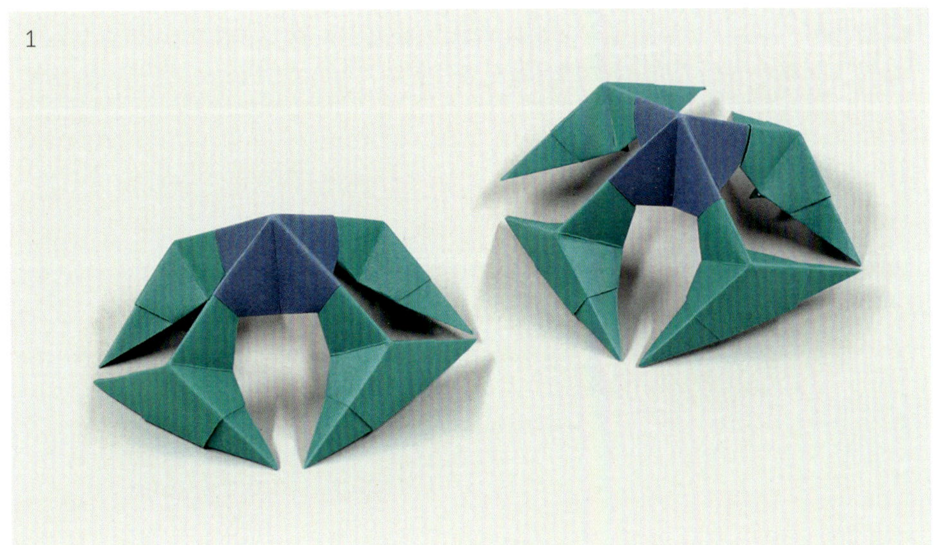

2
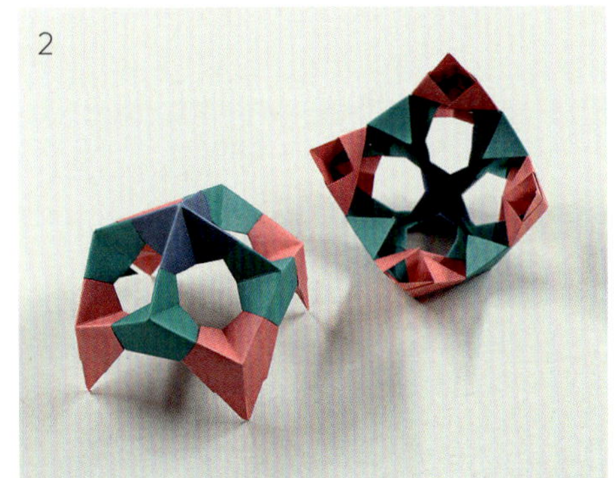

3
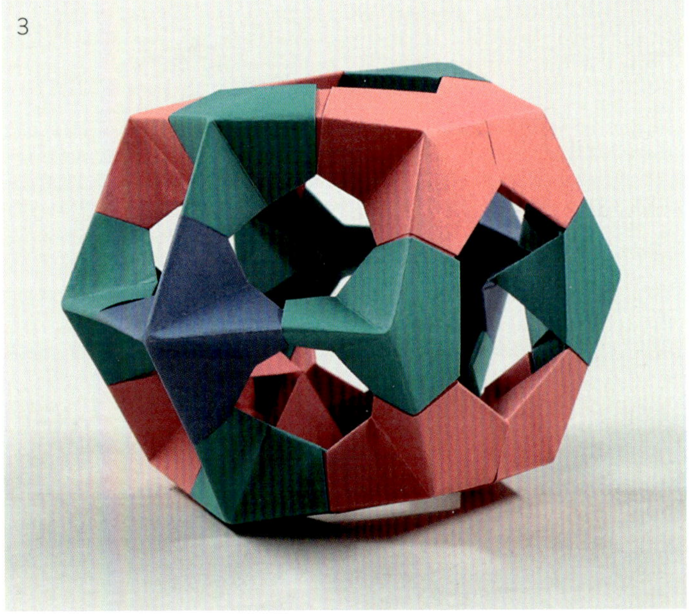

4
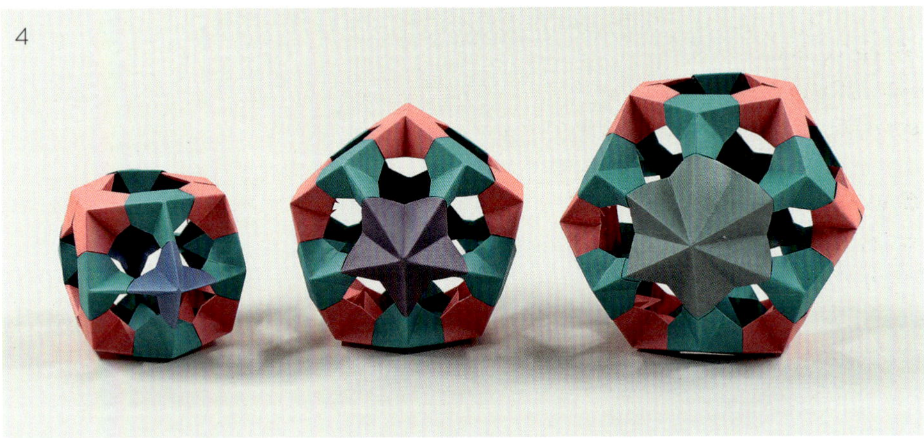

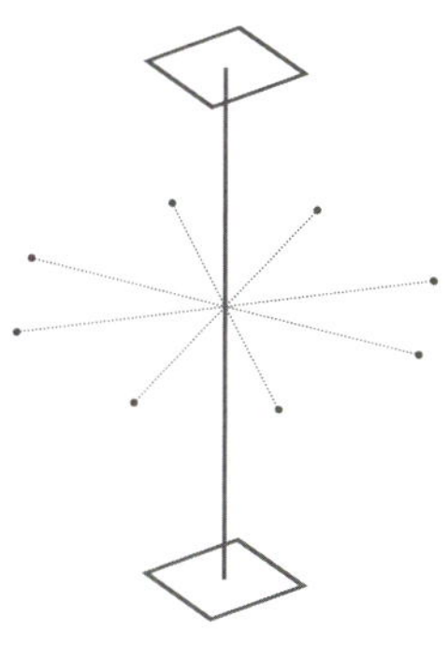

12-Flach

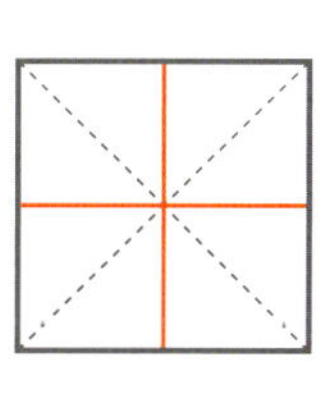
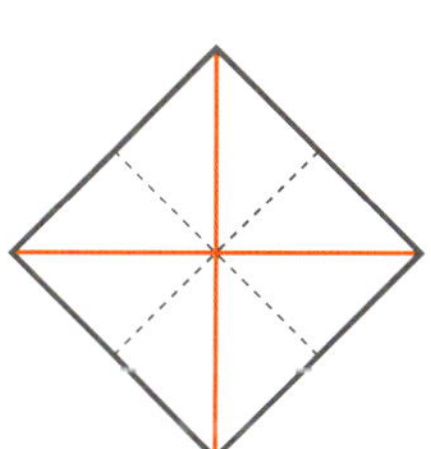
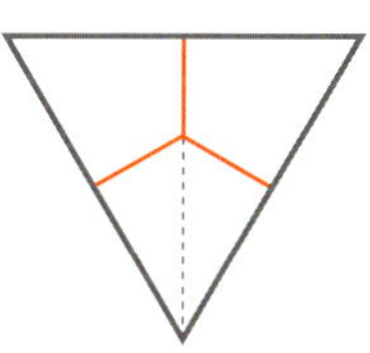
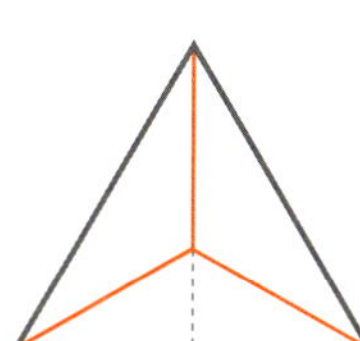
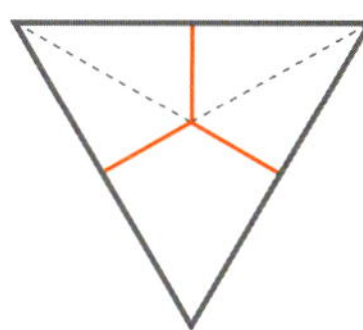
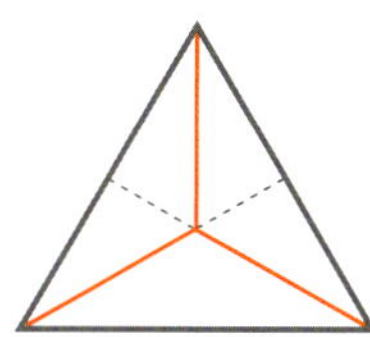

Erste Schritte
Benötigt werden 4 dunkelblaue Quadrate (2 x Ross und 2 x Reiter), dazu 16 pinkfarbene Dreiecke (8 x Ross und 8 x Reiter) sowie 16 türkise Dreiecke (8 x Ross und 8 x Reiter). Berg- und Talfalten nach nebenstehenden Grafiken falten. Ross und Reiter zu 2 dunkelblauen, 8 pinkfarbenen und 8 türkisen Modulen verbinden.

Das Modell zusammenbauen
2 x ein dunkelblaues Modul an allen 4 Spitzen mit je einem türkisen Modul verbinden (Abb. 1). Daran schließt sich 4 x je ein pinkfarbenes Modul an (Abb. 2). Dies ergibt 2 Bauteile, die zum fertigen Modell zusammengefügt werden (Abb. 3).

Ähnlichkeiten
S04, S05 und S06 bilden eine Reihe, bei der die Zähligkeit der Haupt-Symmetrieachse schrittweise zunimmt (Abb. 4).

Schwierigkeitsgrad: leicht
einfacher Zuschnitt, einfache Montage; Zeitaufwand: ca. 45 Minuten

2 x	2 x	8 x	8 x	8 x	8 x
		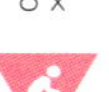	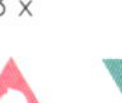	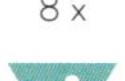	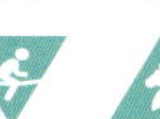

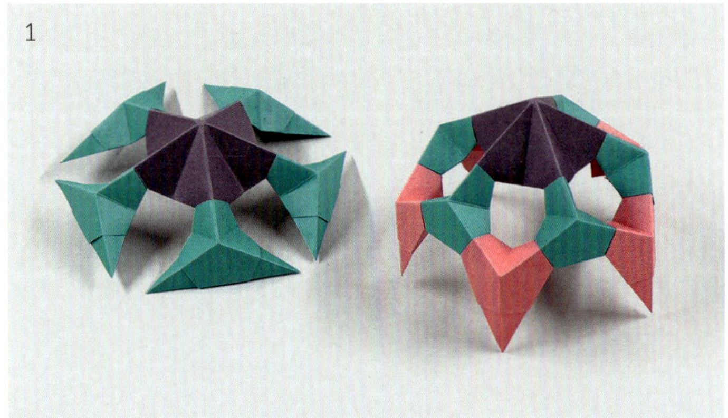
1

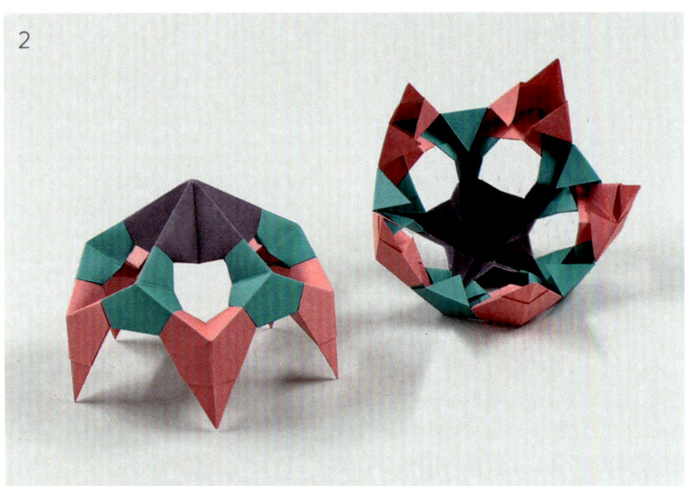
2

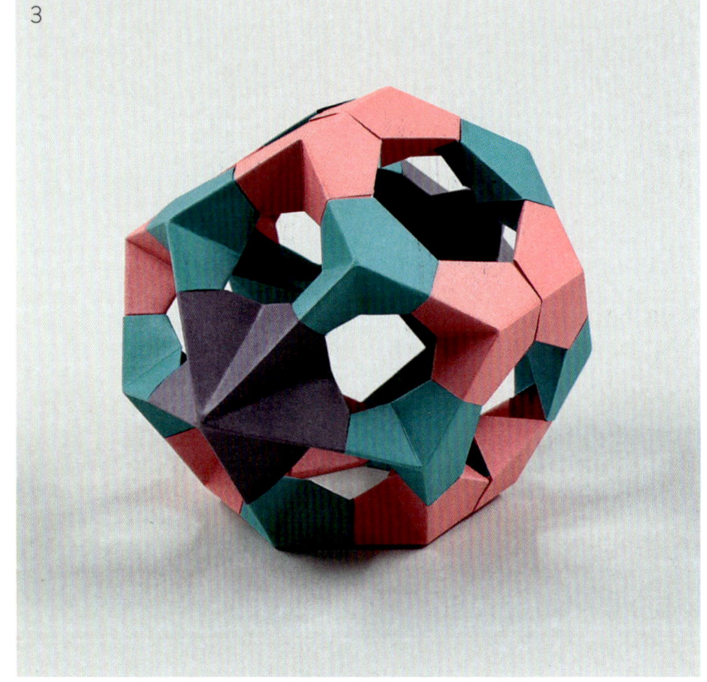
3

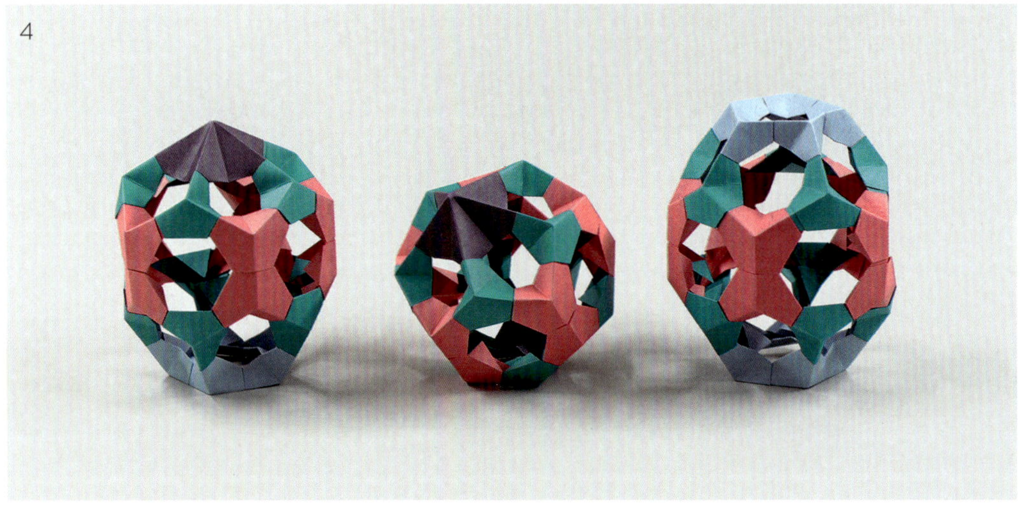
4

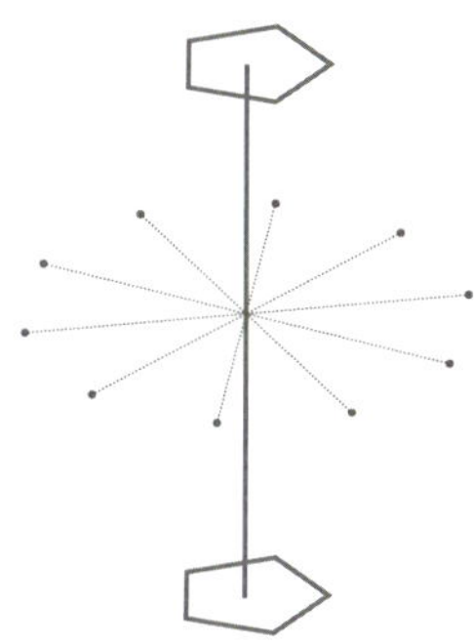

15-Flach

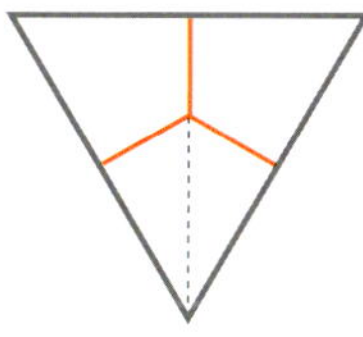
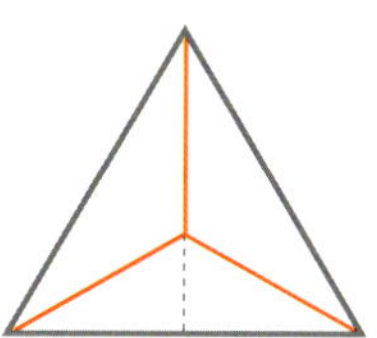
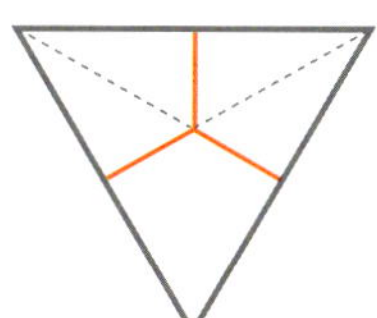
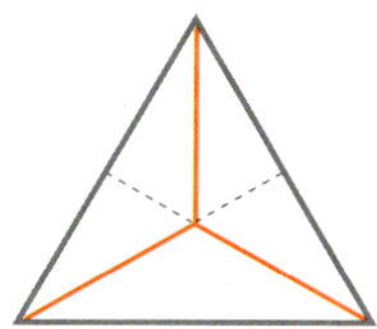
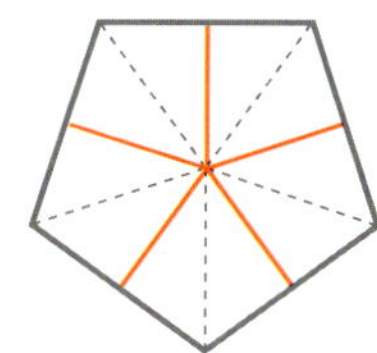
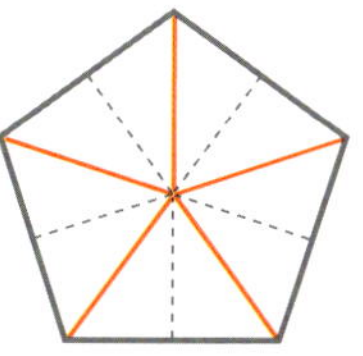

Erste Schritte
Benötigt werden 20 pinkfarbene Dreiecke (10 x Ross und 10 x Reiter), dazu 20 türkise Dreiecke (10 x Ross und 10 x Reiter) sowie 4 violette Fünfecke (2 x Ross und 2 x Reiter). Berg- und Talfalten nach nebenstehenden Grafiken falten. Ross und Reiter zu 10 pinkfarbenen, 10 türkisen und 2 violetten Modulen zusammensetzen.

Das Modell zusammenbauen
2 x ein violettes Modul an allen 5 Spitzen mit je einem türkisen Modul verbinden (Abb. 1, links). Daran schließt sich 5 x je ein pinkfarbenes Modul an (Abb. 1, rechts). Dies ergibt 2 Hälften (Abb. 2), die zum fertigen Modell (Abb. 3) zusammengefügt werden.

Ähnlichkeiten
S05 (Abb. 4, mittig) kann variiert werden: Statt des violetten fünfeckigen Moduls können auch 5 hellblaue dreieckige Module verwendet werden. Abb. 4 zeigt Varianten als 16-Flach (links) und als 17-Flach (rechts), hier ohne Anleitung.

Schwierigkeitsgrad: leicht bis mittelschwer
einfacher bis mäßig schwerer Zuschnitt, einfache bis mäßig schwere Montage; Zeitaufwand: ca. 1½ Stunde

10 x 10 x 10 x 10 x 2 x 2 x

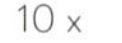
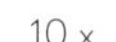

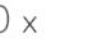
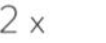
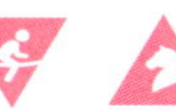

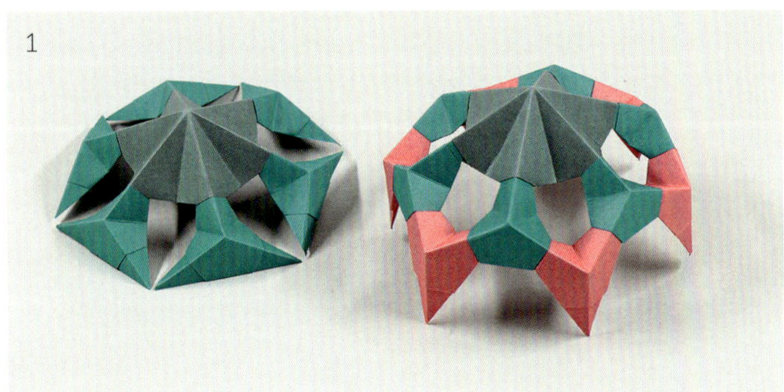
1

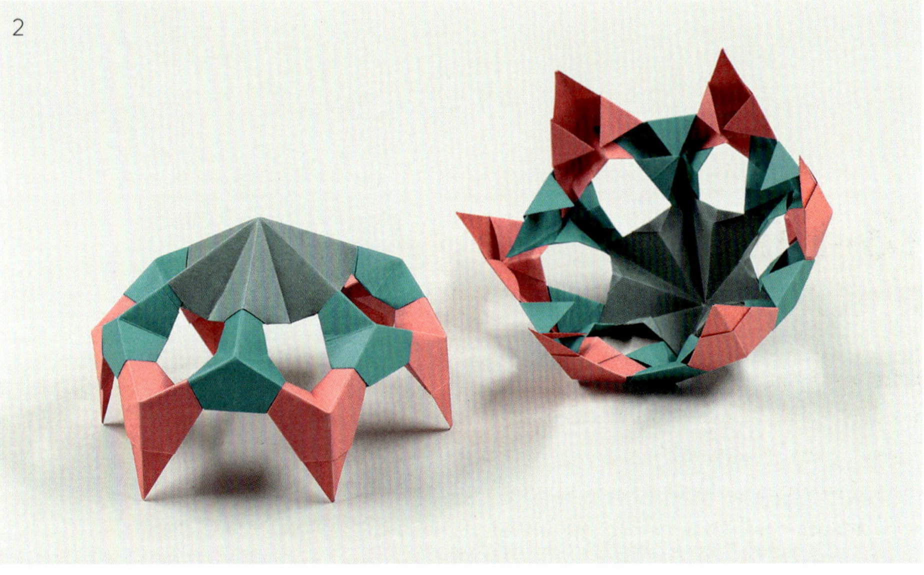
2

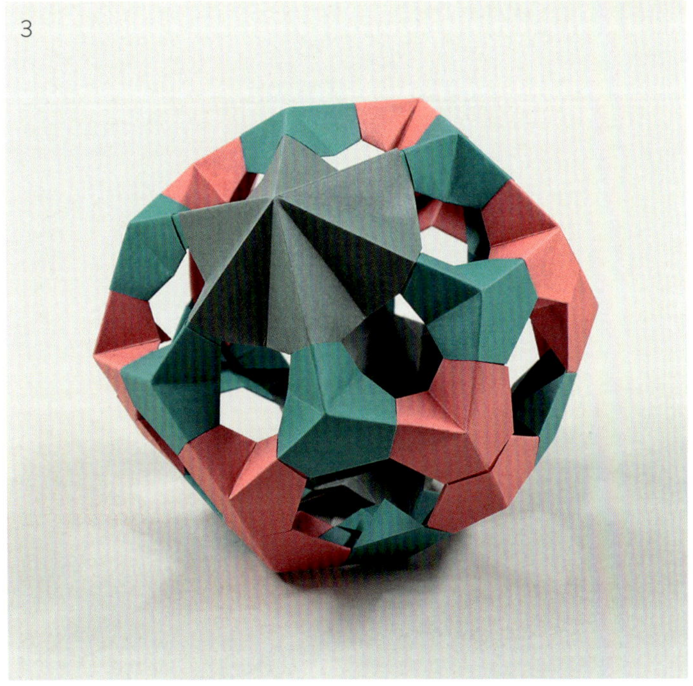
3

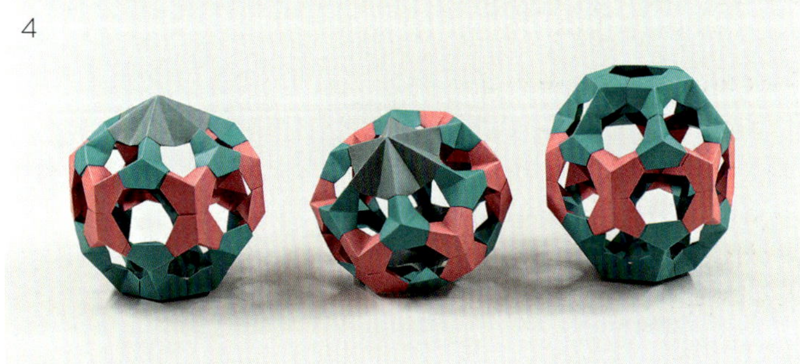
4

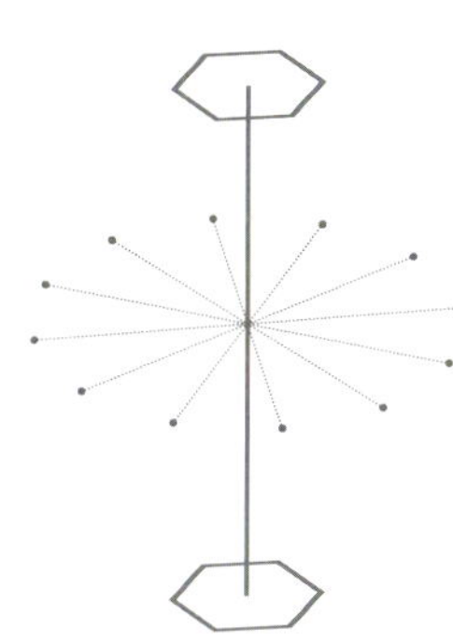

18-Flach

Erste Schritte

Benötigt werden 24 pinkfarbene Dreiecke (12 x Ross und 12 x Reiter), dazu 24 türkise Dreiecke (12 x Ross und 12 x Reiter) sowie 4 moosgrüne Sechsecke (2 x Ross und 2 x Reiter). Berg- und Talfalten nach nebenstehenden Grafiken falten. Ross und Reiter zu 12 pinkfarbenen, 12 türkisen und 2 moosgrünen Modulen verbinden.

Das Modell zusammenbauen

2 x ein moosgrünes Modul an allen 6 Spitzen mit je einem türkisen Modul verbinden (Abb. 1, links). Daran schließt sich 6 x je ein pinkfarbenes Modul an (Abb. 1, rechts). Dies ergibt 2 Hälften (Abb. 2), die zum fertigen Modell (Abb. 3) zusammengefügt werden.

Ähnlichkeiten

S06 (Abb. 4, mittig) lässt sich variieren: Statt des moosgrünen sechseckigen Moduls können auch 6 hellblaue dreieckige Module verwendet werden. Abb. 4 zeigt Varianten als 19-Flach (links) und als 20-Flach (rechts), hier ohne Anleitungen.

Schwierigkeitsgrad: leicht bis mittelschwer

einfacher bis mäßig schwerer Zuschnitt, einfache bis mäßig schwere Montage; Zeitaufwand: ca. 1½ Stunden

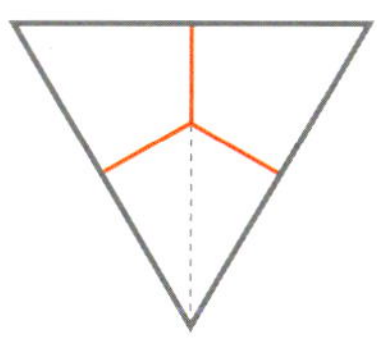
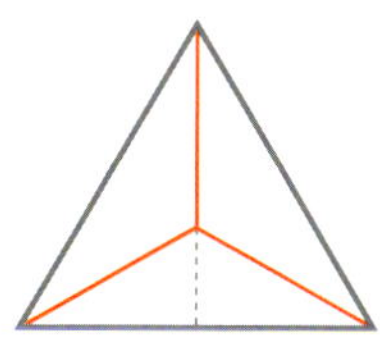
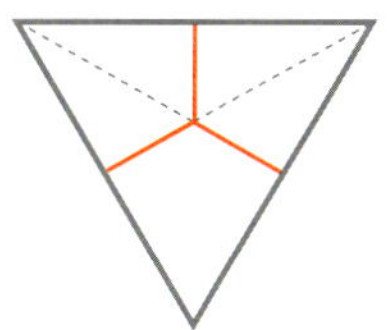
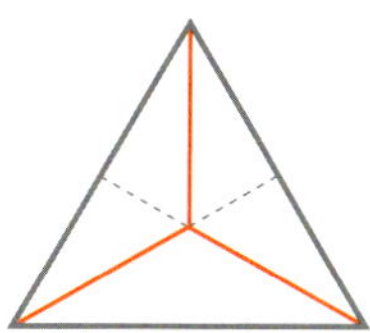
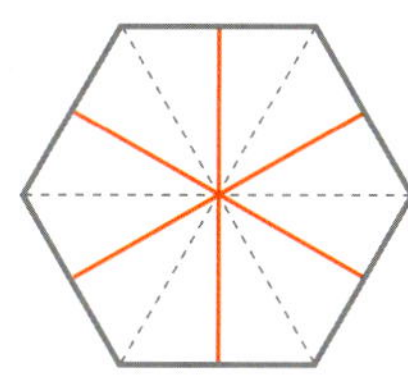
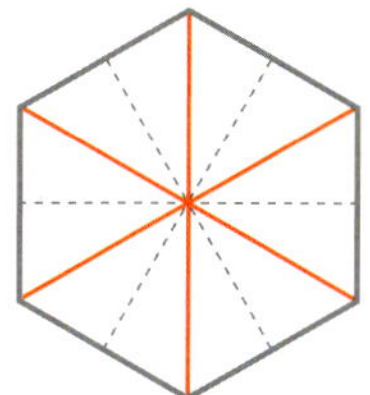

12 x 12 x 12 x 12 x 2 x 2 x

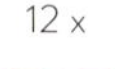
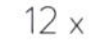

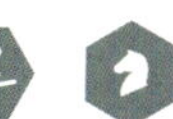

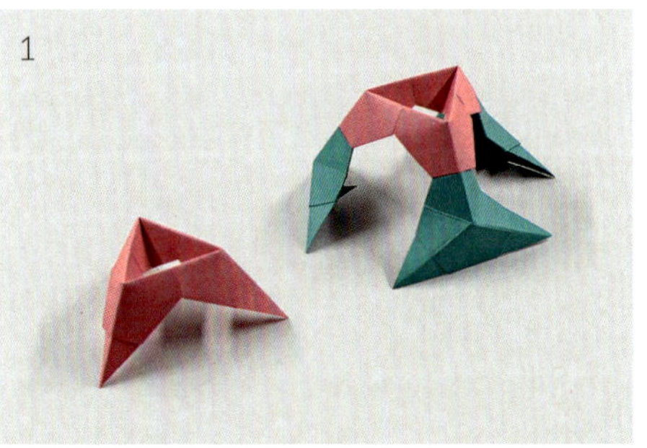
1

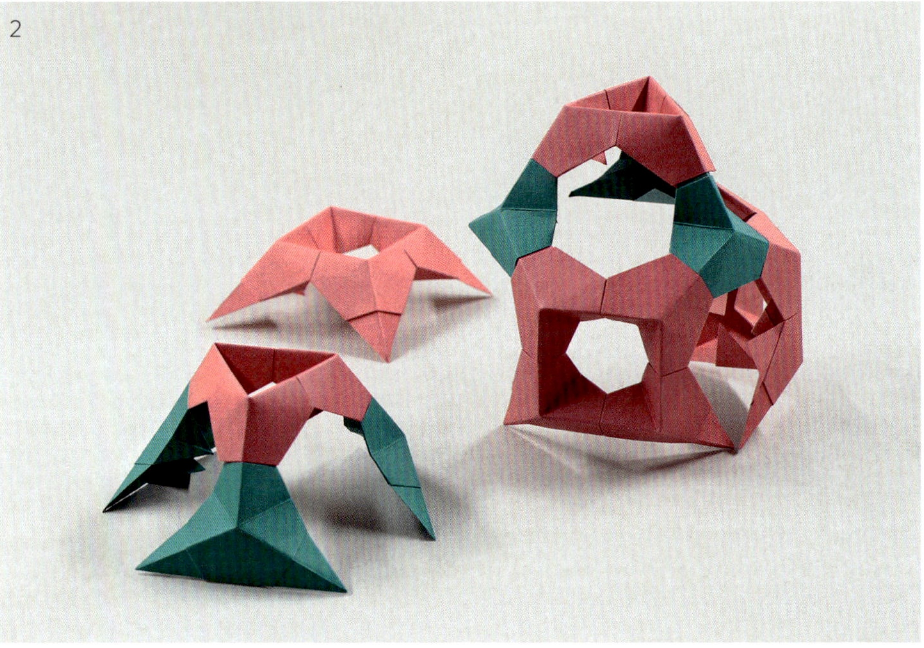
2

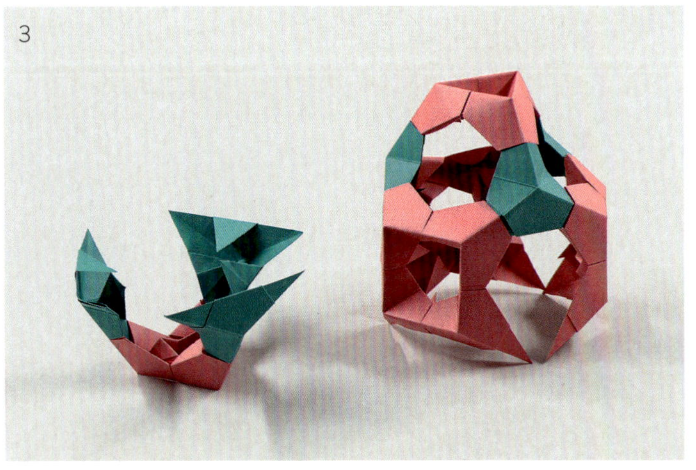
3

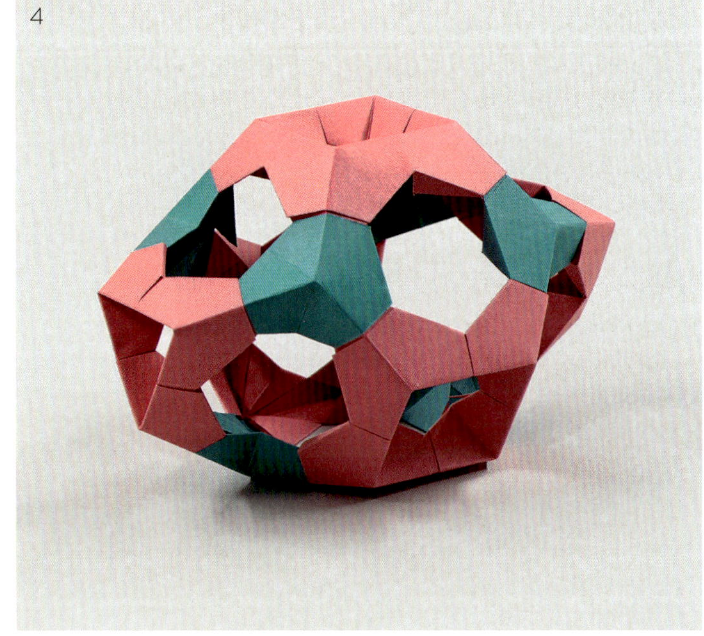
4

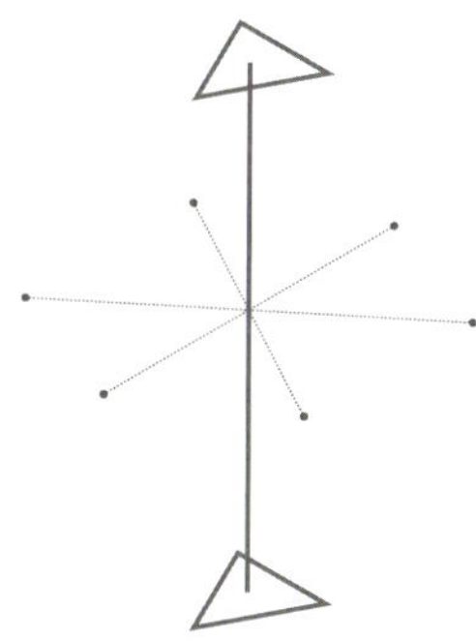

14-Flach

Erste Schritte
Benötigt werden 36 pinkfarbene Dreiecke (18 x Ross und 18 x Reiter) sowie 12 türkise Dreiecke (6 x Ross und 6 x Reiter). Berg- und Talfalten nach nebenstehenden Grafiken falten. Ross und Reiter zu 18 pinkfarbenen und 6 türkisen Modulen zusammensetzen.

Das Modell zusammenbauen
2 x 3 pinkfarbene Module zu 2 dreieckigen Ringschlüssen zusammenfügen (Abb. 1, links). An jede offene Steckverbindung ein türkises Modul stecken (Abb. 1, rechts). Die übrigen pinkfarbenen Module zu 3 quadratischen Ringschlüssen zusammensetzen und seitlich anfügen (Abb. 2, rechts). Beide Bauteile (Abb. 3) zu einem Modell verbinden (Abb. 4).

Schwierigkeitsgrad: leicht
einfacher Zuschnitt, einfache Montage; Zeitaufwand: ca. 30 Minuten

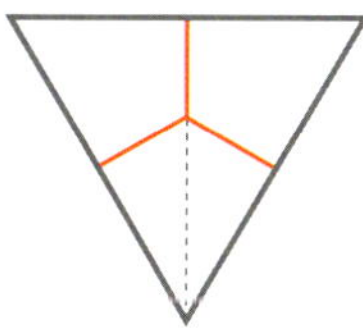
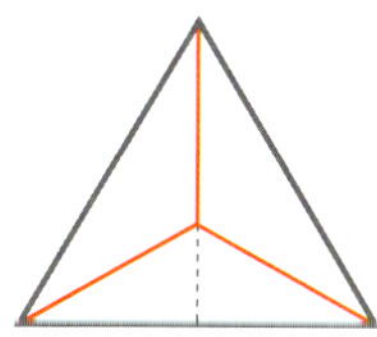
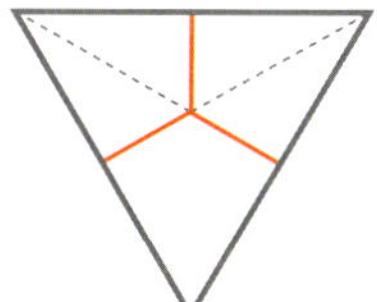
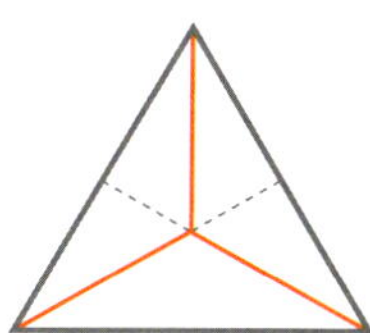

18 x 18 x 6 x 6 x

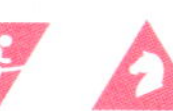

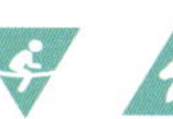

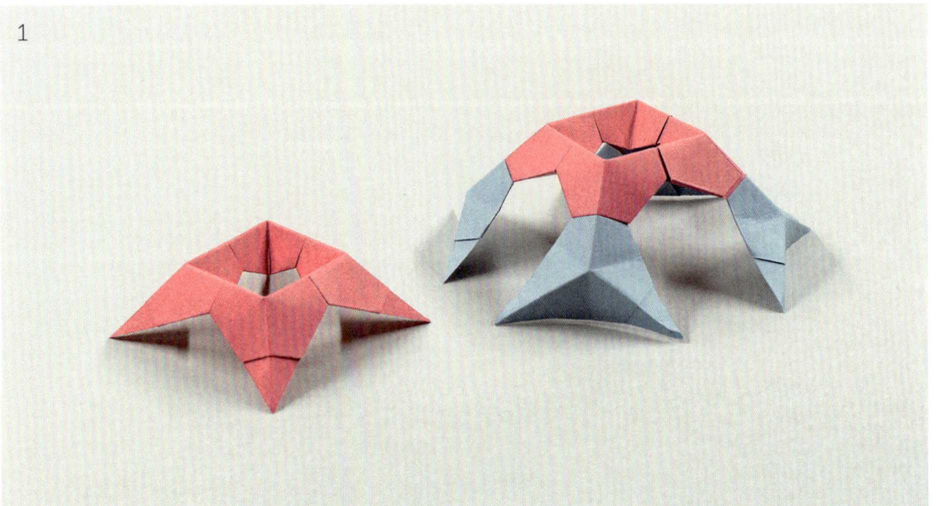
1

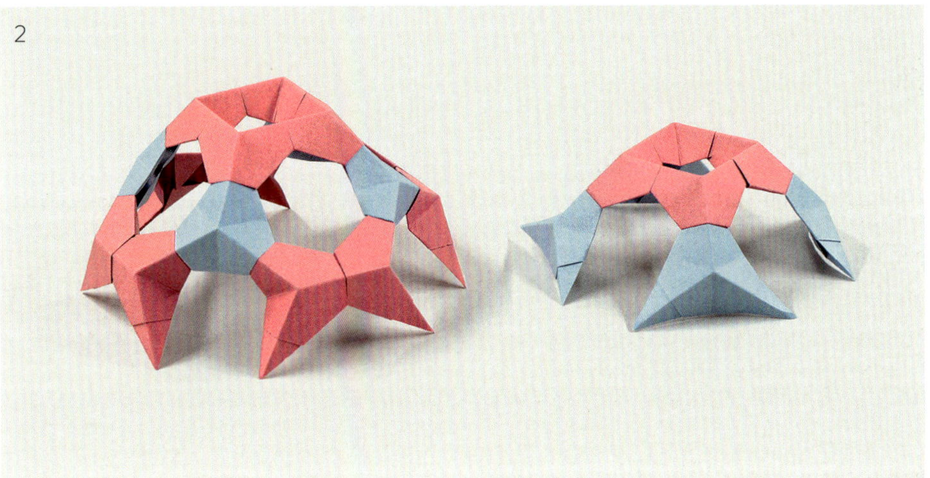
2

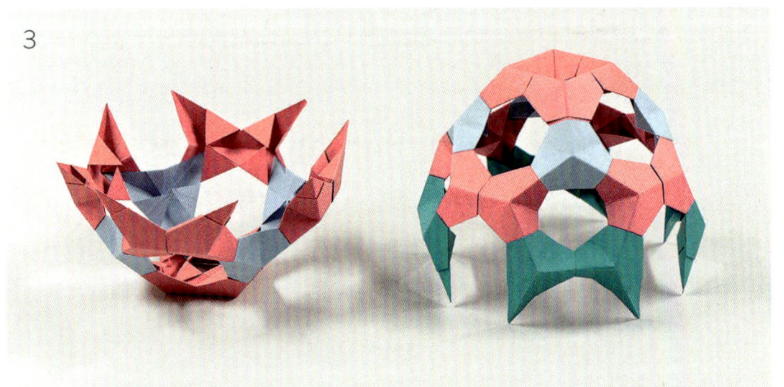
3

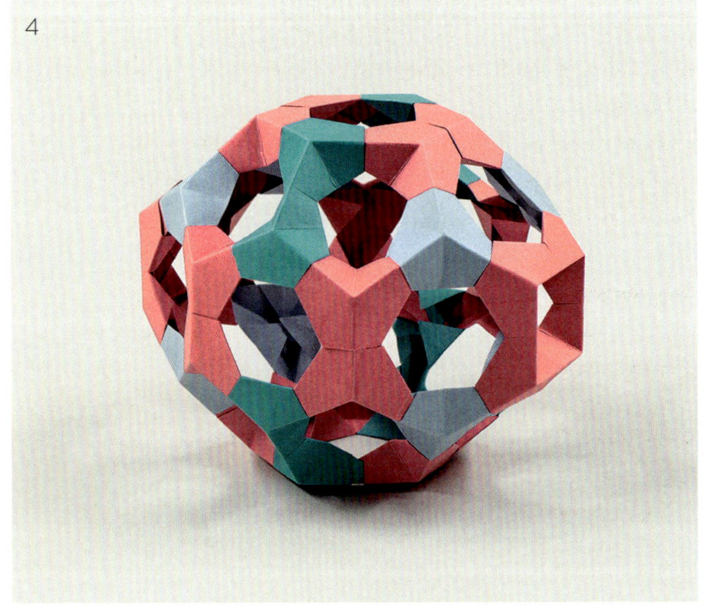
4

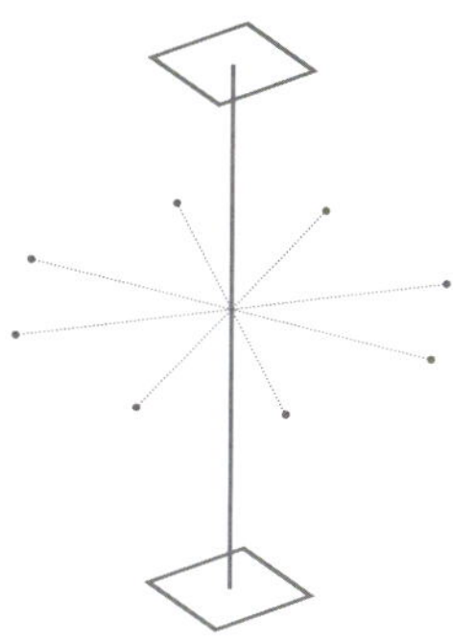

22-Flach

Erste Schritte
Benötigt werden 48 pinkfarbene Dreiecke (24 x Ross und 24 x Reiter) sowie 16 hellblaue Dreiecke (8 x Ross und 8 x Reiter) und 16 türkise Dreiecke (8 x Ross und 8 x Reiter). Berg- und Talfalten nach nebenstehenden Grafiken falten. Ross und Reiter zu 24 pinkfarbenen, 8 hellblauen und 8 türkisen Modulen verarbeiten.

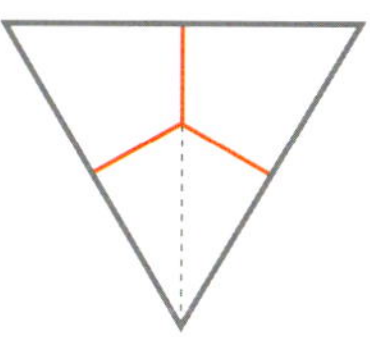
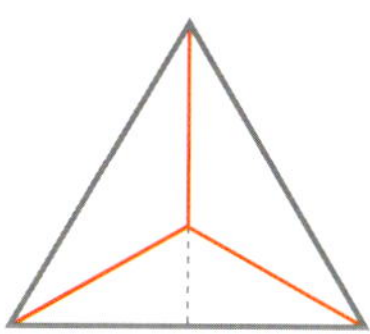
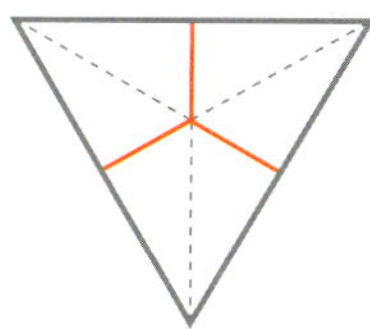
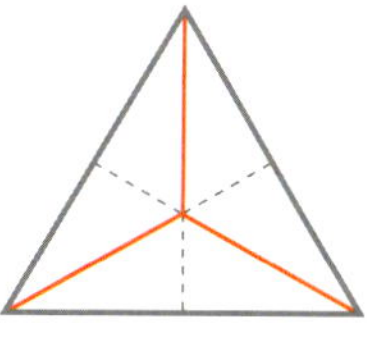
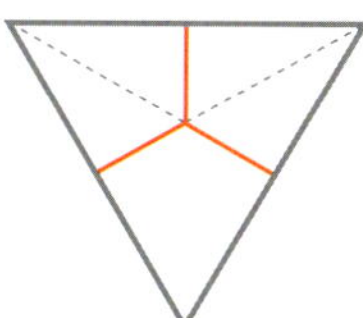
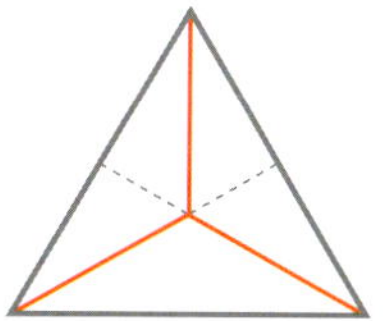

Das Modell zusammenbauen
2 x 4 pinkfarbene Module zu 2 quadratischen Ringschlüssen zusammenfügen (Abb. 1, links). An jede offene Steckverbindung ein hellblaues Modul stecken (Abb. 1, rechts). Daran schließen pinkfarbene Module als Doppelmodule an (Abb. 2, links). Die türkisen Module werden zu Doppelmodulen zusammengesteckt und seitlich angefügt (Abb. 3, rechts). Mit ihnen lassen sich die beiden Bauteile zu einem Modell verbinden (Abb. 4).

Schwierigkeitsgrad: leicht bis mittelschwer
einfacher Zuschnitt, einfache bis mäßig schwere Montage; Zeitaufwand: ca. 1 Stunde

Alternative Bauweise
Die hellblauen Dreiecke können durch pinkfarbene ersetzt werden (ohne Abb.).

24 x  24 x 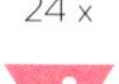 8 x 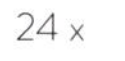 8 x  8 x 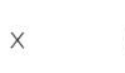 8 x 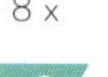 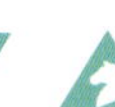

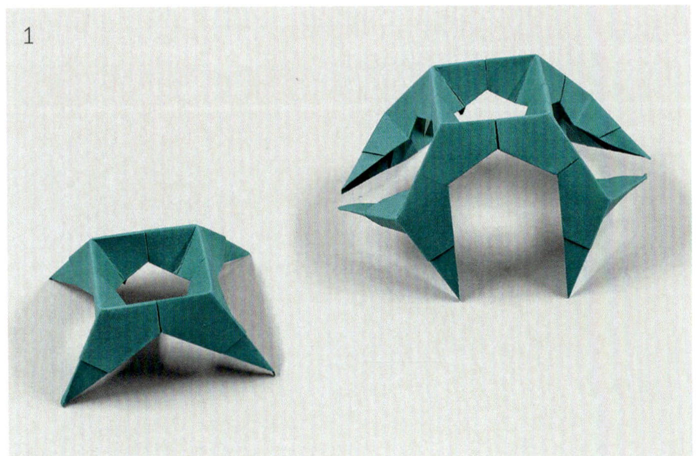

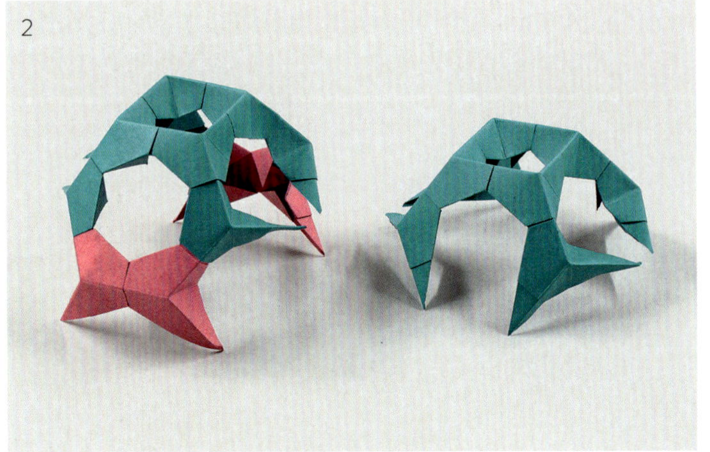

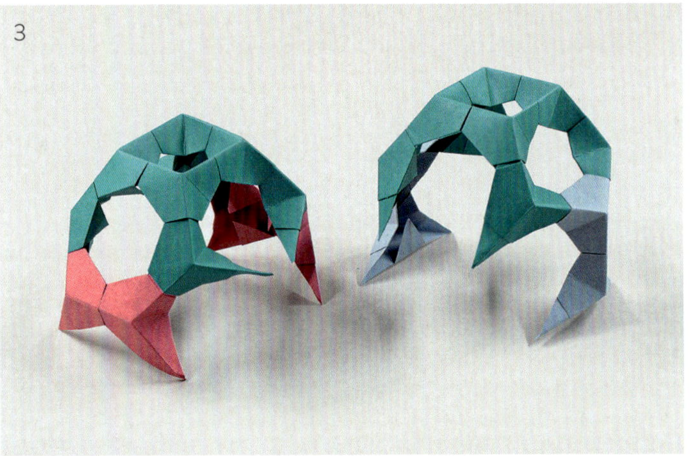

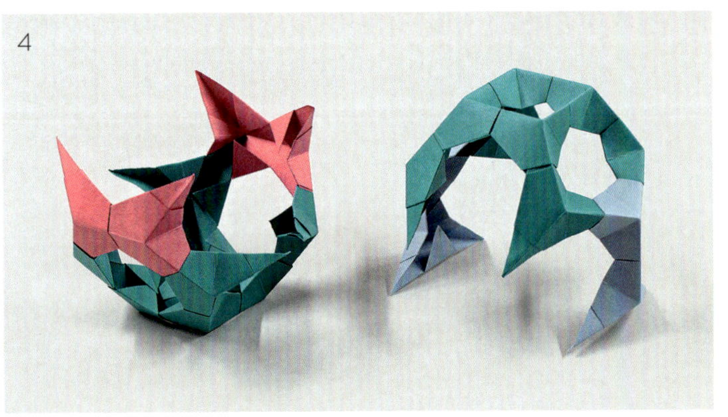

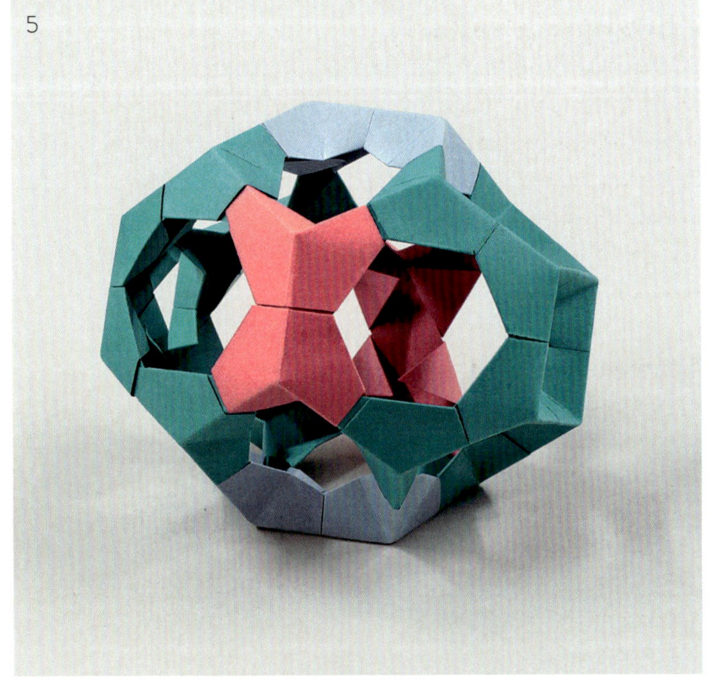

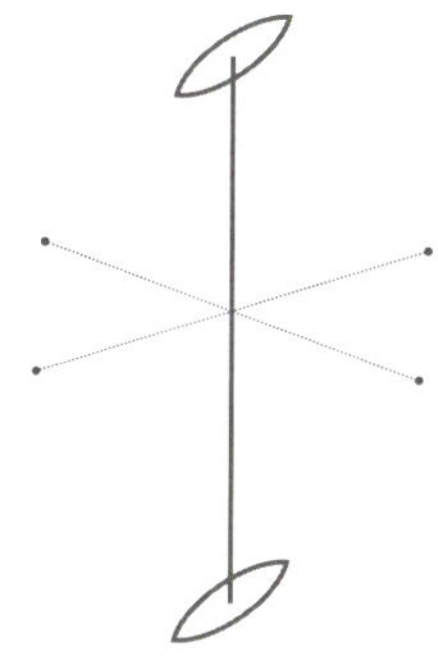

14-Flach

Erste Schritte
Benötigt werden 32 türkise Dreiecke (16 x Ross und 16 x Reiter) sowie 8 hellblaue Dreiecke (4 x Ross und 4 x Reiter) und 8 pinkfarbene Dreiecke (4 x Ross und 4 x Reiter). Berg- und Talfalten nach nebenstehenden Grafiken falten. Ross und Reiter zu 16 türkisen, 4 hellblauen und 4 pinkfarbenen Modulen verbinden.

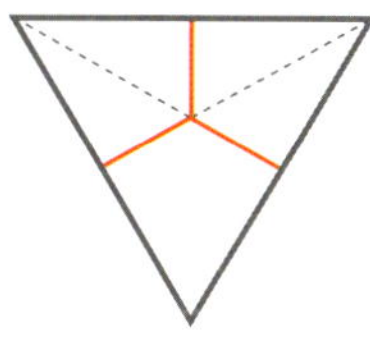

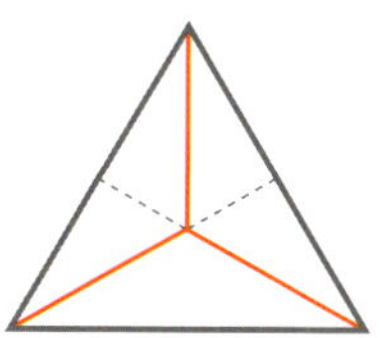

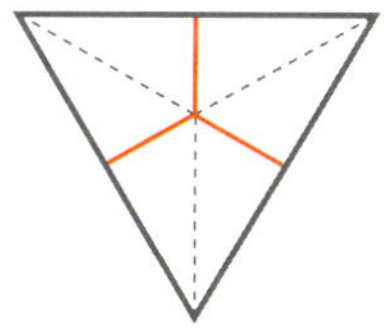

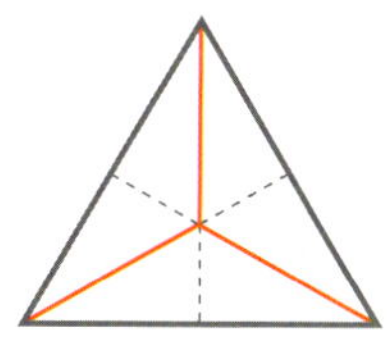

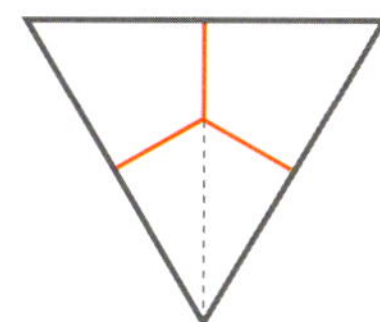

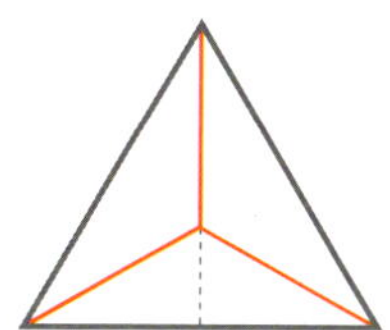

Das Modell zusammenbauen
2 x 4 türkise Module zu 2 quadratischen Ringschlüssen zusammenfügen (Abb. 1, links). An jede freie Steckverbindung kommt je ein weiteres türkises Modul (Abb. 1, rechts). Die hellblauen und die pinkfarbenen Module zu Doppelmodulen verbinden und wie in Abb. 2 und Abb. 3 zu sehen seitlich an die ersten Module anfügen. Sie fungieren als Verbindungen zwischen den beiden anderen Bauteilen (Abb. 4 und 5).

Schwierigkeitsgrad: leicht bis mittelschwer
einfacher Zuschnitt, einfache bis mäßig schwere Montage; Zeitaufwand: ca. 1 Stunde

16 x 16 x 4 x 4 x 4 x 4 x

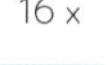
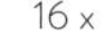

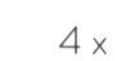

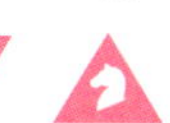

1

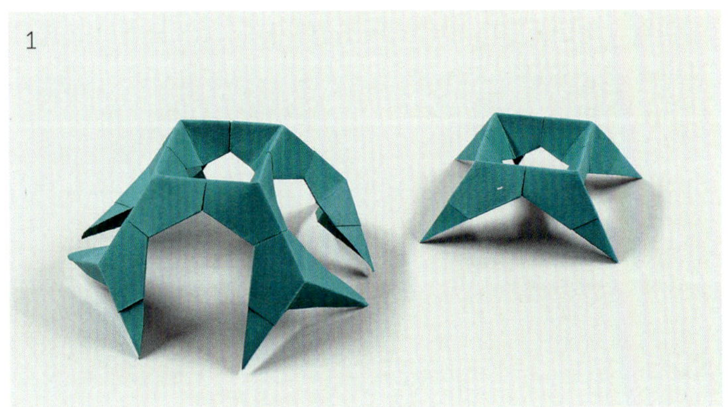

2

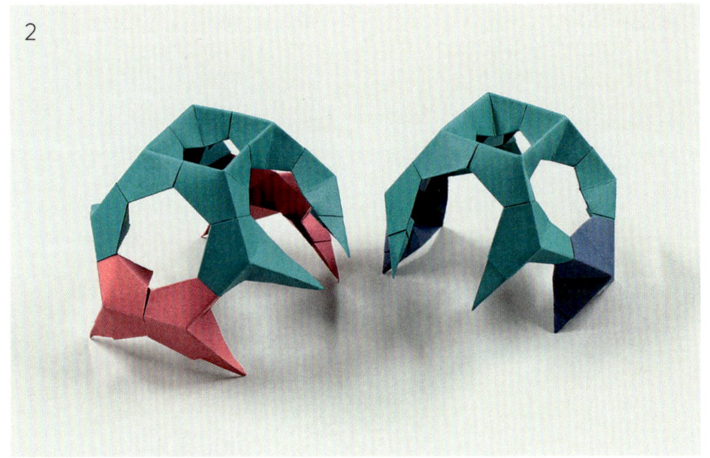

3

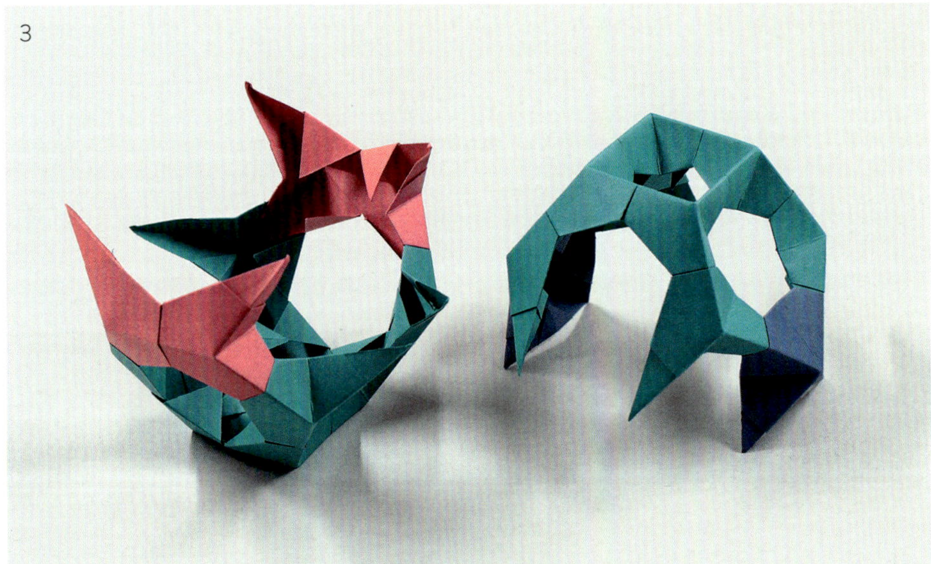

4

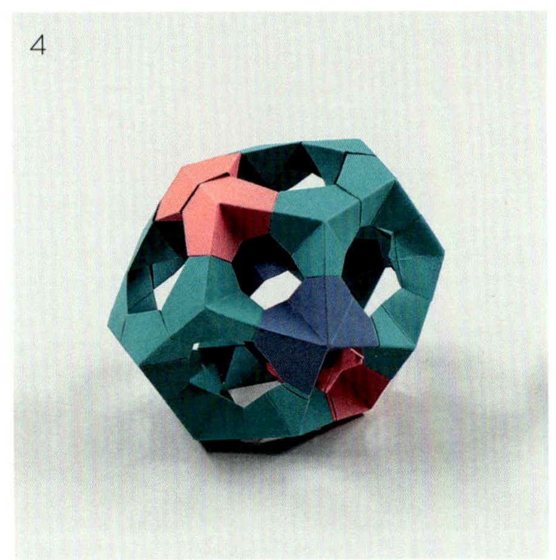

5

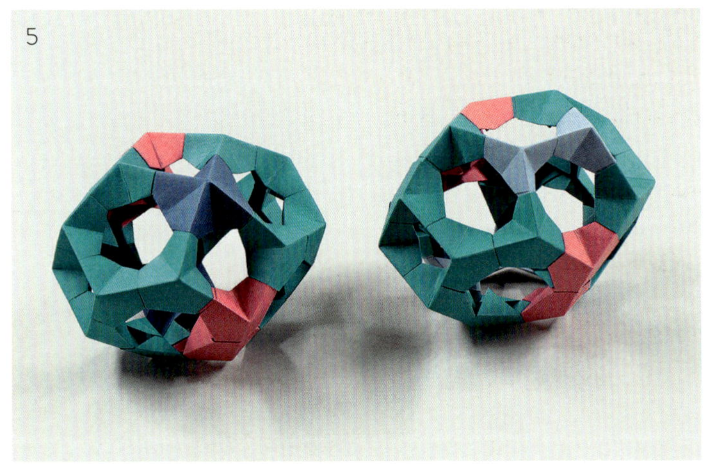

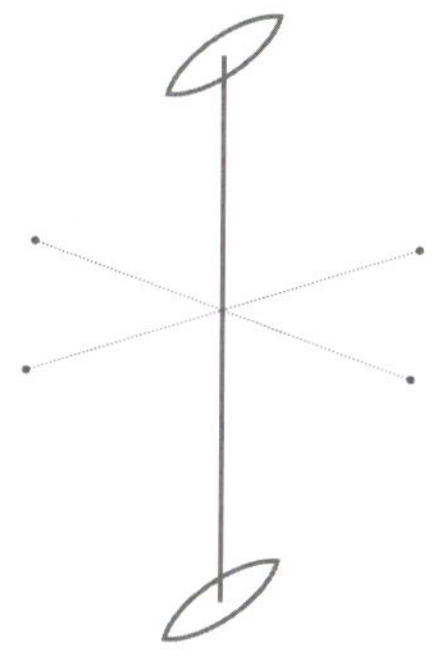

14-Flach

Erste Schritte

Benötigt werden 32 türkise Dreiecke (16 x Ross und 16 x Reiter) sowie 8 pinkfarbene Dreiecke (4 x Ross und 4 x Reiter) und 4 dunkelblaue Quadrate (2 x Ross und 2 x Reiter). Berg- und Talfalten nach nebenstehenden Grafiken falten. Ross und Reiter zu 16 türkisen, 4 pinkfarbenen und 2 dunkelblauen Modulen verbinden.

Das Modell zusammenbauen

2 x 4 türkise Module zu 2 quadratischen Ringschlüssen zusammenfügen (Abb. 1, rechts). An jede freie Steckverbindung je ein weiteres türkises Modul stecken (Abb. 1, links). Die pinkfarbenen Module zu Doppelmodulen verbinden. Sie werden wie in Abb. 2 gezeigt seitlich angefügt. Sie fungieren, wie auch die beiden einzelnen dunkelblauen Module, als Verbindungen zwischen den beiden Bauteilen (Abb. 2 und 3). Abb. 4 zeigt das fertige Modell. Abb. 5 zeigt S10 und S09 nebeneinander.

Schwierigkeitsgrad: leicht bis mittelschwer

einfacher Zuschnitt, einfache bis mäßig schwere Montage; Zeitaufwand: ca. 1 Stunde

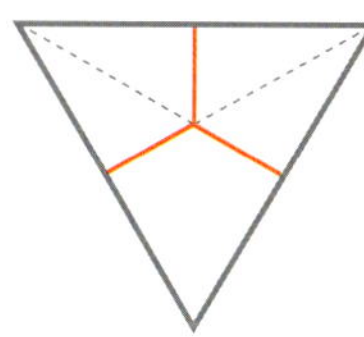
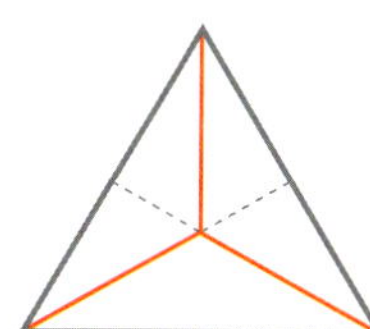
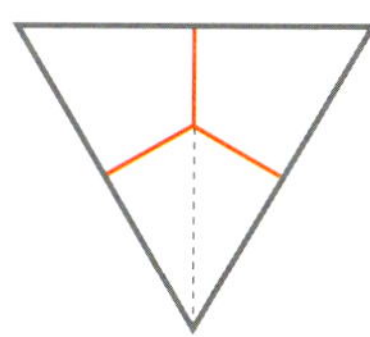
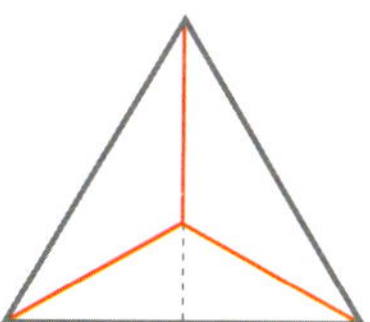
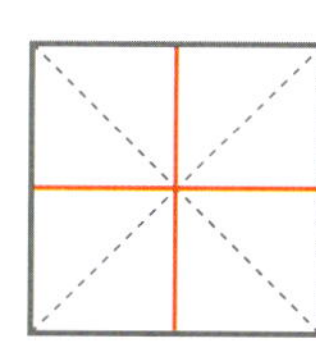
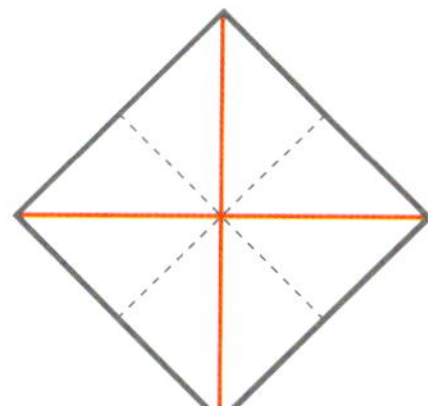

16 x 16 x 4 x 4 x 2 x 2 x

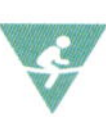

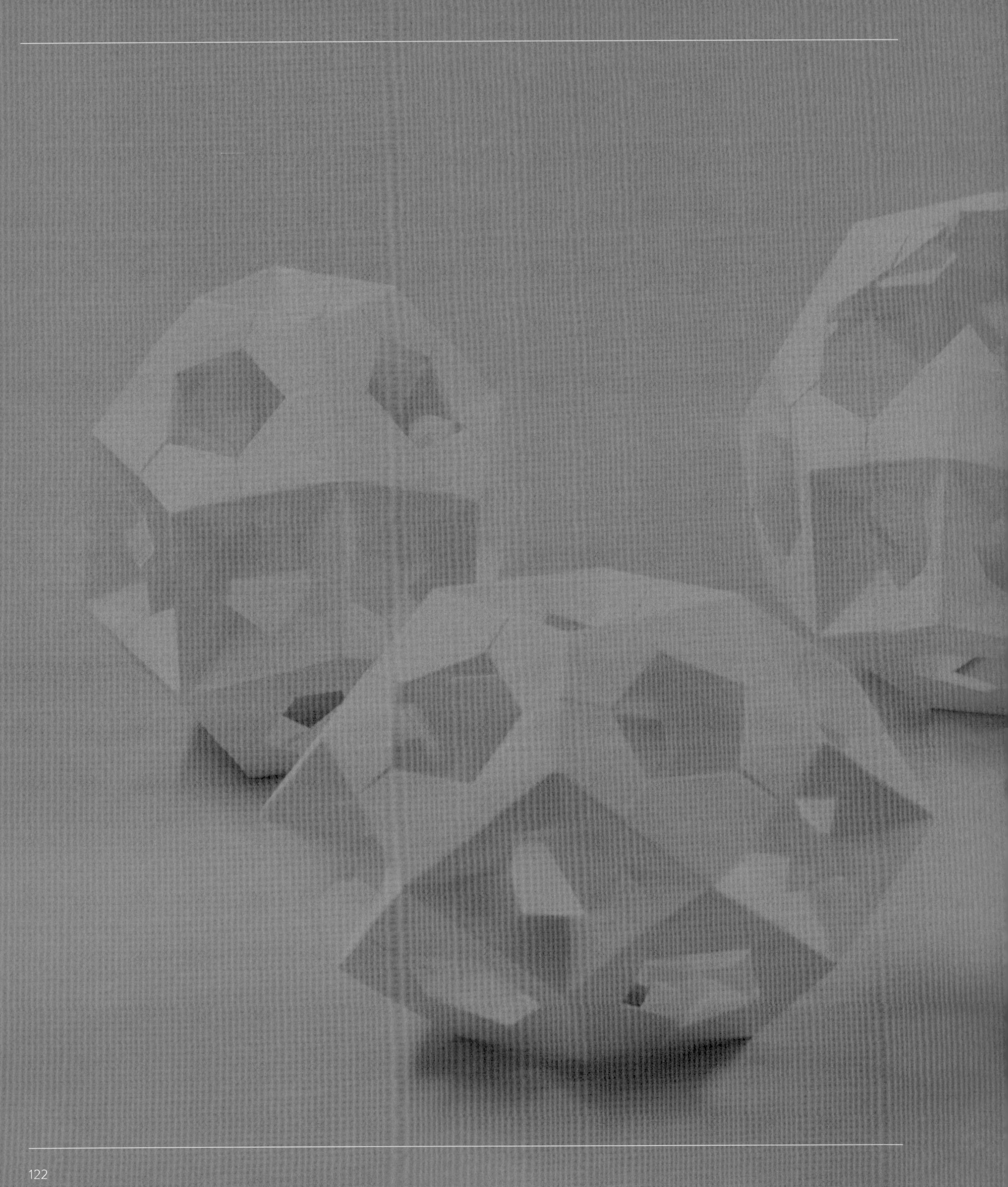

T-Modelle: Formen aus Dreiecken und Quadraten (gemischt)

Die T-Modelle greifen die Konstruktionsformen und Symmetrien der S-Modelle auf. Durch zusätzliche quadratische Module kommt nun aber mehr Farbe ins Spiel. T01 bis T03 bilden eine eigene Reihe mit zunehmenden Symmetrien (3-zählig bis 5-zählig).

Bei T04 bis T06 ist es ähnlich (hier: 4-zählig bis 6-zählig), dabei sind Teile der Modell-Konstruktion variabel, wie weitere Modelle zeigen. T07 ist eine solitäre Form, die an zwei Seiten offen bleibt (Torso). T08 zeigt den seltenen Fall, dass zwei Kanten (hier dunkelblau) in Sichtachse der Hauptsymmetrie kreuzweise liegen. Dieses Modell hat nur eine 2-zählige Haupt-Symmetrieachse und zwei weitere 2-zählige Neben-Symmetrieachsen.

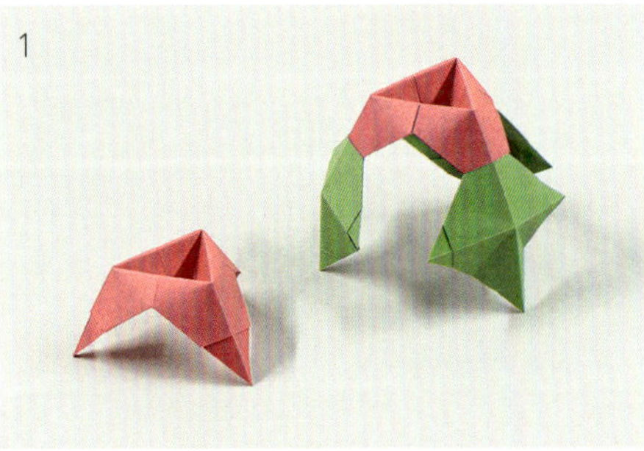
1

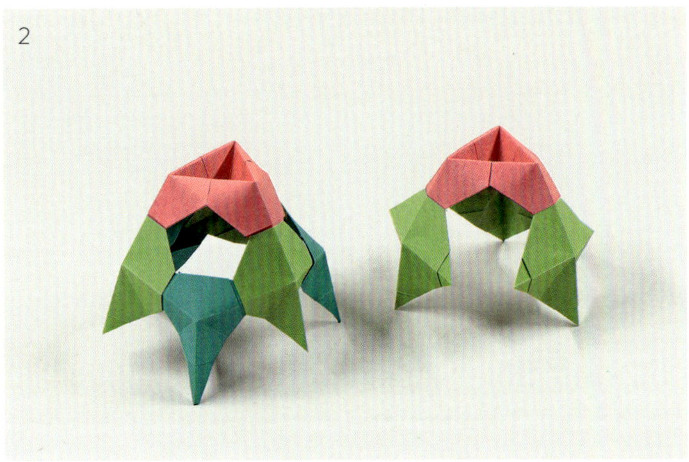
2

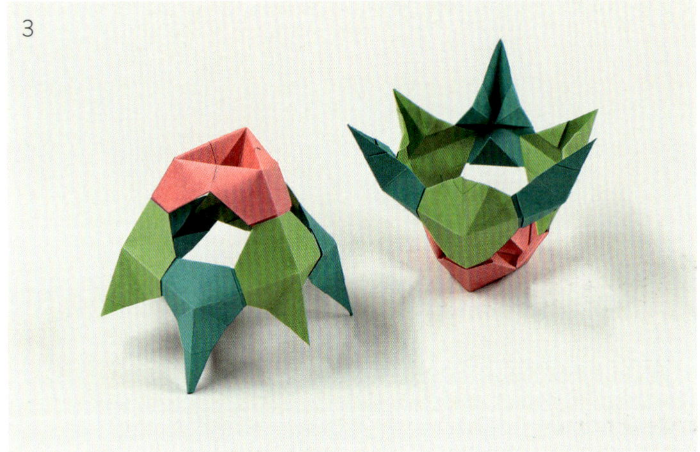
3

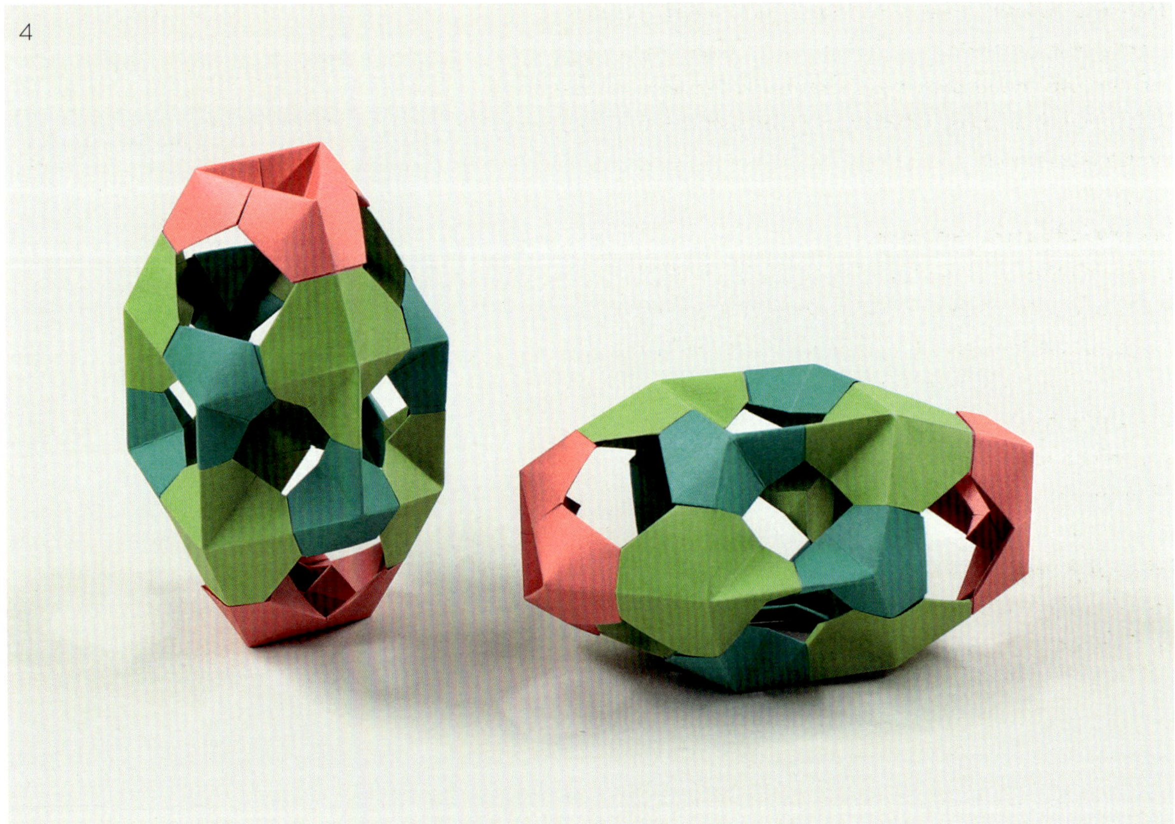
4

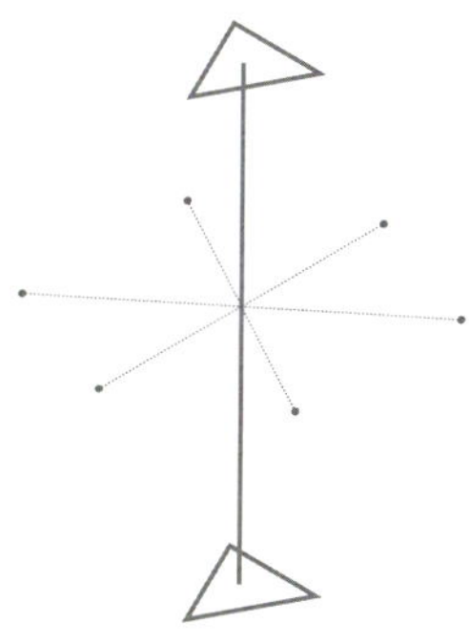

14-Flach

Erste Schritte
Benötigt werden 12 pinkfarbene Dreiecke (6 x Ross und 6 x Reiter), 12 türkise Dreiecke (6 x Ross und 6 x Reiter) und 12 hellgrüne Quadrate (6 x Ross und 6 x Reiter.) Berg- und Talfalten nach nebenstehenden Grafiken falten. Anschließend Ross und Reiter zu 6 pinkfarbenen, 6 türkisen und 6 hellgrünen Modulen verbinden.

Das Modell zusammenbauen
2 x 3 pinkfarbene Module werden zu 2 dreieckigen Ringschlüssen verbunden (Abb. 1, links). An alle jeweils 3 offenen Steckverbindungen schließen sich 3 hellgrüne Module an (Abb. 1, rechts) und dann noch 3 türkise Module (Abb. 2, links). Damit erhält man 2 gleiche Bauteile (Abb. 3), die zum fertigen Modell zusammengefügt werden. Abb. 4 zeigt das Modell aus verschiedenen Blickwinkeln.

Schwierigkeitsgrad: leicht
einfacher Zuschnitt, einfache Montage; Zeitaufwand: ca. 1 Stunde

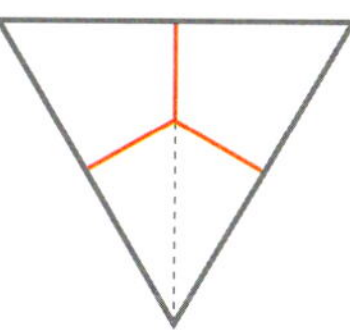
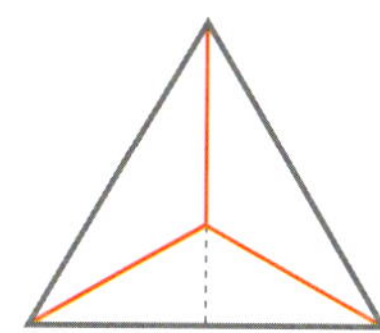
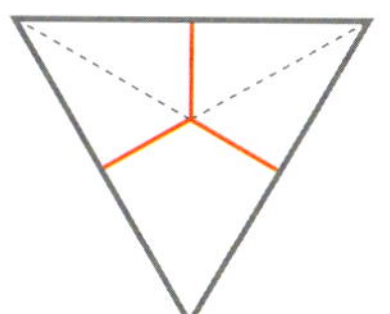
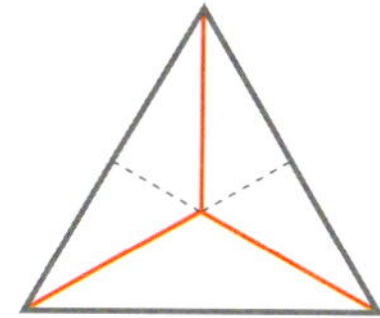
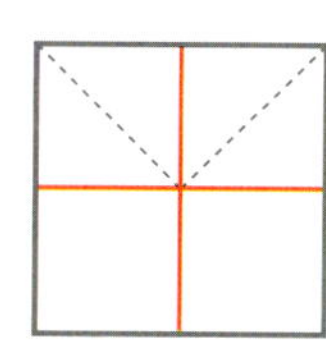
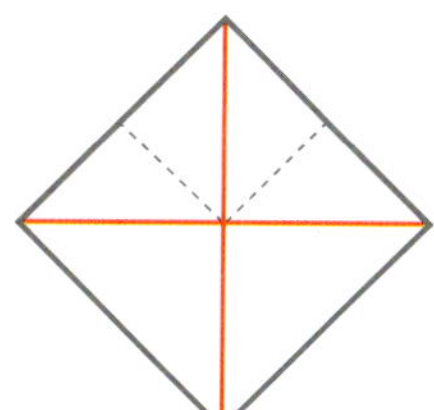

6 x 6 x 6 x 6 x 6 x 6 x

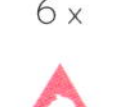

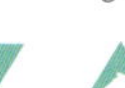
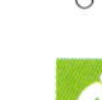

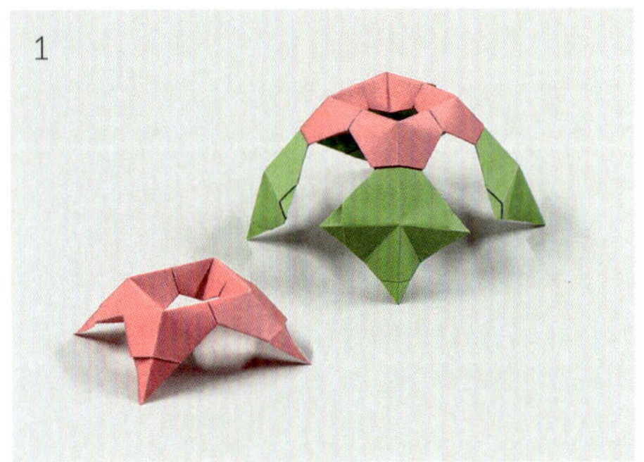
1

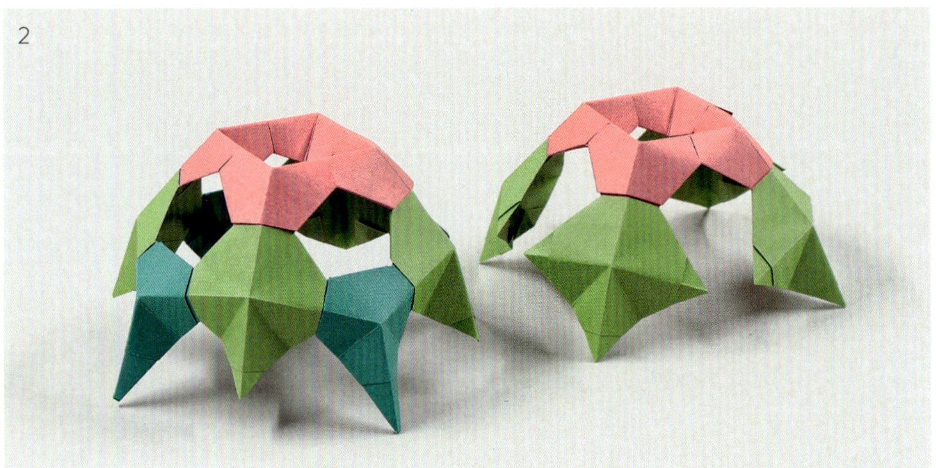
2

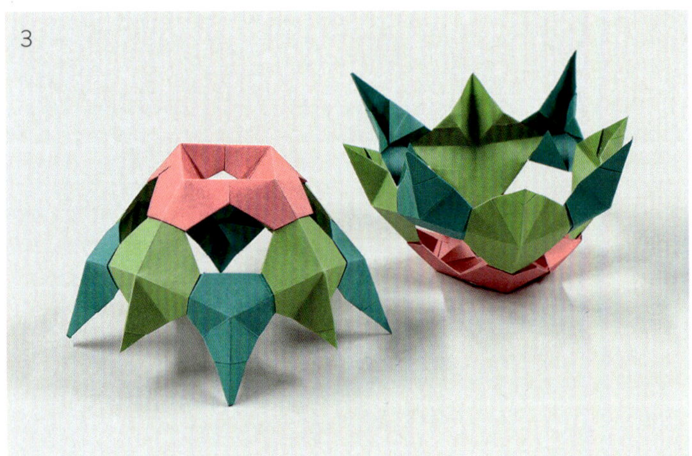
3

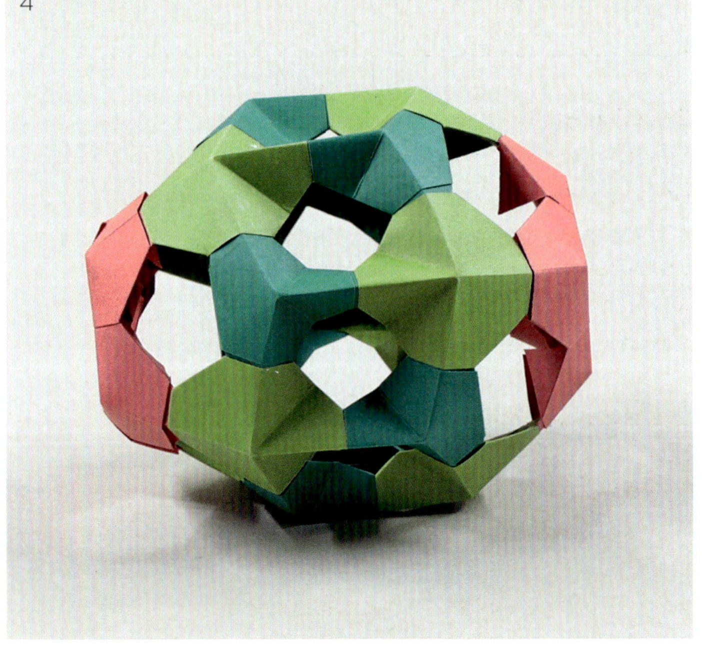
4

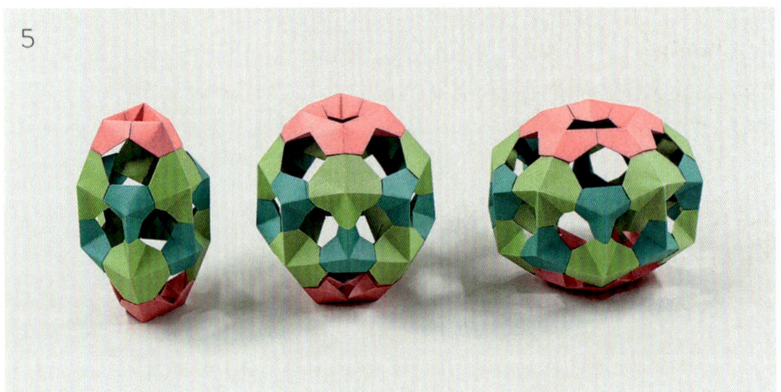
5

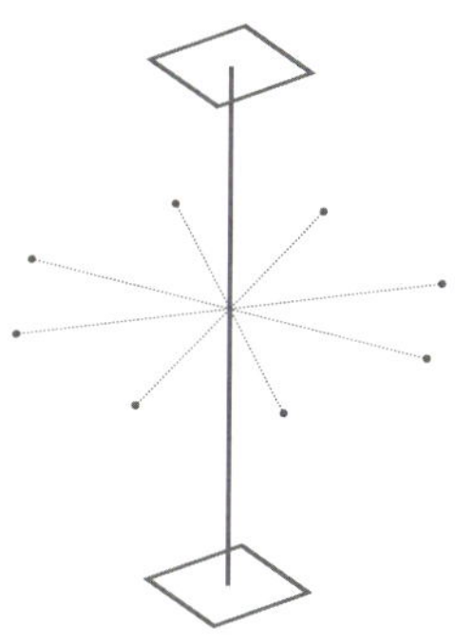

18-Flach

Erste Schritte
Benötigt werden 16 pinkfarbene Dreiecke (8 x Ross und 8 x Reiter), 16 türkise Dreiecke (8 x Ross und 8 x Reiter) und 16 hellgrüne Quadrate (8 x Ross und 8 x Reiter). Berg- und Talfalten nach nebenstehenden Grafiken falten. Ross und Reiter zu 8 pinkfarbenen, 8 türkisen und 8 hellgrünen Modulen verbinden.

Das Modell zusammenbauen
2 x 4 pinkfarbene Module werden zu 2 quadratischen Ringschlüssen verbunden (Abb. 1, links). An alle jeweils 4 offenen Steckverbindungen schließen sich 4 hellgrüne Module an (Abb. 1, rechts) und dann 4 türkise Module (Abb. 2, links). Damit erhält man 2 gleiche Bauteile (Abb. 3), die schließlich zum fertigen Modell zusammengefügt werden (Abb. 4).

Ähnlichkeiten
Ganz offensichtlich sind die Ähnlichkeiten zwischen T01, T02 und T03 (Abb. 5).

Schwierigkeitsgrad: leicht
einfacher Zuschnitt, einfache Montage; Zeitaufwand: ca. 1½ Stunde

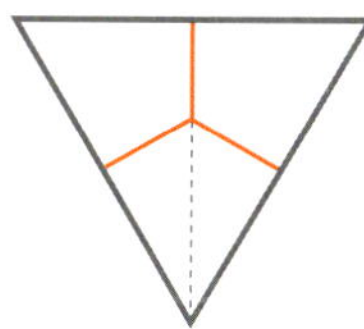
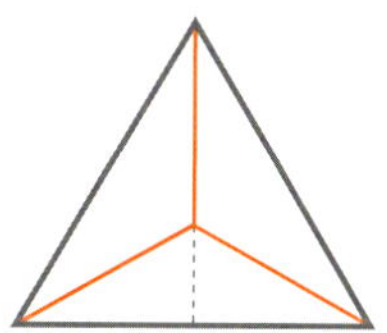
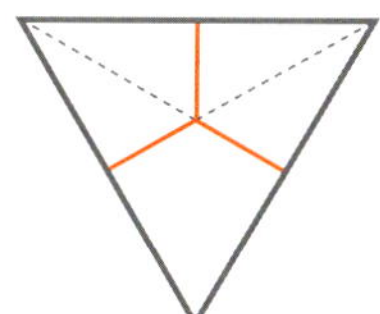
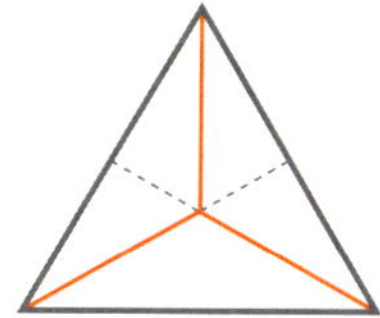
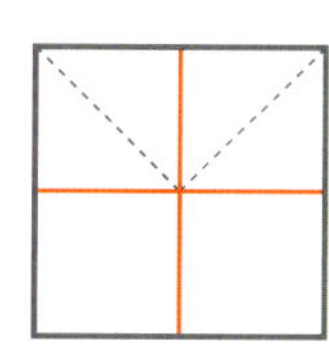
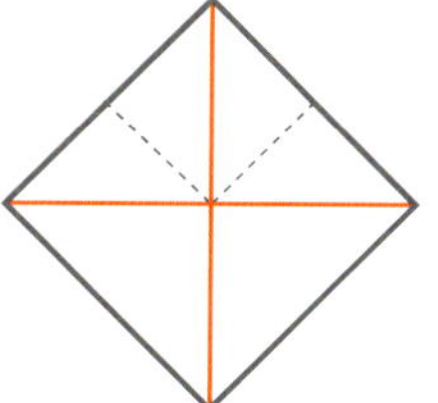

8 x 8 x 8 x 8 x 8 x 8 x

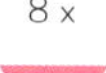
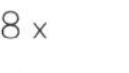

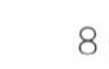
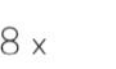

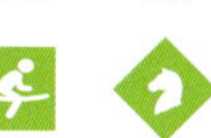

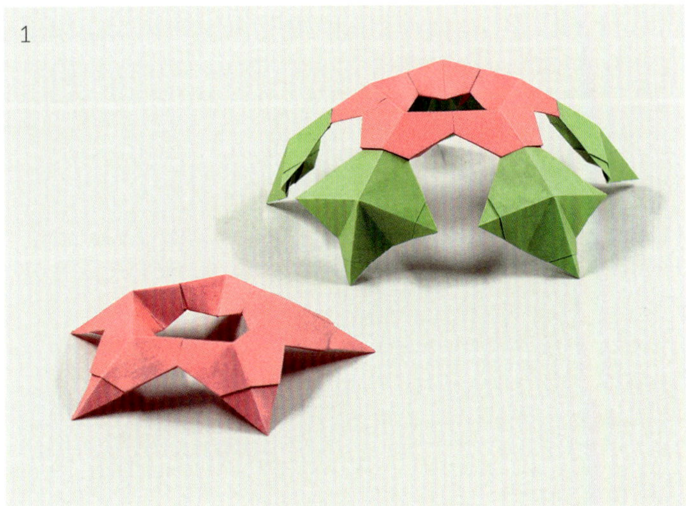
1

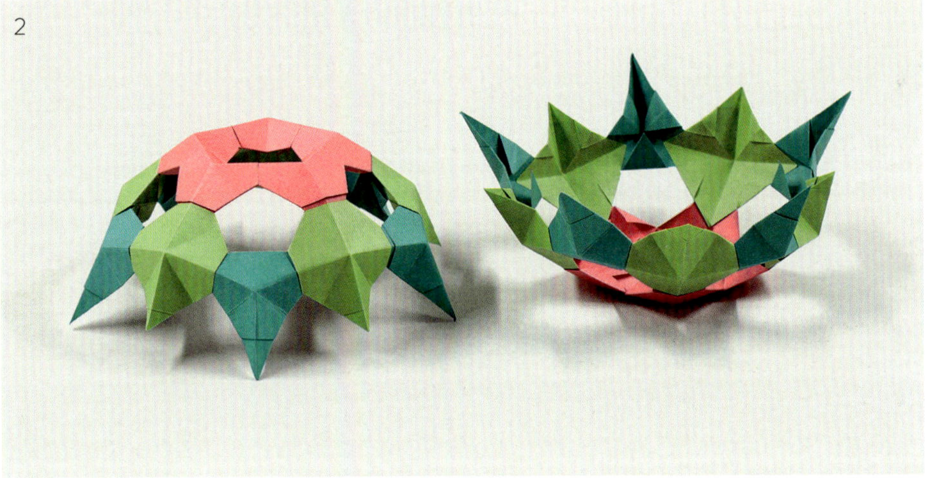
2

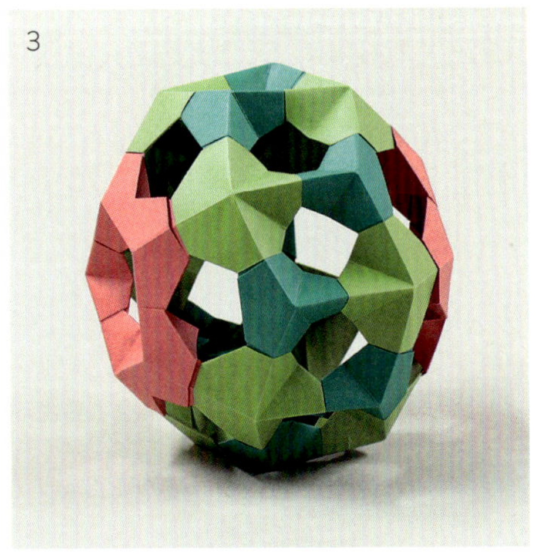
3

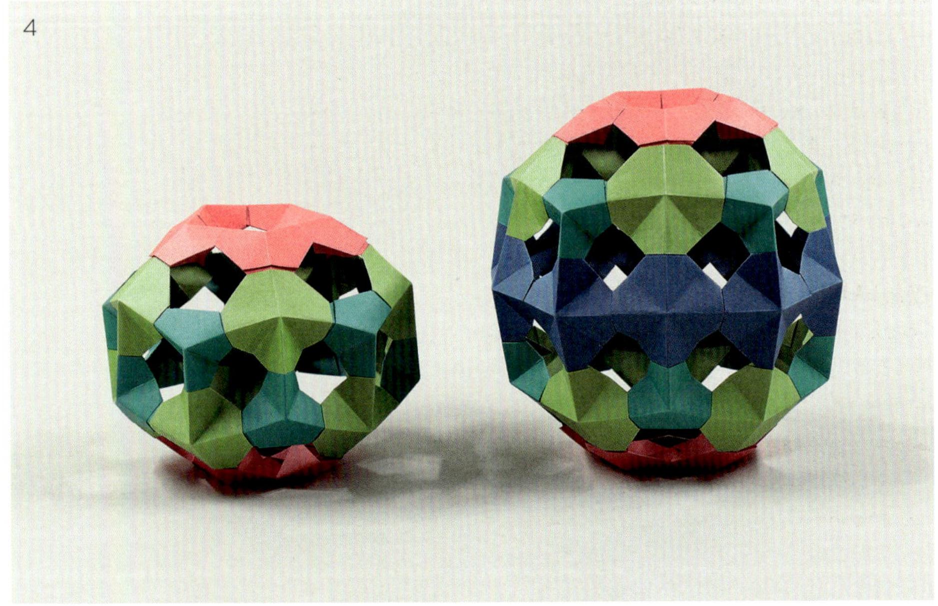
4

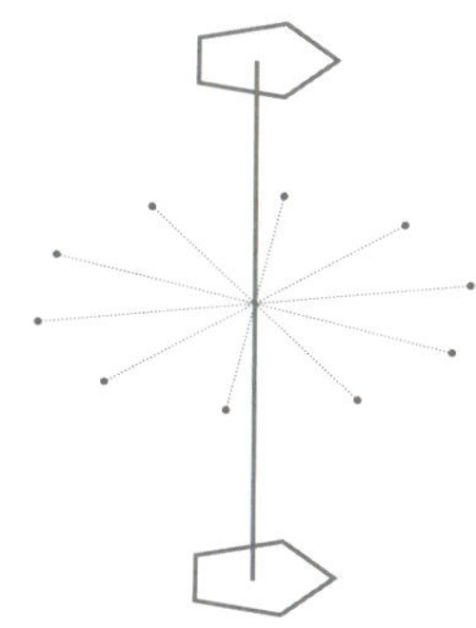

22-Flach

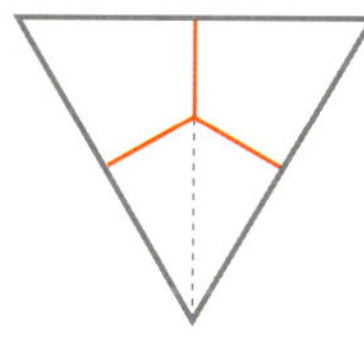
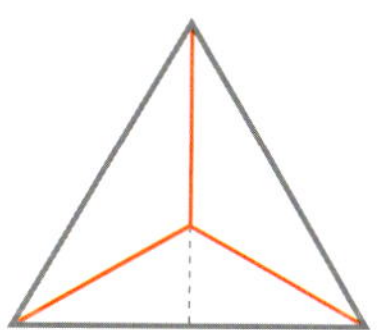
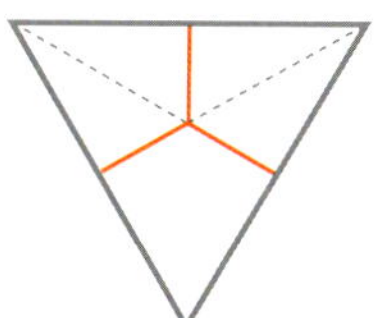
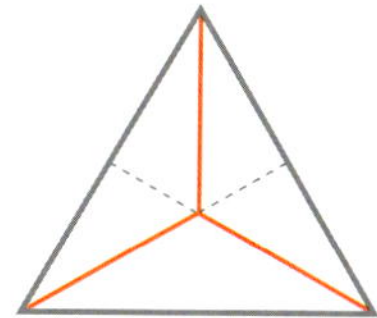
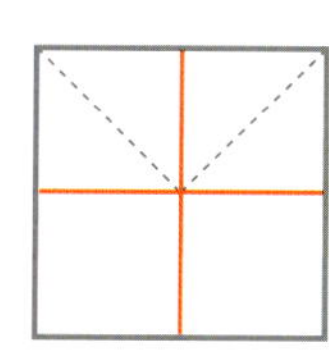
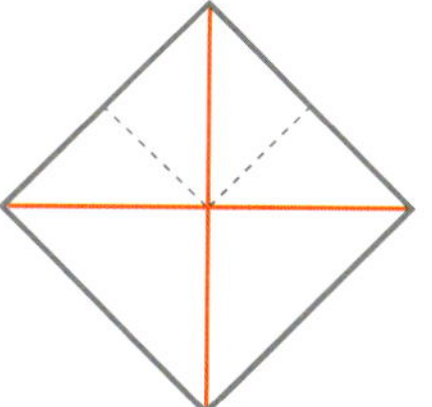

Erste Schritte
Benötigt werden 20 pinkfarbene Dreiecke (10 x Ross und 10 x Reiter), 20 türkise Dreiecke (10 x Ross und 10 x Reiter) und 20 hellgrüne Quadrate (10 x Ross und 10 x Reiter). Berg- und Talfalten nach nebenstehenden Grafiken falten. Ross und Reiter zu 10 pinkfarbenen, 10 türkisen und 10 hellgrünen Modulen verbinden.

Das Modell zusammenbauen
2 x 5 pinkfarbene Module werden zu 2 fünfeckigen Ringschlüssen verbunden (Abb. 1, links). An alle jeweils 5 offenen Steckverbindungen schließen sich 5 hellgrüne Module an (Abb. 1, rechts) und dann noch 5 türkise Module. Damit erhält man 2 gleiche Hälften des Modells (Abb. 2), die schließlich zusammengefügt werden (Abb. 3).

Ähnlichkeiten
T03 kann erweitert werden mittels 10 dunkelblauer quadratischer Module zum 32-Flach (hier ohne Anleitung, Abb. 4, rechts).

Schwierigkeitsgrad: leicht
einfacher Zuschnitt, einfache Montage; Zeitaufwand: ca. 2 Stunden

10 x 10 x 10 x 10 x 10 x 10 x

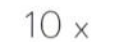
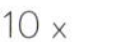
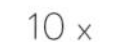
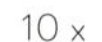

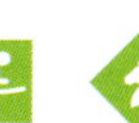

1

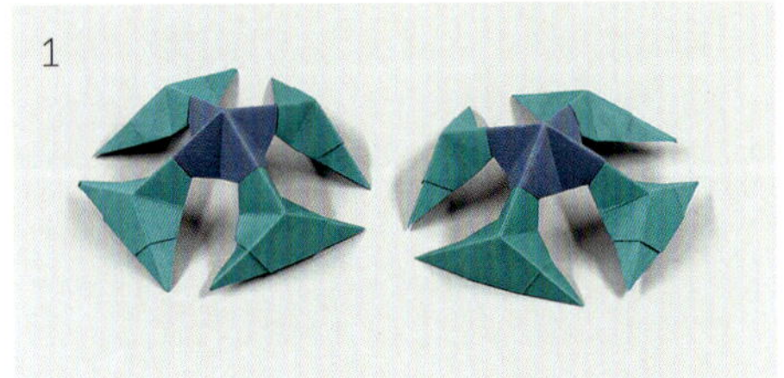

2

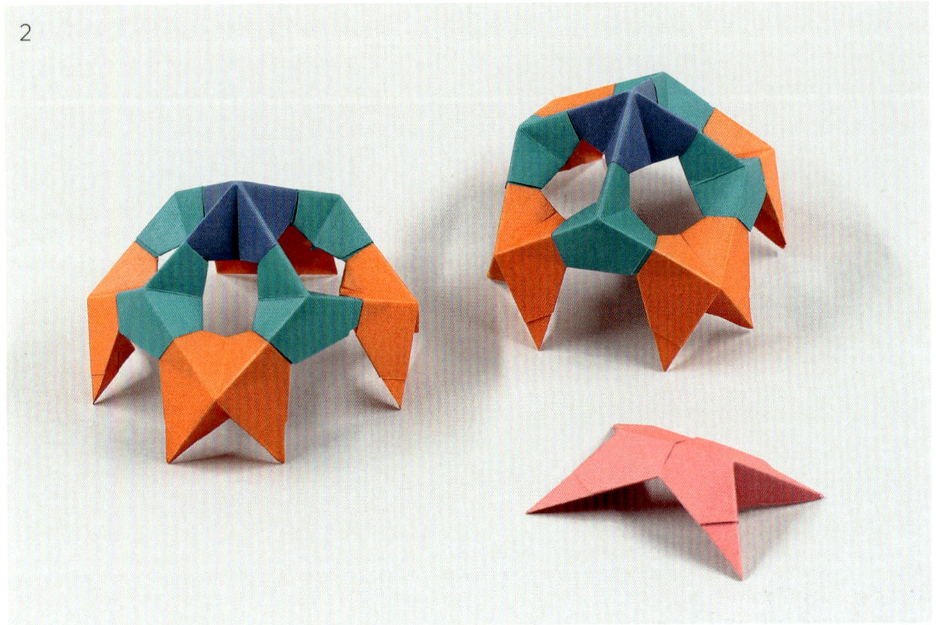

3

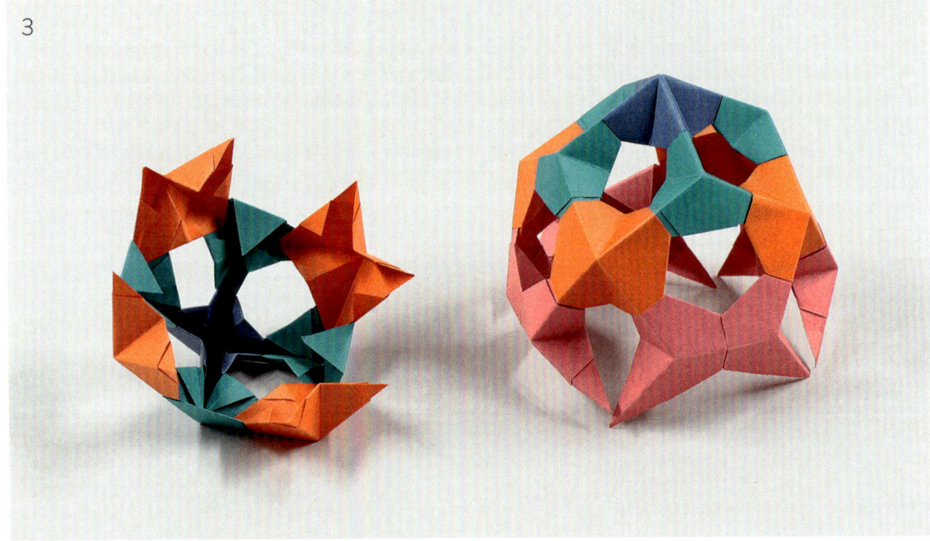

4

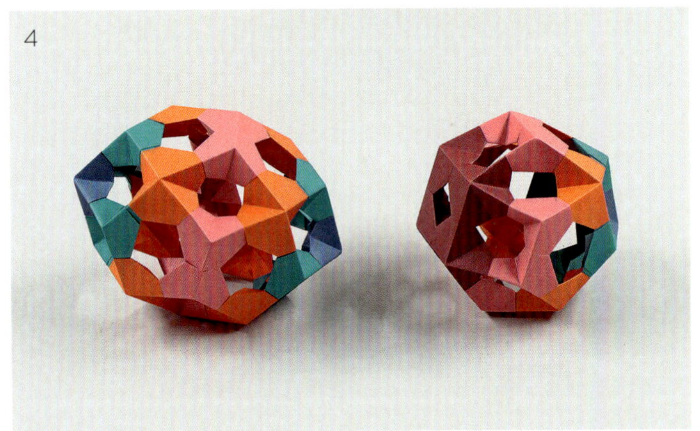

5

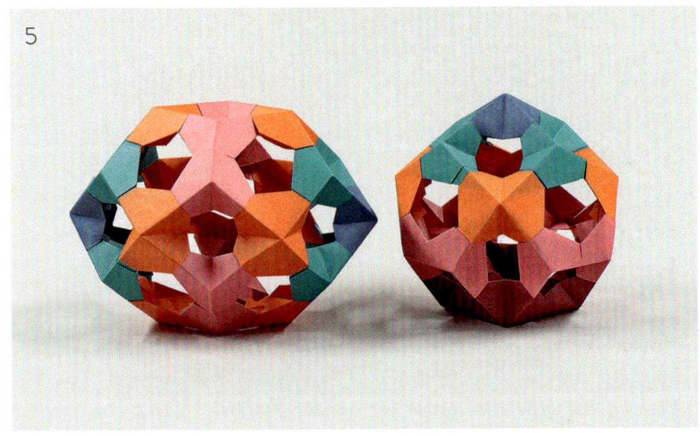

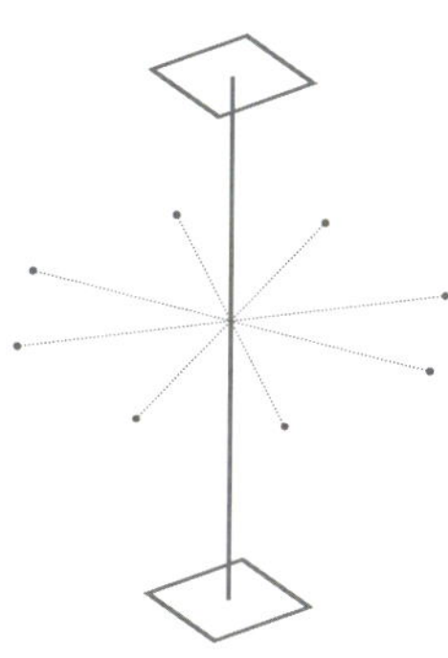

20-Flach

Erste Schritte
Benötigt werden 16 pinkfarbene Dreiecke (8 x Ross und 8 x Reiter) sowie 16 türkise Dreiecke (8 x Ross und 8 x Reiter). Dazu 16 orange Quadrate (8 x Ross und 8 x Reiter) und 4 dunkelblaue Quadrate (2 x Ross und 2 x Reiter). Berg- und Talfalten nach nebenstehenden Grafiken falten. Ross und Reiter zu 8 pinkfarbenen, 8 türkisen, 8 orangen und 2 dunkelblauen Modulen verarbeiten.

Das Modell zusammenbauen
An die 2 dunkelblauen Module an allen 4 Ecken je ein türkises Modul stecken (Abb. 1), an die wiederum orange Module anschließen (Abb. 2). Damit erhält man 2 gleiche Bauteile des Modells. Die pinkfarbenen Module werden zu Doppelmodulen zusammengefügt (Abb. 3), die wiederum die beiden Bauteile zum fertigen Modell verbinden (Abb. 4, links und Abb. 5, links).

Ähnlichkeiten
Das 17-Flach (Abb. 4, rechts und Abb. 5, rechts, hier ohne Anleitung) zeigt ein verändertes T04 mit 2 unterschiedlichen Enden, wobei die 2-zähligen Nebensymmetrien verloren gehen.

Schwierigkeitsgrad: leicht
einfacher Zuschnitt, einfache Montage; Zeitaufwand: ca. 1½ Stunden

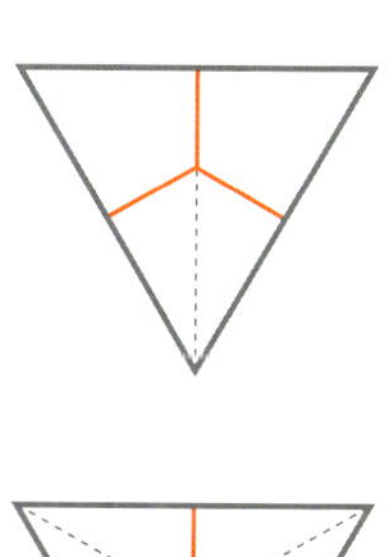
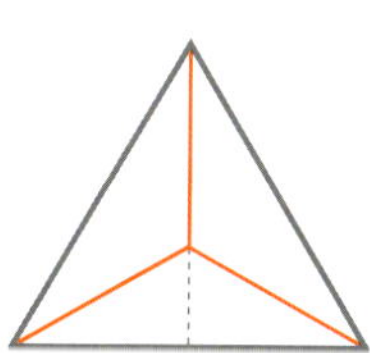
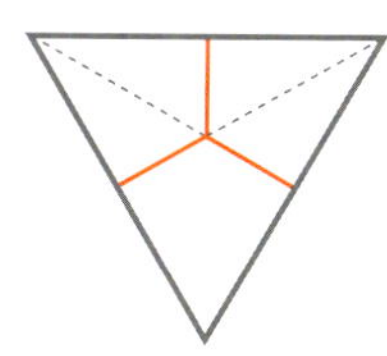
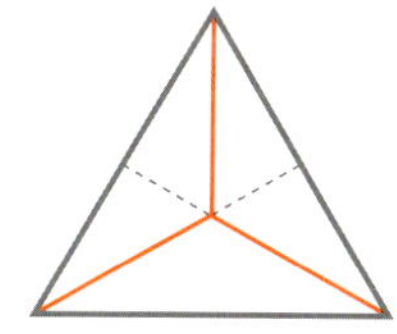
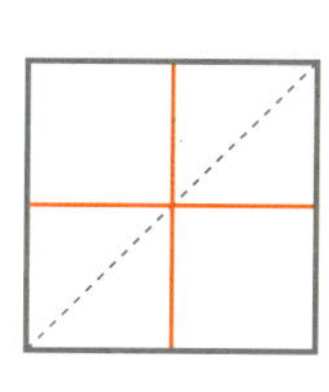
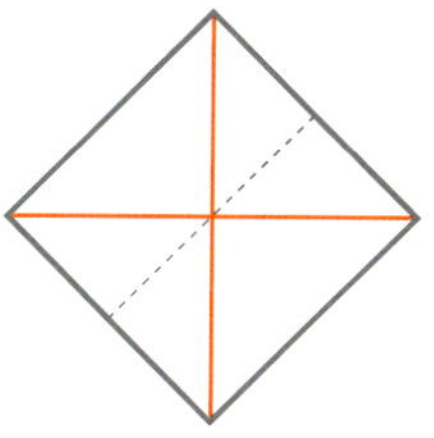
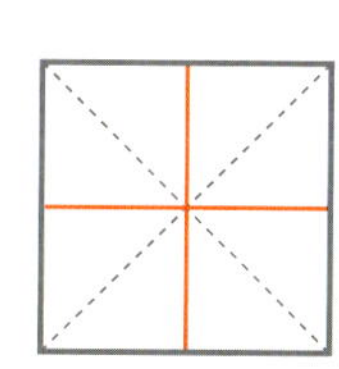
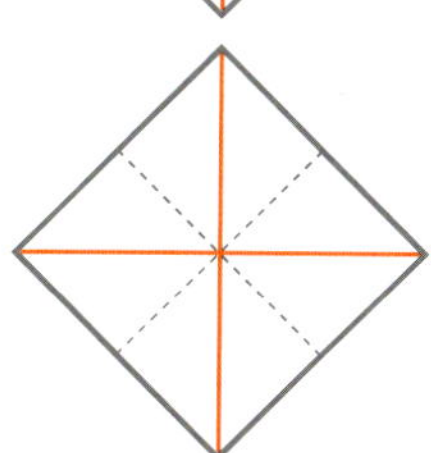

8 x | 8 x | 8 x | 8 x | 8 x | 8 x | 2 x | 2 x

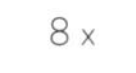
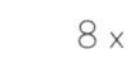
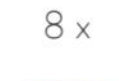
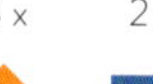
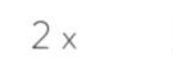

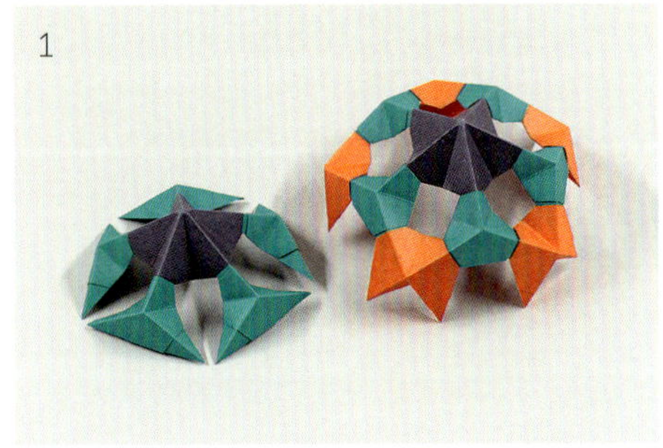
1

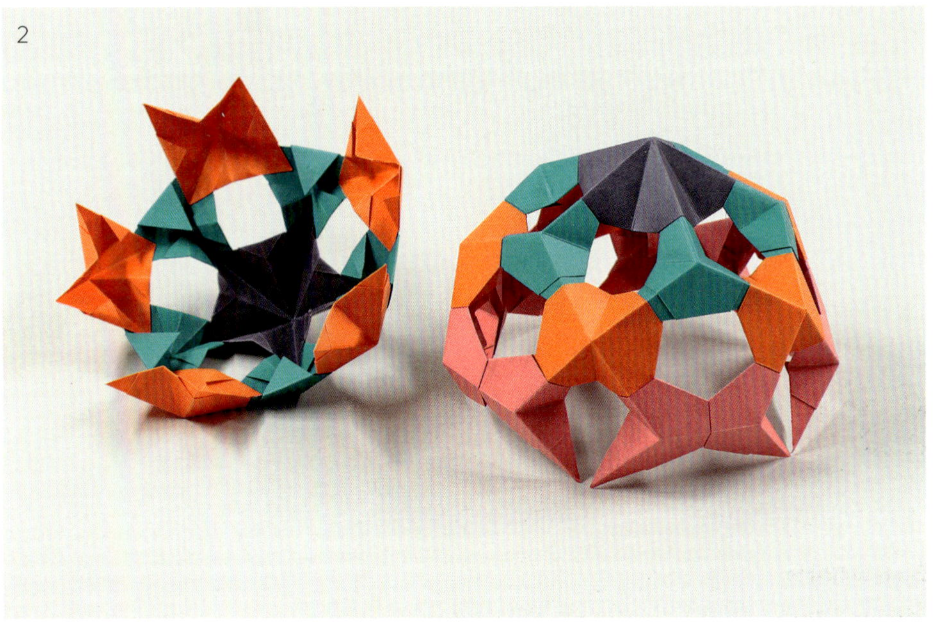
2

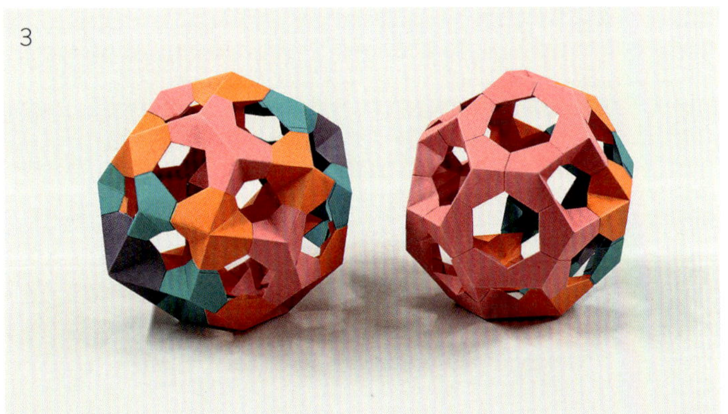
3

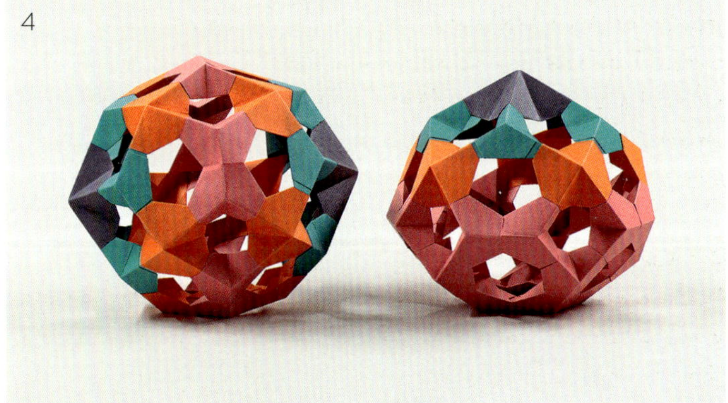
4

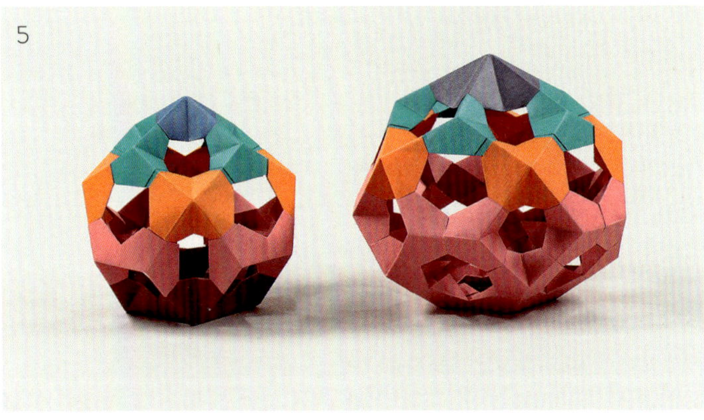
5

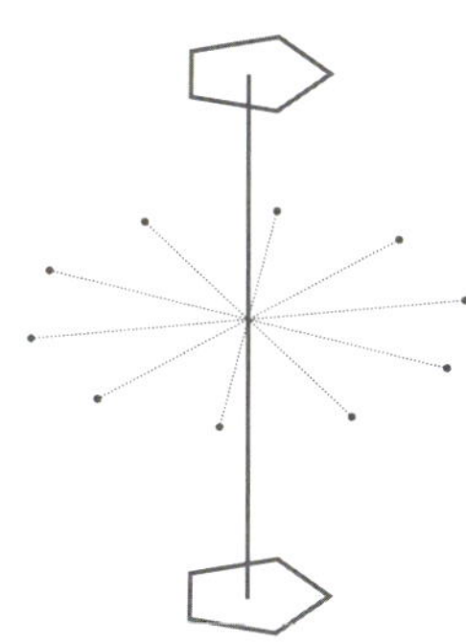

25-Flach

Erste Schritte
Benötigt werden 20 pinkfarbene Dreiecke (10 x Ross und 10 x Reiter) sowie 20 türkise Dreiecke (10 x Ross und 10 x Reiter), dazu 20 orange Quadrate (10 x Ross und 10 x Reiter) und 4 violette Fünfecke (2 x Ross und 2 x Reiter). Berg- und Talfalten nach nebenstehenden Grafiken falten. Ross und Reiter zu 10 pinkfarbenen, 10 türkisen, 10 orangen und 2 violetten Modulen verarbeiten.

Das Modell zusammenbauen
An die 2 violetten Module werden an allen 5 Ecken je ein türkises Modul gesteckt (Abb. 1, links), an die orange Module anschließen (Abb. 1, rechts). Die pinkfarbenen Module verbinden als Doppelmodule beide Bauteile (Abb. 2) zum fertigen Modell (Abb. 3, links und Abb. 4. links).

Ähnlichkeiten
Eine Abwandlung des 25-Flachs ist das 21-Flach (Abb. 3, rechts, Abb. 4, rechts, Abb. 5, rechts). Eine Abwandlung des 20-Flachs (T04) ist in Abb. 5 links abgebildet. Beide Abwandlungen sind nicht näher erläutert.

Schwierigkeitsgrad: leicht bis mittelschwer
Zuschnitt erste Anforderungen, einfache Montage; Zeitaufwand: ca. 2½ Stunden

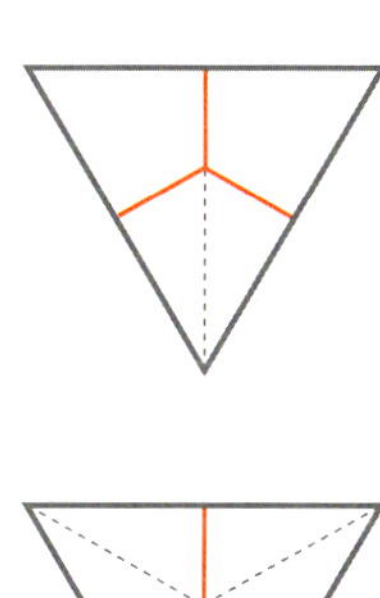
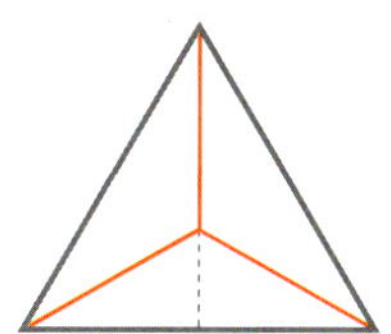
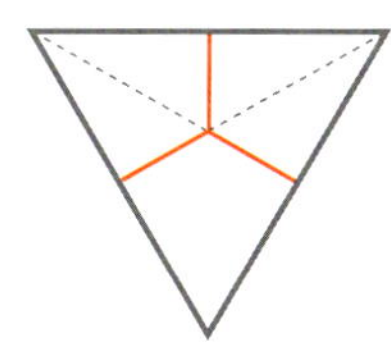
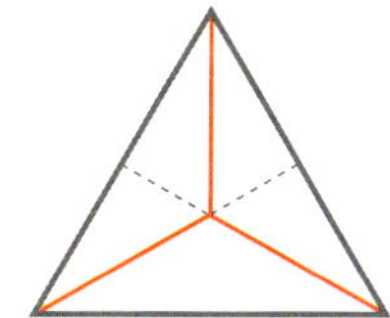
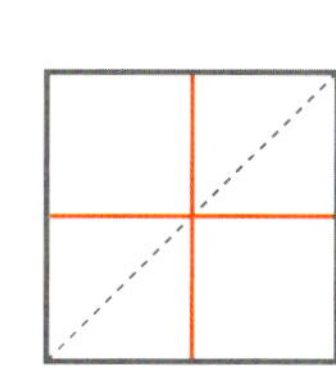
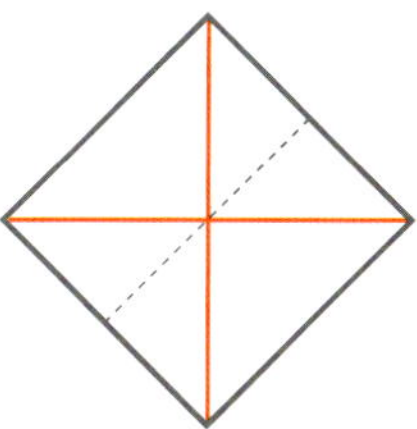
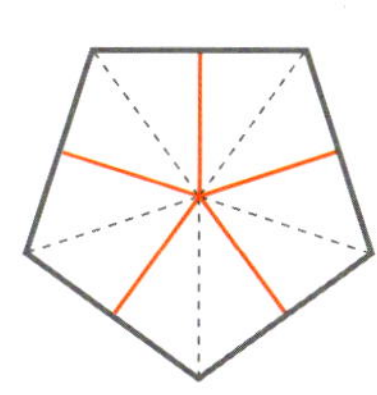
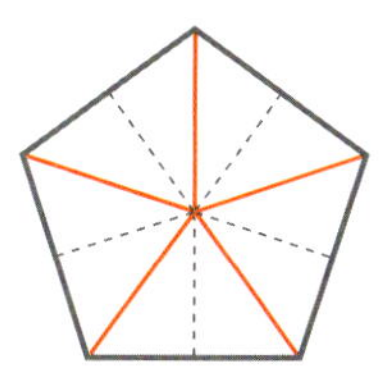

10 x 10 x 10 x 10 x 10 x 10 x 2 x 2 x

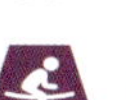

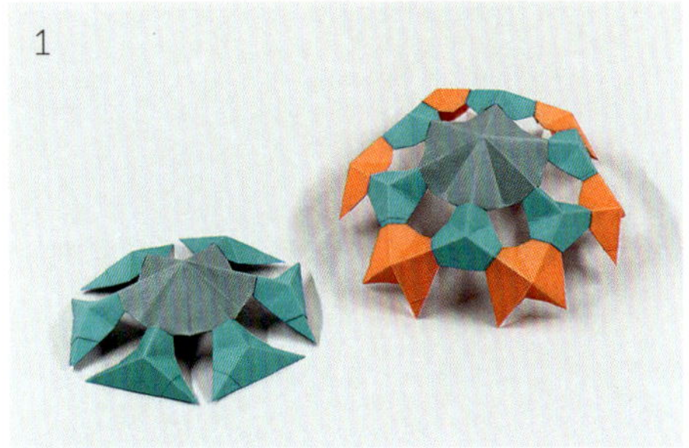
1

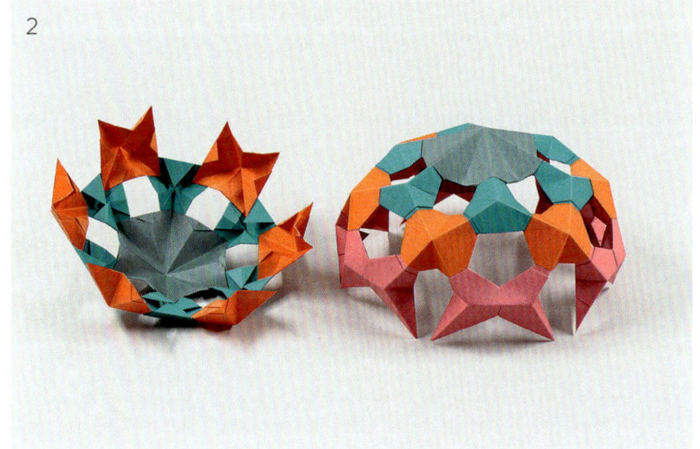
2

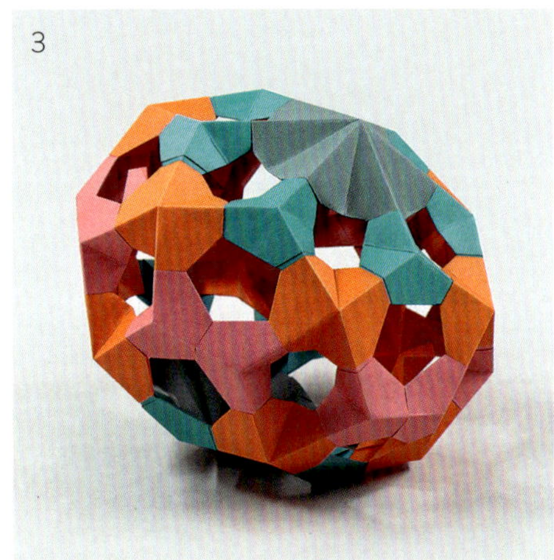
3

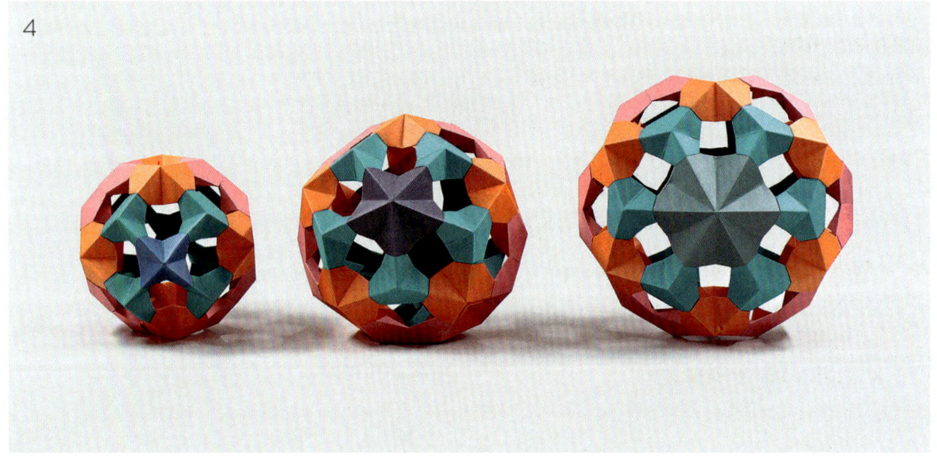
4

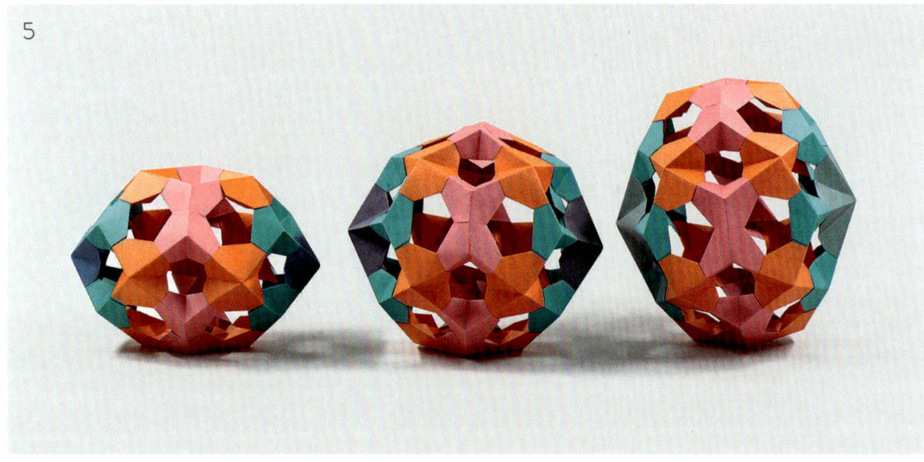
5

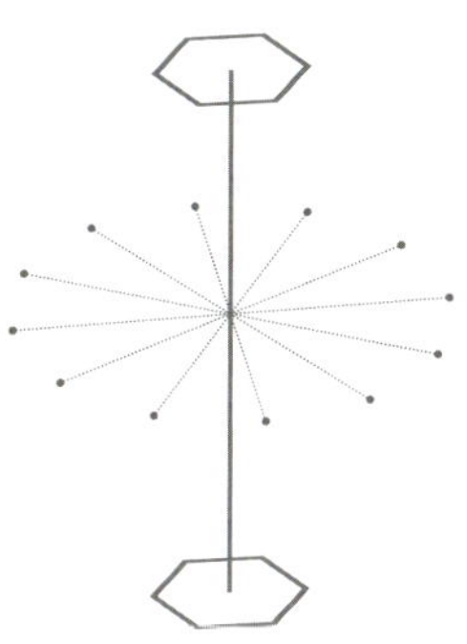

30-Flach

Erste Schritte
Benötigt werden 24 pinkfarbene Dreiecke (12 x Ross und 12 x Reiter) sowie 24 türkise Dreiecke (12 x Ross und 12 x Reiter), außerdem 24 orange Quadrate (12 x Ross und 12 x Reiter) und 4 moosgrüne Sechsecke (2 x Ross und 2 x Reiter). Berg- und Talfalten nach nebenstehenden Grafiken falten. Ross und Reiter zu 12 pinkfarbenen, 12 türkisen, 12 orangen und 2 moosgrünen Modulen verarbeiten.

Das Modell zusammenbauen
An die 2 moosgrünen Module an allen 6 Ecken je ein türkises Modul stecken (Abb. 1, links), an die 6 orange Module anschließen (Abb. 1, rechts). Die pinkfarbenen Module verbinden als Doppelmodule beide Bauteile (Abb. 2) zum fertigen Modell (Abb. 3).

Ähnlichkeiten
Die ganze Reihe T04, T05 und T06 findet sich in Abb. 4 und 5 nebeneinander aus verschiedenen Blickwinkeln.

Schwierigkeitsgrad: mittelschwer
Zuschnitt: erste Anforderungen, kniffelige Montage; Zeitaufwand: ca. 2½ Stunden

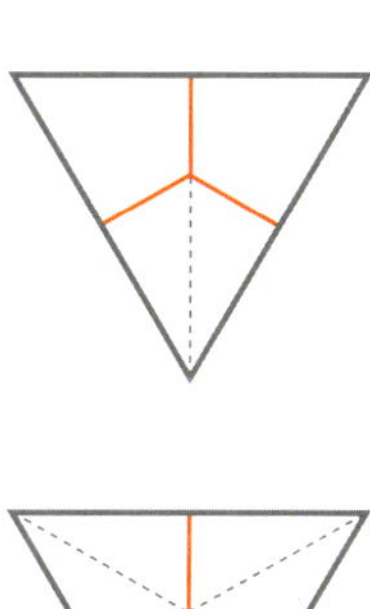
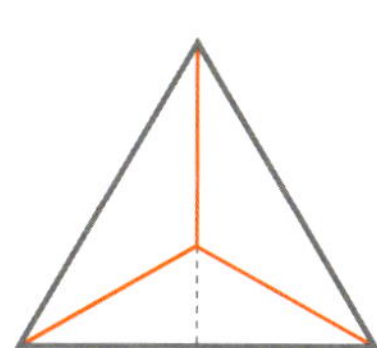
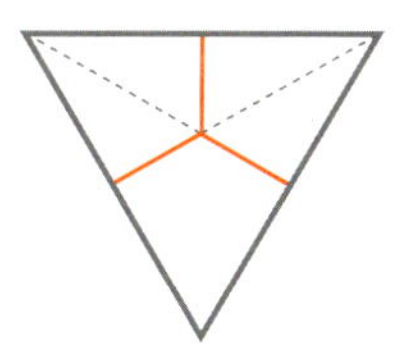
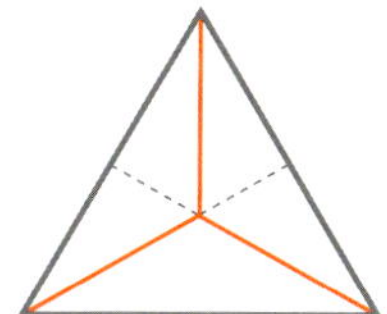
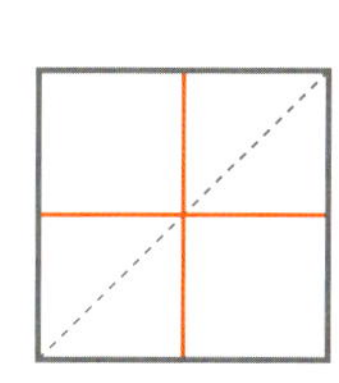
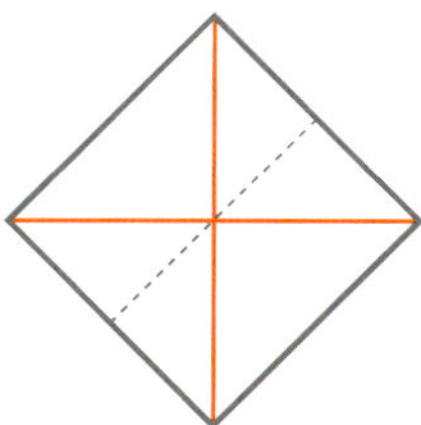
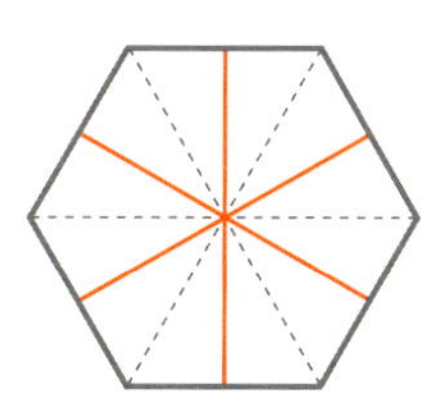
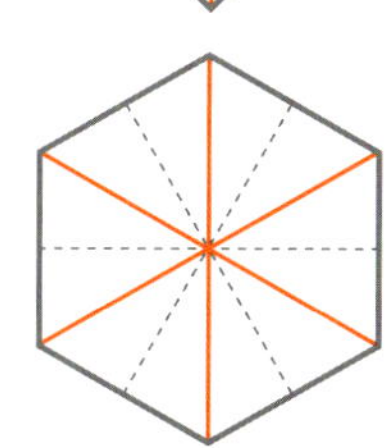

12 x 12 x 12 x 12 x 12 x 12 x 2 x 2 x

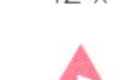
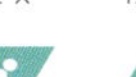

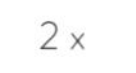

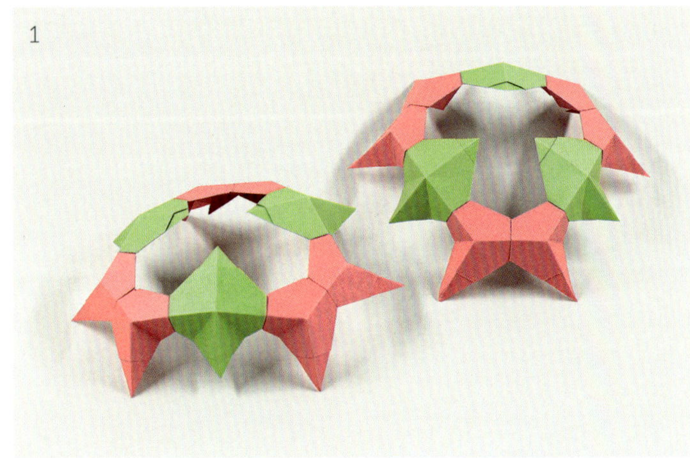
1

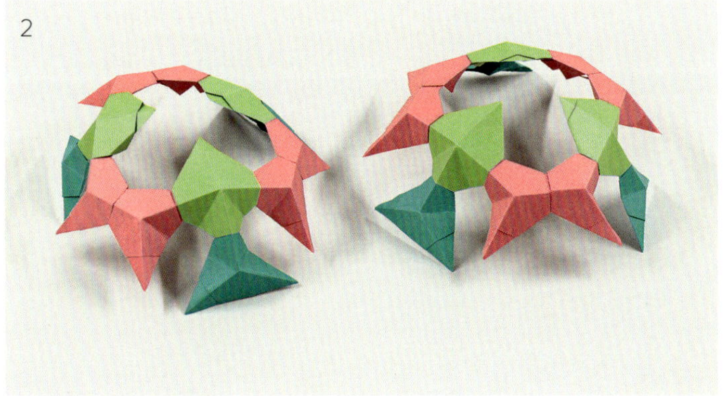
2

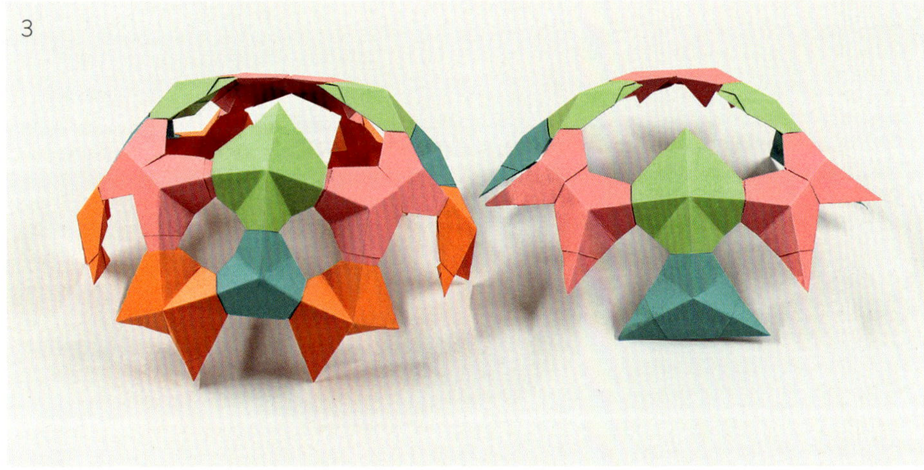
3

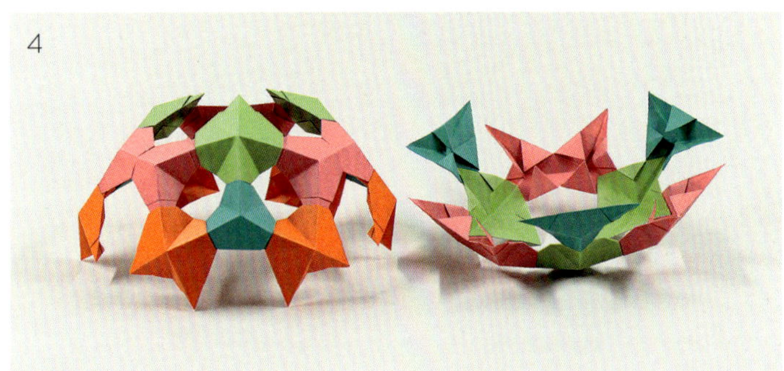
4

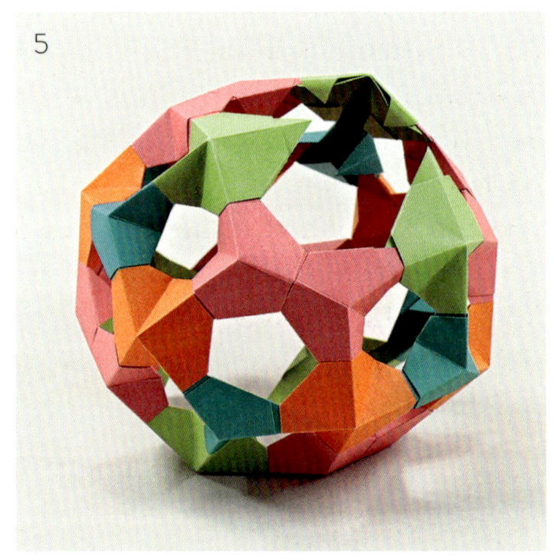
5

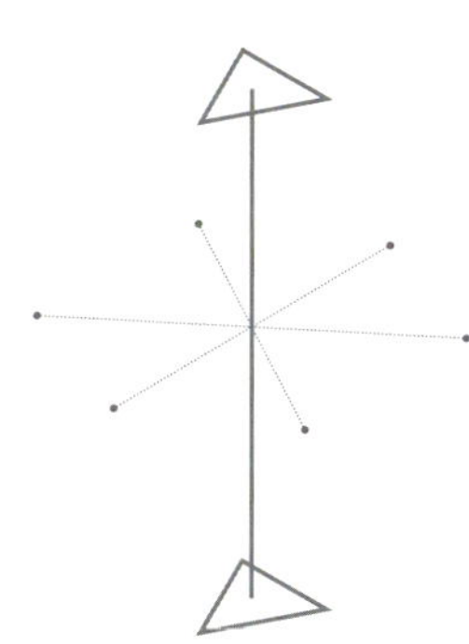

24-Flach (Torso)

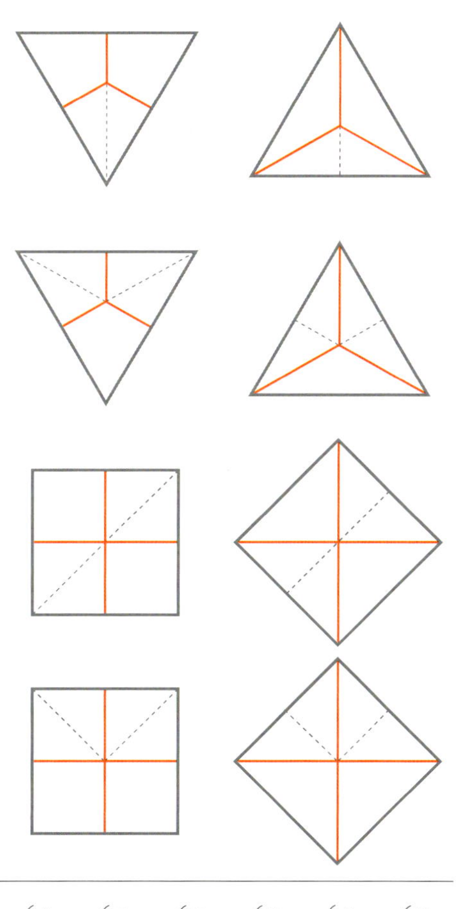

Erste Schritte

Benötigt werden 24 pinkfarbene Dreiecke (12 x Ross und 12 x Reiter) sowie 12 türkise Dreiecke (6 x Ross und 6 x Reiter). Dazu 12 orange Quadrate (6 x Ross und 6 x Reiter) und 12 hellgrüne Quadrate (6 x Ross und 6 x Reiter). Berg- und Talfalten nach nebenstehenden Grafiken falten. Ross und Reiter zu 12 pinkfarbenen, 6 türkisen, 6 orangen und 6 hellgrünen Modulen zusammensetzen.

Das Modell zusammenbauen

Pinkfarbene und hellgrüne Module für 2 Hälften des Modells zu einer ringförmigen Reihe zusammenfügen (Abb. 1). Die pinkfarbenen Module verbinden als Doppelmodule die hellgrünen Module. An die freien Spitzen der hellgrünen Module türkise Module stecken (Abb. 2). Orange Module kommen für eine Modellhälfte hinzu (Abb. 3 und 4). Beide Teile werden zu einem nach 2 Seiten offenen Modell zusammengefügt (Abb. 5). Dabei bleiben auf jeder Seite 3 hellgrüne Spitzen offen.

Schwierigkeitsgrad: mittelschwer

einfacher Zuschnitt, kniffelige Montage; Zeitaufwand: ca. 2 Stunden

12 x 12 x 6 x 6 x 6 x 6 x 6 x 6 x

 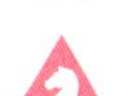       

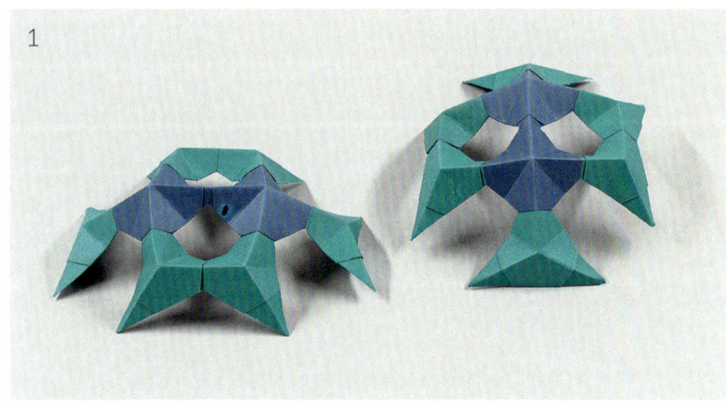
1

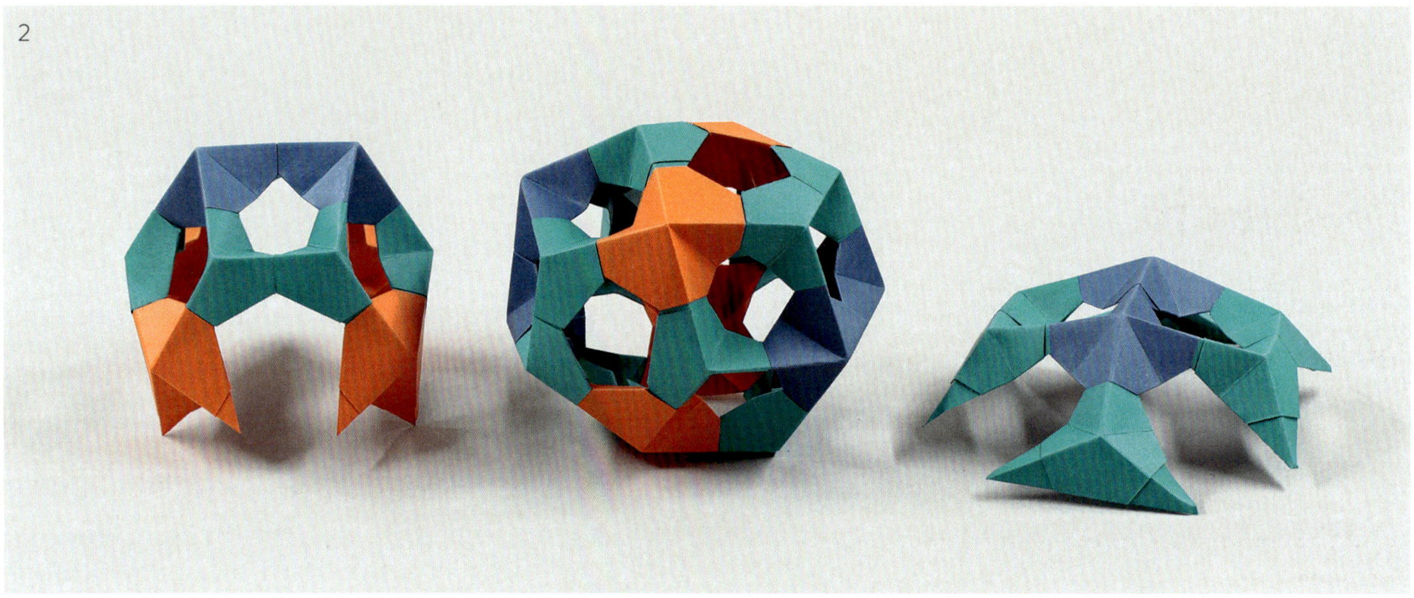
2

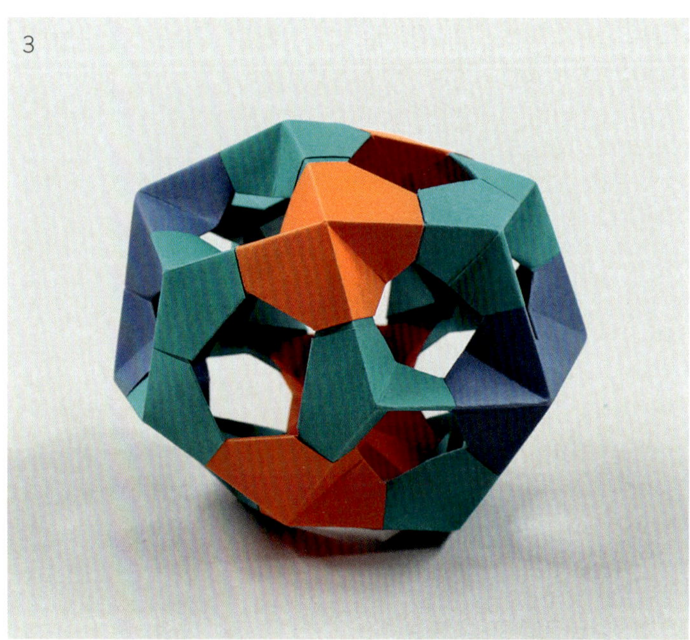
3

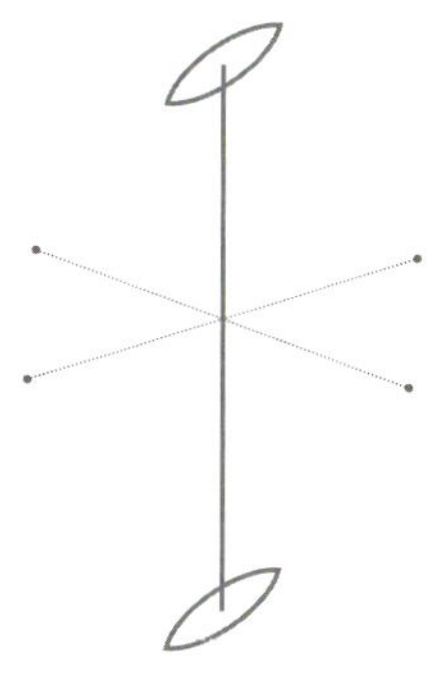

16-Flach

Erste Schritte
Benötigt werden 8 dunkelblaue Quadrate (4 x Ross und 4 x Reiter) sowie 24 türkise Dreiecke (12 x Ross und 12 x Reiter) und 8 orange Quadrate (4 x Ross und 4 x Reiter). Berg- und Talfalten nach nebenstehenden Grafiken falten. Ross und Reiter zu 4 dunkelblauen, 12 türkisen und 4 orangen Modulen zusammensetzen.

Das Modell zusammenbauen
2 x 2 dunkelblaue Module zu Doppelmodulen zusammensetzen, an jede freie Steckverbindung schließt ein türkises Modul an (Abb. 1). Damit erhält man 2 gleiche Teile des Modells, die an ein Bauteil mit 4 orangen Modulen anschließen (Abb. 2). Abb. 3 zeigt das fertige Modell.

Schwierigkeitsgrad: leicht
einfacher Zuschnitt, einfache Montage; Zeitaufwand: ca. 2½ Stunden

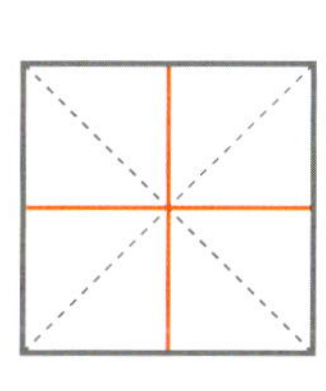
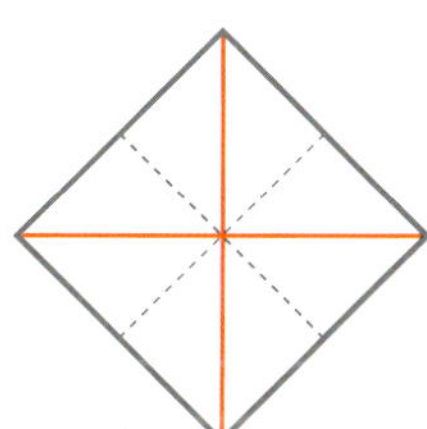
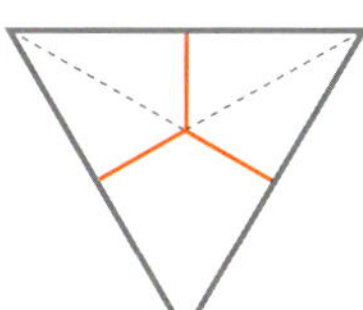
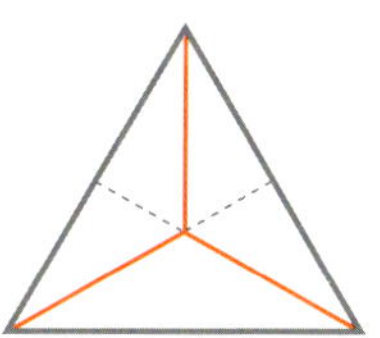
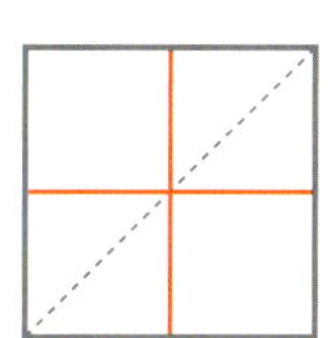
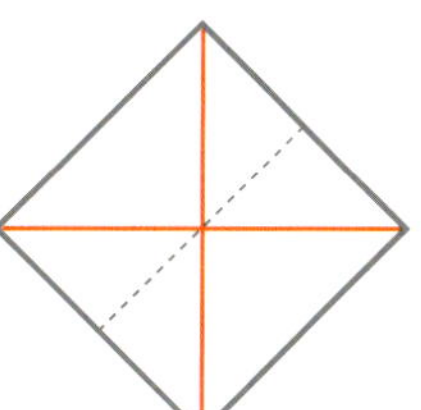

4 x 4 x 12 x 12 x 4 x 4 x

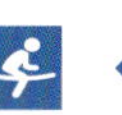

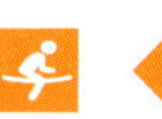

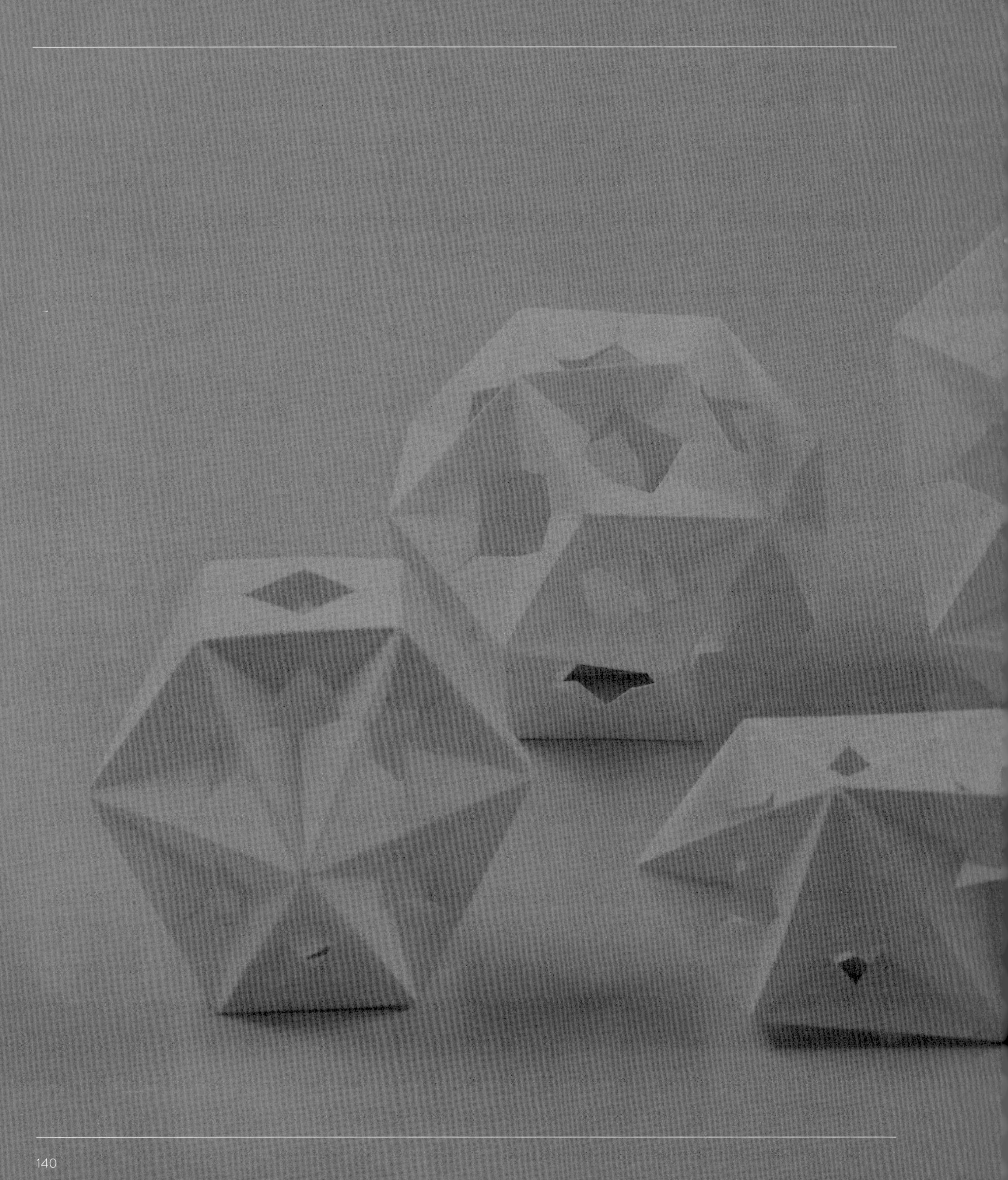

U-Modelle: aus Vielecken (gemischt)

Die in FALTFORMEN aufgezeigten kombinatorischen Möglichkeiten kulminieren mit den folgenden U-Modellen, bei denen Fünf- und Sechsecke tonangebend sind. Doch sind damit noch lange nicht alle Möglichkeiten ausgeschöpft – dies bleibt einem anderen Ort zu einer späteren Zeit vorbehalten.*
U01 und U02 zeigen Modelle mit 4- und 6-zähliger Haupt-Symmetrieachse. Dazwischen kann man das Rhomben-30-Flach** sehen, das als hoch-symmetrische Form sogar sechs 5-zählige Symmetrieachsen besitzt.

U03 und U04 haben die gleiche Bauweise aus Fünfecken, es unterscheidet sich nur deren Anzahl und die Art der seitlichen Abschlüsse einmal in hellblauen, das andere Mal in türkisen Modulen. U05 und U06 haben ebenfalls eine gleiche Bauweise, die auf dunkelblauen quadratischen Modulen basiert. Hier variieren Fünfecke und Sechsecke.

U07 greift Module der ersten Modelle wieder auf und variiert diese. U08 und U09 zeigen verschiedene Lösungen mit Sechsecken.

*Am Ende dieses Buches werden Verbindungen zum ersten (FALTPOLYEDER) sichtbar, ein zweiter großer Bogen schließt sich damit: Unter den U-Modellen finden sich hier besonders viele Bezüge zu Modellen aus FALTPOLYEDER.
** C10 aus FALTPOLYEDER

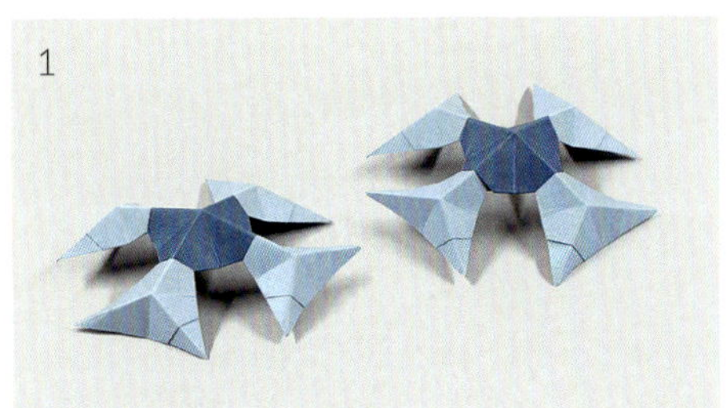
1

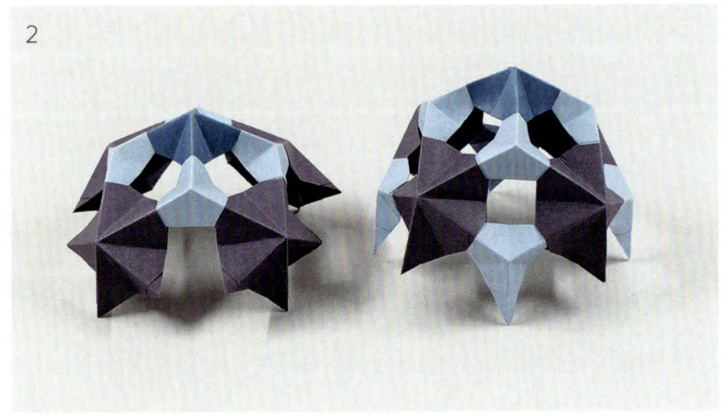
2

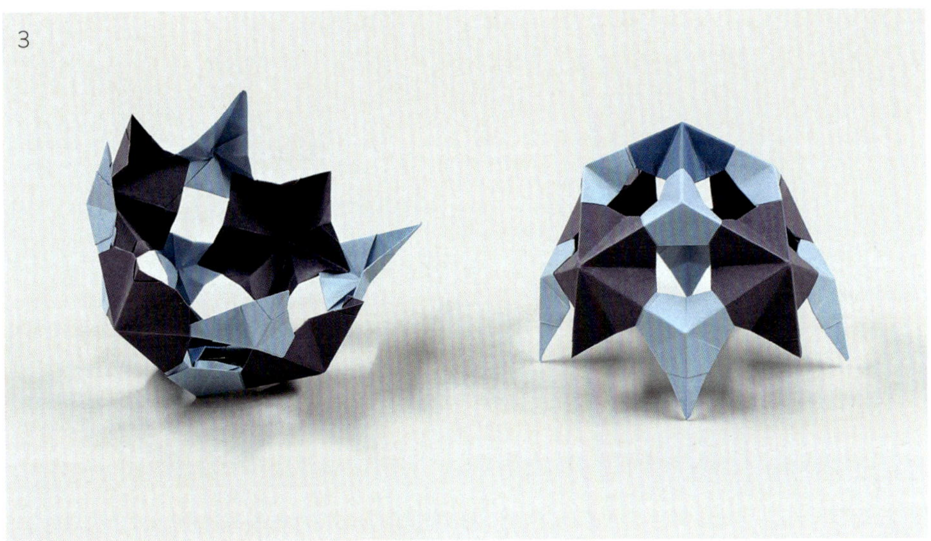
3

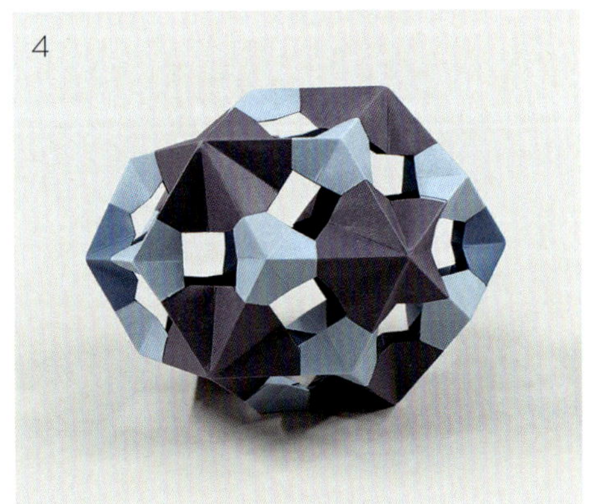
4

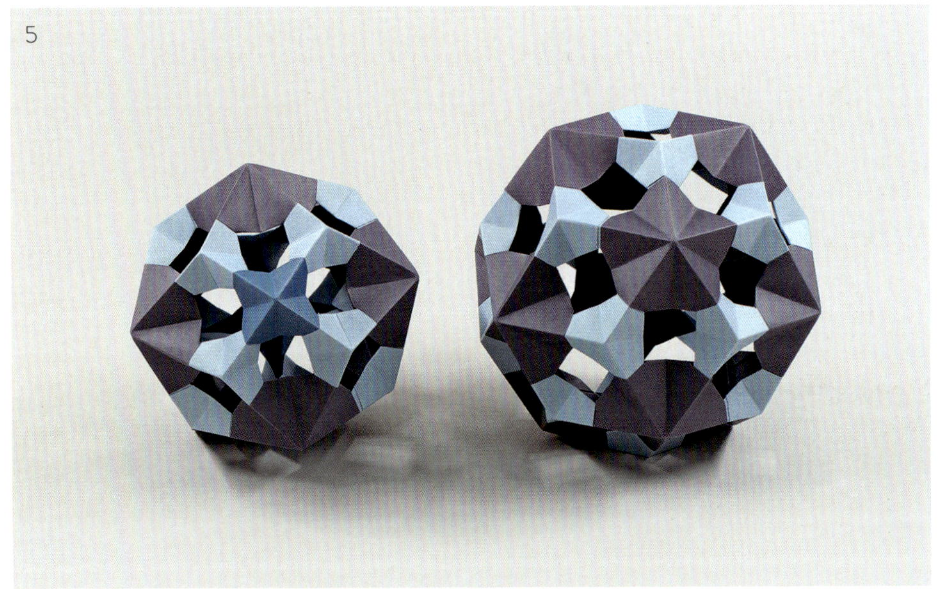
5

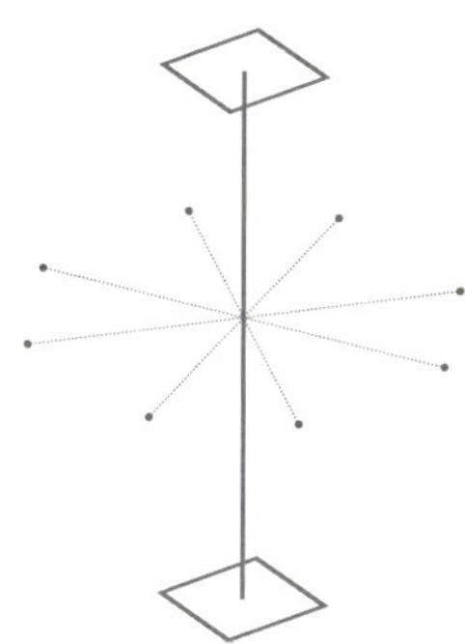

24-Flach

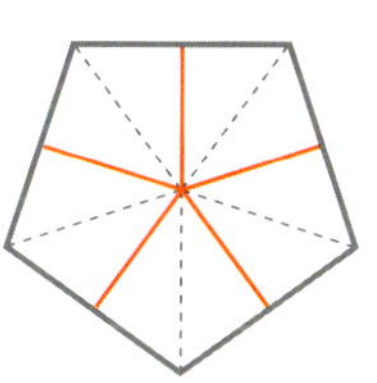
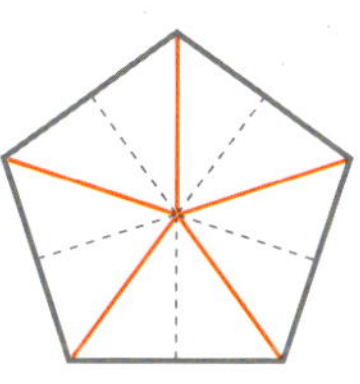
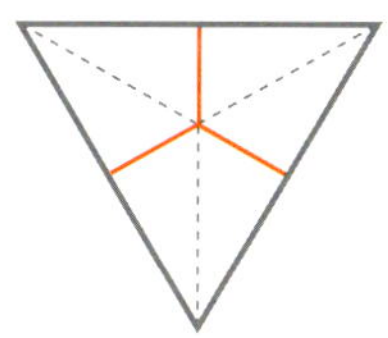
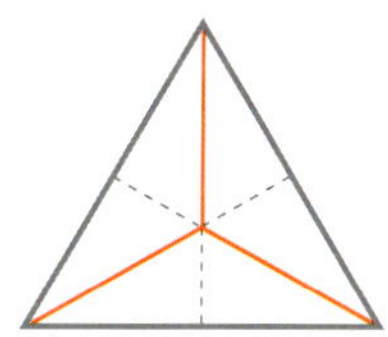
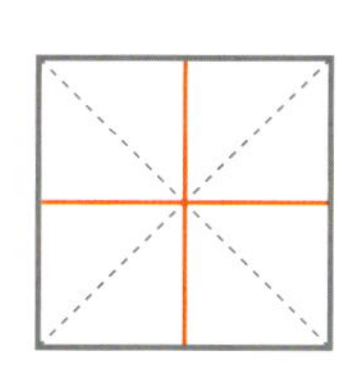
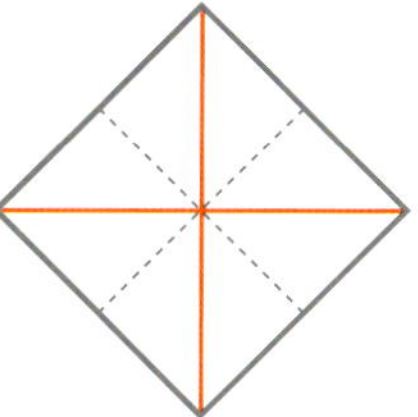

Erste Schritte
Benötigt werden 16 violette Fünfecke (8 x Ross und 8 x Reiter), 32 hellblaue Dreiecke (16 x Ross und 16 x Reiter) sowie 4 dunkelblaue Quadrate (2 x Ross und 2 x Reiter). Berg- und Talfalten nach nebenstehenden Grafiken falten. Ross und Reiter zu 8 violetten, 16 hellblauen und 2 dunkelblauen Modulen verarbeiten.

Das Modell zusammenbauen
2 dunkelblaue Module an jeder Ecke mit je einem hellblauen Modul verbinden (Abb. 1), daran schließen sich violette Module an (Abb. 2, links). Weitere hellblaue Module schließen sich zwischen den violetten Modulen an (Abb. 2, rechts). Damit erhält man 2 Bauteile (Abb. 3), die im letzten Schritt zum fertigen Modell zusammengefügt werden (Abb. 4).

Ähnlichkeiten
Abb. 5 zeigt U01 zusammen mit einem Rhomben-30-Flach*, mit dem es offensichtliche Gemeinsamkeiten hat.

Schwierigkeitsgrad: mittelschwer
Zuschnitt: erste Anforderungen, kniffelige Montage; Zeitaufwand: ca. 1¾ Stunde

*C10 aus FALTPOLYEDER

8 x 8 x 16 x 16 x 2 x 2 x

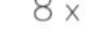

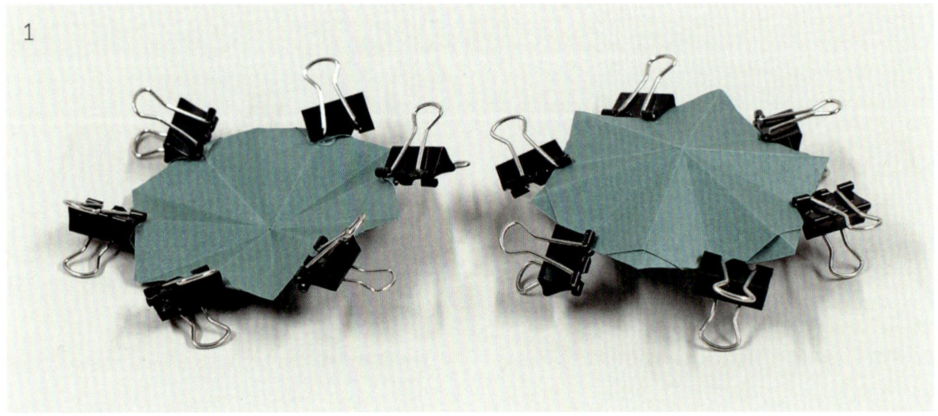
1

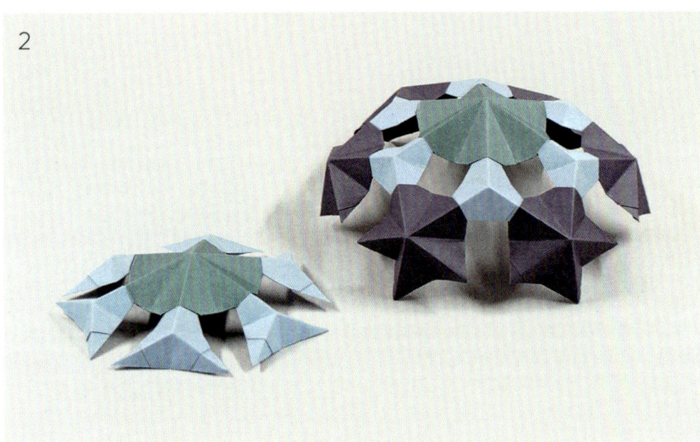
2

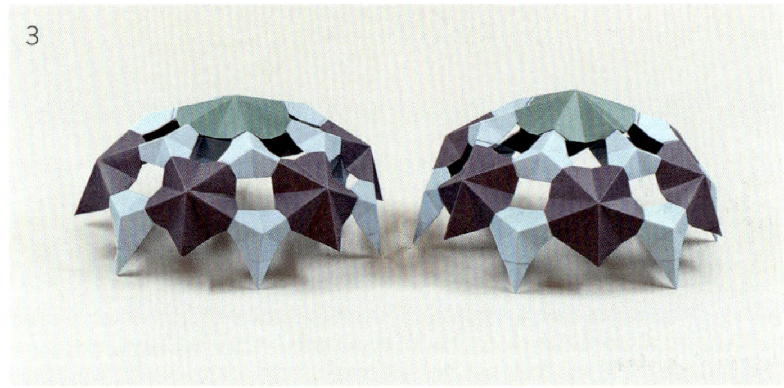
3

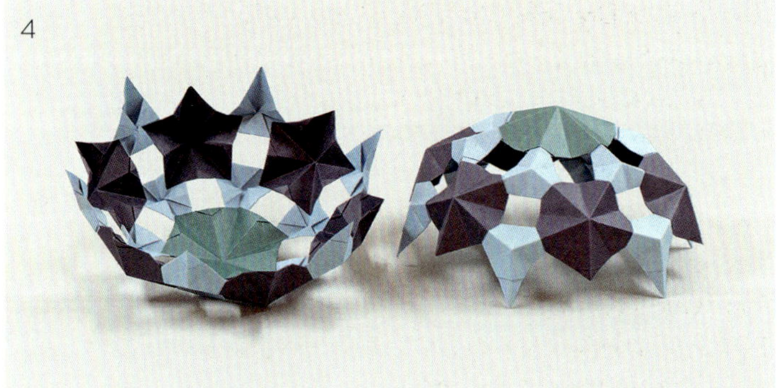
4

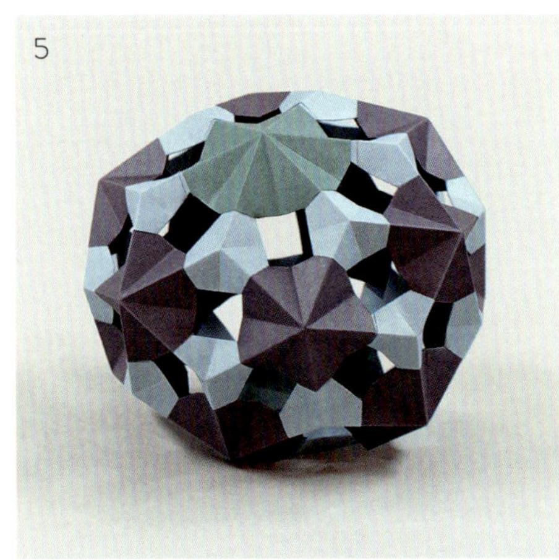
5

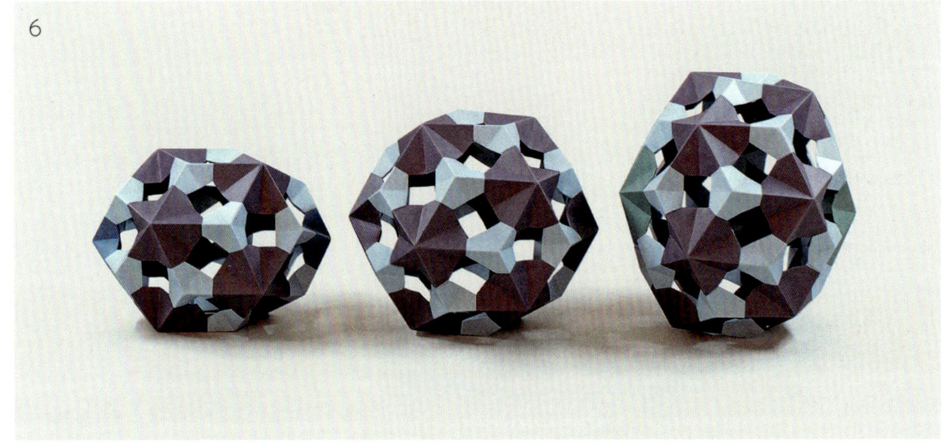
6

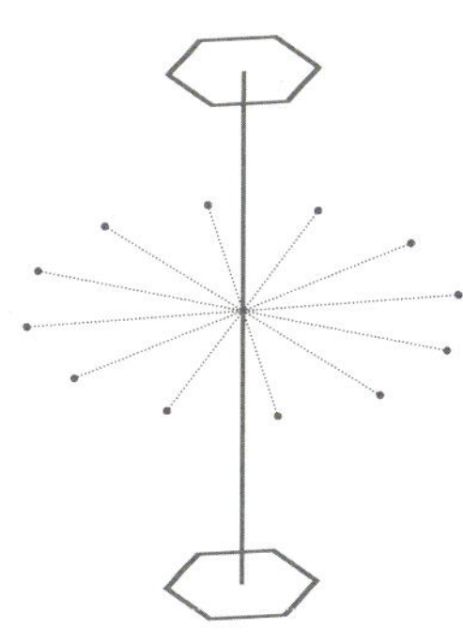

36-Flach

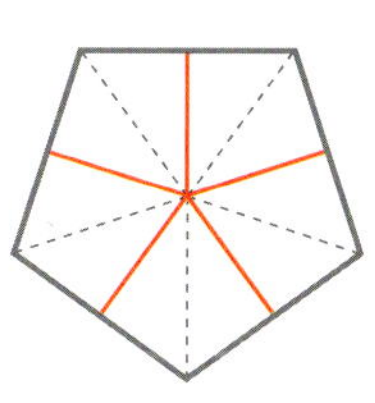
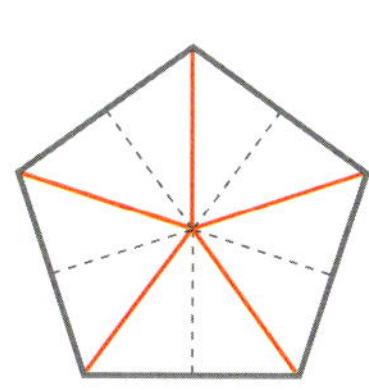
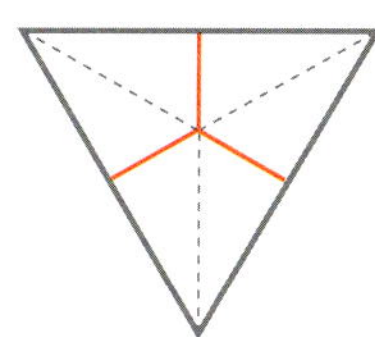
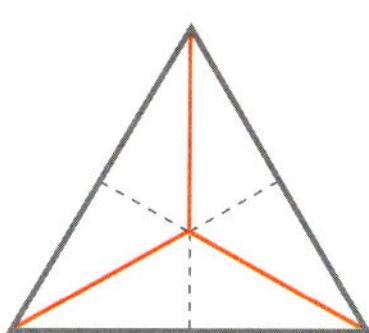
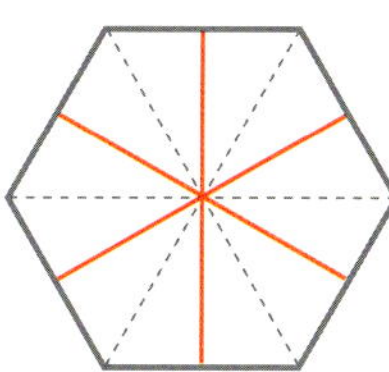
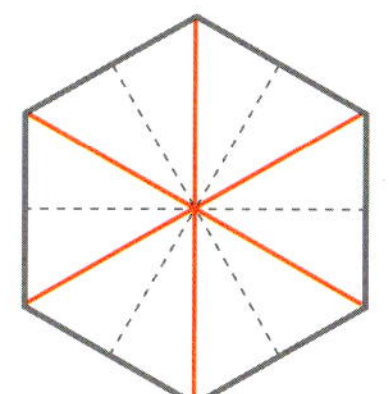

Erste Schritte
Benötigt werden 24 violette Fünfecke (12 x Ross und 12 x Reiter), 48 hellblaue Dreiecke (24 x Ross und 24 x Reiter) sowie 4 moosgrüne Sechsecke (2 x Ross und 2 x Reiter). Berg- und Talfalten nach nebenstehenden Grafiken falten. Ross und Reiter zu 12 violetten, 24 hellblauen und 2 moosgrünen Modulen zusammensetzen. Die umgefalteten Reiterspitzen unter dem Ross festkleben (Abb. 1) und vorübergehend mit Klammern arretieren.

Das Modell zusammenbauen
2 moosgrüne Module an jeder Ecke mit je einem hellblauen Modul verbinden (Abb. 2, links), daran schließen sich violette Module an (Abb. 2, rechts). Weitere hellblaue Module schließen sich zwischen den violetten Modulen an (Abb. 3). Damit erhält man 2 gleiche Bauteile des Modells (Abb. 4), die im letzten Schritt zum fertigen Modell zusammengefügt werden (Abb. 5).

Ähnlichkeiten
Abb. 6 zeigt nebeneinander U01 (links), U02 (rechts) und das Rhomben-30-Flach*.

Schwierigkeitsgrad: mittelschwer
Zuschnitt: erste Anforderungen, kniffelige Montage; Zeitaufwand: ca. 2 Stunden

*C10 aus FALTPOLYEDER

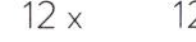
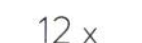
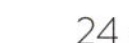
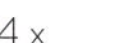

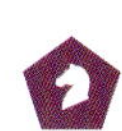
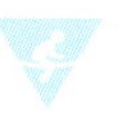
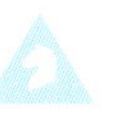
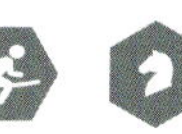

1

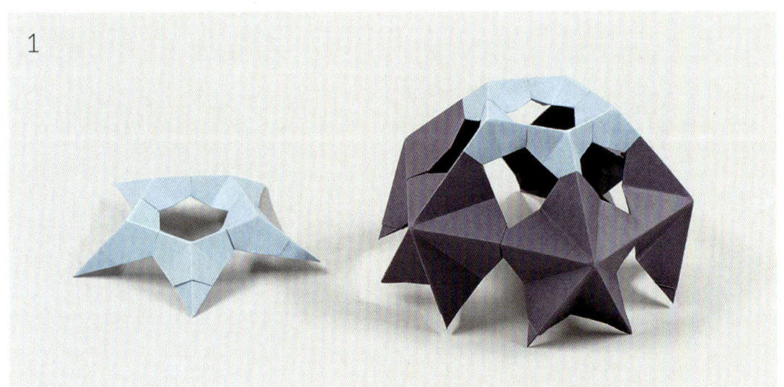

2

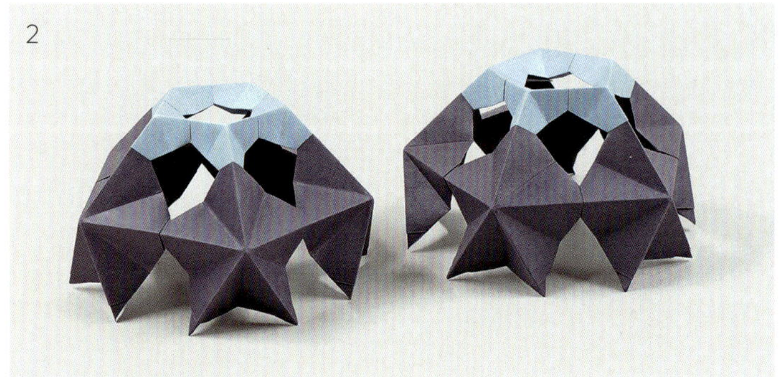

3

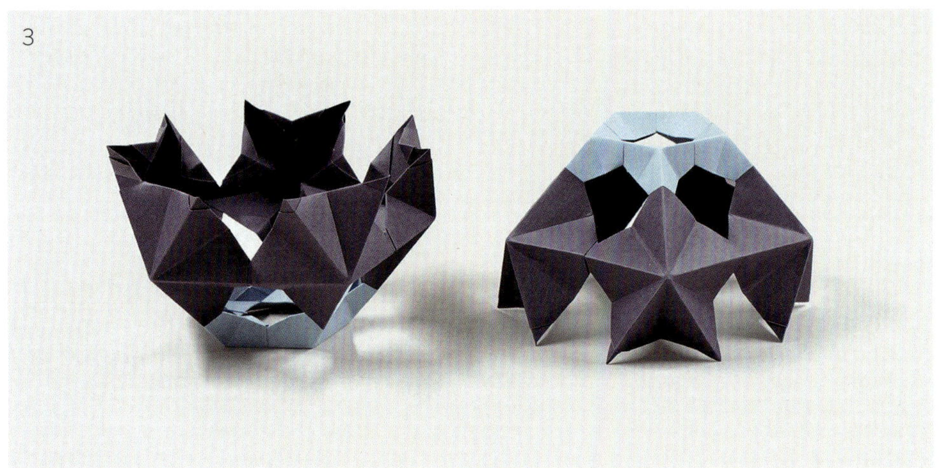

4

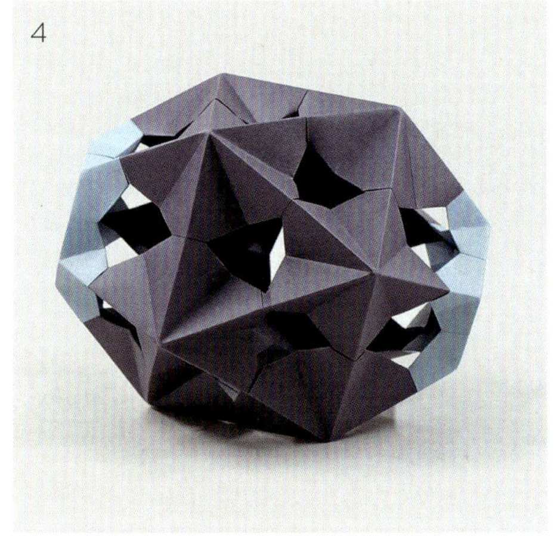

5

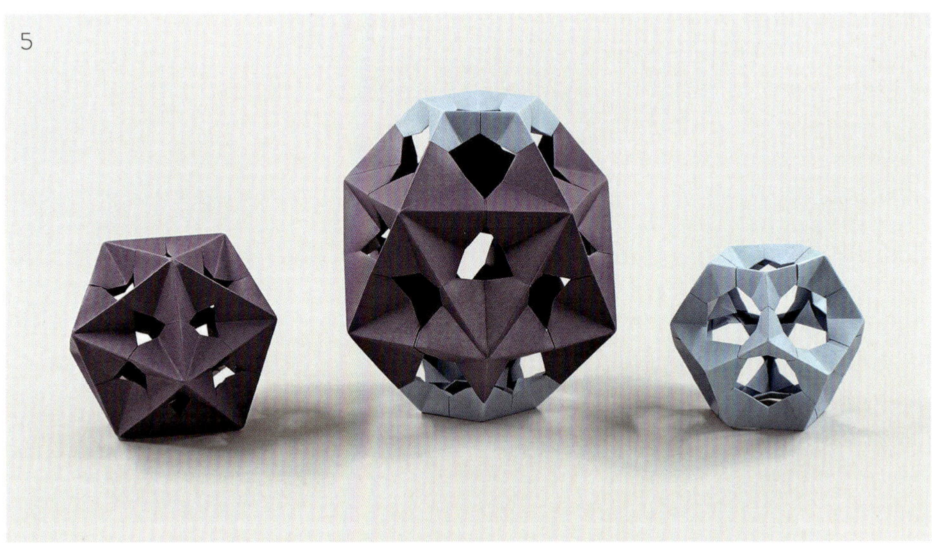

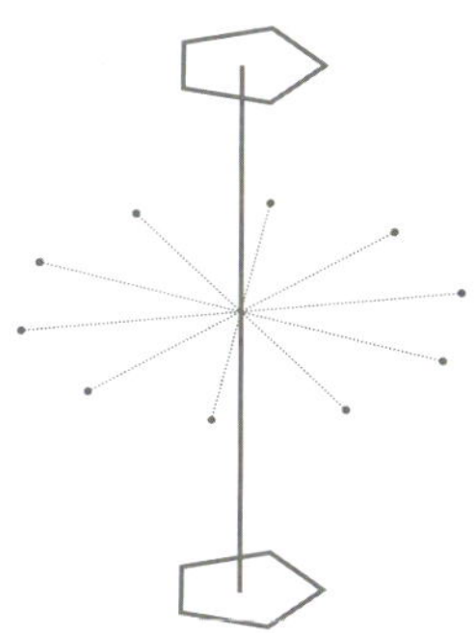

22-Flach°

Erste Schritte
Benötigt werden 20 hellblaue Dreiecke (10 x Ross und 10 x Reiter) sowie 20 violette Fünfecke (10 x Ross und 10 x Reiter). Berg- und Talfalten nach nebenstehenden Grafiken falten. Ross und Reiter zu 10 hellblauen und 10 violetten Modulen zusammensetzen.

Das Modell zusammenbauen
2 x 5 hellblaue Module zu fünfeckigen Ringschlüssen verarbeiten (Abb. 1, links). Daran schließen sich violette Module an (Abb. 1, rechts). Damit erhält man 2 gleiche Hälften des Modells (Abb. 2 und 3), die im letzten Schritt zu einem fertigen Modell zusammengefügt werden (Abb. 4).

Ähnlichkeiten
Abb. 5 zeigt links ein hoch-symmetrisches Ikosaeder und rechts ein hoch-symmetrisches Dodekaeder*. U03 ist eine Mischung von beiden.

Schwierigkeitsgrad: mittelschwer
Zuschnitt: erste Anforderungen, kniffelige Montage; Zeitaufwand: ca. 1¾ Stunde

*B08 und B04 aus FALTPOLYEDER

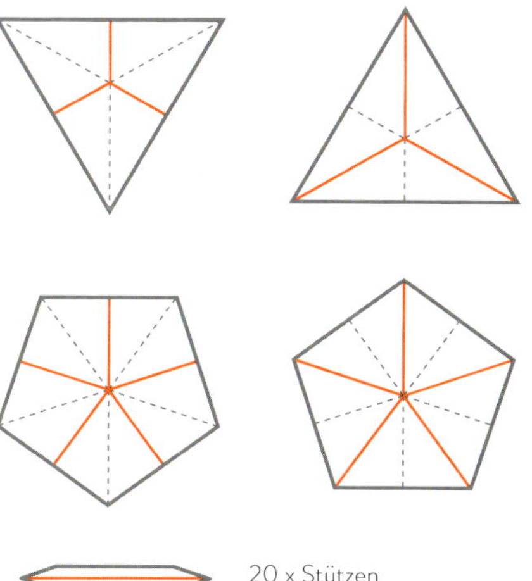

Hinweis:
Die Stützen stabilisieren die Verbindungen zwischen zwei benachbarten fünfeckigen Modulen. Die fünfeckigen Ross und Reiter in abweichenden Größen (siehe https://www.haupt.ch/faltformen).
° Einige Faltflächen weichen vom Standardmaß ab (siehe Seite 18).

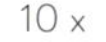

10 x 10 x 10 x 10 x

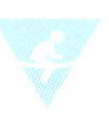

1

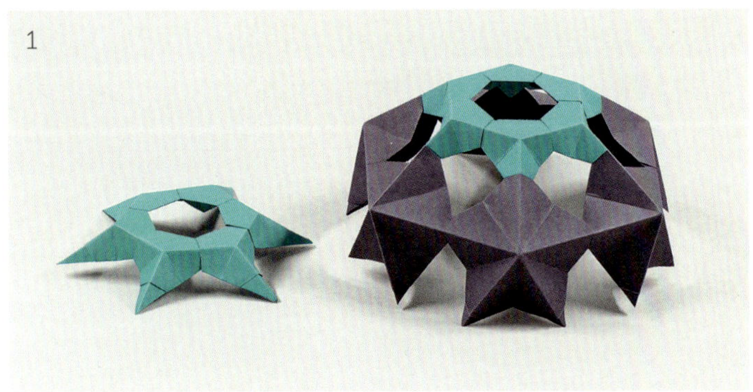

2

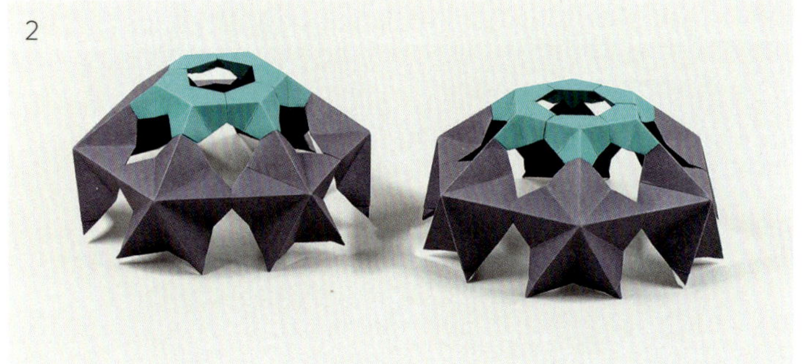

3

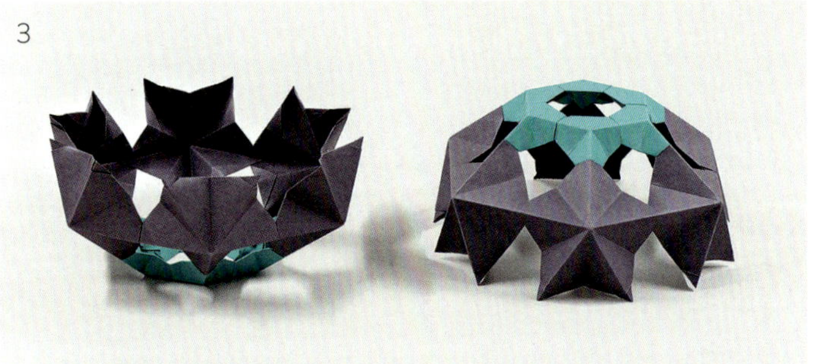

4

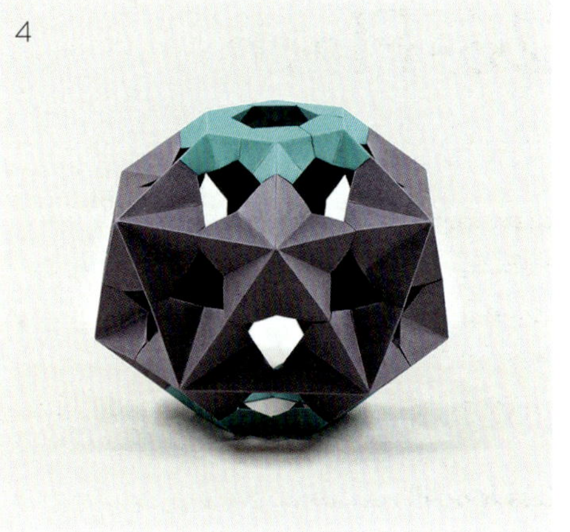

5

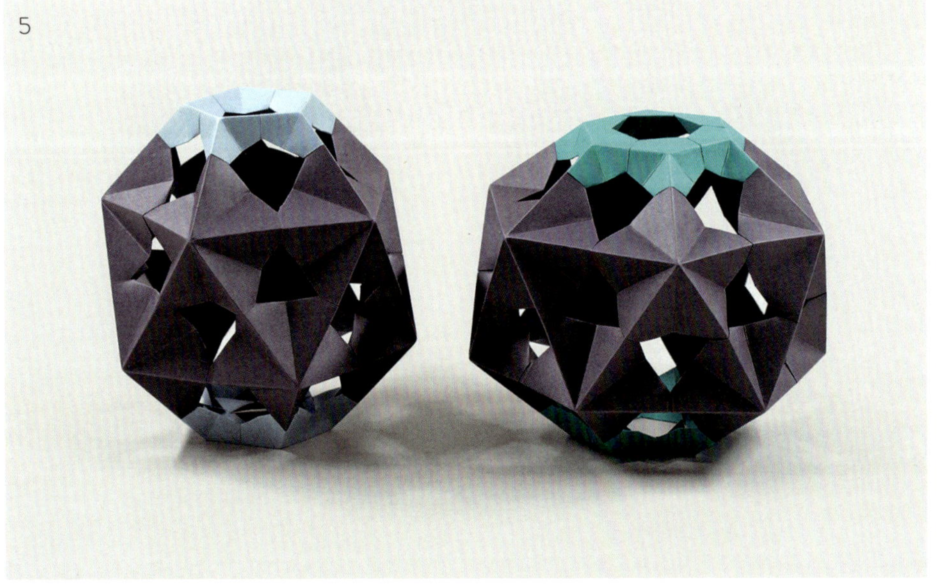

6

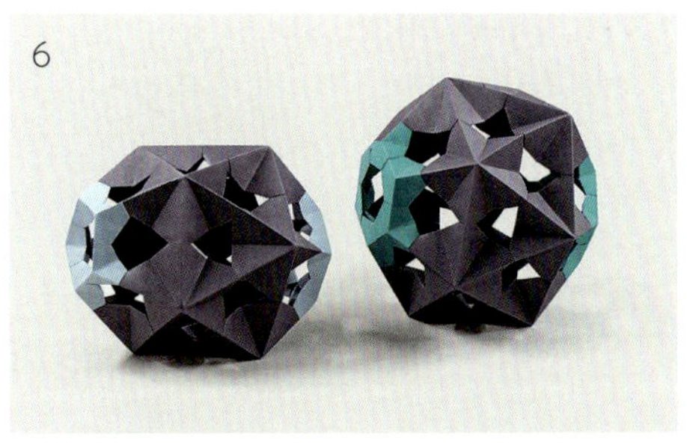

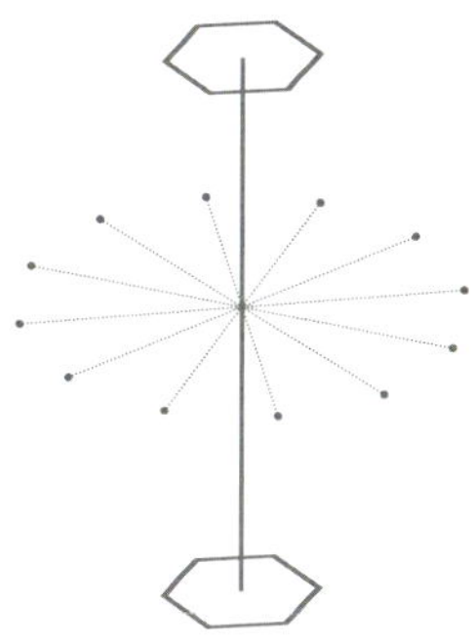

26-Flach°

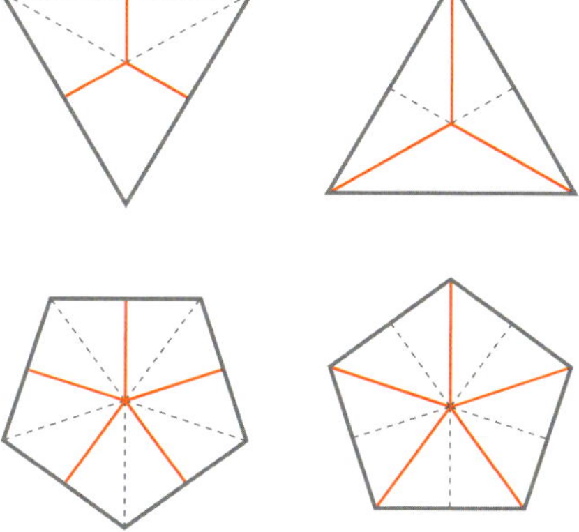

Erste Schritte
Benötigt werden 24 türkise Dreiecke (12 x Ross und 12 x Reiter) sowie 24 violette Fünfecke (12 x Ross und 12 x Reiter). Berg- und Talfalten nach nebenstehenden Grafiken falten. Ross und Reiter zu 12 türkisen und 12 violetten Modulen verarbeiten.

Das Modell zusammenbauen
2 x 6 türkise Module ringschlüssig zusammensetzen (Abb. 1, links). Daran violette Module anfügen (Abb. 1, rechts). Damit erhält man 2 gleiche Bauteile des Modells (Abb. 2 und 3), die im letzten Schritt zusammengefügt werden (Abb. 4).

Ähnlichkeiten
Abb. 5 und 6 zeigen U03 und U04 aus verschiedenen Blickwinkeln.

Schwierigkeitsgrad: leicht bis mittelschwer
Zuschnitt: erste Anforderungen, einfache Montage; Zeitaufwand: ca. 1 Stunde

Hinweis:
Die Stützen stabilisieren die Verbindungen zwischen zwei benachbarten fünfeckigen Modulen. Die fünfeckigen Ross und Reiter in abweichenden Größen (siehe https://www.haupt.ch/faltformen).
° Einige Faltflächen weichen vom Standardmaß ab (siehe Seite 18).

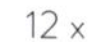

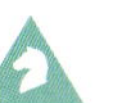

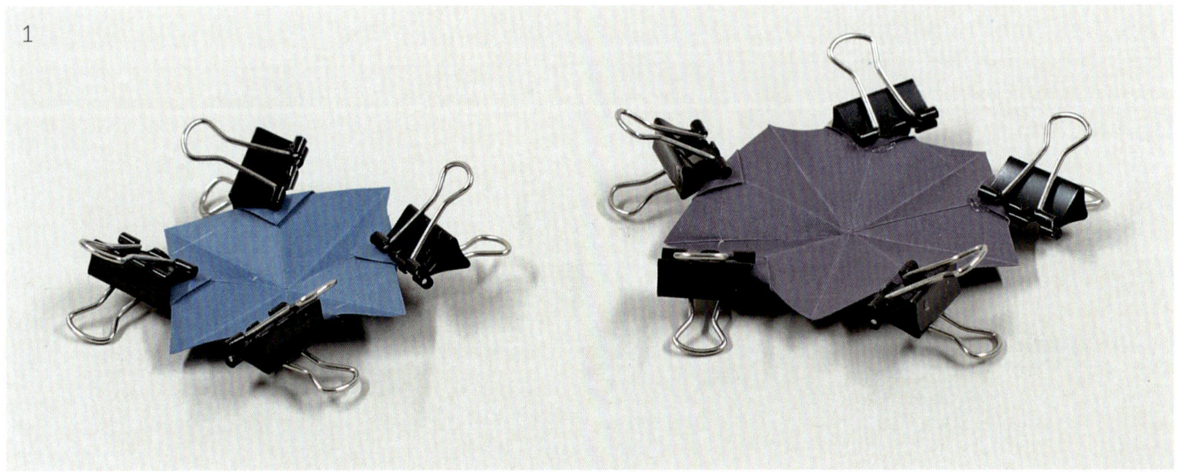
1

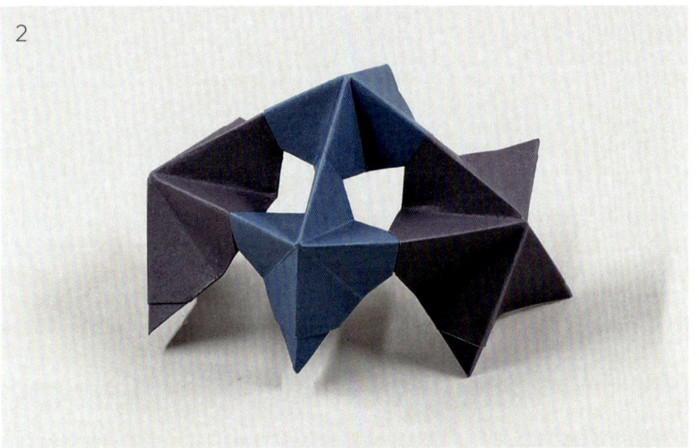
2

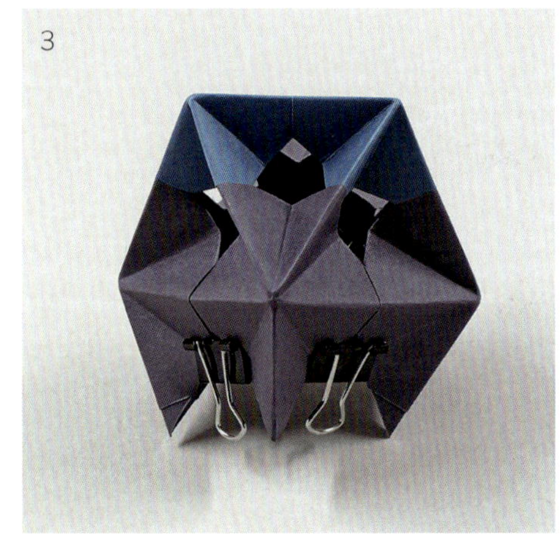
3

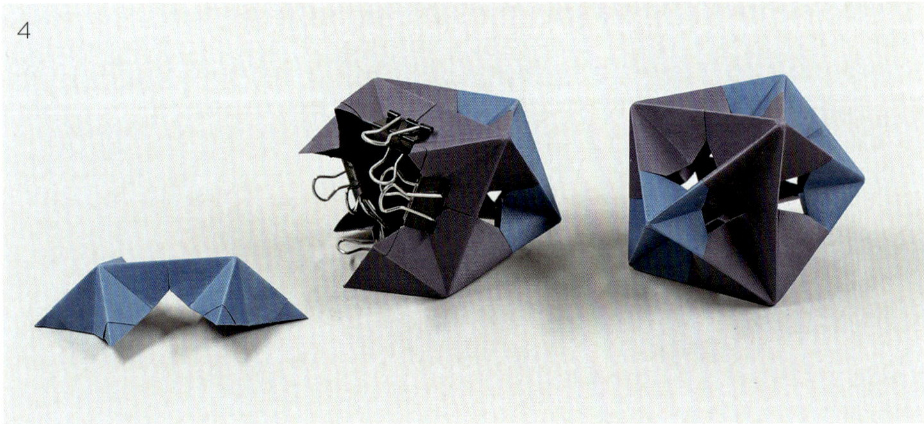
4

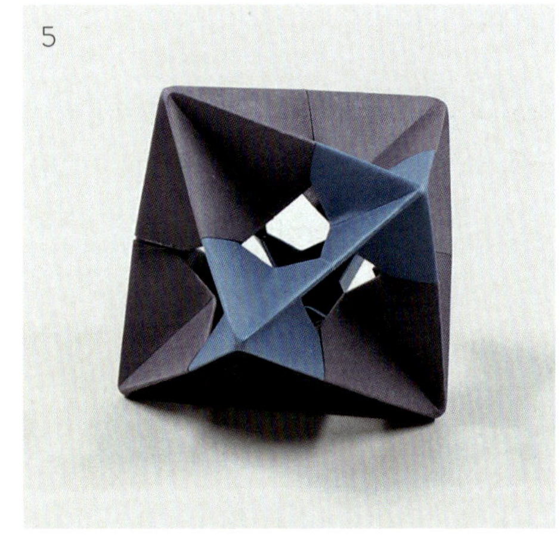
5

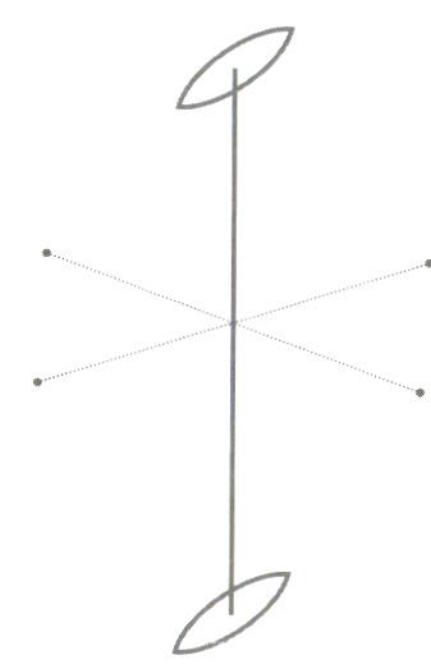

12-Flach° (oloidal)

Erste Schritte

Benötigt werden 8 dunkelblaue Quadrate, bestehend aus 4 x Ross und 4 x Reiter, sowie 8 violette Fünfecke aus 4 x Ross und 4 x Reiter. Berg- und Talfalten nach nebenstehenden Grafiken falten und zu 4 dunkelblauen und 4 violetten Modulen verarbeiten. Die umgefalteten Reiterspitzen werden unter dem Ross festgeklebt (Abb. 1) und vorübergehend mit Klammern arretiert.

Das Modell zusammenbauen

2 dunkelblaue Module werden zusammengesteckt, es schließen sich violette Module rundherum daran an (Abb. 2 und 3), Klebstoff hilft, die Steckverbindungen dauerhaft zu verbinden. Die übrigen 2 dunkelblauen Module bilden zusammen die Schluss-Steine für das Modell (Abb. 4 und 5).

Schwierigkeitsgrad: mittelschwer

Zuschnitt: erste Anforderungen, kniffelige Montage; Zeitaufwand ca. 1 Stunde

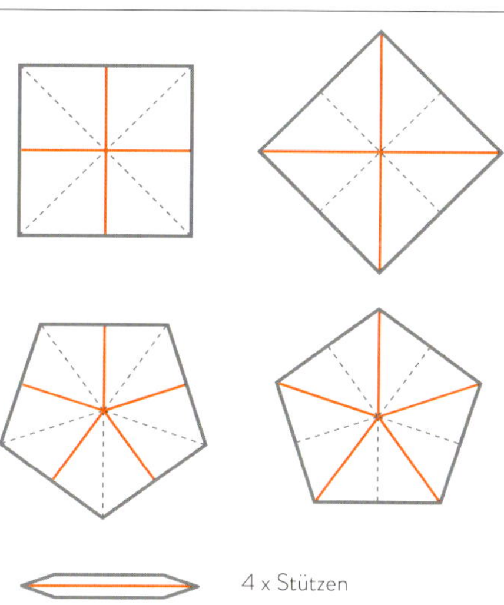

Hinweis:

Die Stützen stabilisieren die Verbindungen zwischen zwei benachbarten fünfeckigen Modulen. Die fünfeckigen Ross und Reiter in abweichenden Größen (siehe https://www.haupt.ch/faltformen).

° Einige Faltflächen weichen vom Standardmaß ab (siehe Seite 18).

4 x  4 x  4 x 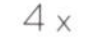 4 x 

1

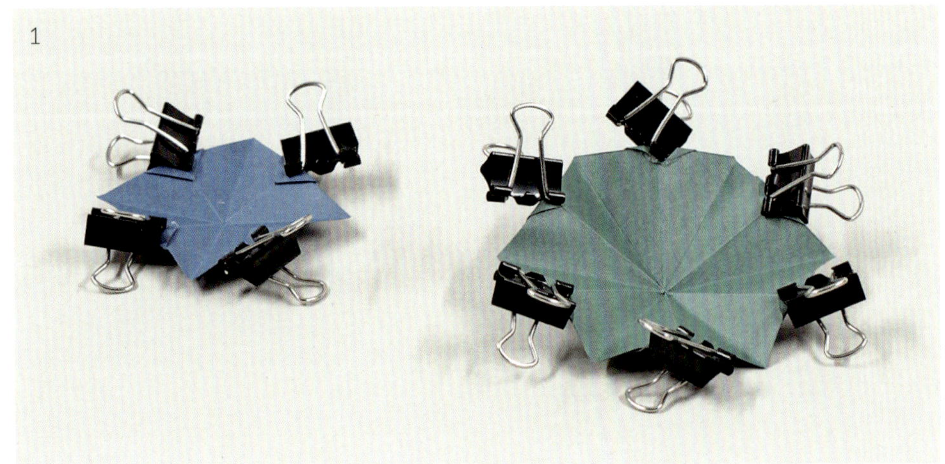

2

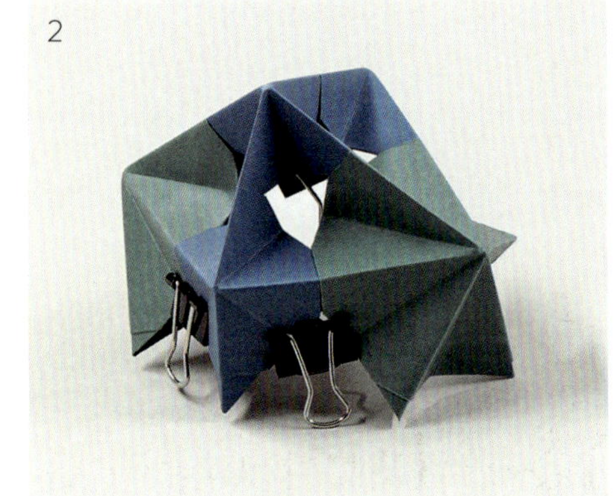

3

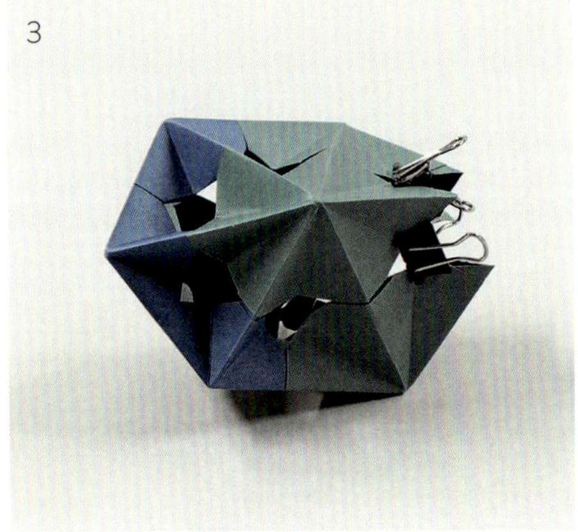

4

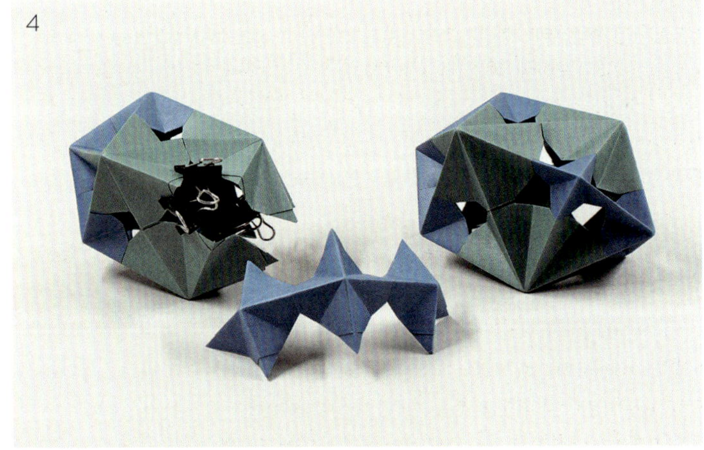

5

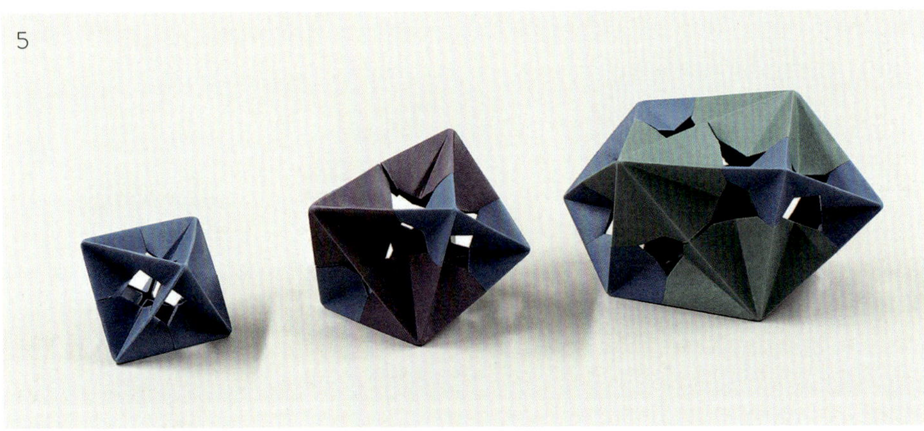

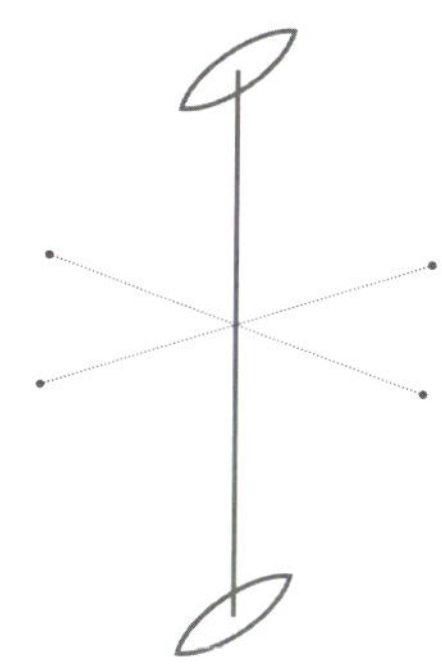

16-Flach (oloidal)

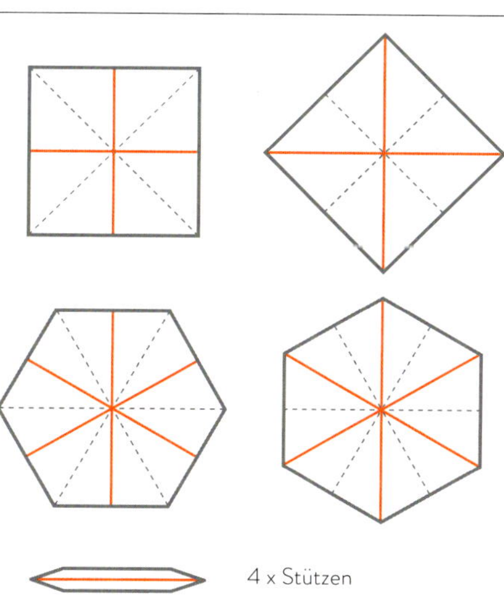

Erste Schritte
Benötigt werden 12 dunkelblaue Quadrate (6 x Ross und 6 x Reiter) und 8 moosgrüne Sechsecke (4 x Ross und 4 x Reiter). Berg- und Talfalten nach nebenstehenden Grafiken falten. Ross und Reiter zu 6 dunkelblauen und 4 moosgrünen Modulen verbinden. Die umgefalteten Reiterspitzen werden unter dem Ross festgeklebt (Abb. 1) und vorübergehend mit Klammern arretiert.

Das Modell zusammenbauen
3 dunkelblaue Module zu einer Reihe zusammenstecken, es schließen sich moosgrüne Module rundherum daran an (Abb. 2 und 3), Klebstoff hilft, die Steckverbindungen dauerhaft zu verbinden. Die übrigen 3 dunkelblauen Module bilden zusammen die Schluss-Steine für das Modell (Abb. 4).

Ähnlichkeiten
Abb. 5 zeigt das Oktaeder* sowie U05 und U06 nebeneinander.

Schwierigkeitsgrad: mittelschwer
Zuschnitt: erste Anforderungen, kniffelige Montage;
Zeitaufwand: ca. 1 Stunde

*A01 aus FALTPOLYEDER

Hinweis:
Die Stützen stabilisieren die Verbindungen zwischen zwei benachbarten sechseckigen Modulen.

6 x 6 x 4 x 4 x

1
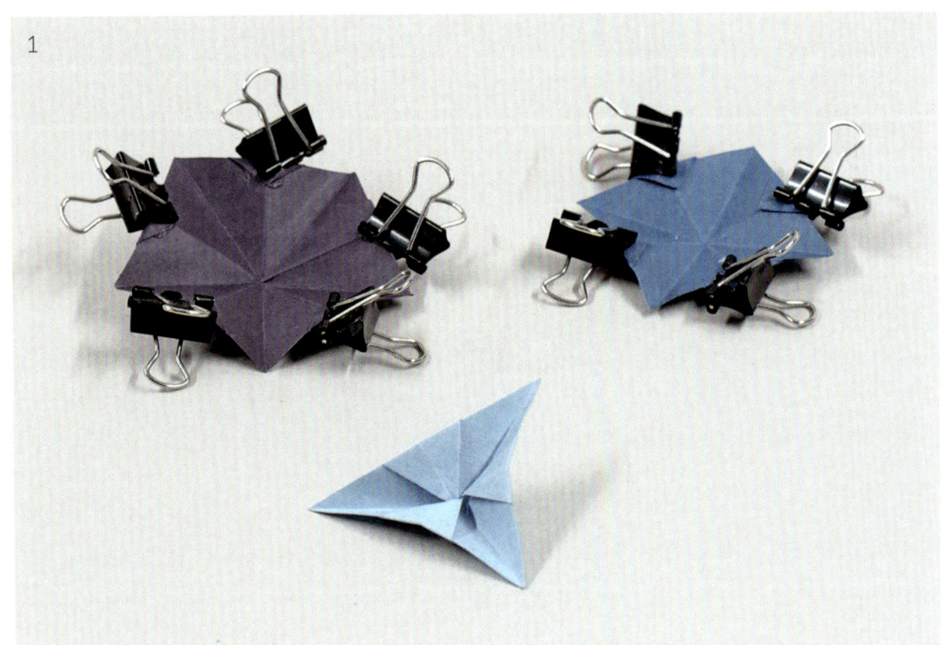

2
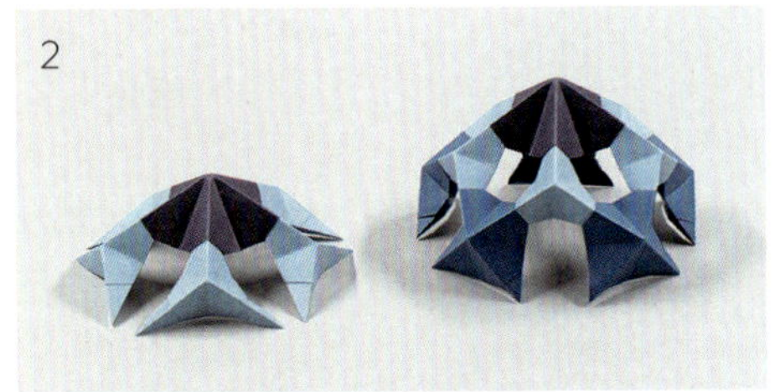

3
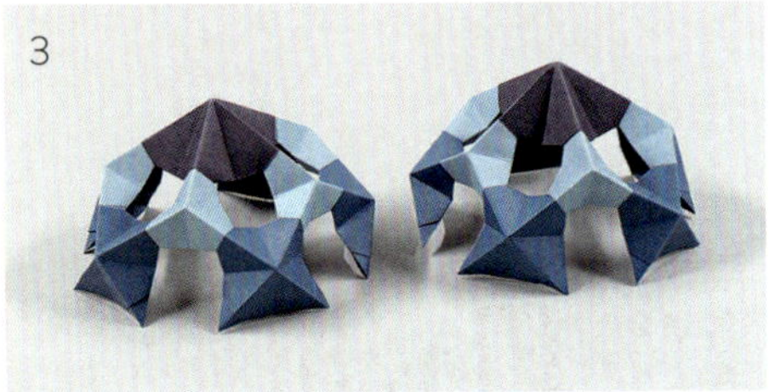

4
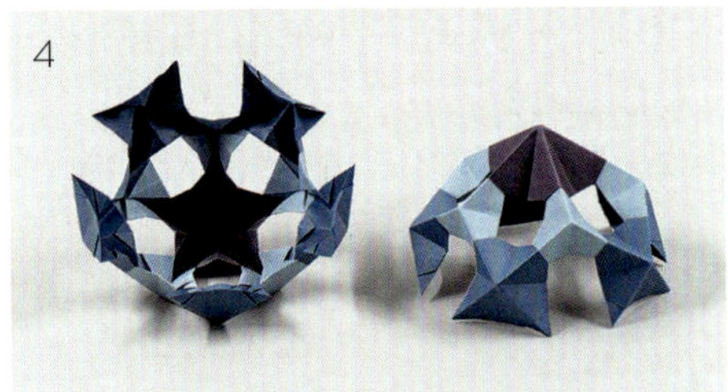

6
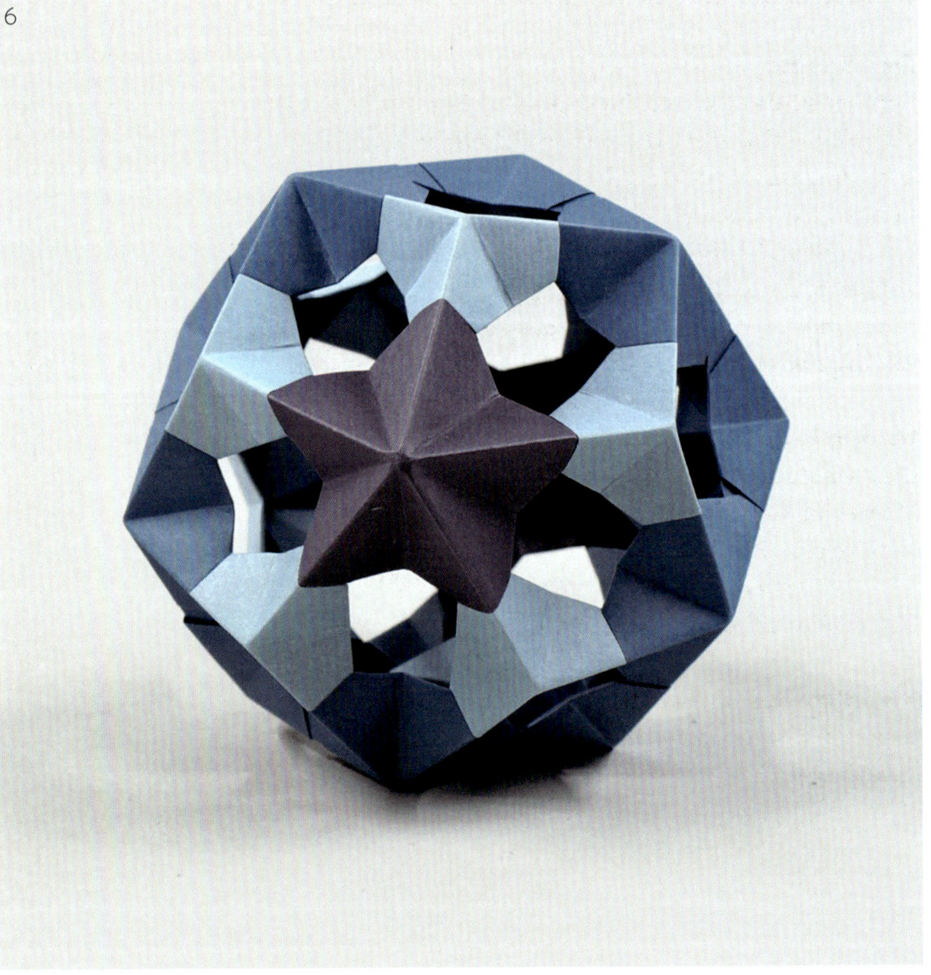

5
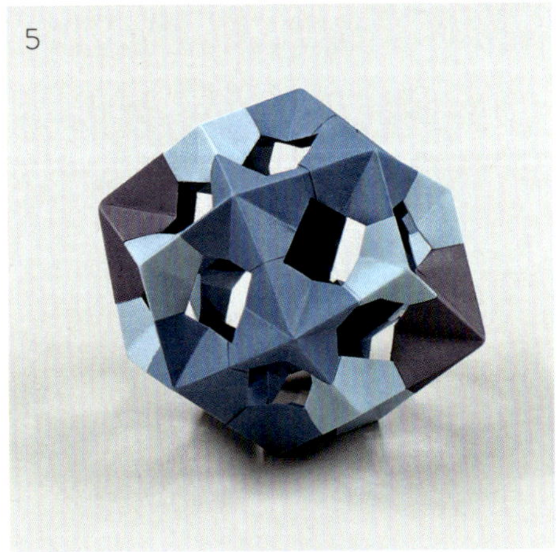

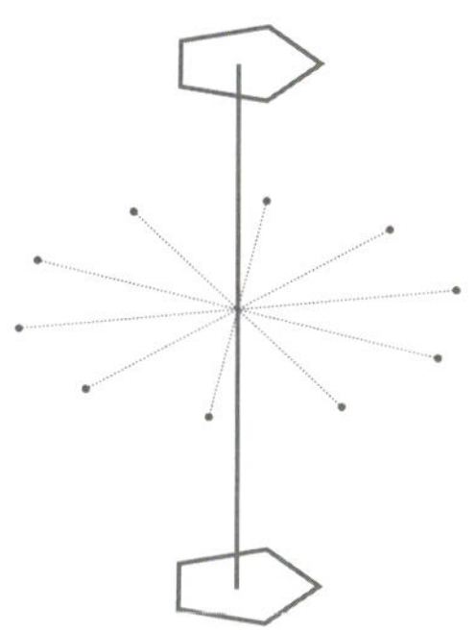

20-Flach

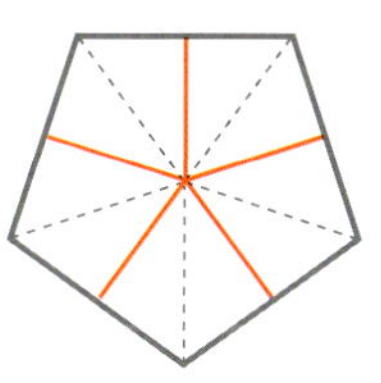
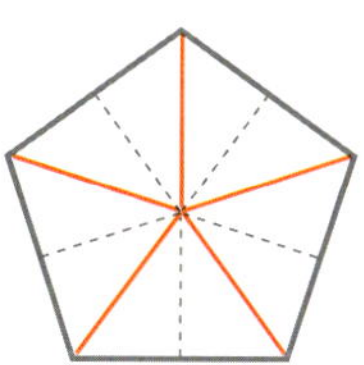
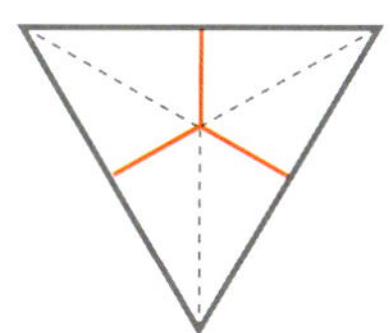
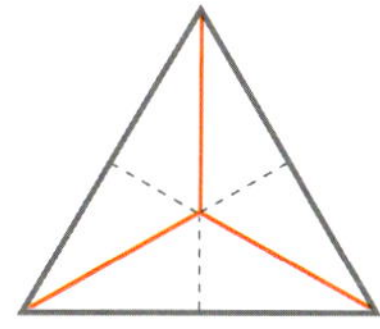
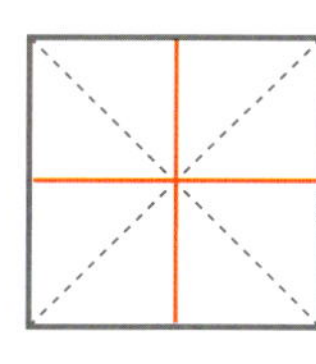
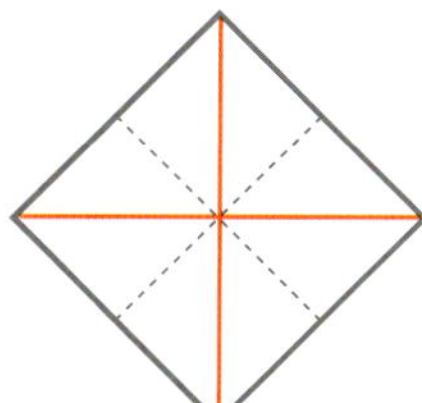

Erste Schritte

Benötigt werden 4 violette Fünfecke (2 x Ross und 2 x Reiter), 20 hellblaue Dreiecke (10 x Ross und 10 x Reiter) und 20 dunkelblaue Quadrate (10 x Ross und 10 x Reiter). Berg- und Talfalten nach nebenstehenden Grafiken falten. Ross und Reiter zu 2 violetten, 10 hellblauen und 10 dunkelblauen Modulen verbinden. Die umgefalteten Reiterspitzen der violetten und dunkelblauen Module unter dem Ross festkleben (Abb. 1) und vorübergehend mit Klammern arretieren.

Das Modell zusammenbauen

Die 2 violetten Module an jeder Ecke mit einem hellblauen Modul verbinden (Abb. 2, links). Daran schließen sich rundherum die dunkelblauen Module an (Abb. 2, rechts). Das ergibt 2 gleiche Hälften des Modells (Abb. 3 und 4), die im letzten Schritt zum fertigen Modell verbunden werden (Abb. 5 und 6).

Schwierigkeitsgrad: leicht bis mittelschwer

Zuschnitt: erste Anforderungen, einfache Montage;
Zeitaufwand: ca. 1 Stunde

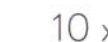
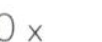

2 x 2 x 10 x 10 x 10 x 10 x

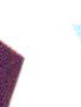
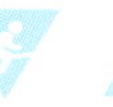

1

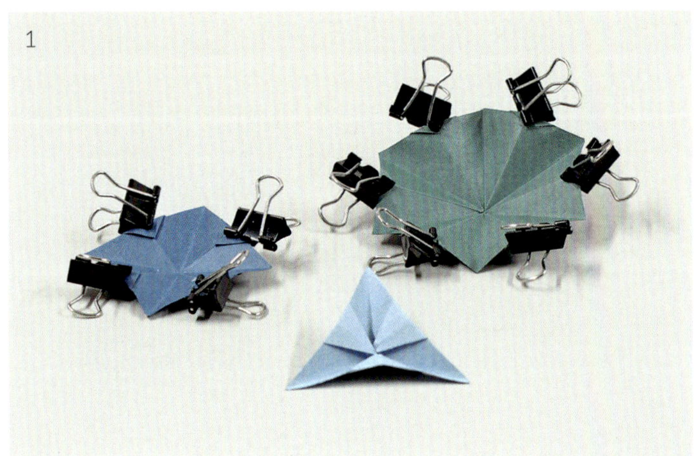

2

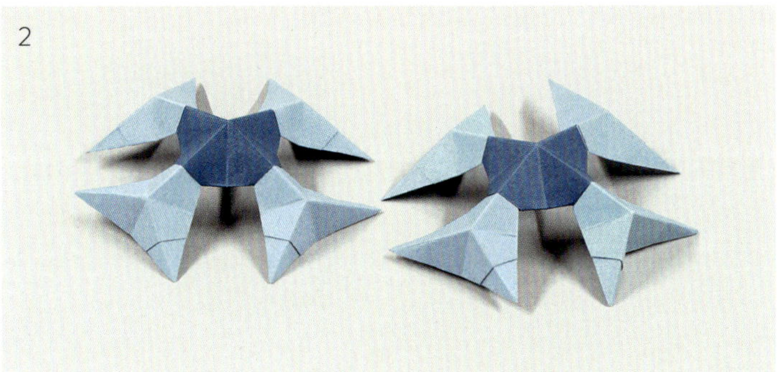

3

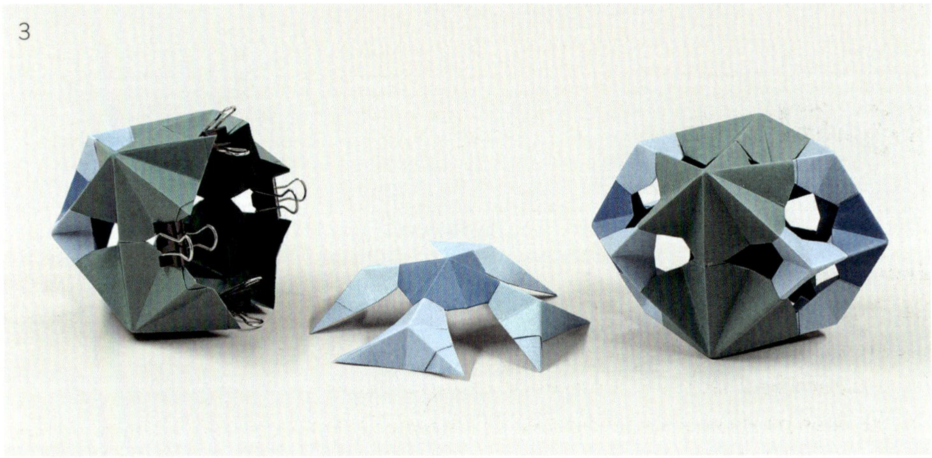

4

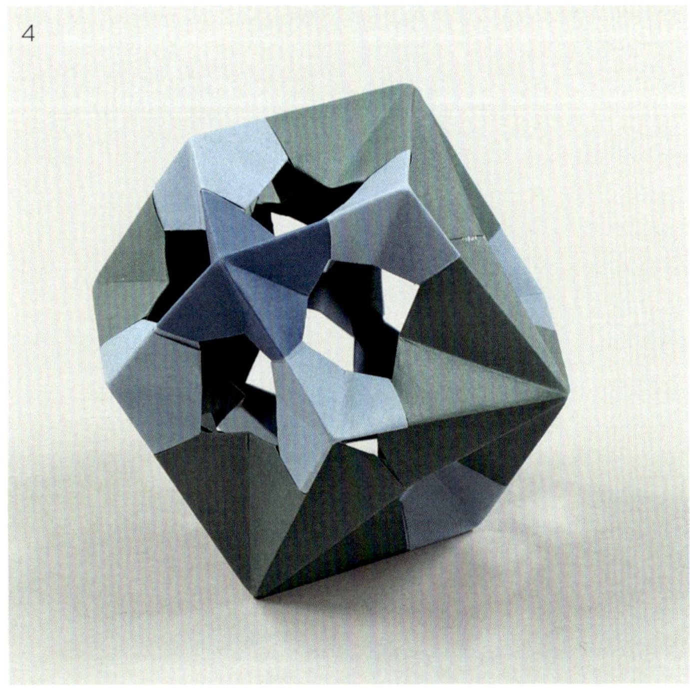

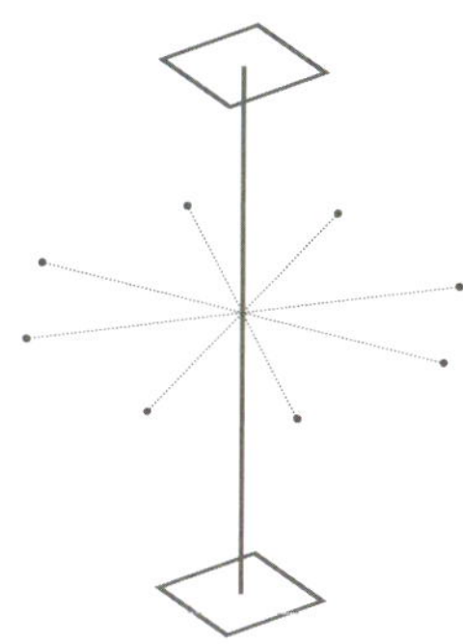

16-Flach

Erste Schritte

Benötigt werden 4 dunkelblaue Quadrate (2 x Ross und 2 x Reiter), 16 hellblaue Dreiecke (8 x Ross und 8 x Reiter) und 8 moosgrüne Sechsecke (4 x Ross und 4 x Reiter). Berg- und Talfalten nach nebenstehenden Grafiken falten. Ross und Reiter zu 2 dunkelblauen, 8 hellblauen und 4 moosgrünen Modulen verbinden. Die umgefalteten Reiterspitzen der moosgrünen und dunkelblauen Module unter dem Ross festkleben (Abb. 1) und vorübergehend mit Klammern arretieren.

Das Modell zusammenbauen

Die 2 dunkelblauen Module an jeder Ecke mit je einem hellblauen Modul verbinden. Das ergibt 2 gleiche Bauteile des Modells (Abb. 2). An ein Bauteil die moosgrünen Module anfügen, die Steckverbindung zur dauerhaften Befestigung verkleben (Abb. 3, links). Das andere Bauteil (Abb. 3, mittig) in einem letzten Schritt an das erste stecken. Abb. 4 zeigt das fertige Modell.

Schwierigkeitsgrad: mittelschwer

Zuschnitt: erste Anforderungen, kniffelige Montage; Zeitaufwand: ca. 1 Stunde

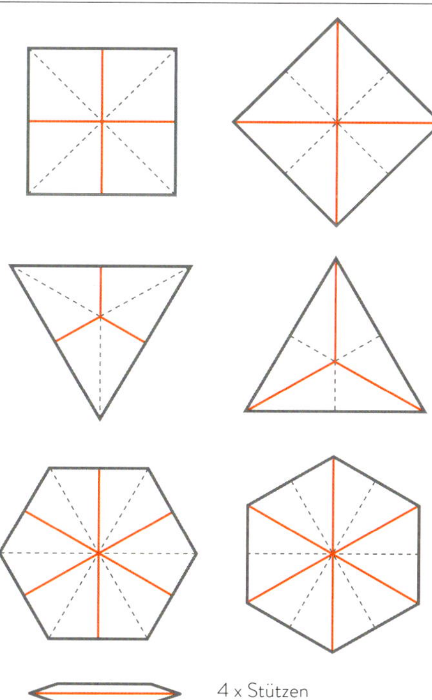

Hinweis:
Die Stützen stabilisieren die Verbindungen zwischen zwei benachbarten sechseckigen Modulen.

2 x 2 x 8 x 8 x 4 x 4 x

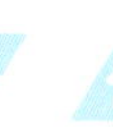

1

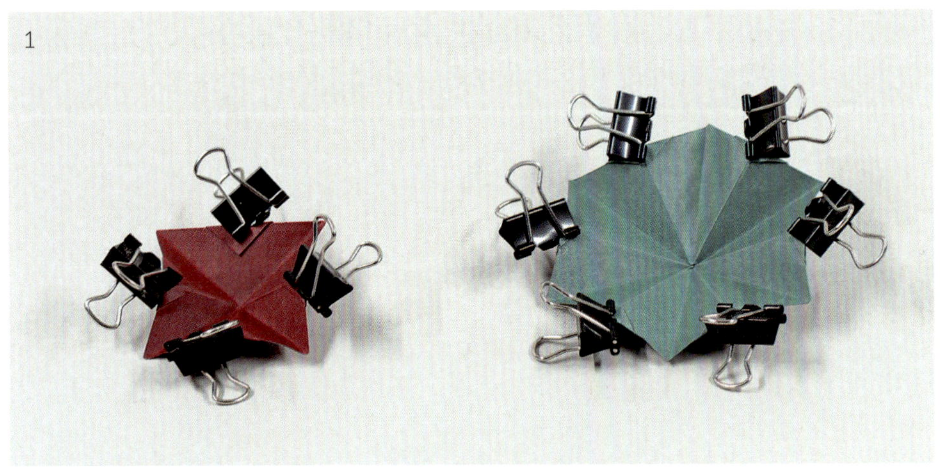

2

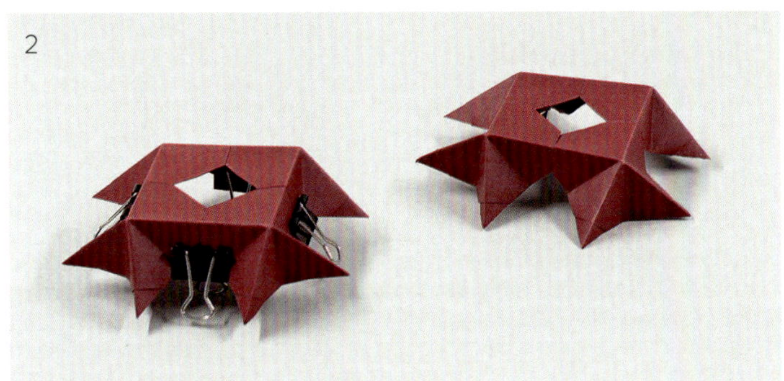

3

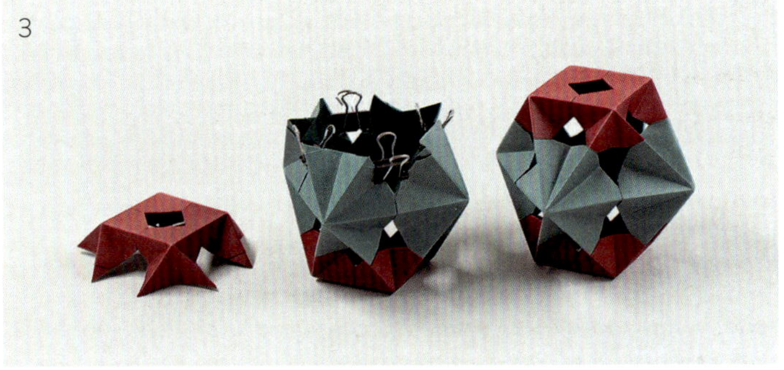

4

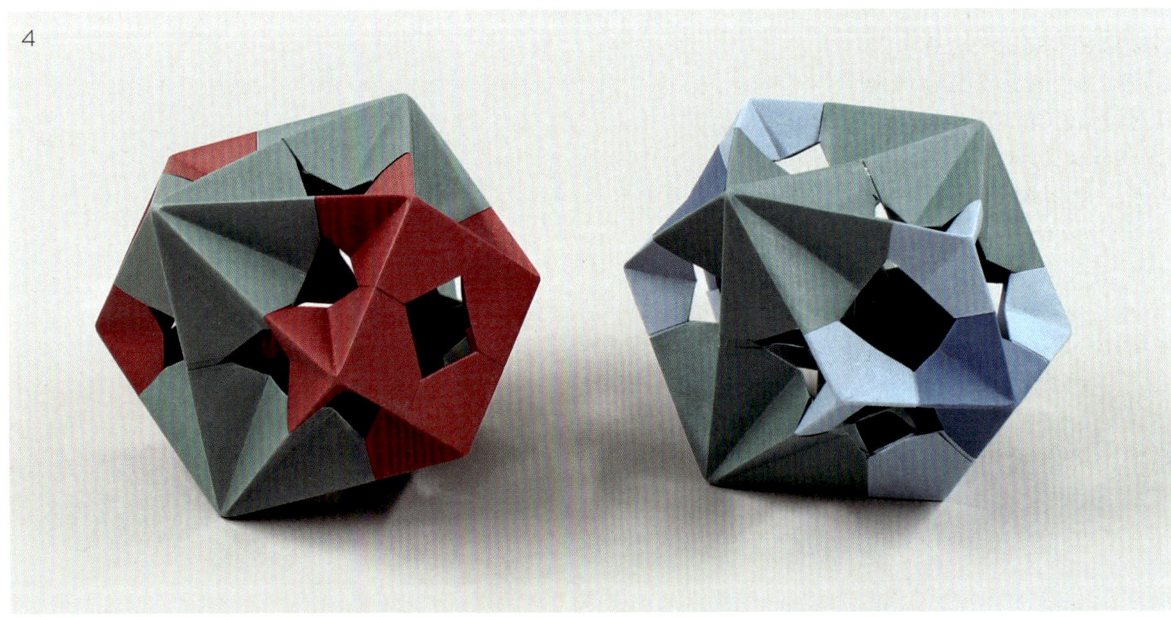

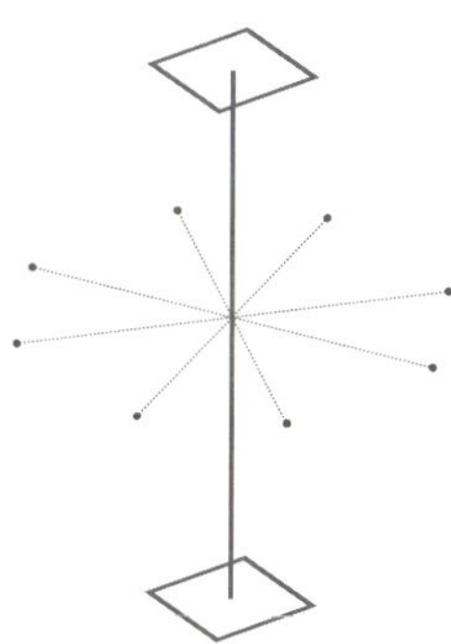

18-Flach

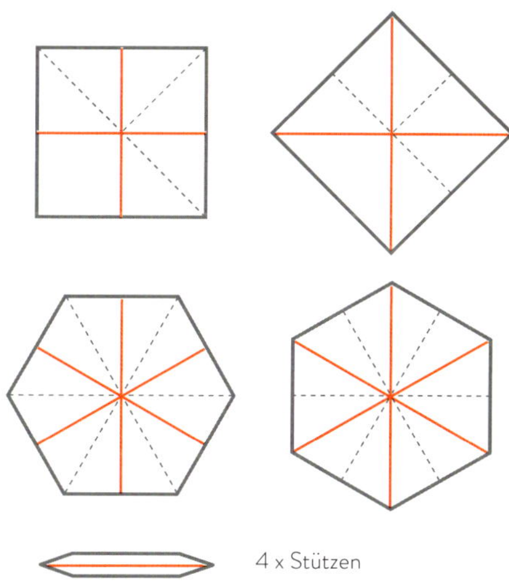

Erste Schritte
Benötigt werden 16 dunkelrote Quadrate (8 x Ross und 8 x Reiter) sowie 8 moosgrüne Sechsecke (4 x Ross und 4 x Reiter). Berg- und Talfalten nach nebenstehenden Grafiken falten. Ross und Reiter zu 8 dunkelroten und 4 moosgrünen Modulen verbinden. Die umgefalteten Reiterspitzen der moosgrünen und dunkelroten Module unter dem Ross festkleben (Abb. 1) und vorübergehend mit Klammern arretieren.

Das Modell zusammenbauen
2 x 4 dunkelrote Module zu je einem quadratischen Ringschluss verbinden (Abb. 2, rechts) und zusammenkleben (Abb. 2, links). Das ergibt 2 gleiche Bauteile des Modells. An eines die moosgrünen Module stecken und kleben (Abb. 3, mittig). Das zweite dunkelrote Bauteil zum fertigen Modell aufstecken (Abb. 3, rechts).

Ähnlichkeiten
Abb. 4 zeigt die Ähnlichkeiten von U08 und U09.

Schwierigkeitsgrad: leicht bis mittelschwer
Zuschnitt: erste Anforderungen, einfache Montage; Zeitaufwand: ca. 1 Stunde

Hinweis:
Die Stützen stabilisieren die Verbindungen zwischen zwei benachbarten sechseckigen Modulen.

8 x 8 x 4 x 4 x

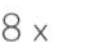
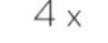
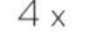

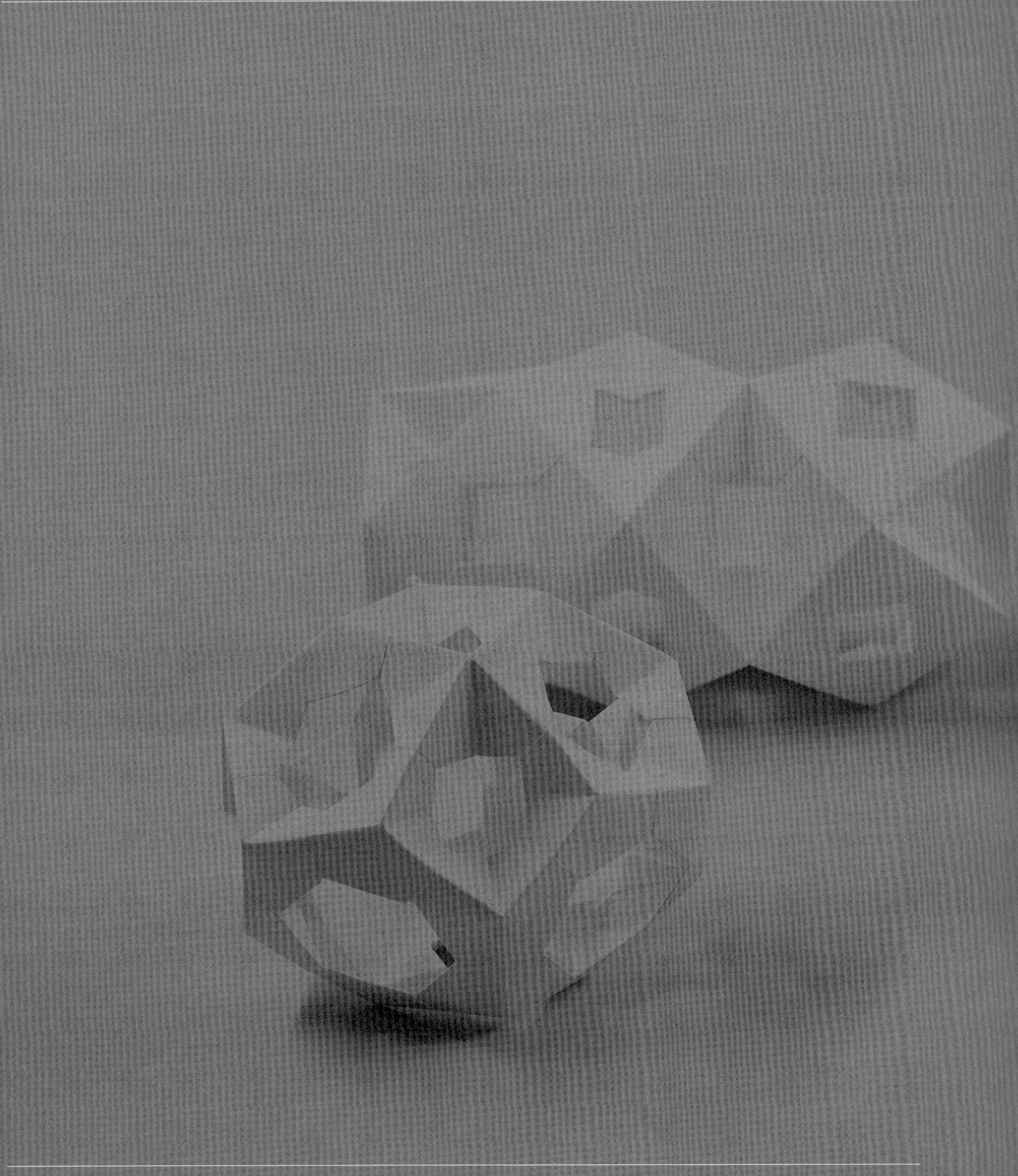

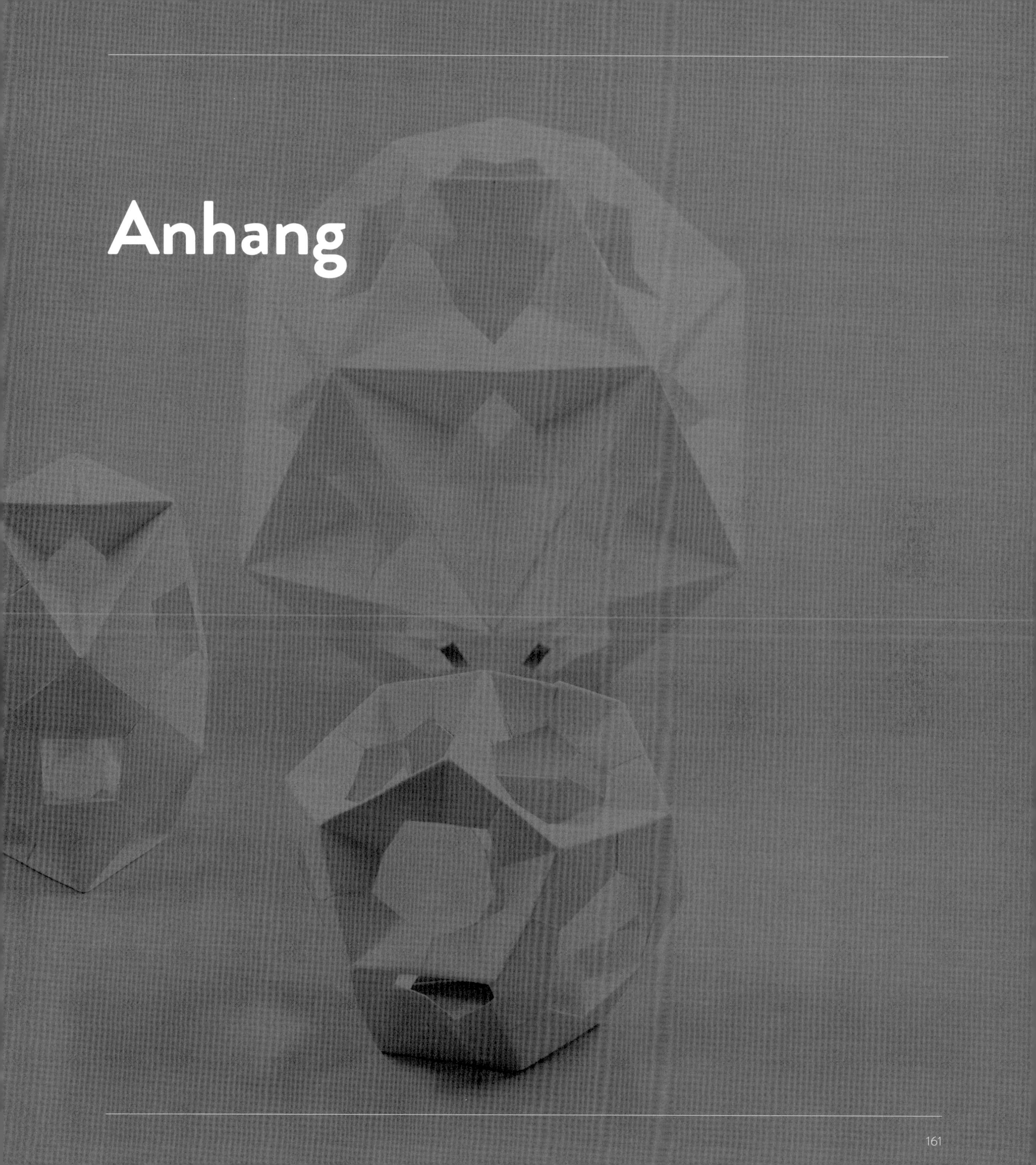

Anhang

Didaktische Hinweise

Mit den Formen aus FALTPOLYEDER und FALTFORMEN ist eine große Fülle an gefalteten Raumkörpern ausgebreitet. Damit sind allerdings noch nicht alle denk- und realisierbaren Lösungen ausgeschöpft.

Auch in FALTFORMEN soll der Hinweis auf die Autoren Rona Gurkewitz und Bennett Arnstein nicht fehlen, die (nicht nur) in der Ross-und-Reiter-Technik – ohne sie so zu nennen – eine beachtliche Pionier-Arbeit geleistet haben. Sie waren wohl die ersten, die in dieser Technik eine ganze Reihe von Modellen kreiert haben. Die Didaktik und auch eine Reihe von technischen Lösungen in FALTPOLYEDER und FALTFORMEN sind hingegen eigene, die über die Erläuterungen von Gurkewitz und Arnstein weit hinausgehen.

Allgemeine Gesichtspunkte
Das Papierfalten spricht Menschen auf vielfältige Weise an. Je nach Anlass und Zusammenhang lässt es sich schwerpunktmäßig für das eigene Arbeiten zu Hause, für den Unterricht, für das Studium oder auch für therapeutische Zwecke gezielt nutzen.

Meditative Qualität des repetitiven Arbeitens
Das ständig sich wiederholende, repetitive Falten von Polygonen und Zusammenfügen von Modulen wird von Vielen als praktisch-meditative Tätigkeit empfunden. Dies gilt insbesondere für die Formen, die aus nur einer einfachen Modulart gebildet werden. In FALTFORMEN finden sich nur wenige Modelle dieser Art (Q-Modelle). Aus FALTPOLYEDER eignen sich besonders die Modelle aus den Kapiteln A und B. Hier wird in besonderer Weise erlebbar, dass das fertige Modell als räumliche Form ein qualitatives „Mehr" als die Summe seiner Einzelteile ist, welche die eigenhändige Arbeit krönt. Dazu muss man gar nicht verstanden haben, welche geometrischen Bedingungen erfüllt sein müssen, um eine bestimmte Faltform zu erstellen.

Vom Probieren und Kombinieren zum Verstehen
Ist das Interesse am Polyeder-Falten in oben geschilderter Weise geweckt, so liegt es nahe, zum nächsten Schritt überzugehen und herauszufinden, welche Formen sich in dieser Arbeitsweise ebenfalls umsetzen lassen. Zum Probieren und Kombinieren braucht es einen zeitlichen und auch einen inneren Freiraum ebenso wie genügend Toleranz, wenn sich erste Sackgassen zeigen. Als Lehrer kann man, um die Entdeckerfreude zu fördern, Lösungen zunächst zurückhalten oder aber gezielte Aufgaben dazu stellen (z. B. eine Beschränkung auf bestimmte Falten und Module oder ganz konkret auf ein bestimmtes Modell).

Ganz allmählich und fast von selbst ergeben sich gesetzmäßige Einsichten, weshalb bestimmte Kombinationen passen oder

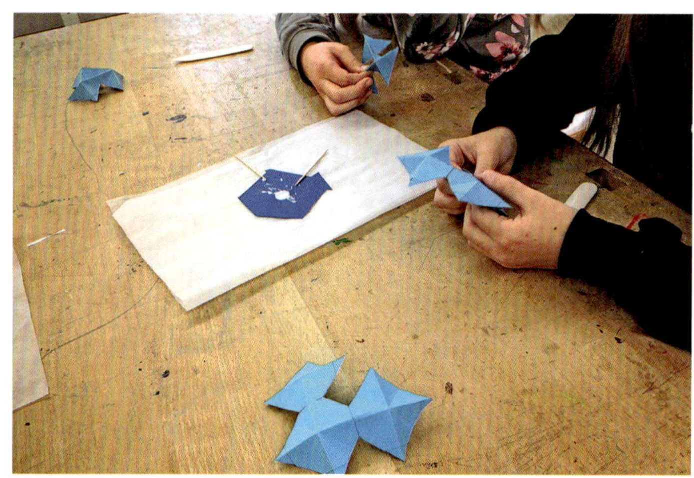

Zusammenstecken der Module

eben nicht. Die letzte exakte Gewissheit liefert nur eine streng geometrisch-mathematische Einsicht. Allerdings ist Papier ein elastischer Werkstoff, der räumliche Formen zulässt, die sich streng geometrisch nicht aus ebenen Flächen umsetzen lassen. Besonders in FALTFORMEN finden sich viele dieser Formen. Bei einigen sind diese an deutlich gewölbten Ringschlüssen (Flächen) erkennbar, bei anderen ist dies nicht gleich offensichtlich.

Handwerkliche Aspekte
Das Polyeder-Falten erfordert handwerkliches Geschick. Daher kann dies auch in einem strengen Sinn ein Prüfstein der eigenen Fähigkeiten sein. Im Sommer 2020 wurde ein ganzer Jahrgang von Studienbewerbern der Zahnmedizin an der Universität Witten/Herdecke hinsichtlich ihrer handwerklichen Sorgfalt getestet. Nur etwas mehr als die Hälfte der Bewerber bestand den Test. Dieser Test wurde auch Studierenden höherer Semester vorgelegt. Es ergab sich, dass die Testergebnisse beim Polyeder-Falten weitgehend korrelierten mit anderen Beobachtungen zur handwerklichen Sorgfalt. Bedenkt man, dass gerade bei Zahnärzten ein hohes Maß handwerklichen Geschicks notwendig ist, versteht man, dass sich das Polyeder-Falten als Ausschlusstest für Studienbewerber eignet. Für viele andere Berufe lassen sich ähnliche Aussagen treffen. Polyeder-Falten erfordert zunächst keine besonders herausragenden intellektuelle und kognitive Fähigkeiten, wie sie sich in Notenzeugnissen finden. Es lässt sich durchs unmittelbare Tun lernen („learning by doing"). Prüfen Sie also zunächst Ihren Zahnarzt vor der nächsten Behandlung, ob er ein Polyeder ordentlich falten kann!

Raumerleben
Ein Reiz des räumlichen Erlebens liegt darin, dass sich ein Raumkörper von verschiedenen Seiten anschauen und auch befühlen lässt. Bei den Faltpolyedern beginnt der Weg bei den ebenen polygonalen Faltflächen, die sich durch Falten aus der Ebene in den Raum erheben. Dies berührt ein wesentliches Problem des Raumverstehens, nämlich den Übergang zwischen der 2. Dimension (Ebene) in die 3. Dimension (Raum). Beim Polyeder-Falten ist dies ein Schritt, der sich ganz von alleine ergibt und so die Erfahrung dieses Übergangs vermittelt.

Ganz wesentlich stützt sich dieses Raumerleben auf unmittelbar haptische Erlebnisse, wobei das Sehen als visuelle Wahrnehmung eng damit verbunden ist. Eine besondere Qualität des Raumerlebens lässt sich beim Polyeder-Falten mit geschlossenen Augen wahrnehmen.

Im eigenhändigen tätigen Nachvollziehen können wir die Freude und „Würde des Unbekannten", wie es Novalis in seinen Gedanken zur Romantik formuliert, erleben. Hier klingt das menschliche Bedürfnis an, nicht schon fertig zu sein mit allem, sondern sich

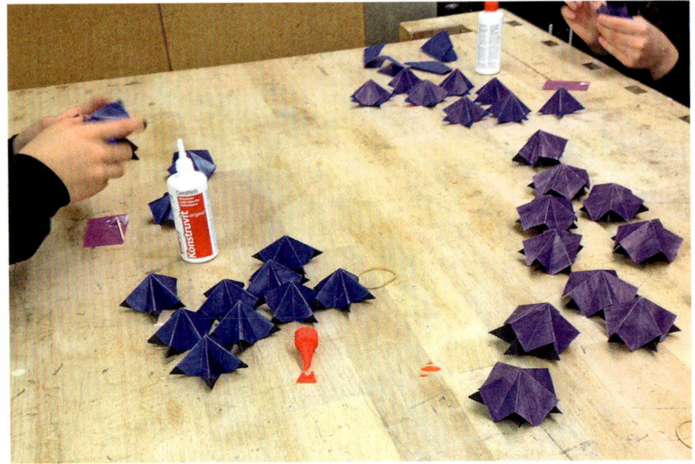

Mit Klebstoff hält die Steckverbindung noch besser

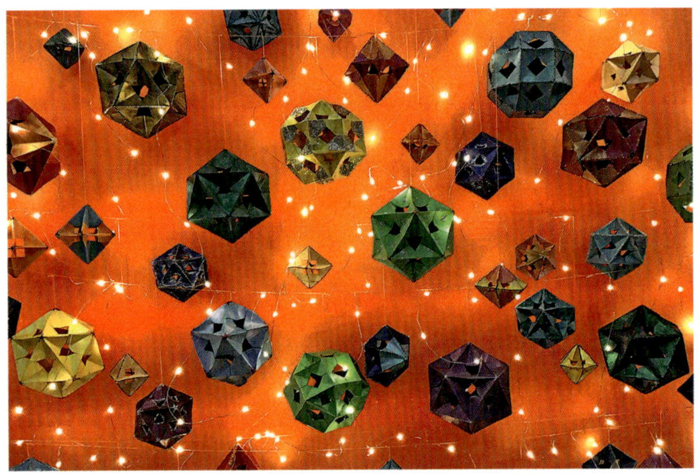

Geschafft: die gesammelten Werke im Schaufenster der Schule

weiterentwickeln zu wollen und zu können – wenn man so will: schöpferisch die Schöpfung weiterzuführen. Die Geometrie kennt seit Langem eine Vielzahl von Raumformen – und man kann immer noch Neues an ihnen entdecken. Auch dazu möchte FALTFORMEN anregen.

Für die Schule

Für viele Unterrichtsfächer können Faltformen ein spannendes und erfüllendes Thema sein: Mathematik, Kunst, Technik / Konstruktives Gestalten, als Inhalt für die letzte Stunde vor den Ferien oder in Vertretungssituationen. Besonders Erfahrungen mit Schülern im Werkunterricht (Schwerpunkt: Kartonage, Buchbinden) zeigen, dass Faltformen für viele Schüler ein interessantes Thema sind.

Meist ist es sinnvoll, mit Modellen aus nur einer Modulart zu beginnen, z. B. mit den Q-Modellen aus FALTFORMEN*. Tatendurstige Schüler wird man unter Umständen etwas im Tempo mäßigen müssen und besondere Sorgfalt darauf verwenden, kleinschrittig zu erklären. Erst nach dem Prüfen, ggf. Korrigieren der ersten Zwischenergebnisse sollte der nächste Schritt erfolgen. Andernfalls wird es schwierig, mit dem Korrigieren nachzukommen. Schüler mit schneller Auffassungsgabe kann man bitten, den anderen zu helfen. Nach der Eingewöhnung können schwerere Sonderaufgaben für sie ebenfalls sinnvoll sein.

Nach ersten erfolgreichen Modellen haben manche Schüler bis aufs Weitere genug und kommen erst später wieder auf die Faltformen zurück. Andererseits gibt es immer wieder – auch deutlich jüngere – Schüler, die sich die Faltformen zum eigenen Thema machen und damit lange eigenständig (auch zu Hause) arbeiten wollen und können. Für diese reicht es schon fast, genügend Faltpapier bereitzuhalten und aus dem Stand vermitteln zu können, welche Faltform zu welchen Ergebnissen führt. Dafür bietet FALTFORMEN reiches Anschauungsmaterial. Die meisten Modelle sind einfach zu bewältigen **. Als Vorbereitung ist es sehr hilfreich, die grafischen Darstellungen von Ross, Reiter, Berg- und Talfalten im Grundsatz verinnerlicht zu haben und schnell und sicher im Unterricht vermitteln zu können. Dasselbe gilt für die Symmetrieachsen, die man natürlich auch als naturwissenschaftlichen Aspekt in ein praktisches Unterrichtsfach wie „Gestalten mit Papier" integrieren kann – im Sinne eines fächerübergreifenden Angebots.

Im Kombinieren verschiedener Faltflächen kommt ein spielerisches Element hinzu: Farbiges Papier in Verbindung mit verschiedenen Faltformen spricht emotional an und motiviert auszuprobieren, was sich miteinander so verbinden lässt, dass eine in sich geschlossene Form entsteht. Und wenn dann etwas doch nicht zusammenpasst, können die Gründe dafür erkundet werden. Das jeweilige Ergebnis ergibt sich zunächst unmittelbar aus dem

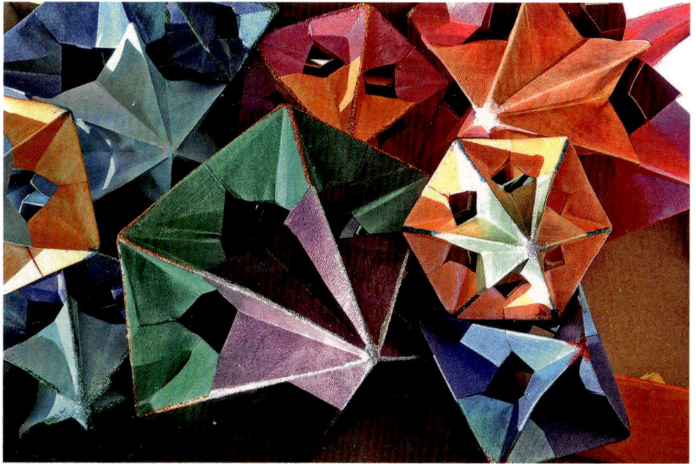

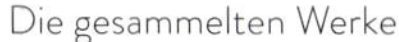

Die gesammelten Werke

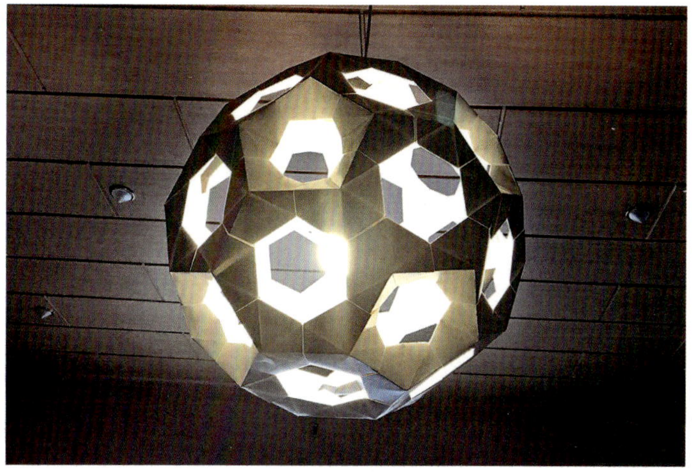

Gefalteter Lampenschirm (Modell: Johanna Bolte, Luisa Rüschenschmidt)

Probieren. Durch bewusstes Hinterfragen wird zusätzlich eine intellektuell-kognitive Erkenntnis angesprochen. So kann ganz allgemein gelernt werden: Praktisches Scheitern führt zu sinnvollen Erkenntnissen, die vielleicht schon beim nächsten praktischen Versuch zur erfolgreichen Anwendung kommen.

Eine beliebte Fragestellung ist: Bis zu welcher Größe können Faltformen gebaut werden? Es lassen sich daran gute fachliche Fragen praktisch beantworten. Grundsätzlich lassen sich alle Größenangaben fast beliebig proportional vergrößern. Mit zunehmender Größe macht sich das Eigengewicht gegenüber der Formsteifigkeit des Papiers bemerkbar. Das 36-Flach (R07) oder das 22-Flach (S03)*** aus Dreiecken mit der Kantenlänge von 18 cm hat einen Durchmesser von ca. einem halben Meter. Selbst wenn die Modelle in dieser Größe aus stabilem Karton von 200 g/qm gebaut werden, müssen alle Steckverbindungen geklebt werden. Ansonsten verrutschen Ross und Reiter ebenso wie die benachbarten Module unter ihrer Eigenlast.

Beim Falten kann man sehr verschiedene Papiersorten und ihre jeweiligen Vorzüge und Nachteile kennenlernen. Steifes, hartes Transparent-Papier lässt sich gut falten, es bricht aber leicht bei zu scharfem Falten. Karton ist beim Falten etwas widerständig aufgrund seiner Dicke (hier ist das Falzen mit einem Falzbein hilfreich), trägt dafür jedoch auch größere Formen (und Lasten).

Für den Tag der offenen Tür oder andere öffentlichkeitswirksame Gelegenheiten wie auch bei Elternabenden sind Faltformen ein sympathischer aussagekräftiger Hingucker.

Der Mathematik-Unterricht kann schließlich an die Faltformen anknüpfen mit Flächen-, Volumen- und Nutzenberechnung: „Wie viele Dreiecke der Größe x bekomme ich aus einem Papierbogen der Größe y geschnitten?“ oder: „Wie viele Papierbogen der Größe y benötige ich, wenn ich eine Anzahl von z Modellen mit einer bestimmten Anzahl von Ross- und Reiterflächen der Größe x bauen will?“.

* oder den A-und B-Modellen aus FALTPOLYEDER / ** In FALTPOLYEDER finden sich neben einfachen auch sehr anspruchsvolle Modelle. / *** oder ein Ikosaeder-Stumpf (B07) bzw. der Erweiterte Ikosaeder-Stumpf / 42-Flach (L06) aus FALTPOLYEDER.

Glossar

BEGRIFFE ZUM MODELLBAU

Einfache und komplexe Symmetrien. Als einfach-symmetrisch werden Faltformen bezeichnet, die eine Haupt- und ggf. mehrere Neben-Symmetrieachsen (kurz: Haupt- und Nebenachsen) haben. Modelle mit zwei verschiedenen mehrzähligen Symmetrieachsen und weiteren 2-zähligen Symmetrieachsen sind dagegen deutlich komplexer.

Haupt-(Symmetrie-)achse / Neben-(Symmetrie-)achse. Viele Modelle in FALTFORMEN haben eine höher-zählige, hauptsächliche Achse, die meist von mehreren 2-zähligen seitlich geschnitten wird. Aus praktischen Gründen werden diese Achsen als Haupt- und Nebenachsen bezeichnet.

Modell, Modul, Doppelmodul, freie Spitzen. Ein Modell besteht aus einer Vielzahl von Modulen. Jedes Modul besteht aus zwei Blättern in der Form eines regulären Polygons. Das obere Blatt wird hier als Reiter bezeichnet, das untere als Ross.
Aus dem Modul ragen einzelne Spitzen des Rosses heraus, die als Steck-Verbindungen zu benachbarten Modulen fungieren. Solange eine solche Verbindung noch nicht gesteckt ist, ist sie offen (siehe auch Seite 10, linke und mittlere Abbildung).

Polyeder. (griech.: poly, viel, und eder, Fläche) Allgemein: Vielflach oder Vielflächner. Beispiel: Würfel. Vielflache werden in FALTFORMEN einheitlich nach Anzahl ihrer Ringschlüsse benannt. Beispiel: ein 18-Flach bezeichnet eine Faltform mit 18 Ringschlüssen.

Polygon. (griech.: poly, viel, und gon, Kante) Allgemein: Vieleck. Beispiel: Quadrat

Ringschluss. Aus Ross- und Reiter gebildete Module lassen sich zusammenstecken, wie in den einzelnen Anleitungen gezeigt und erklärt. Mehrere Module (mindestens drei) bilden einen eckigen Ringschluss (siehe hierzu auch Seite 10, mittlere und rechte Abbildung). In FALTFORMEN finden sich Modelle mit 3-, 4-, 5-, und 6-zähligen Ringschlüssen. Aus der Summe der Ringschlüsse resultiert der Modellname. Beispiel: Hat ein Modell 18 Ringschlüsse, wird es in diesem Buch als 18-Flach bezeichnet.

Schlauchförmig. Mehrere Ringschlüsse können zusammen einen Teil (Torso) eines Modells bilden, der aus einem schlauchförmigen Zusammenschluss mehrerer Ringschlüsse besteht. Zugunsten einer eindeutigen Bezeichnung wird hier dafür der Begriff schlauchförmig verwendet, und nicht etwa „Ringschluss zweiten Grades“ oder „zweiter/höherer Ordnung“.

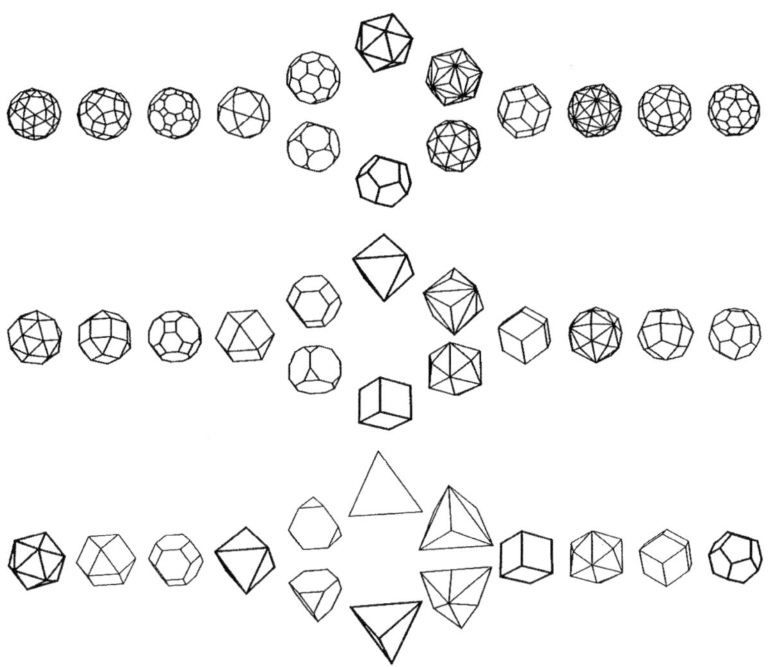

Alle Polyeder-Formen auf einen Blick:
Im Mittelbereich: platonische Körper, linke Hälfte: archimedische Körper, rechte Hälfte: catalanische Körper (Abbildung von Helmut Emde, umgestellt; siehe Literaturangaben, Seite 169)

Symmetrieachsen. Eine gedachte gerade Linie durch die Mitte des Körpers, die zugleich Achse einer räumlichen Drehung ist.
Bei den symmetrischen Raumformen (hier: Faltformen) geht eine Symmetrieachse nicht nur durch die Mitte des Modells, sondern auch durch zwei gegenüberliegende Ecken, durch die Mitte gegenüberliegender Flächen oder durch die Mitte der Kanten (siehe hierzu auch Seite 11).

Topologie. (griech.: tópos, Gestalt) Lehre von der Gestalt von Formen

Torso. (vom lat.: tursus, urspr. griech.: thyrsos, Stumpf) Eigentlich Bezeichnung für meist künstlerische Darstellungen von Körpern, an denen wesentliche Glieder fehlen. Hier verwendet für Modelle, die aus geometrischen oder praktischen Gründen nicht vollständig ringschlüssig umgesetzt werden und darum an zwei Seiten offen (unvollständig) bleiben.

Zähligkeit. Bei einer 360°-Drehung um eine Symmetrieachse zeigt sich mindestens zweimal die gleiche Ansicht auf einen Raumkörper. In diesem Beispiel handelt es sich dann um eine 2-zählige Symmetrieachse. Die Modelle im Buch können auch 3-, 4-, 5-, 6-, 7- und 8-zählig sein. Auch Ringschlüsse haben immer eine Zähligkeit.

BEGRIFFE ZUR FORM

Chiral. Spiegelsymmetrisch. Chirale Raumformen können in zwei spiegelsymmetrischen Versionen hergestellt werden, die sich verhalten wie die rechte zur linken Hand. Beispiel: 18-Flach (Modell O09 auf Seite 50).

Regulär. Gleichmäßig oder gleichförmig. Ein Polygon ist regulär, wenn alle Seiten gleich lang und alle Winkel zwischen den Kanten gleich groß sind. Ein Polyeder ist regulär, wenn alle Kanten gleich lang, alle Flächen ringförmig und die Winkel zwischen benachbarten Flächen gleich groß sind. Alle platonischen Körper sind reguläre Polyeder.

Halbregulär. Nur teilweise gleichmäßig oder gleichförmig.
Ein Polyeder ist halbregulär, wenn es aus gleichen Flächen besteht, die Winkel an den Ecken jedoch unterschiedlich groß sind (catalanische Körper). Alternativ kann es aus unterschiedlichen Flächen bestehen, wobei aber alle Kanten gleich lang sind (archimedische Körper).

Platonische Körper. Synonym für reguläre Polyeder. Die fünf nach Platon (um 428–347 v. Chr.) benannten gleichförmigen Raumformen sind Vierflach, Würfel/Sechsflach, Achtflach (Oktaeder), Zwölfflach (Dodekaeder), Zwanzigflach (Ikosaeder).

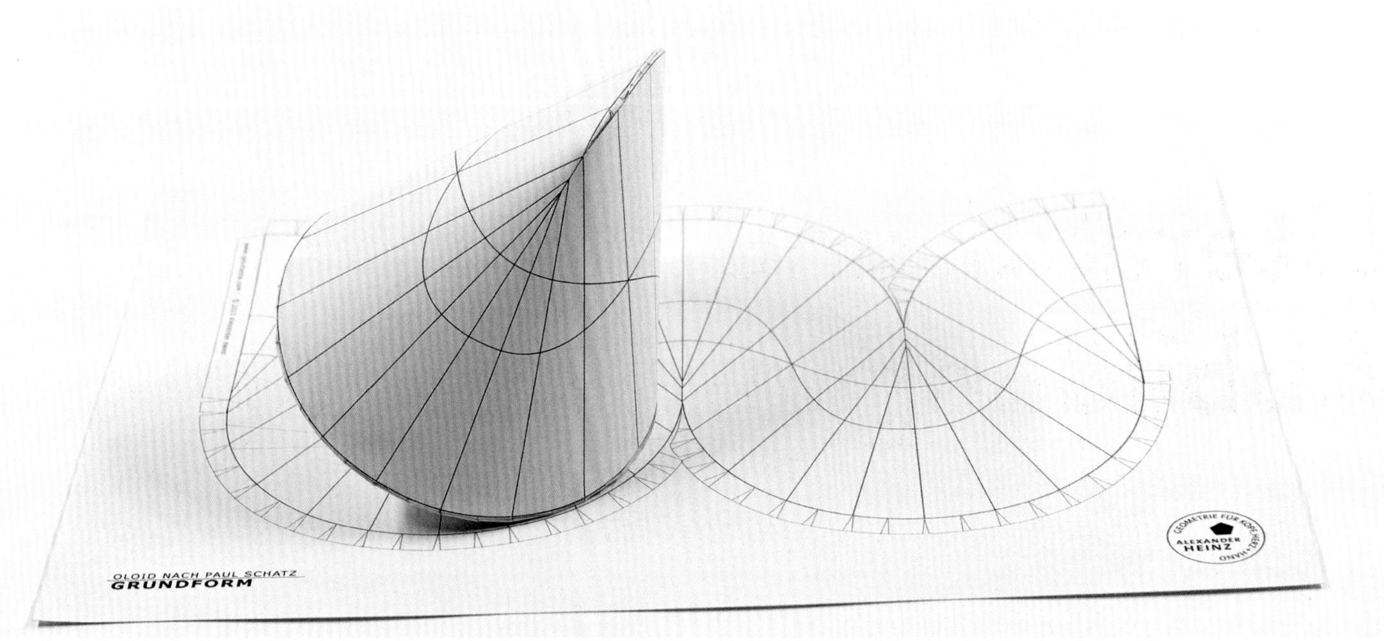

Archimedische Körper. 13 halbreguläre Polyeder (plus zwei chirale Formen) wurden nach dem griechischen Mathematiker Archimedes (um 287–212 v. Chr.) benannt. Jeder archimedische Körper kann auf einen oder zwei platonische Körper zurückgeführt werden. Jeder archimedische Körper hat zudem einen catalanischen Dualpartner.

Catalanische Körper. 13 halbreguläre Polyeder (plus zwei chirale Formen), die nach dem belgischen Mathematiker Eugène Charles Catalan (1814–1894) benannt wurden. Jeder catalanische Körper kann auf einen oder zwei platonische Körper zurückgeführt werden, woraus sich jeweils der Name des catalanischen Körpers ergibt. Jeder catalanische Körper hat einen archimedischen Dualpartner.

Oloid. Das Oloid ist eine Form mit zwei gebogenen Kanten, die von nur einer gebogenen Fläche umschlossen wird. Seine beiden gebogenen Kanten stehen sich kreuzweise gegenüber. Oloidale Faltformen haben je zwei Kanten, die sich ebenso kreuzweise gegenüberstehen (siehe Abbildung oben).

Oloidal. Topologische Ähnlichkeit zur Form des Oloids.

Literatur und Abbildungen

LITERATUR

Adam, Paul und Arnold Wyss: Platonische und Archimedische Körper, ihre Sternformen und polaren Gebilde. 2. Auflage. Verlag Freies Geistesleben, Stuttgart 1994

Emde, Helmut: „Zur Geometrie räumlicher Strukturen“. In: Diatomeen I: Schalen in Natur und Technik, Institut für leichte Flächentragwerke der Universität Stuttgart, IL28, S. 222–243

Gurkewitz, Rona und Bennett Arnstein: Multimodular Origami Polyhedra. Archimedeans, Buckyballs and Duality. Dover Publications, Mineola, NY (USA) 2003

Heinz, Alexander: FALTPOLYEDER. Papierfalten zwischen Kunst und Geometrie. Haupt Verlag, Bern 2019

Heinz, Alexander und Andreas Vahlenkamp: „Polyederfalten als Auswahltest: Studienplatzbewerbung für Zahnmedizin an der Universität Witten/Herdecke“. In: Informationsblätter der Geometrie IBDG, 2/2020, Jahrgang 39. Hrsg.: Fachverband der Geometrie (ADG, Österreich)

Heinz, Alexander: „Falt-Polyeder: eine west-östliche Verbindung“. In: Informationsblätter der Geometrie IBDG, 2/2012, Jahrgang 31. Hrsg.: Fachverband der Geometrie (ADG, Österreich)

Offermann, Erich: Kristalle und ihre Formen. KristalloGrafik Verlag, Achberg 2004

Reiners, Ludwig: Der ewige Brunnen. Ein Volksbuch der Dichtung. C.H. Beck, München 1974

ABBILDUNGEN

Seite 14/15 aus:
Adam, Paul und Arnold Wyss (siehe Literatur)

Seite 167 aus:
Emde, Helmut (siehe Literatur)

Didaktische Hinweise:
Barbara Jordak (farbige Modelle)
Johanna Bolte (Lampenschirm)

Alexander Heinz

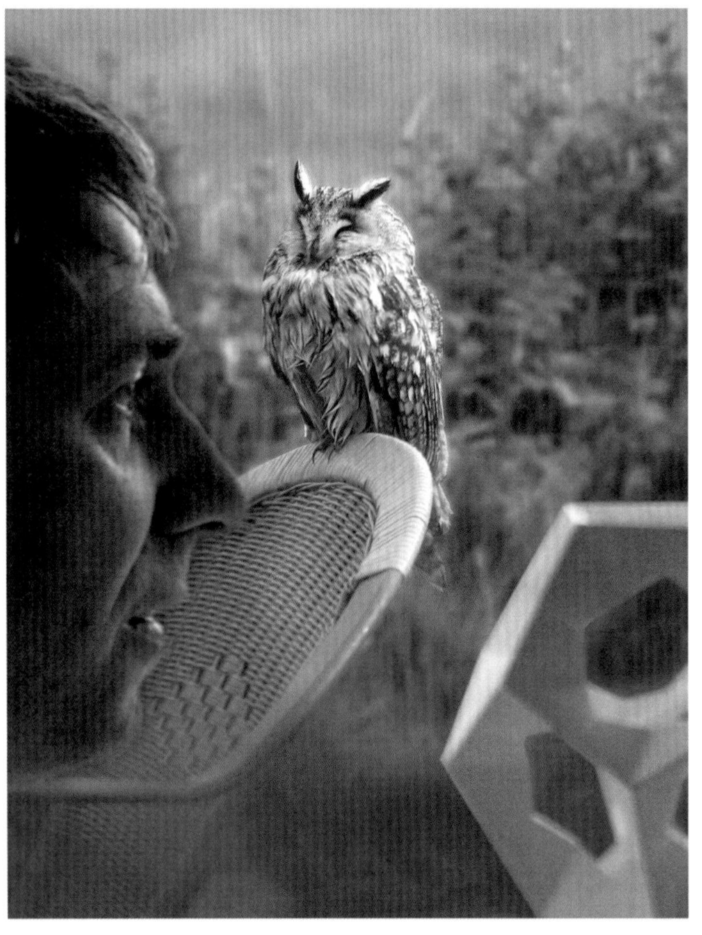

Alexander Heinz (*1968) ist Buchbinder-Meister und studierte Kunst (LA) an der TU Dortmund. Er unterrichtet Buchbinden und Geometrie an einer Schule in Nordrhein-Westfalen, leitet Workshops für Jugendliche und Erwachsene, hält Vorträge im Hochschulbereich und in der Erwachsenenbildung in Deutschland, Österreich und der Schweiz. Alexander Heinz ist Autor zahlreicher Artikel über Polyeder-Formen und andere Themen der Geometrie. Mit seinen freien Modellbau-Projekten verbindet er Handwerk, Kunst und Geometrie.

Veröffentlichungen (Artikel):

- „Polyederfalten als Auswahltest: Studienplatzbewerbung für Zahnmedizin an der Universität Witten/Herdecke“ (IBDG, 2/2020, Informationsblätter der Geometrie, Mitteilungsorgan des Österreichischen Fachverbands der Geometrie, ADG).
- „Aus der Zeit gefallen: Polyeder als momentane Durchgangsstationen von Transformationen. Ein Beitrag zur Polyeder-Morphogenese“ (IBDG, 1/2020)
- „Nach den Sternen greifen: Räumliche Sternbilder“ (IBDG, 1/2018)
- „Ist die Erde ein Stern? Geometrische und geologische Sicht auf die Erdform“ (IBDG, 2/2017)
- „Das Runde muss ins Eckige: Ballformen und ihre Grundlagen“ (IBDG, 1/2017)

- „Sonne, Monde, Wandelsterne: Ein Planetarium aus astronomischen Bastelbogen“ (IBDG, 2/2013)
- „Faltpolyeder: eine west-östliche Verbindung“ (IBDG, 2/2012)
- „Mit Krummen und Geraden auf der Überholspur“ (erziehungsKUNST, 3/2011, S. 32–35)
- „Geometrie in Bewegung: 80 Jahre Schatz'sche Umstülpung“ (IBDG, 1/2010)
- „Ein Stein kommt ins Rollen. Oloid-Woche in Basel“ (IBDG, 2/2009)
- „Platonische Körper erleben. Gast-Unterricht in einer 8. Klasse“ (erziehungsKUNST, 7/8/2007, S. 812–815)
- „Kulturgeschichtliche und geometrische Aspekte zur Entwicklung des Raumbewusstseins“ (Mensch und Architektur, 11/2007, S. 58–63)

Inhaltliche Schwerpunkte:

- Reguläre und halbreguläre Polyeder als Stationen von Verwandlungs-Prozessen (Polyeder-Morphogenese)
- Retro-Perspektive, Camera obscura / Laterna magica, Impossibles (optische Täuschungen)
- Umstülpung und umstülpbare Modelle, das Oloid und andere Raum-Zeit-Formen,
- Polyeder im Alltag und Kulturgeschichte der Polyeder-Formen

Modellbau:

- Reguläre und halbreguläre Polyeder, Kugelpolyeder, Oloid und ähnliche Formen
- Bewegliche und umstülpbare Modelle
- Begehbare Formen
- Handmodelle (Pädagogik)
- Präsentations-Modelle (Didaktik, Messe)
- Bastelbogen
- Bewegliche Bilder

Kurse, Vorträge und Ausstellungen:
Sternwarte Recklinghausen, Roemer-und-Pelizaeus-Museum Hildesheim, Universität Freiburg im Breisgau, PH Fribourg, Universität Innsbruck, PH Steiermark/Graz, TU Graz, PH Salzburg, PH Kärnten/Klagenfurt, OLMA-Messe St Gallen.
Im Rahmen von Tagungen der DGfGG (Deutsche Gesellschaft für Geometrie und Grafik): TU München, TU Dresden, Karlsruher Institut für Technologie (KIT, vormals Universität Karlsruhe)

Mehr Informationen unter:
www.geomenta.com

Danksagung

Dem Haupt Verlag, namentlich Frau Heidi Müller, möchte ich danken für die gute Zusammenarbeit. Bei Frank Georgy bedanke ich mich für die bewährte und gute Abstimmung in der Buchgestaltung. Danke auch für die freundlichen und konstruktiven Rückmeldungen und Anregungen meiner Leserinnen und Leser von FALTPOLYEDER.

Der langjährigen Zusammenarbeit mit den Kollegen des österreichischen Fachverbands der Geometrie (ADG) verdanke ich wertvolle Anregungen. Insbesondere durch den Austausch auf den jährlichen Strobl-Tagungen wie auch gelegentlich beim Tag der Geometrie der TU in Graz. Mein besonderer Dank geht an Friedhelm Kürpig für das Vorwort. Für verschiedene hilfreiche Anregungen und Hilfestellungen bedanke ich mich bei Günter Maresch (Universität Salzburg).

Auch die Begegnungen mit Dozenten und Fachlehrern für Mathematik waren für mich stets eine Bereicherung an der Universität Karlsruhe (heute KIT), der TU Dresden sowie der TU München, der Universität Freiburg im Breisgau und der PH Fribourg/CH. Vielen Studierenden und Lehrenden im Fachbereich Kunst der TU Dortmund verdanke ich inhaltlich einen weitreichenden Austausch über den Zusammenhang von Handwerk, Kunst und Wissenschaft.

Ein ganz besonderer Dank geht an meine Familie: an meine Eltern, durch die ich in eine von Kunst und Gestaltung geprägte Umgebung hineinwachsen durfte, an meine Frau und meine Kinder, die meine Begeisterung all die Jahre mit Verständnis und Geduld mitgetragen haben, durch alle damit verbundenen Höhen und Tiefen. Michael Doman (Kampen/Sylt) hat meine Arbeit über Jahre mit Interesse begleitet, auch durch wertvolle Hinweise und regen Gedankenaustausch zur Polyeder-Geometrie. Dafür herzlichen Dank! Martin Mahle (Eichenau) und Bruno Hoffmann (Lehrte) verdanke ich originelle Beobachtungen und Anregungen.

Gert Hansen (Kopenhagen), Ueli Wittorf (Zürich), Fred Voss (Hannover), Jürgen Blasberg (Hagen), Christoph Bednarz (Bochum), Alexander Junge (Berlin), Niels Junge (Hannover) und Rita Baumgart † (Essen) danke ich für hilfreiche Begegnungen.

Schließlich bin ich sehr dankbar, dass mir die noch lebenden und bereits verstorbenen Lehrerinnen und Lehrer aus meiner Schulzeit an der Rudolf-Steiner-Schule in Dortmund erste reiche Grundlagen der Geometrie vermittelt haben. Ich danke auch meinen Schülerinnen und Schülern an dieser Schule, die die Faltpolyeder mit regem Interesse aufgenommen und stellenweise auch selbstständig weitergeführt haben.

Bezugsquellen

Der in FALTFORMEN dargestellte Modellbau mit Ross und Reiter stellt ans Papier besondere materielle Anforderungen. Es empfiehlt sich glattes, formsteifes und hartes Papier; falls eine farbige Sorte gewählt wird, sollte es durchgefärbt sein. Das Papiergewicht sollte bei etwa 120 g/m² liegen. Nachfolgende Papiersorten entsprechen diesen Anforderungen und sind jeweils über die angegebene Bezugsquelle lieferbar. Unter Umständen kann eine Buchbinderei oder Druckerei vor Ort auch weiterhelfen. Es muss mit einem Kleinstmengenzuschlag von etwa CHF/EUR 15.00 gerechnet werden, wenn nur einzelne Bogen bestellt werden.

SURBALIN GLATT
115 g/m², Bogen 70 x 100 cm

Schweiz
peyer graphic ag
Weststraße 10, 5426 Lengnau
www.peyergraphic.ch, info@peyergraphic.ch

Deutschland
peyer graphic gmbh
Mollenbachstraße 33-35, 71229 Leonberg
cover@peyergraphic.de

Österreich
Nebel KG
Otto-Bauer-Gasse 4–6, 1060 Wien
www.nebel.co.at, office@nebel.co.at

F.COLOR GLATT
120 g/m², Bogen 102 x 70 cm. Für das Vorsatz- und Nachsatzpapier dieses Buches wurde dieses Papier verwendet.

Gebr. Schabert GmbH & Co. KG
Laurenzistraße 15–17, 96129 Strullendorf
www.gebr-schabert.de, verkauf@schabert.eu

EFALIN GLATT
120 g/m², Bogen 102 x 70 cm

Schmedt – Die Welt des Buchbindens
Dwengerkamp 1, 21035 Hamburg
www.schmedt24.de

RICHTER & MENZEL GmbH
Niederlassung Mannheim, Chemnitzer Straße 6–8,
68309 Mannheim, www.richter-menzel.de/

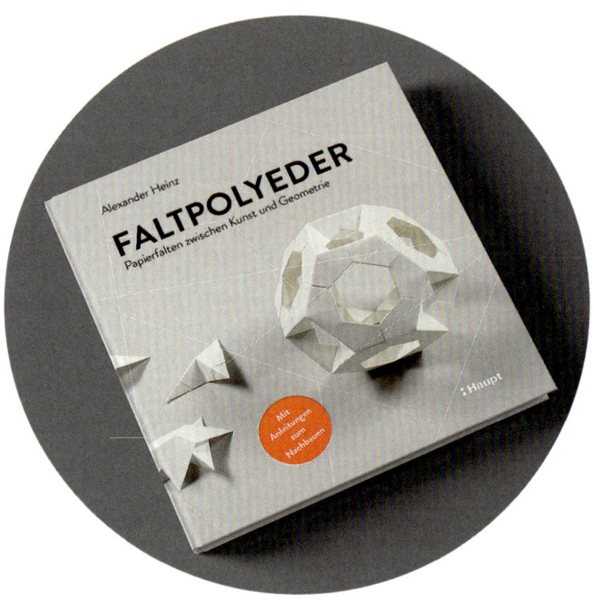

FALTPOLYEDER, Papierfalten zwischen Kunst und Geometrie, ein Untertitel, der gemeinsam mit der imposanten Covergestaltung Besonderes erwarten lässt. Schlägt man das Buch auf, bestätigt sich, was die Ankündigung verspricht: Auf die Einführungen in das Prinzip der modularen Bauweise und in den kulturgeschichtlichen Hintergrund folgen Seite für Seite ästhetisch gekonnt präsentierte Fotografien, mit welchen die Einzelschritte des Entstehens der geometrischen Körper dokumentiert werden. Begonnen mit schlichteren Polyedern, zeigen sich die herrlichsten Formen, die dank der speziellen Vorgehensweise, einzeln gefaltete Bausteine ineinander zu stecken, praktisch gut nachvollziehbar sind. Neben solchen, die der Autor als in der Machart (Konstruktion) anspruchsvoll benennt, findet man zahlreiche Gebilde, deren Erarbeitungsgrad mit ‚leicht' angegeben ist und die sich trotz ihrer hochkomplexen Strukturen tatsächlich auch vom ungeübten Laien herstellen lassen.
Es ist dies ein Buch, wie man es sich nur wünschen kann: künstlerisch und geometrisch eine wahre Freude, dabei bestens geeignet zum kreativ-manuellen Tun und spannenden Entdecken. Ein Buch, bis ins Detail sorgsam ausgeführt, das Ergebnis gelebter Arbeit, Begeisterung und Liebe zur Geometrie, ein Buch eben, in dem aus der Schwere der Aufgabe ein Kunstwerk der Leichte geworden ist.

Rita Baumgart, Kunsttherapeutin, Lehrerin und Autorin

Alexander Heinz, Buchbinder-Meister und vielseitiger Geometriekünstler, präsentiert uns in seinem Buch reichlich 50 Polyeder, darunter die üblichen Verdächtigen wie platonische und archimedische Körper, die er nicht nur sämtlich selbst gebaut, sondern auch fotografiert und mit ausführlichen Anleitungen versehen hat. Jedem Modell hat der Autor eine Schätzung für den Zeitaufwand beigegeben, die mir nach eigenen Versuchen ziemlich realistisch erscheint. Insgesamt ist aus der vielen Arbeit ein überaus ansprechendes Werk geworden.

Christoph Pöppe in Spektrum der Wissenschaft

Ich bin von Ihren Anleitungen absolut begeistert, sie sind klar, sehr überlegt und gut umsetzbar. Erstaunlicherweise sieht man den Polyedern unpräzises Arbeiten nicht auf den ersten Blick an; das kommt doch einigen Kindern zum Glück entgegen! Alle waren sehr motiviert und mit Freude dabei. Für mich ist Ihr Buch eine grosse Trouvaille.

Barbara Jordak, Grundschul-Lehrerin, Oberentfelden, Schweiz

Der Buchbindermeister lässt grüßen. Das Buch ist ein Augenschmaus. Man blättert gern hinein. Ausgesprochen pfiffig ist seine Kernidee eines Moduls aus zwei gleichen, jedoch verdreht eingesetzten Vielecken (Ross und Reiter), die die Ecken der Polyeder bilden und in entsprechender Anzahl zum ganzen Polyeder zusammengesteckt werden.
Es ist schon verblüffend, mit welch einfachen Mitteln man auch recht komplexe räumliche Gebilde bauen kann. Durch die Beschränkung auf Papier hat man hier ein sehr preiswertes Mittel zum Studium der Polyeder zur Hand.
Ein schönes Buch, das man gern in die Hand nimmt, auch an Menschen unterschiedlichen Alters verschenken und das man auch zusammen mit Kindern gut benutzen kann.x

Albert Schmidt-Kirsch, emirit. Prof. Dr.-Ing., Leibniz-Universität, Hannover in IBDG

Alexander Heinz
Faltpolyeder
Papierfalten zwischen Kunst und Geometrie

1. Auflage 2019
192 Seiten, zahlreiche Farbfotos
und Illustrationen, gebunden
ISBN 978-3-258-60198-4

Franz Zeier
Papier
Versuche zwischen Geometrie und Spiel

6. Auflage 2013
320 Seiten, 698 Abbildungen,
171 Zeichnungen, gebunden
ISBN 978-3-258-60095-6

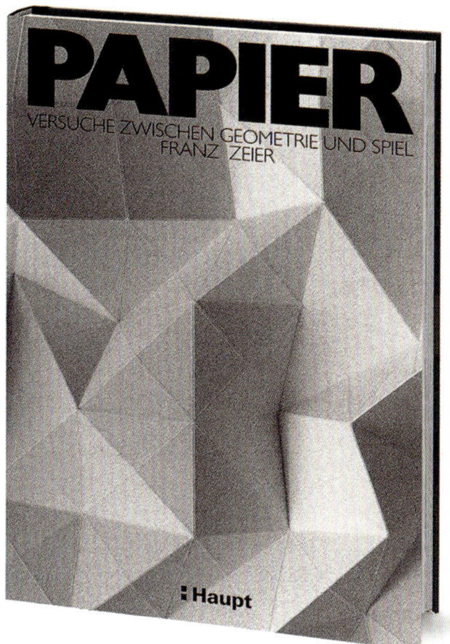

Das Buch eröffnet einen faszinierenden Gestaltungsbereich. Es regt an, begeistert durch die Fülle an Material und die Qualität, in der dieses bearbeitet und vorgestellt wird. Ein Lehr-, Werk- und Schulbuch, das nicht nur begeistert, sondern auch zu eigenen Arbeiten anregt!

Paul Jackson
Von der Fläche zur Form
Falttechniken im Papierdesign

3. Nachdruck 2017
224 Seiten, 575 Schwarzweißzeichnungen,
mit CD-ROM, gebunden
ISBN 978-3-258-60019-2

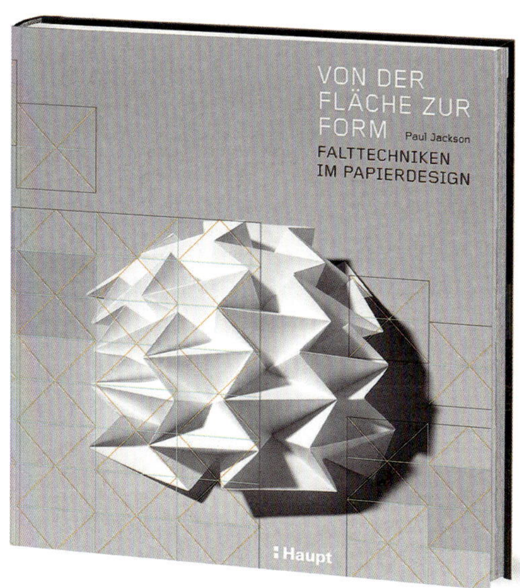

Viele Designer/innen nutzen Falttechniken beim Entwerfen von dreidimensionalen Formen aus Stoff, Karton, Kunststoff, Metall oder anderen Materialien. Falten finden sich in so verschiedenen Bereichen wie der Architektur, Keramik, Mode, Inneneinrichtung, Schmuckherstellung und auch im Produkt- oder Textildesign. Dieses einzigartige, praktische Handbuch vermittelt das Grundwissen zum Thema Papierfalten: von linearen Ziehharmonikafalten über verdrehte Falten bis hin zu geknitterten Oberflächen. Über 70 Techniken werden anhand von klaren Schritt-für-Schritt-Anleitungen vorgestellt, die mit Faltdiagrammen und vielen Fotos ergänzt werden.

IMPRESSUM

1. Auflage: 2021

ISBN 978-3-258-60238-7

Text und Fotos, wo nicht anders angegeben:
Alexander Heinz (geomenta.com), D-Herdecke
Umschlag, Gestaltung und Satz: Frank Georgy (kopfsprung.de), D-Köln
Illustrationen: Alexander Heinz, D-Herdecke
Lektorat: Claudia Huboi, (kreisrund-redaktion.de), D-Köln

Gedruckt in Deutschland.

Wir verwenden FSC-Papier. FSC sichert die Nutzung der Wälder gemäß sozialen, ökonomischen und ökologischen Kriterien.

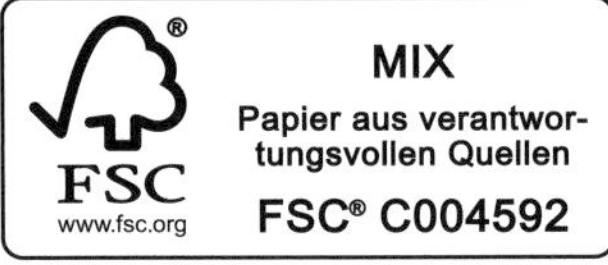

Diese Publikation ist in der Deutschen Nationalbibliografie verzeichnet. Mehr Informationen dazu finden Sie unter http://dnb.dnb.de.

Der Haupt Verlag wird vom Bundesamt für Kultur mit einem Strukturbeitrag für die Jahre 2021–2024 unterstützt.

Wir verlegen unsere Bücher mit Freude und großem Engagement. Daher freuen wir uns immer über Anregungen zum Programm und schätzen Hinweise auf Fehler im Buch, sollten uns welche unterlaufen sein. Falls Sie regelmäßig Informationen über die aktuellen Titel im Bereich Gestalten erhalten möchten, folgen Sie uns über Social Media oder bleiben Sie via Newsletter auf dem neuesten Stand!

www.haupt.ch